현대 타이베이의 탄생

아시아총서 34

현대 타이베이의 탄생

보이지 않는 타이베이와 볼 수 있는 타이베이

수쉬빈 지음 | 곽규환 · 남소라 · 한철민 옮김

산지니

일러두기

1. 인명은 국립국어원 중국어 표기 규정에 따른다. 단, 과거인은 우리말 한자음으로 표기하며, 현대인은 중국어 표기법에 따라 표기했다.

2. 도로명과 행정구역명은 국립국어원의 표기 규정에 따르되, 도로의 규모를 나타내는 항(巷), 가(街), 로(路), 도(道) 등과 행정구역 단위 시(市), 구(區), 리(里) 등은 우리말로 표기했다.
   Ex) 永康街 = 융캉가, 台北市 = 타이베이시, 大安區 = 다안구

3. 지명의 경우 옛 지명은 우리말 한자음으로 표기하며, 현재까지 사용되는 지명은 중국어 표기법에 따랐다. 단, 현재까지 사용되는 지명이나 우리말로 표기하는 관용이 있으면 우리말 한자음으로 표기했다.
   Ex) 대만(臺灣), 맹갑(艋舺), 동경(東京), 시먼딩(西門町), 지룽(基隆)

4. 기관 및 단체, 건물 및 사원, 행사 및 정책 등의 명칭은 이해를 돕기 위해 한자음으로 표기했다.
   Ex) 하해성황묘(霞海城隍廟), 대만권업공진회(臺灣勸業共進會), 대북시도시계획(臺北市都市計畫)

5. 19세기 말부터 20세기 중반까지의 일본 식민 지배 시기를, 한국의 관용인 '일본 제국주의 시기 · 시대' 및 '일제 시기 · 시대' 등으로 표기하지 않았다. 저자의 표기와 대만의 관용에 따라 '일본 통치' 및 '일치(日治)'로 표기했다. 이는 역자의 역사 시기 구분 표기 및 역사 해석이 아닌, 저자 및 대만 현지의 역사 시기 구분 표기 및 역사 해석을 따른 것이다.

6. 옮긴이 주는 별도 표기했다.

서문

I

학문의 세계는 끝이 없다! 끝이 없으니 영원히 피안에 오를 수 없을 것이다. 생각만 해도 고단하다. 그러므로, 학문의 세계에서 유유히 떠돌기 위해서는 잠시 정박해서 쉴 수 있는 항구를 준비해둬야 한다. 작품은 잠깐 머물렀다 이별을 고해야 하는 스쳐 가는 항구일 뿐이다. 이 책 『현대 타이베이의 탄생看不見與看得見的臺北』 역시 원래는 잠깐 머무르는 항구였다. 나는 이 항구를 연거푸 방문하게 될지도, 또한 방문할 때마다 놀랍고 즐거울지도 몰랐다.

이 작품은 나의 박사논문(2002년 타이완대학台灣大學 사회학과) 『근대 타이베이 도시 공간의 출현近代臺北都市空間之出現』으로 처음 모습을 드러냈다. 학위를 받은 후 박사논문을 도서관에 비치하고 1년이 지났다. 나는 이 작품과 관련된 임무가 완료됐다고 말하고 싶었다. 이후 2005년에 사대문고社大文庫의 요청을 받고 지면을 줄이고 이론을 간략히 정리하는 수정 작업을 했다. 그리고 좌안출판사左岸出版社를 통해 『看不見與看得見的臺北』라는 제목으로 출판돼 서점에 놓이게 됐다. 따라서 이 책은 두 번째 모습이다. 안타깝게도 사대문고와 좌안출판사 간 판권협약은 순조롭지 못했다. 사대문고는 절판된 이 작품의 재출판을 바랐고 나아가 다른 출판 루트라도 찾아보라고 제안했다. 다행스럽게도 군학

출판사群學出版社 총편집장은, 판매상 위협을 무릅쓰고 이미 절판된 책의 개정판 출판에 동의해줬다. 이 작품의 세 번째 모습이 갖춰진 것이다.

이번에 『현대 타이베이의 탄생看不見與看得見的臺北』을 출판하게 된 이유를 간단히 말하자면 다음과 같다. 비록 이전 원고를 그대로 가져오고 책의 구성 역시 크게 달라지지 않았지만, 온 힘을 다해 서투른 문장과 누락된 부분을 바꾸고 덧댔다. 그리고 도표를 조정하고 제목을 수정했다. 이 노력에 힘입어, 이번에도 머무르게 될 항구에서 아름다운 그림자를 남길 수 있기를 희망해본다.

이 책이 세 번 나오는 동안 8년이 흘렀다. 이 기간 동안 나는 직장을 두 번이나 옮겼지만, 생활이라는 세계는 오히려 점점 더 어려워졌다. 나는 자신을, 학술이라는 철도 위에서 배회하고 매번 당도하는 역에 정차해야 하는 화물열차와 같다고 여겼다. 멈추지 않고 교학教學, 저술, 발표, 심사, 회의, 담화, 지도 같은 화물을 하역하면서 허무한 종점으로 향하는 화물열차. 정기적인 학술 심사에서 성과를 얻기 위해 결과를 쉽게 도출할 수 있는 연구를 추구하다 보니, 어느새 막스 베버Max Weber의 조소처럼 '자신의 세계에서 가장 높은 봉우리에 올랐다고 자부하는 영혼 없는 전문가'가 되어버린 건 아닌지 한탄하게 된다. 그러나 나는 여전히 내가 소속한 학계라는 궤도를 벗어날 수 없다. 단지 피땀 흘려 쓴 저서를 통해 독자와 공명할 수 있기를 기대할 뿐이다.

이렇게 말하고 보니, 개정판에 더 강렬한 마음이 담긴 것도 같다. 2005년, 『현대 타이베이의 탄생看不見與看得見的臺北』이 출판된 후, 학계의 가까운 지인들이 보내온 의견 외에 나와 일면식도 없는 독자가 밤 하늘을 채우는 무수한 별처럼 생겨났다. 그들은 열정적이었다. 책의 오류를 지적해줬고, 여러 의견을 교환했으며, 심지어 책에 필요한 자료를 제공하기도 했다. 나는 그 자료로 책의 일부 논증을 보충할 수 있었다.

멀리 떨어져 있지만 마음으로는 가까운 사람들. 무언의 책을 통해 받아들이는 서로의 존재와 갈망을 겪어보니 이것이야말로 사상공동체이고 정서의 자력장磁力場이라는 생각이 든다. 이런 이유들이, 이 책을 다시 출판하게 만든 가장 큰 유혹이었다.

Ⅱ

오랫동안 연구를 진행한 한 명의 사회학도로서, 나는 줄곧 하나의 사회학적 문제를 궁구했다. 우리 사회는 어떤 과정을 통해 지금의 모습을 갖추게 되었을까? 내 연구 영역 중 '현대 공간의 탄생' 부분을 바탕으로, 이 책에서는 '타이베이는 어떻게 전근대에서 근대로 진입했는가?'라는 질문에 답하려 한다. 타이베이의 근대 진입 시점은 청말의 자강운동과 일본 식민지배의 전환점 사이에 놓여 있다. 변화무쌍한 현재 대만의 상황을 고려하면, 이 영역은 학술적인 토론 대상일 뿐 아니라 정치적으로 경쟁하는 문제기도 하다.

그래서인지 나는 왜 식민권력의 폭력을 비판하지 않느냐는 질문을 자주 받는다. 물론 나 또한 그 질문에 대답하려 시도했다. 역사적 사실에 대해 서술했지만, 이는 사실 역사적 관점을 진술하는 것과 다름없다. 근대를 통해 타이베이를 읽든, 혹은 식민지시대를 통해 타이베이를 읽든, 모두 연구자의 역사적 관점에 따른 선택일 뿐이다. 인간이 우주 전체를 이해할 수 없듯이 학자 역시 모든 관점을 알 수 없다. 학자라는 인간이 글로써 역사를 서술할 때 관점의 제한을 받는 건 당연하다. 다시 말해, 단 하나의 관점으로 역사를 서술하는 것은 친구를 불러놓고 내 이야기를 듣게 하는 일과 비슷하다. 내 의견이 나름대로 재밌다면, 흥미를 갖고 이야기를 읽어도 무방하지 않은가? 그렇다. 역사는 이미 흘러갔다. 인간은 유일한 진실이 무엇인지 확실히 알 수 없다.

나는 대학에서 엄격한 훈련을 받은 역사학자는 아니다. 그저 "궁벽窮僻에서 황천黃泉까지 떨어져서 부산을 떨며 무언가를 찾아라"는 푸쓰녠傅斯年의 가르침을 마음으로 새길 뿐이다. 하지만 오랫동안 작동한 사회학적 사고는, 여전히 자연적인 역사 사건은 없다는 생각으로 나를 이끈다. 그래서 나는 자료를 해석할 때 이론이라는 칼이 필요하다고 굳게 믿는다. 나는 막스 베버, 게오르그 짐멜Georg Simmel, 발터 벤야민Walter Benjamin, 앙리 르페브르Henri Lefebvre, 미셸 푸코Michel Foucault 등을—어설프게나마—읽으며, 이론의 칼이 사료史料에 틈을 내서 사람을 놀라게 만드는 길을 보여준다는 사실을 느낄 수 있었다. '근대'를 직선진화rectilinear evolution론자가 오독하는 '진보'로 상정하지 않는다면, 역사를 더 깊은 마음으로 읽어낼 수 있을 것이다.

이 책은 단지 '근대/공간'이 어떻게 우아하면서도 폭력적으로 모습을 드러내는지를 진술했을 뿐이다. 이런 관점에서 보면 타이베이 근대 진입 시점 역시 조금 더 명확해질 수 있다. 회상이 부르는 슬픈 느낌으로도 충분하다. '수도꼭지의 가치'를 쟁취하기 위해 미친 듯 누군가에게 잘못을 미루고 싸우는 곤경에 굳이 빠질 필요는 없다. 왜냐하면 이 모두가 단지 서양을 따라 '현대'라고 불리는 흑선黑船에 오른 것에 불과하고, 배는 뒤돌아볼 수 없는 망망대해에 떠 있기 때문이다.

Ⅲ

운 좋게도 정보화 시대에 살면서 지식 축적의 소중함을 확실하게 깨달았다. 정보는 지식이 아니다. 연구재료를 차례에 따라 배치하는 것은 전화번호부를 만드는 작업과 같을 뿐이지, 걸작을 창조하는 일이 아니다. 그래서 나는 선학들의 인도와 공적에 깊이 감사한다. 그들의 노력이야말로 지식을 다음 세대로 계승하는 중요한 요소이기 때문이다. 장잉화章英華 지도교수님과 예치정葉啓政 선생님은 역사를 깊이 사유할 수 있도록 일깨워주셨다. 평생 감사해야 할 일이다. 박사논문은 장웨이안張維安, 장마오구이張茂桂, 원전화溫振華, 천둥성陳東升 등 여러 심사위원분들의 첨삭을 받았다. 학문을 배울 때에는 이칭춘伊慶春, 순중싱孫中興, 구중화顧忠華 등의 선배들로부터 가르침을 받으며 학문에 눈을 뜨게 됐다. 또한 구중화顧忠華 선생님은 갓 완성된 내 박사논문을 사대문고에서 출판하라고 추천해주셨다. 이는 내 학문 인생에서 중요한 한걸음이 됐다. 여기서 특별히 내 일본어 선생님인 우창위吳滄瑜 선생님을 언급해야겠다. 10년 전 어쩌다가 우 선생님의 학원에 발을 들였다. 서로 의지하는 동기 정루린鄭陸霖과 나는 운이 좋았다. 우 선생님의 사심 없는 가르침 덕에 일본어 자료를 읽게 됐을 뿐 아니라, 나아가 이마무라 히토시今村仁司, 요시미 순야吉見俊哉, 와카바야시 미키오若林幹夫 등, 역사에 조예 깊은 사회학자들의 저작을 소화할 수 있었다. 일본은 대만보다 더 빨리 서구화의 길에 올라섰다. 나는 일본 사회학을 통해 서구적 근대 기원을 이해할 수 있었다. 이 이해는 나의 사상적 기반이기도 하다.

또한 나와 함께 이론과 사상을 깊숙하게 파고든 동료들에게 감사를 전한다. 논문을 쓰고 있을 때 항상 공간 비평 영역에서 부족함을 느꼈다. 그 뒤 황허우밍黃厚銘, 왕루이샹王睿祥 등의 친구들과 몇 년 동안, 장 보드리야르Jean Baudrillard의 상징교환이론, 그의 스승인 앙리 르페브르의 일상생활 비판을 공부했다. 그리고 예치정葉啟政 선생님이 주도한 세신독서회世新讀書會에서 에밀 뒤르켐Émile Durkheim의 후기사상을 따르는 프랑스 좌파가 어떻게 근대라는 비극의 출로를 힘겹게 모색하는지를 알게 됐다. 멈추지 않고 서구권의 사유를 공부한 이유는, 서구의 지적 지배를 벗어날 방도를 찾기 위해서였다. 다행스럽게도 이 길에는 항상 즐겁고 놀라운 일들이 벌어졌다. 그리고 이 과정에서 내가 공간 배후에 도사리고 있는 권력을 제대로 짚어냈다는 사실을 확인할 수 있었다. 나아가 땅 위에 살아가는 사람들 모두 공간을 전복할 수 있다는 가능성 역시 발견했다. 그간 읽어왔던 서구 이론에 대한 감상은 이 책의 말미에 숨겨뒀다.

그리고 스신대학교世新大學校 사회심리학과와 양밍대학교陽明大學校 인문사회과학원의 모든 동료들에게 감사드린다. 지식과 따뜻한 마음을 겸비한 환경은 즐거운 마음으로 저술에 집중할 수 있게 도와줬다. 그리고 조교 펑중톈馮忠恬, 쩡쯔링曾子靈, 쩡신페이曾馨霈와 편집자 선즈한沈志翰에게 감사의 말을 전한다. 마음을 다한 이들의 교열 덕에 적지 않은 결함들을 고칠 수 있었다. 또한 몇 년 동안 함께 학문의 경계를 넘나들면서 교류한 지인들에게 감사드린다. 스이린施懿琳, 리청지李承機, 뤼샤오리呂紹理, 리위린李育霖, 황중이黃宗義, 장원쉰張文薰 등의 벗들이 이 책에 대한 훌륭한 논평과 가르침을 제공했다. 그 덕분에 나는 다시 퇴고할 수 있는 힘을 얻었다. 당연히 가족들의 배려에도 깊이 감사하다. 가족들은 한 치 앞을 내다볼 수 없는 삶 속에서도 항상 곁을 지켜주는 굳건한 장소가 되어주었다.

마지막으로 내가 역사를 볼 수 있게 해준 기연機緣들에 감사를 전한다. 한 사람이 과거를 들여다본다는 것은, 대개 어떤 기연으로 인해 어떤 자리에서 어떤 일을 보게 된다는 이야기다. 기연은 하나의 발단이다. 그 이후 마음이 가는 일들이 갈수록 많아진다. 체험과 감각이 더 풍부해진다. 처음 타이베이 연구에 투신할 때의 나는, 그저 도서관에서 지도와 문헌을 긁어모으는, 종이 위에 있는 노동자가 되려 했을 뿐이다. 하지만 홀로 적막한 책상에 앉아 있기 힘들었다. 수차례, 바깥 풍경 사이로 넘나들기 시작했다. 그러다가 이 지역들을 사랑하게 됐다. 생텍쥐페리Antoine de Saint-Exupéry의 『어린왕자』에서 여우가 어린왕자에게 했던 설명을 빌려 이 마음을 전한다. 나를 이곳에 정박하게 만든 기연에 대한 각주이기도 하다.

> "저기 좀 봐. 밀밭이 보이지? 나는 빵은 먹지 않아. 나에게 밀은 아무 쓸모도 없어. 밀밭은 내게 아무 느낌도 주지 않아. 그건 슬픈 일이지. 그런데 너는 금빛 머리카락을 가졌잖아. 그러니까 네가 나를 길들인다면 그건 아주 멋진 일이 될 거야. 나는 금빛으로 물결치는 밀밭을 보면 너를 생각하게 될 거야. 그러면 나는 밀밭을 스쳐 가는 바람 소리를 좋아하게 될거야!"

그렇다. 나는 이 땅 사이를 스치는 바람 소리를 사랑하게 될 것이다.

차례

1

현대 타이베이의 계보를 찾아서

1장
현대 타이베이의 계보를 찾아서

1929년(쇼와昭和 4년) 8월 19일, 한 라디오 채널에서 자신이 거쳐 간 도시의 상공을 이야기하는 남자의 음성이 흘러나왔다.

> 이 도시는 평원에 자리 잡았다. 동서남북 모든 방향에 더 뻗쳐 나갈 수 있는 빈 땅이 있다. …… 현재 녹지, 도로, 상하수도, 전기설비는 모두 대략 정리된 상태다. 민가의 외관 역시 통일됐다. 가로수는 울창하다. 도시의 모습은 난잡하지도 요란하지도 않다. 청결하고 깔끔하다. 도시의 면적은 그리 넓지도 좁지도 않다. 관청과 학교, 공공설비 등이 천천히 지어졌다. 도시는 아직 작지만, 눈을 크게 뜨고 바라보자. 사람들을 유쾌하게 만들어주는 거리市街가 빼곡하게 들어서 있다.

이 음성의 주인공은 당시 대만총독부의 토목국土木局 영선營繕 과장 이데 가오루井手薰(1879~1944)다. 이날 '타이베이방송국'에서 방송된 라디오 채널의 주제는 '타이베이의 도시미臺北の都市美'였다. 이데 가오루가 말한 아름다운 도시는 당연히 타이베이. 그는 "나는 타이베이가 아름다운 지역이라고 생각한다"라며 말문을 열었고, 과거 타이베이에 대한 감상과 미래 타이베이에 대한 기대를 생생하게 이야기했다.

> 지금까지 결연한 의지로 타이베이를 개선해왔다. 도시의 모양새나 도로의 방향을 불문하고 이미 작은 규모를 갖춘 도시가 됐다. …… 아름답고 아기자기한 중형도시라 할 만하다. 계속 다듬어 나간다면 많은 부분에서 더 나아질 여지가 있다. 나는 이 점을 굳게 믿는다. 이 소중하고 아담한 타이베이를 더 완전한 모범적인 도시로 만드는 이상理想에 매진할 수 있기를 소망한다.[1]

위 내용은 신문이나 잡지에 여러 차례 실렸고, 같은 해 『대만건축회지臺灣建築會誌』 제1집 제4호와 『대만시보臺灣時報』 11월호에서도 확인할 수 있다. 당시 타이베이에 관한 가장 전형적인 묘사였을 확률이 높다. 도시를 만들고 운영하는 한 명의 관료가 자신이 관할하는 타이베이를 건설 가능하고 계획 가능한 대상으로 바라보는 시선, 그리고 그 도시를 "대략적인 정리를 거친, …… 만약 계속 다듬어 나간다면, …… 내가 굳게 믿는" 같은 표현에 담겨 나오는 언어. 이 시선과 언어가 관료 특유의 인사치레 혹은 진심이 담긴 열정 중 어느 쪽에 기대어 나왔는지는 알 수 없지만, 어느 쪽이든 매우 담담하고 자연스러운 느낌을 준다.

타이베이는 원래부터 건설과 계획이 가능한 '하나의 도시'였을까? 역사를 살펴보면 그랬던 것 같지 않다. 여기서 청대清代 시기 대만을 통

---

1 이상 두 문단은 쇼와 4년 11월호 『대만시보臺灣時報』 96-98쪽에서 인용했다. 이데 가오루井手薰 관련 연구는 黃建鈞(1995)을 참조하라.

치했던 중신 유명전劉銘傳이 광서光緒 15년(1889)에 올린 장계를 보자. 이 장계에는 타이베이 정비의 어려움이 담겨 있다.

> 신은 타이베이에서, 광서 초년부터 군 단위로 설치되고 관리되는 시설들을 조사했습니다. 성벽, 문묘, 과거시험장, 관공서 등이 급히 만들어졌지만, 그 외의 공사들은 민력民力 동원이 힘들어 아직 시작조차 되지 못했습니다. …… 올해 대만 지역에서 생산된 상품인 소금, 차 등 항목의 세금을 계산해보면 쓸 수 있는 자금이 없습니다. 이에 공사비를 기다립니다. 원래 이런 자금은 지역 신사紳士나 부호의 기부로 감당해왔습니다. 하지만 지금은 공물도 제대로 걷히지 않고 뇌물이 횡행합니다. 법은 타이베이 정비 사업에 대한 원조를 금하고 있고, 백성들은 이미 지쳤으며 지형 또한 험난합니다. 이에 거듭 계획을 세워 정비 사업에 필요한 자재의 최저가를 작성하여 황제에게 바치오니, 해당 부서에 명하시어 입안하시고 명령에 따라 바르게 청구했는지 확인해주시기를 바라옵니다(劉銘傳 1958 : 290-291).

유명전은 대만에서 온갖 고생을 한 관원이다. 약 10년에 걸친 타이베이성 건설을 보자. 동서남북으로 성벽을 쌓고 많은 주택을 지었지만 여전히 많은 곳이 비어 있었다. 뚜렷한 성과를 도출하지 못한 채 관민 모두는 피로에 휩싸였다. 그는 경비를 꼼꼼하게 따져 비용 절감을 도모할 수 있었을 뿐, 도시 건설과 도시의 미래에 대해서 자신감을 갖고 이상향을 그려낼 수는 없었다. 유명전에게 타이베이의 범위는 현재 타이베이시로 보자면 '타이베이성 내부'에 불과했다. 그 범위는 우리에게

그림 1-1 일본 통치 시기 전후 타이베이 인구 분포 변화. 1895년(좌) 1920년(우)
출처: 『대만지지臺灣地誌』(천정샹陳正祥, 1959)

익숙한 타이베이의 모습과는 거리가 있다. 청말 유명전이 건설한 타이베이성은 '세 개의 거리'에 속하는 맹갑艋舺, 대도정大稻埕, 성내城內를 드러낸 것이다. 반면 이데 가오루가 건설한 타이베이는 '하나의 도시', 즉 현대 타이베이였다.

『대만지지臺灣地誌』(1959)에 수록된 지리학자 천정샹陳正祥의 인구분포도에서 다음과 같은 사실을 알 수 있다. '세 개의 거리'는 청조 말기, 타이베이 분지 위에 형성됐다. 세 개의 거리는 서로 인접해서 왕래할 수 있지만 또한 구분되는 지역단위다. 두 연대의 인구거주도(그림 1-1)를 보면, 1895년의 타이베이와 1920년의 타이베이는 확연하게 다르다.

심신이 지쳐갔던 유명전과 달리 이데 가오루는 마음속에 청사진을 그리고 있었다. 하나의 공간, 두 개의 역사적 시점에서 도시 건설에 대한 입장이 이토록 다를 수 있을까? 이 질문에 대한 답은 개인의 능력이 아니라 두 사람이 속했던, 완전히 상이한 국가권력의 성격과 운용 시스템에서 찾을 수 있다. 하나의 온전한 타이베이시의 출현은 곧 현대 도시 공간의 등장을 뜻하고, 이 출현과 등장은 '자연'적인 현상이 아니라 매우 '사회'적인 결과였기 때문이다.

타이베이 지명의 의미 변천

1920년에야 비로소 '타이베이시'라는 행정상 명칭이 역사상 처음으로 등장한다. 1895년에는 세 개의 거리였던 공간이 1920년에 하나의 도시로 변한 것이다. 당연히, 이 변화의 의미는 이름의 변천에만 국한되지 않는다. '타이베이시'가 정식 행정 단위가 되기 전까지, '타이베이'는 어떻게 정의됐고 당시 대만 사회에서 어떻게 받아들여졌을까?

강희康熙 33년(1694), 고공건高拱乾은 『대만부지 · 권일봉역지臺灣府志·卷一封域志』에서 국경을 묘사하며 '북로北路'를 언급한다. 하지만 '북쪽으로 계롱산鷄籠山까지 2315리를 경계로 하며, 이를 북로라 이른다'(高拱乾 1960 : 6)라는 묘사에서 '북北'의 범위는 과장됐고 당시 실정과도 맞지 않는다. 이 시기 북로는 특정 장소나 구체적인 지역을 뜻하지 않았다. 단지 당시 가장 번화했던 타이난臺南 지역에 대응하는 '상대적 방위'의 개념이었다. 제라현諸羅縣(현재 대만 중남부의 쟈이현嘉義縣 일대-역자) 관할 경계를 제외하고도, 현재 타이난현臺南縣 쟈리진佳里鎭 이북의 모든 구역을 포괄하는 범위다.

강희 후기 주종선周鍾瑄의 『제라현지諸羅縣志』와 남정원藍鼎元의 『기하포서紀荷包嶼』에 '타이베이'라는 단어가 나온다. 두 책 모두 타이베이를 제라현의 북쪽 끝이라고 말한다. 제라현의 관할 범위가 오늘날 쟈이嘉義 부근까지 넓어졌을 때도 '타이베이'는 여전히 장화彰化 바장계八掌溪 이북의 비어 있는 땅을 의미하는 지리적 개념이었다. 건륭乾隆 이후부터 타이베이 북부 지역에 전격적인 토지개발이 시작됐으나 행정 기구와 행정 관리 모두 턱없이 모자랐다. 이런 상황 속에서 당시 대만 거주민들은, 동치同治 초년까지 '타이베이'를 대만의 북쪽 지역 일대로 어렴풋하게만 인식했다(尹章義 1985 : 125).

대만 개발사에서 중시할 만한 이유가 없고, 하나의 지역으로 불리지도 못했던 '타이베이'는 언제부터 상대적 방위가 아닌 실질적인 하나의 지역으로 발돋움했을까? 동치 13년을 주목해야 한다. 그해 심보정深葆楨은 대만 행정단위를 확대 편성하여 기존 1부府를 3부府로 증설하고, '타이베이'를 부府로 편성해야 한다는 상소를 올렸다. 조정은 그의 주청奏請을 수용했고, 그에 따라 '타이베이'라는 이름을 가진 행정구역 부府가 등장한다. 지금의 '타이베이'가 출현한 것이다. 이 초기 타이베이는 크게 두 가지 의미를 가진 지명이었다. 첫째는 타이베이부府, 나머지 하나는 타이베이성城이다.

'타이베이부府'의 범위는 주민 분포가 아닌 행정과 통치의 관할 범위를 기준으로 책정됐다. 당시 '타이베이부' 관할 범위는 오늘날의 타이베이현시臺北縣市, 타오위안현桃園縣, 신주현新竹縣, 먀오리현苗栗縣, 이란현宜蘭縣, 지룽시基隆市를 포함한다. '타이베이성'은 광서光緒 연간에 건설됐다. 이때 성벽이 둘러싼 범위를 '성내城內'라 불렀다. 성내는 현재 타이베이시의 중심 구역이다. 하지만 타이베이성 축조 이전, 이 일대에는 이미 상당 수준으로 발달한 두 개의 거주지가 존재했다. 바로 맹갑艋舺과 대도정大稻埕이다. 타이베이성은 이 두 지역 중간의 빈 공간에 세워졌고, 성이 세워진 이후에도 상업과 생활은 이 두 지역에 의지했다. 역사가 이들의 만남을 주선한 셈이다. 이 세 개의 거리는 제각기 작동하면서도 서로 관련하는 취락군이었다. 그래서 청말 시기 '타이베이'의 두 번째 의미는 '타이베이성내'뿐 아니라 '타이베이의 세 거리'를 뜻한다는 사실을 확실하게 말해두고 싶다.

광서光緒 13년(1887), 청은 대만에 행성行省을 설치한다. 순무巡撫 유명전劉銘傳은 대만 전체를 고려해서 성의 수도를 장화현彰化縣 교자도橋孜圖, 즉 현재의 타이중시臺中市에 설치하려 했다. 그러나 교자도의 축성 공사가 지지부진하면서 결국 타이베이가 실질적인 성의 수도省會로 자리 잡게 된다. 이처럼 청말 시기 대만 내 타이베이의 정치경제적 중요도와 비중이 크게 높아진 상황 속에서도 세 거리의 상호독립적 특성은 여전했다. 이 특성은 그림 1-1의 인구분포도에서 확인할 수 있다. 광서 초기, 맹갑과 대도정 사이에는 작은 길 하나만 통했다. 주변은 소수의 농가를 제외하면 연못이나 묘지가 산재한 빈 땅이었다. 성내에는 민가가 거의 없었고, 서문과 북문 근처에 형성된 작은 거주 지역으로 맹갑 및 대도정과 연결됐다.

다나카 가즈나리田中一二가 1931년에 편찬한 『대북시사臺北市史』에서 묘사된 청말 타이베이를 보자. "타이베이의 세 거리라고 말하지만, 세 개의 협소한 거리는 제각기 따로 존재한다. 이를 하나의 도심지라고 지칭하기는 적합하지 않다."(田中一二編 1998 : 56) 맹갑, 대도정, 성내. 이 세 개의 거리는 일치 시대 초기까지 분리된 상태로 존재했고, 최소 1920년 이전까지는 행정 체계에서도 명확히 구분됐다.

1898년, 이 세 개의 거리는 타이베이현 대가예보大加蚋堡에 예속돼 타이베이 판무서辨務署 관할로 들어갔다. 그러나 성내는 현청縣廳 직할, 맹갑은 맹갑지서支署, 대도정은 대도정지서支署의 통치를 받았다. 1901년, 현 및 판무서제도가 폐지되면서 청廳 직할 관리가 시작됐다. 하지만 맹갑, 대도정, 성내는 여전히 분리된 세 개의 촌락이었다. 1909년에 가장街庄 이 폐지되자 세 거리는 구 단위로 승급되어 맹갑구, 대도정구, 성내구라는 이름으로 정부 문건에 기재됐다. 첨언하면 대룡동大龍峒과 구팅古亭 지역도 1909년 기준으로 타이베이청 직할이었다. 하지만 상술한 세 거리와는 떨어져 있었다. 다나카 가즈나리는 『대북시사臺北市史』에서 이 상황에 대해 설명했다. "대룡동은 (맹갑, 대도정, 성내와 같은) 또 하나의 거리가 될 수 있었음에도 일반 촌락과 같은 취급을 받았다. 다이쇼大正 9년(1920) 10월 실시된 시 구역 재편으로 …… 대룡동은 가예자加蚋仔, 주착륜朱厝崙, 중륜中崙 등의 기타 촌락과 함께 타이베이시로 편입됐다. 이 지역 주민들은 드디어 세 거리 주민들과 같은 타이베이 시민이자 수도인이 되었다는 사실을 자랑하며 다녔다."(田中一二編 1998 : 309) 이처럼 일본 통치 초기에도 세 거리가 타이베이를 대표했다.

1920년 부임한 덴 겐지로田健治郎 대만총독은 대만의 지방제도를 대폭 개정한다. 그는 기존의 구제區制를 폐지하고 시가장제도市街庄制度를 실시했다. 맹갑구, 대도정구 같은 구區급 편제는 역사 속으로 사라졌다. 이후 155개 가장街庄이 신설됐다. 그리고 얼마 지나지 않아 64개의 정町이 타이베이시의 행정 기본 단위로 자리 잡았다(田中一二編 1998 : 310 ; 黃得時 1981 : 78). 역사상 최초로, 지리적 범위가 뚜렷하게 규정된 '타이베이시'가 모습을 드러낸 것이다. 이 '타이베이시'는 일본의 식민 통치가 끝날 때까지 지속됐다. 새로운 64개의 정町이 타이베이시의 경계를 구축했다. 이 경계에 따르면 당시 타이베이시는 현재 단수이淡水강의 동쪽, 지룽基隆강의 남쪽, 신성난베이新生南北로의 서쪽, 신뎬新店강의 북쪽 지역에 해당되는 곳이다.

현재 타이베이에 상응하는 지역의 행정 체계 변화와 그 성격은 표 1-1에서 대략 확인 가능하다. 명목상의 '타이베이'는 청말, 명목상의 '타이베이시'는 1920년에서야 출현했다. 1920년의 행정 체계에서는 맹갑, 대도정, 성내 등 세 거리의 옛 이름 또한 지워진다. 1922년 이후 타이베이시는 두 번 더 확장하지만, 이미 '세 개의 거리'는 '하나의 도시'로 변한 상태였다.

그러나 1920년의 행정 제도 개편이 청말부터 유지되던 세 개 거리의 분리성 · 상이성을 지운 게 아니다. 일본 통치 이후 세 개 거리는 점진적으로 연결됐고, 1910년 전후부터는 결합한 형태로 도시 경관에 포함되기 시작했다(章英華 1995 : 32). 다시 그림 1-1에서 1920년의 타이베이 인구 분포도를 확인해보자. 따로 떨어져 있던 세 개의 거리가 '하나의 도시'를 구성하는 요소로 변했다는 사실이 한눈에 들어온다. 1920년의 '타이베이시' 등장은 일본 통치 이후 재구성된 지리 조건과 사회 현실의 정치적 확인일 뿐이다. 세 개 시가지에서 하나의 도시로,

표 1-1 청 및 일본 통치 시대 타이베이시 소속 행정 체계 변화

정권	연대	타이베이 관할 행정 체계	당시지방행정체제
청대 清代	1684년(강희康熙 23년)	복건성福建省 - 대만부臺灣府 - 제라현諸羅縣	1부府 3현縣
	1723년(강희 62년)	복건성 - 대만부 - 단수이청淡水廳	1부 4현 2청廳
	1812년(가경嘉慶 17년)	복건성 - 대만부 - 단수이청	1부 4현 3청
	1875년(광서光緒 원년)	복건성 - 타이베이부臺北府	2부 8현 4청
	1887년(광서 13년)	대만성臺灣省 - 타이베이부	3부 11현 4청 1직예주直隷州
일본통치 시기 日治時期	1895년 (메이지明治 28년)	타이베이현臺北縣	3현 1청 7지청支廳
	1898년(메이지 31년)	타이베이현	3현 3청
	1901년(메이지 34년)	타이베이청臺北廳	20청
	1909년(메이지 42년)	타이베이청	12청
	1920년 (다이쇼大正 9년)	타이베이주臺北州 - 타이베이시	5주州 2청
	1926년 (쇼와昭和 원년)	타이베이주 / 타이베이시臺北市	5주 3청

이 통합은 단지 개명改名으로만 완성되지 않았다. 도대체 어떤 힘이 작용한 것일까?

'세 개의 거리'와 '하나의 도시'

누군가는, 세 개의 거리에서 상업이 발달하고 인구가 증가해서 자연스럽게 지리적 장벽이 무너졌고, 그에 따라 상업이 더 활성화됐고 인구가 증가하여 세 개의 거리가 하나의 도시가 됐다고 생각한다.

인간의 노력이 자연을 극복해낸, 확장의 결과라는 것이다! 정말로 그럴까?

확실히 세 거리의 구분에는 많은 물리적, 지리적 원인이 존재한다. 청말 이전, 맹갑과 대도정 사이에는 저지대의 습지가 자리했다. 성내와 다른 두 거리(맹갑 · 대도정) 사이를 두껍고 육중하며 넓고 거대한 성벽이 가로막았다. 이 세 거리를 편하게 왕래할 수 있는 도로도 없었다. 하지만 이 상황을 타파하고픈 수요가 존재했다면, 그 수요를 해소하기 위해 지대를 평평하게 다지고 성벽을 무너뜨리고 도로를 개통했을 것이다. …… 이런 투박한 사고로는, 공정工程을 자연적인 현상으로 간주하고 도시 발전을 간단하게 취급하는 착시를 피하기 어렵다.

이 책은 상술했던 자연적 도시 확장의 결과로 보여지는 (하나의 도시가 된 타이베이) 현상이 사실은 근대 국가권력이 작용한 인위적 산물이며, 이 작용은 일본 통치 시기 중 특히 1900년에서 1910년 무렵에 진행됐다는 사실을 말하려 한다. 도시 확장, 공간 변화, 기술 증진의 배후에는 청 제국과 일본 제국주의의 다른 통치형태가 도사린다. 청말의 '세 개 거리'가 일본 통치 시대 '하나의 도시'로 전환됐다. 또한 '전근대사회'가 종결됐고 '근대사회'가 도래한다. '지역사회'가 약화됐고 '공간사회'가 부상했다.

장소place와 공간space은 일상에서 종종 혼용되는 단어다. 다만 본서에서 장소와 공간은 서로 다른 이론적 의미를 갖는다. 인문주의 지리학자 이-푸 투안Yi-Fu Tuan은 장소와 공간을 다른 개념으로 정의했다. 장소는 인류의 경험이 의미를 부여하며 안전하고 닫힌 느낌을 준다. 반면 공간은 고착된 의미가 없으므로, 위험한 개방성을 갖는다(Tuan

1977). '장소'는 사람들이 특정한 인문적 의미와 가치적 규범을 부여한 지점이다. '공간'은 비어 있고 한정되지 않으며 의미의 무한성infinity을 채울 수 있도록 열려 있다.

이러한 개념 구분은 근대 권력이 토지에서 작동하는 중요성을 이해하는 데 도움이 된다. 주민이 거주하는 특정된 공간은, 활동의 부단한 중복과 누적으로 인해 생명 본체론本體論적 의미가 있다. 이를 뒤집어 생각하면, 인간이 일상을 보내는 공간은 물리적 진공 상태가 아니라 무수한 의미가 절충되는 장소인 셈이다. 그래서 앤서니 기든스Anthony Giddens는 근대 국가가 출현하고서부터야 공간 기획이 필요해졌다고 주장한다. 또한 근대 권력이 기존 '장소'들의 의미를 제거하고 아무 방해도 받지 않는 '공간'을 조성해서 통치를 위한 도구로 활용한다고 지적했다(Giddens 1991 : 16).

이 책의 핵심 목표는, 상술한 사회학적 관점과 이론의 힘을 빌려 평범하게 보이는 도시 발전사에 숨겨진 의미를 발견하는 것이다. 1차 사료뿐 아니라 이론을 바탕으로 2차 사료를 혼합 사용해서, 일본 통치 시대 타이베이 건설을 논증하고 근대 국가 통치 기술의 면모를 밝힌다. 베네딕트 앤더슨Benedict Anderson은 『상상의 공동체』에서 "국가 주권은 법적 영토 내에 있는 1cm²까지 고르고 균일하게 작용한다"라고 말한다(Anderson 1983 : 20). 타이베이의 전통 세 거리 역시, 결국은 볼 수 있고 제어와 계획이 가능한 하나의 도시로 변신했다.

또한 이 책은 전통적 통치 시기 국가가 '볼 수 없었던', 독특한 의미를 가진 '장소'를 검토한다. 일본의 근대 통치는 이 '장소'가 가진 의미를 제거하고 '볼 수 있는' 공간을 만들어냈다. 청말에서 일본 통치 시기까지의 사회적 변화는 매우 깊고 복잡하다. 그래서 근대 도시 공간으로서의 타이베이 출현을 검토하는 작업은, 현대 사회modern society가 등장한 길을 이해하는 또 하나의 방법이기도 하다.

2

타이베이의 세 거리, 우연과 필연

2장
타이베이의 세 거리, 우연과 필연

타이베이 역사를 연구하려면 먼저 타이베이의 토지 개발사를 알아야 한다. 그리고 이 질문을 명확하게 이해해야 할 것이다. "누가, 왜 타이베이를 개발했는가?"

'누가 개발했는가?' 이 질문에 대한 답변으로는, 개발이 한인漢人의 공로에서 비롯됐다는 견해가 가장 많다. 대만 역사학의 선구자인 궈팅이郭廷以는 "거의 모든 개발의 공적은 민남閩南지역의 장주漳州 · 천주泉州 사람과 광동廣東지역 객가客家에게 있다"며 조금은 과장된 주장을 펼친다. 16세기 서구 열강이 타이베이를 발견한 이래, 세계 각지의 세력들이 몰려들었다. 타이베이는 서로 다른 역사적 단계에서 서로 다른 역사적 맥락으로 편입됐다. 하지만 통치자가 누구였든, 근대적 정의에서의 '개발'로 이 땅을 경영한 이들은 확실히 중국 대륙에서 온 한인 이민자들이었다.

'왜 개발했는가?' 청대의 지방지나 여행기 대부분은 한인 이민자들이 모두 이익 추구에 경도된 사람들이라고 묘사한다. 오늘날 학자들은 그 묘사를 자본주의, 창업, 모험 정신 등으로 독해할 수도 있을 것이다(施添福 1989 : 1). 이익 추구가 한인 이민자들만의 고유한 특성인가? 이익이라는 요인으로만 오뚜기처럼 멈추지 않고 계속된 이민을 해석하기 충분한가? 당연히 아니다.

독일 사회학자 막스 베버의 『종교사회학논문집』에 깊이 고찰해볼 만한 부분이 있다. "인류의 행위를 직접적으로 지배하는 것은 물질적, 정신적인 '이익'이지 이념이 아니다. 그러나 이념이 창조해낸 '세계상世界像'은 마치 철도 전철기처럼 궤도의 방향을 결정한다. 궤도 위 인간의 행동은 이익이라는 동력을 경유하고 추동한다."(Weber 1946 : 280) 이익 추구는 인간의 공통된 특성이리라. 하지만 반드시 이익을 '정의'한 후에야 비로소 이익을 추구할 수 있다. 그래서 막스 베버는 '세계상'을 이익이라는 궤도를 결정하는 전철기라고 표현한 것이다.

모든 인간은 반드시 특정 공간에서 삶을 영위한다. 공간을 벗어나서는 살아나갈 수 없다. 그래서 인간이 공간 의미와 공간 이익을 정의하는 방식은 바로 그들의 세계관과 직결된다. 타이베이의 취락聚落 형성은 상이한 역사 단계에서 상이한 공간적 맥락에 편입되며 이루어졌다. 이익을 추구하는 인류가 어떻게 취락을 만들고 발전시켰는지를 알려면, 공간 이익의 '구조'를 정의하는 요소를 반드시 찾아야 한다.

미국 문화인류학자 마샬 살린스Marshall Sahlins가 제기한 '원시사회의 풍요로움'은 욕망과 자원의 상호관계에 기초한다. 그에 따르면, 만약 자연의 토지가 인류가 생활하기 위한 모든 수요에 대응할 정도로 충분히 공급된다면, 개인 혹은 집단의 토지 장기 점유 필요 및 노동력 투입을 통한 토지 생산력을 증가할 필요가 없다. 그래서 욕망이 개발되지 않은 원시사회는 '풍요롭다'. 상대적으로, 인류가 토지를 온갖 용도로 이용하게 되는 동인은 바로 욕망의 증가 때문이지 토지 자원의 결핍 때문이 아니다(Sahlins 1988). 타이베이 개발사를 검토할 때 상술한 관점이 필요할지 모른다. 한인 개간자들은 어떤 세계상을 가졌기에 멈추지 않고 대만으로 이주해서 '이익'을 추구하게 된 것일까? 16세기 이후 대만 원주민들은 국제적이고 강력한 외부 권력과 조우하게 된다. 외부 세계로부터 밀려오는 영향력은 쉽게 사라지지 않았다. 하지만 여기서 가장 중요한 점은, 한인이 경영에 힘쓰고 이익을 추구하며 지역에 뿌리내리는 세계상을 대만에 이식했다는 사실이다.

1. 한인사회의 부상: 네덜란드와 정성공, 그리고 청 초기의 타이베이

현재 타이베이 지역은 강희康熙 23년(1684) 청나라의 대만 영유 이전까지 토착세력이 주도하던 사회였다. 그러나 강희 후기까지의 몇십 년 동안 한인이 우세한 사회로 빠르게 전환됐다. 타이베이 도시발전의 첫 번째 관건적 시기다.

스페인과 네덜란드의 대만 점령 시기 문헌에 따르면, 현재 타이베이 분지 부근에서 활동하던 토착세력은 개달격란凱達格蘭(Ketaglan)이라 통칭되는 남도어계南島語系 부족이었다.[1] 남도어계 부족으로는 마새

1 개달격란은 시공간을 넘어 통용되는 '실증적'인 부족 명칭이 아니다. 시대마다 일단의 변화가 있었다. 학계 역시 개달격란을 통일된 부족 범위로 생각하지 않는다. 즉 개달격란은 일찍이 타이베이 북부에 살았던 집단에 대한 통칭이다(李壬癸 1991). 타이베이 지역의 원주민 집단에 관한 유형 분류와 논의는 詹素娟·劉益昌(1999)을,

馬賽(Basai), 뢰랑雷朗(Luilang), 구륜龜崙(Kulon), 이 세 개 부족이 손꼽힌다. 그 중 현재 타이베이 지역에 가장 근접했던 부족은 수공업 · 수렵 · 어렵으로 생계를 유지하던 마새족이었다. 마새족의 주요 촌락들은 현 타이베이 주변부 북쪽 해안 부근, 즉 삼초사三貂社(St. Jago, 현 산댜오쟈오三貂角), 김포리사金包里社(Quimaurij, 현 완리萬里), 지룽基隆 일대, 사파리사沙巴里社(Taparri, 오늘날 단수이淡水 일대) 등의 지역에 분포돼 있었다. 이 중 사파리사의 부족 일부가 단수이강 유역으로 이동한다. 고증 가능한 타이베이 분지 최초의 인류 사회활동이었다.[2]

부락사회와 근심 없는 삶의 모습

이후 사파리사 사람들은 각각 수로와 육로를 경유해서 현재의 타이베이 분지로 진입한다. 수로를 선택한 사람은 단수이강을 거슬러 올랐고 육로를 선택한 사람은 지룽강 원연산蜿延山 길을 이용했다. 이들이 타이베이 분지로 옮겨와 살면서, 강을 따라 부락 공동체들이 이곳저곳 들어섰다. 분지 안쪽으로 최소 네 개의 지역에 촌락군이 형성됐다. 이들은 모소옹毛少翁, 리족里族, 뢰랑雷朗, 무로만武勝灣으로 나뉜다. 모소옹에는 기리안奇里岸, 모소옹, 대랑빙大浪泵, 기무졸奇武卒, 리족에는 탑탑유塔塔攸, 마리즉후麻里即吼, 리족, 봉자치峰仔峙, 루이랑에는 료아了阿, 구륜란龜

타이베이 옛 지명에 대한 해설은 翁佳音(2006)을 참조하라.

2 원시부족의 역사를 고찰한 문헌은 매우 많다. 여기서는 주로 中村孝志(1991), 詹素娟 · 劉益昌(1999) 등의 연구성과를 참고했다.

崙蘭, 수랑秀朗, 무로만에는 무로만, 파접擺接, 리말里末, 와렬瓦烈 등이 포함된다. 이외에도 분류되지 않은 많은 촌락이 있었다(詹素娟 · 劉益昌 1999 : 120-128). 이들 촌락의 인구는 적은 곳은 20여 명, 많은 곳은 400명 정도였다(溫振華 1981b : 905-911).

원주민은 어떻게 생활했을까? 당시 타이베이 지역을 상세하게 묘사한 사료는 거의 없다. 하지만 대만 타지역의 원주민 생활을 참고하면 이들 일상의 공통된 특징을 추측할 수 있다. 명 만력萬曆 30년(1602), 진제陳第가 왜구 토벌에 나선 복건도사福健都司 심유용沈有容을 도우려 대만에 왔다. 그의 저서 『동번기東番記』는 대만 원주민을 다룬 최초의 문헌이다. 그에 따르면 '동번이인東番夷人'으로 불리던 대만 원주민은 자급자족을 유지하며 서로 분쟁하지 않고 유유자적하며 살았다. "수전水田이 없다. 개간한 땅에 벼를 심고, 산에 꽃이 피면 그제야 경작을 시작한다. 벼가 익으면 뿌리째 뽑아낸다. …… 촌락에는 사슴을 배불리 먹지 못한 사람이 없다. 남은 고기는 가져가 소금에 절여두곤 한다. 사슴의 혀와 생식기, 그리고 힘줄도 소금에 절인다. 마을의 구석에는 사슴 가죽과 뼈가 한가득 쌓여 있다. …… 그래서 늙어 죽을 때까지 다른 부족과 왕래하지 않는다." 익어가는 곡식과 들판의 사슴을 먹고, 죽을 때까지 다른 집단과 교류하지 않는 단순한 생활. 진제는 이런 원주민의 삶을 흠모했다.

> 동번東番이여! 너는 오랜 세월 동안 관리되지도 않고 성장하지도 못했구나. 나체에 끈만 다른 백성이 다를 리 있겠는가? 바다에는 어부가 없다. 서로 섞여 살며 구분하지 않는다. 남녀의 역할이 바뀌었다. 집

과 무덤이 모여 있다. 평생 사슴만 잡는다. 사슴은 헤아릴 수 없이 많다. 사람들은 즐겁게 놀면서 배불리 먹고 유유자적하다. …… 이렇게 걱정 없이 사는데, 어찌 누군가의 백성이 되겠는가?(陳第 1959 : 27)

이런 진제의 시선은 청초에 대만을 경험했던 관리들의 원주민 부락에 대한 견문과 유사하다. 가령 강희康熙 60년(1721) 남정원藍鼎元은 「기수사련紀水沙連」이란 글에서 다음처럼 서술했다. "물은 깊고 물고기는 살쪘다. 그 수도 매우 많다. 이들은 어망을 사용하지 않고 몸에 지닌 활로 물고기를 쏘아서 잡는다. 광주리는 순식간에 물고기로 채워진다."(藍鼎元 1958a : 85) 강희 61년 대만을 둘러본 어사御史 황숙경黃叔璥은 『대해사차록大海使槎錄』에서 말했다. "경작에 힘을 쏟지 않는다. 쌀과 조가 부족하다. 매일 세 끼 토란을 먹고, 부족하면 생선, 새우, 사슴을 잡아먹는다. 김과 수초를 캐고, 등나무를 뽑아 교역하면서 생활한다."(黃叔璥 1957 : 136) 이처럼 청인淸人들은 원주민의 생활 양상을 비슷하게 설명했다.

이 시대 대만인들의 모습을 보자. 자연과 함께 생활하며 저마다 풍요롭게 지냈고, 사회적 균형 속에서 다툼이 없었다. 진제는 "무회씨의 백성인가, 갈천씨의 백성인가無懷氏, 葛天氏之民乎"(안락한 백성을 지칭할 때 쓰는 관용구다-역자)라며 감탄했고, 남정원은 "정말로 황제의 힘이 어디에 있는지 알 수 없다"고 형용했다. 원주민은 불만이 없었고 자원의 부족함도 느끼지 않았다. 그래서 외부 개척과 토지 개발에 대한 필요가 없었다. 강희 39년(1700) 욱영하郁永河의 대만 여행기 『비해기유裨海紀遊』에 기록된 "모래땅마저 모두 비옥하다. 누가 뽕나무 경작을 진지하게 고민하겠는가?"라는 문장은 시사하는 바가 적잖다. 원주민 시대의 대만에서 누가 이 비옥한 땅을 개발하고 경작하려 했을까?

이 질문에 대한 답은 강희 54년(1715) 태하도台廈道 진빈陳璸이 "대만의 황무지는 어떠한가?"라는 강희제의 물음에 올린 주답奏答으로 갈음할 수 있다. 진빈은 "대만에는 원래 황무지가 없습니다. 남북로南北路에 황무지가 많아 보이지만 이는 원래 원주민들의 사슴 목장입니다. 그들은 세금을 내고 가정을 부양하며 모든 것을 내놓습니다. 만약 이 황무지를 개발한다면 사슴 목장이 사라지고 그들은 생업을 잃을 것입니다."(丁宗洛 1964 : 80)라고 말했다. 원주민의 눈에는 모든 토지가 사슴 목장이었으므로, 그들에게 황무지라는 개념은 애초부터 없었다. 마음에 개발의 욕망이 자리 잡은 이들에게만, 미개발된 이 땅이 개간해야 하는 황무지로 보였으리라. 그래서 고민 없이 살아가는 사회에 뽕나무를 심어야 한다는 관념을 더하려고 한 것이다. 이 점을 고려하면 결국 대만과 타이베이의 개발사는 의심할 여지없이 외부인(유럽인, 한인, 일본인)의 욕망사인 셈이다.

스페인과 네덜란드, 명 정성공의 통치와 한인 개간

타이베이를 개발하려는 욕망을 추적하면 15세기 말까지 거슬러 올라간다. 바로 이매뉴얼 월러스틴Immanuel Wallerstein이 근대세계체제modern world system(Wallerstein 1998)가 출현했다고 지적한 시대다. 항해기술 발전을 등에 입은 유럽 열강들은 국가 영토라는 공간적 한계에서 벗어나 뻗어 나갔다. 그렇게 그들은 세계 곳곳의 땅과 그곳에 살고 있던 사람을 '발견'한다. 훗날 '대항해 시대' 혹은 '발견의 시대'라고 명명된 15세기 말 무렵, 포르투갈 함대는 아프리카와 아시아 일부를 점령하고 전략적 거점을 만들었다. 그 거점 중 한 곳이 마카오다. 포르투갈은 마카오에 자리를 잡은 후 일본 나가사키長崎와 중국 천주泉州 등에서 비단과 백은을 교역하여 많은 이익을 취했다. 명 가정嘉靖 44년(1565), 마카오에서 일본으로 항해 중이던 포르투갈 함대는 녹음이 울창한 섬을 발견한다. 그들은 이 섬을 'Ilha Formosa'라는 포르투갈어로 명명했다. Ilha Formosa, '아름다운 섬美麗之島'이라는 뜻이다. 이 섬이 바로 대만이다.

야나이하라 다다오矢內原忠雄(1985 : 1)에 따르면, 1554년에 이미 포르투갈인이 제작한 지도에 대만은 I. Formosa로 표기돼 있었다고 한다. 당시 기준으로 포르투갈이 세계 곳곳에 Formosa라고 명명한 섬은 최대 12개로 추정된다. 대만은 세계에서 유일한 포르모사Formosa는 아니었지만, 포르모사 중 가장 크고 유명한 섬이었다.

대만 해역은 중국, 일본 및 구미를 왕래하는 상선들이 몰리던 곳이었다. 다들 대만에 눈독을 들이며 야심을 드러냈다. 당시 마닐라를 차지했던 네덜란드는 대만에 처음 야욕의 손길을 뻗은 유럽 국가다. 네덜란드 함대는 1622년 팽호澎湖를 점령한 후 1624년에 대만 본토를 공격했다. 그들은 당시의 대원大員(현재 안핑安平)을 거점으로 상업 활동을 전개한다(曹永和 1979 : 27-28 ; 陳宗仁 2005 : 178-183). 한편, 남유럽 해양 패권국가의 전통을 가진 스페인은 필리핀에서 네덜란드에 상업 및 식민지 이익을 위협받자 대만 진출을 도모했다. 스페인은 1626년에 대만 북부 계롱雞籠을, 1628년에는 단수이淡水를 점령하고 대만에 진출한다(中村孝志 1970 ; 湯錦台 2001).

포르투갈이 대만을 발견하고 네덜란드와 스페인이 대만을 세계체제에 편입시키면서, 타이베이는 평온하던 원주민사회에서 이탈하게 된다. 개신교를 믿는 네덜란드와 천주교를 신봉하는 스페인은 종교개혁을 두고 서로 적대적인 관계였지만, 대만을 점령하는 방식은 같았다. 중상주의를 믿고 무역의 가치를 내세웠다. 따라서 그들에게 토지 개발은 대만 점령의 동기가 아니었다. 한 손으로는 성경을 들어 복음을 전하고, 한 손에는 총포를 들고 이익을 편취하는 양상. 대만을 점령한 서구 국가들은 한쪽에서는 교회를 세우고 다른 쪽에서는 모전毛氈, 마노구슬瑪瑙珠, 얼음사탕冰糖 등의 물자를 인근 원주민들과 등나무 줄기, 유황, 녹피 등의 농산 · 광산 · 축산물로 교환하는 무역을 진행했다(伊能嘉矩 1991a).

스페인은 타이베이를 어떻게 '경영'했을까? 사료에 답이 있다. 그들은 먼저 해안에 홍모성紅毛城과 포대를 건설하고, 숭정崇禎 5년(1632)에는 단수이 강에서 평원지역으로 진입했다. 그다음 지룽강까지 진출해서 지룽에서 단수이에 이르는 육로교역까지 꿰차고 앉았다. 하지만 스페인의 진출은 이동이 중심 행위였다. 그들은 분지 내부에서의 개간과 정착을 시도하지 않았다. 몇 년이 지나 스페인은 필리핀 전쟁 수행을 위해 대만 주둔군을 필리핀으로 돌렸다. 지룽과 단수이, 이 두 항구의 병력이 사라지자 1642년 네덜란드의 공격이 시작됐다. 스페인은 대만에서 철수할 수밖에 없었다(이노 카노리伊能嘉矩 1991a : 64 ; 中村孝志 1991).

네덜란드와 스페인은 수십 년에 이르는 대만 통치기간 동안 황무지 개간을 주도하지 않았다. 대항해시대의 동력은 희소한 물품을 찾아 교역하는 것이다. 여기에는 식물에 대한 욕구(향료), 복식에 대한 욕구(비단), 귀금속에 대한 욕구(금은) 등이 자리한다. 이 욕구를 채울 수 있는 물품으로 귀족계급을 만족시켰다(Wallerstein 1998 : 6, 57). 그러나 대만에는 이런 물품들이 없었다. 그래서 스페인과 네덜란드에게 대만은 중개무역을 위한 거점에 불과했다. 경쟁 국가를 견제하기 위해 대만을 점령했지만 통치를 위해 파견하는 인원은 많지 않았다. 그래도 무역을 통해 어느 정도의 토지와 인구를 장악할 수 있었기 때문이다.(네덜란드는 당시 일정한 부락들에 대한 징세권을 가지고 있었다. 또한 호구 관련 자료와 현지 지도도 보유했다.) 더 중요한 사실은 네덜란드 동인도회사가 안정적인 식민지 개척 정책을 추진했다는 점이다. 그들은 대만으로 올 한인漢人을 모집해 개간을 권장한다. 네덜란드의 군사행정과 한인의 개간상업은 '공동 식민殖民 운영' 방식으로 대만 역사상 최초의 개발을 이끌었다(歐陽泰 2007 : 226).

네덜란드인이 군사행정권을 손에 쥐었다. 하지만 실제로 토지를 개간한 주체는, 괭이와 호미를 손에 들고서 끊임없이 대만으로 넘어와 이익을 향해 질주하며 '대만에서 유일하게 꿀을 생산하는 꿀벌'로 불린 한인들이었다(歐陽泰 2007 : 455). 그렇다. 대만과 타이베이는 세계분업시스템에 진입했지만, 정치적 통치와 사회의 개발은 분리돼 있었다. '통치'하는 자들은 손에 총을 들고 장사를 한 스페인과 네덜란드다. '개발'하는 자는 입으로 소통하며 손발을 분주하게 움직이며 뛰어다닌 한인들이었다. 본격적인 토지개발은 다음 세대에서 점진적으로 이뤄진다.

1644년 네덜란드가 한인의 지룽 및 단수이 거주를 허가하면서 타이베이 최초의 한인 정착과 개간이 진행됐다. 처음에는 원주민들과의 교역과 소규모 농업을 병행하는 형태였다. 문헌에 따르면 한인들은 1648년에 소를 활용한 경작을 시작한다. 이 기록이 사실이라면, 이 시점이 바로 북대만 한인 농경사회가 시작된 시기일 것이다(尹章義 1989 : 31-32 ; 中村孝志 1991).

한인들이 원주민과 교역하는 방식은 제각기 달랐다. 누군가는 단독으로 소통했고 어떤 이들은 조직을 만들어 운영했다. 여기서는 후자에 대해서 논한다. 조직의 대표 사례는 네덜란드인들이 1640년에 만든 '복사贌社' 제도다. 복사는 원주민 물품 교역권에 고정 세금을 부과하는 방식으로, 재력을 보유한 한인 집단이 이 하청을 받아 상권을 독점하는 것이다. 가난한 중국 이민자들은 사슴 가죽을 수집하는 등 거친 일들을 주로 담당했다(曹永和 1979 : 58-59 ; 溫振華 1981b : 915). 세계체제의 구조 아래, 한인은 서양인과 원주민 사이에서 중개 루트를 만들었다. 이들은 계속 이익을 축적하여 자신의 몸집을 불렸다. 이렇게 북대만 지역의 주역이 '원주민 사회'에서 '한인 사회'로 전환되는 기제가 작동하기 시작했다. 인장이尹章義(1998)가 말한 '원주민이 우세하고 한인이 열세한' 시기였다.[3]

북대만 사회의 한인화漢人化 과정은 순조롭지만은 않았다. 스페인과 네덜란드 통치 시기에 싹을 틔웠지만 정성공鄭成功 통치 시대에는 오히

3 인장이尹章義(1989 : 1-28)는 '원주민 사회 - 원주민 우세 및 한인 열세 - 원주민 및 한인의 평등 - 원주민 열세 및 한인 우세 - 한인 사회'로 대만의 역사 단계를 구분한다. 그는 대만 사회를 에스닉ethnic 집단의 형태와 변화로 해석했다.

려 정체되고 만다. 1661년, 정성공은 네덜란드를 대만에서 몰아내고 대만의 첫 번째 한인 정부를 수립했다. 한인 사회는 한인 정부와 결합했고, 대규모 개발의 명분을 확보한다. 한인은 원주민과의 교역에 의존해 이익을 얻는 행상이나 양인과 원주민의 중개를 다시는 담당하지 않았다. 대만은 중국 한인 사회의 연장선상에 위치하게 됐다. 천샤오신陳紹馨(1972)은 이 순간을 대만 이민(한인) 사회에 있어 첫 번째 개간開墾의 관건 시기라고 명명했다.

정성공의 대만 점령과 통치는 대만을 중국 한인 사회의 연장선에 위치한 경계frontier로 만들었다. 정씨鄭氏 가문은 3대에 걸쳐 23년(1661~1683) 동안 대만을 통치했다. 그들은 개간에 열심이었지만 그 범위는 승천부承天府와 안핑진安平鎮 부근 20리(모두 현재 대만 남부지역)에 불과했고, 북부 금포리金包里, 대직보大直堡 등지에서 주둔 군인이 개간을 진행했다는 기록이 있지만 실적은 미비하다. 당시 단수이와 지룽 등의 북부지역에는 소수의 쫓겨난 죄인 및 유랑자들이 머물렀던 것으로 추정된다. 아직 이민을 통한 본격적인 개간은 시작되지 않았다(曹永和 1979 : 278).

정성공이 북대만을 지배했다는 전설이 퍼지기도 했다. 해산구海山口의 영반장營盤庄을 정성공이 주도한 개발의 흔적이라는 주장, 정성공 시대에 젠탄劍潭의 고사古寺나 관두關渡의 자생궁玆生宮이 건설됐다는 이야기 등이 퍼졌다. 하지만 이 사례들 모두 증명되지 않았다(尹章義 1980 : 9-23). 정성공 시대 때 대만이 조금씩 한인 농경 개발사회로 진입한 건 사실이다. 하지만 그 범위는 북으로 지금의 타이난현臺南縣, 남으로 현재 가오슝현高雄縣의 경계를 넘지 못했다(宋增璋 1980 : 43-47).

네덜란드와 스페인 통치 시기에 시작된 타이베이 한인 개발사는 정성공 통치 이후 오히려 중단되고 말았다. 정성공 정권이 청 강희 22년(1683)에 무너지면서 북대만의 한인 개발은 더 지지부진했다. 정씨 가문 통치 시기 대만의 인구를 천샤오신陳紹馨(1979)은 약 12만 명, 차오융허曹永和(1979)는 15~20만 명으로 추산한다. 실제 인구가 얼마였든, 정씨 정권의 몰락 이후 관원, 종교인, 군인, 난민의 절반 정도가 중국 대륙으로 돌아갔다. 이 시기 대만은 '사람은 떠나고 일하기는 어려우며 우물은 말랐고, 눈을 들어보면 황폐한' 상태였다. 남은 사람들은 자난嘉南 평원 일대에서 머물렀다(施添福 1987 : 32). 이런 점을 감안하면, 청나라가 대만을 점령했을 당시 북대만 지역은 아마 네덜란드, 스페인, 정성공 통치 시기보다 더 열악한 지경이었을 것이다. 그러다가 청 강희康熙 중기, 다시 대만 이주 열풍이 불면서 이 상황은 전환되기 시작한다. 중국 대륙으로부터 사람들이 몰려왔고, 새로이 유입된 인구는 북대만의 사회적 구조에 새로운 긴장을 불어넣었다.

개간 혹은 방치, 이익과 비용의 모순

많은 사람들은 동치同治 13년(1874)에 발생한 목단사牡丹社 사건을 계기로, 청나라의 대만 통치가 이른바 '소극 통치'에서 심보정沈葆楨 등의 양무파洋務派 관료를 중심으로 한 '적극통치'로 전환됐다고 말한다. 하지만 청초의 대만 경영을 '소극 통치'로 단정하는 것은 불합리하다. 청의 대만 통치 초기는 '안보 비용 절감'과 '개발 수익 증가' 사이에서 오락가락했기 때문이다. 이 시기, 대륙과 대만의 관계를 더 밀접하게 세

우려 하는 노력과 대륙과 대만 사이에 벽을 쌓으려 한 노력이 병행됐다.[4] 지금부터 '안보 비용과 개발 수익'의 모순적 관계를 바탕으로 청의 초기 변경(대만) 통치 특징을 설명하겠다.

먼저 안보 비용에 대한 고민을 보자. 강희 22년 시랑施琅은 군대를 이끌고 대만을 공격해서 정씨 정권을 멸망시켰다. 칭 조정은 대만을 편입했지만 대만을 어떻게 운영할 건지에 대해서는 고민하지 않았다. 조정 일각에서는 '대만 포기론棄臺論'이 대두되기도 했다(許雪姬 1987). 대만 포기론은 채택되지 않았지만, '무용함을 걱정하지 말고 손실을 없애자'는 논조가 넓게 퍼졌다. 욱영하郁永河는 『비해기유裨海紀遊』에서 말했다. "사람들이 말한다. 적은 병력으로 중국의 영토를 넓히기는 힘들다. 나체로 문신을 하고 다니는 원주민들과 공존하기는 어렵다. 무용한 땅에 자금을 쓰기보다 그 사람들을 간섭하지 않고 그 땅을 비워두는 게 더 낫다." 이 발언은 대만 포기론의 전형적인 논조였다.

대만 유지론자와 대만 포기론자의 논쟁은 몇 달 동안 이어졌다. 이후 시랑施琅이 〈진대만기유리해소陳臺灣棄留利害疏〉라는 제목의 상소를 올려 대만의 중요성을 강조한다. 이 상소에서 그는 대만의 경제적 가치와 안보적 가치의 중요성을 강조하며, '대만은 네 개 성省의 실질적 요충지다. 그러므로 농사로 군병의 식량 공급이 어렵다고 말해서는 안 된다. 대만은 반드시 유지해야 한다. 설령 불모의 땅이라 하더라도 꼭

---

4 청의 초기 대만 통치에 대해서는 John Robert Shepherd(1993), 柯志明(2001)의 숙번계熟番界 연구를 참조하라.

내지와 연결해야 하는 곳이다. 그러므로 대만 포기는 어불성설이다'라고 주장했다. 이 상소는 대만의 가치를 전략적 수준으로 끌어올렸다. 이윽고 강희 23년(1684) 4월, 황제는 대만에 필요한 정치 체제와 제도의 규모에 대한 조사를 지시했다. 결국 '1부 3현 설치, 순도巡道 분할 설치, 총병總兵 1명, 부장副將 2명, 병사 8천 명 주둔'이 결정됐다(臺灣銀行經濟硏究室編 1963a : 131-132).

강희제의 발언을 보면, 대만이 청조의 강역에 편입된 후에도 대만 경영에 대한 의지가 강하지 않았다는 사실을 알 수 있다. 『강희기거주康熙起居注』에서 강희제는 대만 초대 총병 양문괴楊文魁에게 엄격한 해상 방어를 당부하면서, "해양은 이익을 좇는 무리가 모이기 마련이다. 배를 정박하는 장사치들이 많을 것이 분명하다. 이를 엄격하게 관리하고 체포하라. 이익을 쫓다가 생사가 결정되지 않게 하라."며 부연했다(中國第一歷史檔案館整理 1984 : 1186). 이를 보면 강희제는 대만의 경제적 잠재력에 관심이 없고, 다만 횡행하는 도적들을 걱정했었다. 게다가 강희제는 "대만은 비좁은 땅에 불과하다. 그 섬을 얻어도 이익이 없고, 얻지 않아도 손해가 없다"라는 말을 하기도 하였다.[5]

대만에 대한 청 조정의 수많은 행정 명령은 '대만 방어를 위한 대만 통치' 전략임이 분명했다. 주요 행정 명령으로는 단신으로 체류하며

---

5 이 구절은 강희 22년의 것이다. 원문은 다음과 같다 "10월 초십일, 정미丁未, 구경九卿, 첨사詹事, 과도科道가 해적 평정이 필요하다는 의견을 냈다. 황제께서 말씀하였다. "해적은 분명 피부병 같은 질병이다. 대만은 한낱 비좁은 땅에 불과하다. 그 섬을 얻어도 이익이 없고, 얻지 않아도 손해가 없다. 은혜를 내린다 한들 한낱 겉치레에 불과할 테니 필요치 않다."(『청성조실록선집淸聖祖實錄選輯』 129쪽)

직장이 없는 거주민 추방, 밀항을 통해 정착하거나 가족을 동반한 대만 이주 금지, 한인의 원주민 구역 출입 금지, 성 건설 금지, 대만으로의 항로와 상륙 항구 제한, 철기의 대만 수출 금지 등이다(陳碧笙 1982 : 100-102).

이 중에서도 '해금海禁 정책'이 가장 가혹했다. 해금은 만주족이 세운 청나라가 중원을 제패한 후부터 비공식적으로 실시됐었다. 이 시책은 망명 정권인 남명南明에 대한 연해 백성의 물자 제공 및 지원을 막기 위한 것이었다. 하지만 청 조정은 명나라를 받든 정씨 정권의 대만을 정복한 이후에도 해금을 철회하지 않았다. 오히려 강희제 통치 기간 동안 더욱 엄격하게 대만을 봉쇄하는 정책을 펼쳤다. 이후 백여 년 동안 해금은 느슨함과 엄격함을 반복한다. 그러다가 1790년, 관도官渡(관이 설치한 나루터-역자)가 설치되면서부터 중국 대륙과 대만을 왕래하는 배가 운항하기 시작했고, 결국 광서光緖 연간(1870년)에 이르러 해금은 전면 폐지됐다(莊金德 1964 ; 黃秀政 1995 ; 朱德蘭 1986).

대만 방어 정책으로 인한 단절을 떠나 북대만은 여전히 '변경 사회'라는 특성을 가졌다. 대만의 개발이 선남후북先南後北의 순서를 따라 진행됐기 때문이다. 초대 대만진鎭 총병總兵 양문괴楊文魁가 재임 기간을 채우고 대만을 떠나면서 남긴 「대만기략비문臺灣紀略碑文」의 기록을 보자.

> 계롱雞籠, 단수이淡水는 대만군郡의 북쪽 모퉁이에 위치한다. 군郡의 관할에서 몇천 리나 떨어져 있다. 여름과 겨울이면 물이 불어나 육로로는 통하기 어렵다. 겨울과 봄에는 바람이 거세 선박이 닿기 힘들다. 그 땅에는 원주민만 있고 한인은 없다. 제대로 된 운영이 힘들 것

이다. 지금까지 땅을 일궜지만, 여전히 뜻을 세우기 부족하다(周元文 1961 : 526).

이 비문을 보면, 대만 포기와 유지를 둘러싼 쟁론이 해결된다 해도 결국 누군가는 대만 북부의 계롱과 단수이의 열악함을 내세워 대만 포기를 건의했으라는 사실을 추정할 수 있다(尹章義 1989 : 44). 현재 대만에서 가장 부유한 지역은 수도 타이베이 일대다. 참으로 상전벽해桑田碧海라 할 만하다. 당시 대만 북부 지역에는 정부 기관이 없었고 군사적 방비도 전무하다시피 했다. 청초의 대만부府는 복건성福建省 산하에 있었다. 그 아래로 대만, 봉산鳳山, 제라諸羅의 3현이 속했다. 타이베이 지역은 제라현 관할이었고 제라현치縣治(현치縣治는 현 정부 소재지다-역자)는 제라산諸羅山에 설치됐지만, 지현知縣(현의 지사-역자)은 가리홍佳里興(지금의 타이난臺南 쟈리佳里)에서 공무를 처리했다. 계롱은 가리홍과 약 400km 떨어져 있다. 300여 년 전의 관원이, 이 거리距離를 이겨내고 관할 지역을 제대로 통치했을 거라고 믿는 사람은 아마 없을 것이다.

그렇다면 군사 주둔은 어떻게 됐을까? 욱영하郁永河의 『비해기유碑海記遊』에 기록된 여행 기사를 보자. 욱영하는 대만에서 유황을 캐기 위해 안핑安平에서 배를 타고 단수이로 가려 했다. 출발 전날, 한 사람이 그에게 경고를 해줬다.

그대는 계롱과 단수이의 물과 땅이 열악한지 듣지 못했소? 사람은 그곳에 가면 그 즉시로 병에 걸리고, 병에 걸리는 즉시 죽는다 하오.

종들에게 계롱과 단수이의 사정을 물어보니 모두 울면서 탄식하더군요. 정히 그 길을 가려면 해군을 거느리고 봄이나 가을에 가시오. 살아 돌아오면 행운일 것이오.

타이베이로 향하는 길은 흔히 죽음의 여행으로 비유됐다. 이는 단지 개인의 이동에 대한 부담과 우려일 뿐 아니라 군대 배치에 대한 경보이기도 했다. 욱영하는 강희 초년 단수이로 파견한 주둔군에 관한 내용도 기록해뒀다. 여기에는 공포로 인해 군이 방어를 포기하는 모습이 그려진다.

안핑수사安平水師가 선발한 병졸 10명을 거느리고 반년 만에 (단수이에) 도착했다. 수사와 병졸들 모두 두려움에 빠졌다. 작은 배를 타고 도착한 그들은 이틀 밤을 보내고는 되돌아갔다. 15~16년 된 성에는 병사의 흔적이라고는 없었다! 오랜 세월 동안 황폐했고 들어가는 자들은 곧잘 죽었다. 귀신의 농간인지 사람은 알 길이 없다. 이런 곳에 방어 시설을 설치한다는 이야기는 허무맹랑하다!

이런 기록들은 청 조정은 대만을 점령했지만 여전히 대만을 자국의 영토로 여기지 않았다는 사실을 보여준다. 게다가 안보 비용에 대한 고민이 더해지자 계획적인 대만 개발 시행은 불가능했다. 이민 개발의 길이 열리고 지역의 치안이 점차 안정 국면에 접어든 후에야, 비로소 청 조정은 마지못해 정부 기구를 설치하게 된다. 그래서 청 조정의 대만 통치는 '경계 밖에 마음을 두고 경계 안을 통치'하는 것에 가까웠다. 국가 통치의 측면에서, 대만은 '개발 이익'이라는 흡인력과 '지출 비용'이라는 추력推力이 동시에 존재하는 곳이었다.

대만은 풍부한 벼 생산 때문에 점점 중국 대륙의 관심을 받다가 미곡을 통한 관계를 형성하기에 이른다. 청조의 봉금 정책 아래서, 청 조정은 대만 미곡의 수입과 판매를 금지했다. 『중수대만부지重修臺灣府志』는 "대만 상선은 대만에서 샤먼廈門으로 운항한다. 매 척의 배마다 쌀 60석만 싣도록 하고 이를 넘기지 못하게 했다"고 적었다.

조정의 봉금은 대만과 대륙의 미곡 교역을 막을 수 없었다. 대만의 풍년과 복건성의 흉년 모두 미곡상에게는 좋은 기회였다. 강희 32년(1693) 『제라현지諸羅縣志』는 "내지(중국 대륙)에 흉년이 들면, 상인은 복, 흥, 천, 장 4군(복주부福州府, 흥화부興化府, 천주부泉州府, 장주부漳州府)의 쌀을 사들인다"고 기록하고 있다. 강희제가 내린 봉금은 옹정雍正 초년에 느슨해졌고, 당시 복건 순무 황국재黃國材는 관련 부분에서 관官의 선례를 만들었다. 그는 대만쌀 5천 석을 평균 곡가穀價로 수입해서 저장성浙江省으로 운송하는 교역에 동의했다. 옹정 3년(1725)부터 대만에서 쌀을 수입해 내지 구휼용으로 활용하는 일이 관례가 됐다. 매년 5만 석을 거둬서 복건의 장주부漳州府와 천주부泉州府에 고르게 나눠줬다(林玉茹 1994 ; 世慶 1994).

옹정제 시기부터 대만과 중국의 미곡통제관계가 형성됐다. 청 조정은 더 이상 대만에서 나오는 개발 이익을 무시할 수 없었다. 다만 청 조정이 관심을 가진 미곡 공급 역량은 남부 대만만이 보유한 것이었다. 그렇다면 당시 북대만의 상황은 어땠을까?

강희 연간, '중로中路'와 '남로南路'의 개발은 상대적으로 무르익었지만, '북로北路'에는 여전히 대량의 황무지가 있었다. 앞에서 살펴본 것처럼 미곡 생산의 증가가 사회적 관심의 대상이 되면서 황무지는 더는 그저 버려진 땅이 아니었다. 황무지의 사회적 정의가 달라졌다. 강희 56년(1717) 『제라현지諸羅縣志』는 단수이에서 반선半線(현재 장화彰化) 사이의 삼백여 리를 '물과 샘이 있고 평탄하고 비옥하다. 평야와 숲이 넓고 많다'라고 묘사하고 '마치 옥돌의 옥'과 같다고 치켜세웠다. 강희 61년(1722) 황숙경黃叔璥은 『대해사차록台海使槎錄』에서 '무로만武勝灣, 대랑빙大浪泵 등은 땅이 넓고 토지가 비옥하니, 만 명의 농부를 수용하여 경작할 수 있다'고 말했다.

욱영하의 『비해기유裨海紀遊』는 이 넓고 거친 광야에서, 원주민, 토관土官, 사군社棍과 무기력한 수사水師 이외에는 그 어떤 한인의 행적도 찾아볼 수 없었다고 기록했다. 하지만 북대만의 미곡 생산 잠재력이 주목받으면서 관官은 토지 개간을 장려하고 개척을 위해 사람을 모집하기 시작한다. 이제야 정부가 실질적으로 움직이게 된 것이다(溫振華 1981b : 919). 강희 49년(1710) 대하도臺厦道를 역임한 진빈陳璸은 『대하조진이폐사사臺厦條陳利弊四事』에서 '대만은 곡식을 생산하기 더없이 좋은 곳이니 …… 넓은 땅이 여전히 많으므로 포기하기에는 매우 아깝다'며, 조정에 '개간 희망자를 모집하여 황량한 경작지에서 이익을 만들자'고 건의했다(陳璸 1961 : 13).

북대만 개발이 본격적으로 진행되는 것처럼 보이지만, 상술한 것처럼 대만 통치에 수반되는 치안 비용이 청 조정을 딜레마에 빠트렸다. 그들은 개간을 통해 미곡 생산이라는 이익을 취하려 했지만, 동시에 일부 한인이 산으로 도망가서 치안의 사각지대를 조성할까 봐 우려했다. 진빈이 강희 47년(1710)에 쓴 또 다른 보고를 보면, 이들의 딜레마를 바로 이해할 수 있다.

진빈은 한인의 대만 개발이 원주민에게 미칠 영향을 걱정한 인물이다. 그는 '대만에는 원래 황무지가 없다. 남북로의 많은 황무지는 사실 모두 원주민의 사슴 목장인 셈이다'라고 주장하기도 했었다. 그는 원주민 사회 보호라는 입장에서, 『조진경리해강북로사의條陳經理海疆北路事宜』의 여섯 번째 항목을 통해 '세력가 호족 가문이 비옥한 땅을 탐내 개간하려 한다면, …… 원주민의 땅의 개간은 반드시 금지해야 한다'(陳璸 1961 : 13)고 건의했다.

진빈은 두 개의 정책을 내세웠다. 첫째는 백성을 모집하여 황무지를 개간해서 이익을 내자는 것이고 둘째는 원주민 토지 개발의 금지다. 개간 허가와 개간 금지는 실질적으로는 뒤섞여서 동시에 진행되는 정책이었다. (1)미곡통제관계 아래에서, 농업 개간으로 내지(중국 대륙)의 식민 개척 효율과 이익을 증가시키는 방법 (2)변경 통치 특유의 정서 아래에서, 원주민 토지 개간을 금지하여 치안 비용을 절감하는 방법, 이익과 비용이 서로를 잡아당기면서 모호하고 모순적인 통치 관계를 만들었다.[6] 이 모호한 통치의 정경 속에서, 타이베이 개간의 기원이라고 여겨지는 '진뇌장간조陳賴章墾照'가 태어났다.

6 커즈밍柯志明(2001 : 80-84)은 진빈의 두 가지 제안이 당시 청의 모호하고 모순적인 대만 개발 정책의 성격을 보여준다고 주장했다. 또한 원주민 거주 지역을 봉쇄 및 격리한 이유로는, 안보 유지와 평원 개방을 통한 개간 농민 모집 및 미곡 대량 생산을 꼽았다.

한인의 타이베이 개간, 서막을 올린 진뇌장陳賴章

청 조정은 북부 대만 개간을 관리하기 위해 '간호제墾戶制'를 채택했다. 청 조정은 개간에 직접 관여하지 않았다. 『담수청지淡水廳志』에는 '유력한 가문이 단수이의 형세와 근처 물길을 본 후, (개간 대상 토지의) 경계를 정하여 현縣에 설명하고 (개간을) 신청한다. 개간을 허가하는 문서를 받으면 소작인을 모집하여 개간을 시작한다'고 쓰여 있다. 개간을 희망하는 주체가 먼저 관할 관청에 개간을 신청하고 대상 토지의 범위를 밝힌다. 관은 원주민 지역의 사무를 담당하는 사상社商과 역관에게 현지 조사를 위탁한 후 문제가 없으면 심사를 통해 개간 허가증인 간조墾照를 발급한다. 신청자가 개간의 권리를 취득하면, 개간을 지휘하는 간수墾首가 된다. 간수는 직접 소작농을 모집해서 개간을 추진할 수 있었다. 개간을 원활하게 진행해서 몇 년 동안 제때 세금을 납부한다면 승급도 가능했다. 개간자들의 우두머리인 간수가 법률이 보증하는 업주業主의 자격을 취득하는 것이다.

『청대대만대조조사서清代臺灣大租調查書』에 따르면, 최초로 타이베이 지역 개간을 신청한 것은 강희 48년(1709) 제라현諸羅縣의 '진뇌장陳賴章' 간호墾號였다. 신청한 개간 범위는 '위로는 단수이대가랍淡水大佳臘'이다. 이는 현재 타이베이시를 포함하는 범위의 옛 지명으로, 다른 문헌에는 대가예大加蚋, 대가랍大加臘 등으로 표기되기도 한다. 진뇌장 간호는 천주적泉州籍의 대기백戴崎伯, 진봉춘陳逢春, 진헌백陳憲伯, 뢰영화賴永和, 진천장陳天章 등 다섯 명의 출자자가 합자合資하여 만들었다. 이들이 신청한 개간 범위의 '경계'는 '동쪽으로 뇌리雷厘, 수랑秀朗, 서쪽으로 팔리분八里分, 간

두干脰, 남쪽으로 흥직산興直山 산기슭, 북쪽으로는 대랑빙大浪泵 협곡'이다.[7] 이 경계를 현재 지명으로 설명하면, 동쪽은 융허永和와 신뎬新店강의 일부분, 서쪽은 바리八里, 관두關渡 일대, 남쪽은 타이산泰山과 신좡新莊의 산기슭, 북쪽은 타이베이시 다퉁구大同區다(翁佳音 2006 : 55f).

현재 타이베이 분지라 불리는 지리적 범위를 대상으로, 자본을 모아 개간을 신청한 유력인사는 '진뇌장' 말고도 여럿 더 있었다. 또 사실 '진뇌장'이 최초의 개간 신청자도 아니다. 하지만 진뇌장의 개간 면적이 가장 넓었고, 진뇌장의 명성이 가장 높았다. 욱영하의 『비해기유裨海紀遊』에 기록된 원시 상태의 타이베이 평원은, 진뇌장 등의 간호墾戶가 주도하는 개발을 거치면서 강희 후기부터 그 변화가 뚜렷하게 드러났다. 진뇌장 간호의 개간이 완성된 후, 타이베이 평원은 한인이 우세한 사회로 전변轉變했다. 또한 농업 사회의 형태가 보이기 시작했으며, 맹갑 거리가 출현할 수 있는 조건이 갖춰졌다. 이후의 2~3백 년은 이 땅의 지리적 범위가 세 개 사회로 확장하는 시기였다. 바로 맹갑, 대도정, 성내라고 불리는 '세 개 거리'의 시대다.

일반적으로 타이베이 역사를 논할 때 흔히 다음처럼 묘사한다. 맹갑은 원주민 시대 타이베이에서 가장 오래된 취락이고 가경嘉慶 연간에 대대적으로 번영했다. 이후 함풍咸豐 연간에 출신지에 따라 형성된 집단 간 분류계투分類械鬥가 벌어졌고, 계투에서 패배한 동안인同安人이 다른 지역에서 새로운 상업 거리를 만들어 '대도정 시기'가 도래한다. 이후 광서光緒 원년, 청 조정이 타이베이에 부府를 설치하고 성을 쌓으면

7 진뇌장 간호에 대해서는 尹章義(1989)를 참고하라.

서 '성내 시기'가 열렸다. 제각기 다른 시간과 공간이, 학술 연구와 민간 전승의 교직을 통해 하나의 선으로 연결 가능한 발전사로 구성돼 나갔다.[8]

분명 맹갑은 매우 오래된 부락이다. 청대 이전부터 소규모의 한인과 원주민의 교역소가 존재했을 정도다. 조사에 따르면 지금의 단수이강 유역에 거주했던 토착민은 독목주獨木舟(통나무배)에 농수산물을 싣고 강이 합류하는 곳까지 와서 한인과 교역했다. 한인은 대과감大科嵌, 단수이淡水, 신뎬新店溪의 물줄기가 모이는 곳을, '독목주獨木舟'의 토착어 발음인 Manka(혹은 Moungar)의 음을 따서 '맹갑艋舺'이라 불렀다. 맹갑 지역에 최초로 출현한 시가지는 한인 상인과 원주민 농민, 그리고 사냥꾼이 토산품을 매매하던 시장이었다. 그중 고구마가 주거래 상품이었기 때문에 시장은 '번서시蕃薯市', 거리는 '번서시가蕃薯市街'라고 불렀다(陳正祥 1957 : 6).

하지만 주의가 필요하다. 타이베이시 발전은 결코 맹갑부터 대도정, 성내까지 단선적으로 확장되며 진행되지 않았다. 건륭제 이전, 단수이강 유역에는 맹갑보다 더 발전한 거리도 존재했었다. 맹갑이 타이베이시의 발전 계보의 조상처럼 여겨지게 된 것은 건륭 연간에 이르러서다.

---

8 예를 들어 천정샹陳正祥은 『대만지지臺灣地誌』에서 "성내는 새로 대두한 구역으로, 근대 타이베이의 화려함이 자리한다. 맹갑은 구시가지로, 타이베이에서 가장 오래된 공간을 대표한다. 대도정은 반은 새롭고 반은 오래된 지역으로, 맹갑과 성내의 중간에 위치하는 성격을 지닌다"(陳正祥 1959 : 284, 287).

2. 제1거리: 맹갑艋舺, 바리八里와 신좡新莊의 지위를 빼앗다

한인의 농업 개간 사회는 타이베이 도시 형성의 열쇠다. 윌리엄 스키너William Skinner의 '중국표준성진中國標準城鎮' 개념으로 보면, 농업 개간 지대의 출현은 도시 배후지hinterland가 등장했다는 뜻이다. 한인 농업 개간 사회의 미곡 생산은 도시 출현의 경제적 기반을 제공했다. 이와 같은 개념적 구조를 통해야 맹갑 거리의 출현 과정을 이해할 수 있다.

타이베이 평원은 강희 후기부터 개간이 시작됐다. 하지만 바로 즉각적이고 전면적인 개간이 이뤄진 것은 아니다. 여전히 수많은 미개발 토지가 남아 있었다. 『대만관습기사臺灣慣習記事』를 보자. 옹정雍正 13년(1735), 임천성林天成은 '미개발 토지 강탈'을 이유로 피소됐다. 옹정제 시기만 해도 대가랍大佳臘에는 여전히 밭과 논이 아닌 미개발 토지가 상당했다(尹章義 1989 : 82). 이렇게 산재하던 미개발 토지는 건륭제 시기 '개간의 적극 장려 시대'를 거치면서 수전화水田化됐다. 이를 통해 타이베이 평원은 농업 개간 사회로 나아간다.

논벼 경작水稻耕作이 발전하자 수리 시설 건설도 잇따랐다. 타이베이 분지 개발 초기에는 자연의 못과 늪을 수원水源으로 삼아 물을 대는 조잡한 방식으로 농사가 이뤄졌다. 그러자 물을 이용하려는 이들이 몰려 수원지를 두고 다퉜다. 수원지 인근 토지가 모두 점유되자 이익이 임계점에 도달했다. 공간은 그대로인데 가지려는 사람은 계속 증가하면, 반드시 동란으로 이어진다. 동란을 피하고 문제를 해결하기 위해서는 사회적 방법을 동원해야 한다. 수리 기술의 발전이 바로 일종의 해결책이었다.

수리 사업의 발전은 농지 면적 확대를 가져와 농업 이익을 증가시켰다. 또한 수조水租를 통해 이익(지세地稅의 1/3을 초과)을 확보했다. 개발을 원하는 자본가 역시 계속 개간에 투입됐다. 타이베이 분지에서 중요한 도랑은, 타이베이 분지를 관개하는 류공전瑠公圳과 우리쉐전霧裏薛圳, 신뎬 지역을 관개하는 대평림수大坪林圳, 산충三重 루저우蘆洲 지역을 관개하는 만안피萬安陂와 영안피永安陂 등이다. 대부분 농업 개간이 고도로 발전한 18세기에 만들어졌다. 이후 건륭제 20~30년대(1755~1765)에 이르면, 관개 면적이 600갑甲(타이완의 지적地積 단위, 0.97헥타르) 이상의 규모를 가진 도랑들이 밀집한다(溫振華 1981B : 929).

지방지를 통해 청초 대만 북부·중부·남부 일대에서 광범하게 진행된 개간 상황을 대략 확인할 수 있다. 옹정 13년(1735)의 『중수대만부지重修臺灣府志』에 따르면, 대만현臺灣縣과 장화현彰化縣의 개간 논밭은 각각 4,910갑과 4,372갑에 달했지만 단수이청淡水廳은 218갑에 불과했다. 그러나 건륭 연간부터 대만과 장화의 개간은 한계에 부딪혔다. 반면 단수이청 일대의 개간 토지는 오히려 몇 배나 늘었다. 건륭 말년(1795)이 되자 북부의 토지 개간 수준이 조기에 개발된 중남부를 추격하는 추세를 보였다. 북대만의 개간지 증가 추세는 가경嘉慶 시기 이후에야 멈췄다. 왕스칭王世慶(1985 : 98)은 이 수치를 근거로 대만 북부의 농지 개간이 건륭 말기에 완성됐다고 판단했다.

표 2-1 청 중기 이전 단수이청 전원田園 개간 증가 추세

연대	원園의 면적	전田의 면적
옹정雍正 13년(1735)	337갑	218갑
건륭乾隆 20년(1755)	1,290갑	1,478갑
건륭乾隆 43년(1778)	2,335갑	5,134갑
건륭乾隆 57년(1792)	2,428갑	5,315갑
가경嘉慶 9년(1804)	2,428갑	5,326갑

출처: 溫振華(981b : 933) 참고

수리 기술 발전은 기후에 맞춰 빈 땅을 경작하는 농사를, 시기별로 이익을 확보할 수 있는 전원田園 기초 농업으로 바꿨다. 타이베이 평원은 건륭 중엽의 수전화水田化 완성으로 대만에서 가장 중요한 곡물 생산 지역 중 하나로 발돋움했다(尹章義 1989 : 147-148). 타이베이 평원은 이미 도시의 '배후지'가 됐고, 연이어 '거리'가 등장한다.

농업 개간 사회의 형성, 맹갑으로 몰려드는 시장

건륭 말년(1795) 이후, 농업 개간이 발달한 타이베이 평원에 시가지가 등장했다. 이 시가지는 두 가지 기능을 담당한다. 첫째는 과거처럼 중국 대륙에 대한 수출 무역항의 역할, 둘째는 지역 농산품의 내륙 집산기지 역할이라는 새로운 기능이었다. 수전화가 되기 전 북부 대만 부락들의 기능은 단순했다. 대표적인 예가 바다와 강의 교차지점에서 최초의 중계 무역항 기능을 담당했던 '단수이'와 '팔리분八里坌'이다(林玉茹 1994). 농산물을 모으고 운반하는 기능은, 타이베이 개발 지역의 중앙에 위치하고 타오위안桃園으로 연결되는 육로의 요충지에 위치한 '신좡新莊'에서 시작됐다(尹章義 1980).

당시 시가지의 무역과 집산 기능은 왜 분리됐을까? 청초(건륭 48년 이전), 중국으로 수출되는 대만 농산품은 오직 안핑安平 녹이문鹿耳門에서만 운송 가능했다(王世慶 1994 : 105). 그러니 중계 무역 중심지와 곡물 집산 중심지가 일치해야 할 필요 자체가 없었다. 하지만 건륭 연간 이후, 북부 대만이 수전화를 통해 본격적으로 개발되고 대만 일대의 농업 생산량이 급속히 증가하자 상황이 달라졌다. 기존의 '단독 무역'과 '녹이문鹿耳門 집산 시스템'은 변화된 상황을 감당하기 힘들었다. 물산 소재지마다 작은 시가지가 형성돼, 해당 지역의 농산물 집산, 운송, 중계 무역 등의 기능을 소화하기 시작했다. 또한 하천을 낀 항구河港들 역시 독립적으로 중국 대륙과 교역한다(涂照彥 1993 : 20). 타이베이 평원 근처의 항구들도 마찬가지였다. 여러 시기 동안, 단수이강 연안에 포함되는 팔리분, 단수이, 신좡, 맹갑 및 대도정 등의 부두가 팔리분 하항河港 시스템을 구성했다(林玉茹 1994).

타이베이 평원의 상황을 보면, 팔리분에서는 대외 무역이 신장에서는 내륙 집산이 이뤄졌다. 특히 단수이강 중류의 맹갑은 하류로 흐르는 물줄기의 집결점으로, 상술한 대외 무역 및 역내 집운集運이라는 양대 기능을 동시에 담당했다. 18세기 후기부터 맹갑은 신좡을 대신한다. 니시무라 무쓰오西村睦男(1985 : 7-8)는 "맹갑은 타이베이 평원에서 대륙 시장과 대만 내륙에서, 생산 기능의 배후지와 연결되는 가장 중요한 시장으로 자리매김했다."라고 주장했다.

건륭 초년(1736)부터 상점들이 맹갑에 몰려들었다. 가경嘉慶 연간이 되자 상업적 기회가 크게 늘면서 상인의 동업 조직인 '교郊'가 이 시기에 출현한다(邱秀堂 編著 1986 : 76). 도광道光 연간에 이르면, "맹갑에 거주하는 백성의 점포가 약 4~5천에 달했다. 밖의 팔리분구八里坌口에는 상선이 모여 활기차며 단수이창倉이 자리한다. 동지同知(지부知府를 보좌하는 관리)는 반년 동안 맹갑에 머문다. 많은 수의 백성들이 부유하고 일거리가 넘친다."(姚瑩 1957 : 90) 맹갑은 가경 중엽 이후, 타이베이 분지 일대 정치경제의 실질적 중심지로 변모했다.

상술한 '표준집진標準集鎮(비농업 인구가 중심인 도시보다 작은 규모의 공간 범위-역자)' 형성은, 맹갑이 타이베이 평원의 중심 시가지로 자리잡게 된 요인 중 하나일 뿐이다. 중국 시가市街의 잠재력은 시장市場 기능에만 국한되지 않는다. 프라센지트 두아라Prasenjit Duara는 중국의 시장경제는 단독으로 작동한 게 아니라 사원, 조합, 종족宗族 같은 각종 조직과 융합해서 운용되면서, 공간의 결점結點(node)에 자리 잡는다고 지적했다. 그는 이러한 공간의 중심점을 '권력 문화 네트워크culture nexus of power'라고 지칭하고, 이 네트워크야말로 중국 지역사회를 움직이는 기본 기제라고 여겼다. 또한 종교와 신앙 관련 사무가 보유한 응집력이 촌민을 집결시키는 가장 중요한 요소라고 생각했다(Prasenjit Duara 1995 : 4, 122-127).

청나라 초기 맹갑 거주민 대부분은 민남閩南 천주부泉州府에서 온 이민자들이었다. 그중 삼읍三邑(진강晉江, 혜안惠安, 남안南安 3현) 지역에서의 이민이 가장 빨랐고, 인구도 제일 많았다. 동안현同安縣의 이민은 비교적 늦었고, 인구는 두 번째로 많았다. 그리고 일부의 안계현安溪縣 출신 인구도 흩어져 살았다. 관련 문헌이 부족하기 때문에 맹갑의 발전에 대해 소상히 알기는 어렵다. 하지만 두아라가 제기한 종교·신앙의 역량을 활용하면 맹갑 시가지의 발전 윤곽이 어느 정도 그려진다. 맹갑 일대 사원 축조 연대를 역으로 추적하면, '맹갑 삼대 묘문廟門' 변화를 활용해서 맹갑 시가지의 발달 흐름을 어느 정도 가늠할 수 있다.

(1)용산사龍山寺: 용산사는 건륭 3년(1738), 천주泉州 진강晉江 용산사 관음보살을 분사分寺하며 세워졌다. 건축 비용은 천주 출신 인사들이 모금(2만 원)했고, 토지는 천주상인과 선임 이사董事 황전모黃典謨가 기증했다. 번서시蕃薯市와 용산사 사이에 맹갑에서 가장 오래된 거리가 생겨났다. 여기에는 환자시가歡慈市街, 대계구가大溪口街, 구가舊街, 신점가新店街, 용산사가龍山寺街 등이 포함된다. 맹갑 발전 초기, 이 일대로 상점들이 결집했다.

(2)신흥궁新興宮: 용산사가 세워진 이후, 맹갑 시장은 대계구大溪口 부두와 용산사 사이를 중심으로 발전했다. 건륭 11년(1746), 각 행교行郊의 자금을 모아 신흥궁(지금의 마조궁媽祖宮) 및 복덕궁福德宮을 세웠다. 이후 주변에 마조궁구가馬祖宮口街, 직흥가直興街, 토지후가土地後街 등의 거리가 들어섰다. 건륭 25년부터 용산사 동쪽이 점차 흥성한다. 이 일대에 대중묘大衆廟와 지장왕묘地藏王廟가 건설됐다. 맹갑 초기 취락의 핵심이 자리 잡은 것이다. 이 상황은 강을 낀 부두에서 점차 동쪽으로 시가지가 확장되는 과정을 보여준다.

(3)청수암淸水巖: 건륭 52년(1787), 삼읍인에 이어 안계인이 맹갑에 유입됐다. 안계인은 직흥가直興街의 끄트머리에 청수암조사묘淸水巖祖師廟를 세우고 기존 시가지와 연결시켰다(廖韓臣 1953 : 14-15 ; 李根源 1953 ; 蘇省行 1953).

이 무렵 맹갑은 중심지의 기본 윤곽을 갖췄다. 서쪽 단수이강 부두에서 시작된 맹갑 거리는 동쪽으로 연화지蓮花池, 북쪽으로 신흥궁 일대, 남쪽으로 용산사까지 닿았다. 대계구大溪口, 료관구料館口, 대중묘大眾廟, 조사묘祖師廟가 각기 동서남북의 경계점이었다. 또한 교상郊商들이 건륭 55년(1790)에 용산사 북쪽 근처에 수선궁水仙宮을, 도광, 함풍 연간에는 료관구 서쪽에 계천궁啟天宮을, 함풍咸豐 6년(1856)에 구가舊街 서쪽에 청산궁青山宮을 설립했다(李根源 1953). 이 모두가 주요 시진市鎮 범위 안에 있었다. 이 사원들을 관통하는 가도들, 즉 정신가頂新街, 하신가廈新街, 대중묘구가大眾廟口街, 수선궁구가水仙宮口街, 조사묘전가祖師廟前街, 조사묘후가祖師廟後街, 초점미가草店尾街 등이 모두 이 시기에 만들어졌다(廖韓臣 1953 : 15).[9] 삼읍인 중심의 맹갑 거리는 상업과 신앙의 교차점에 형성되면서 크게 번영했고, 지리적 경계도 용산사와 마조궁 일대에서 동쪽과 남쪽으로 뻗어 나갔다. 번화한 거리를 유지할 수 있었던 기반은 곡식을 수출하고 일상용품을 수입하는 구조의 무역 네트워크였다.

9 현재 지명에 대응하면 다음과 같다. '환자시가歡慈市街'— 구이양가2단貴陽街二段, '심점두가新店頭街'— 시위안로西園路, '구가舊街'— 시위안로西園路, '대계구가大溪口街'— 단수이강 제1수문 인근, '직흥가直興街'— 구이양가2단貴陽街二段, '용산사가龍山寺街'— 용산사 인근 시위안로西園路 및 광저우가廣州街 일대, '마조궁구가媽祖宮口街'— 구이양가2단貴陽街二段 및 시위안로西園路 일부, '토지전가土地前街' 및 '토지후가土地後街'— 구이린로桂林路 시경국市警局 인근의 시창로西昌路, '정신가頂新街'— 용산사 우측 시창가西昌街, '하신가廈新街'— 시창가西昌街, '수선궁구가水仙宮口街'— 구이린로桂林路, '조사묘전가祖師廟前街' 및 '조사묘후가祖師廟後街'— 구이량로2단貴陽路二段(蘇省行 1953).

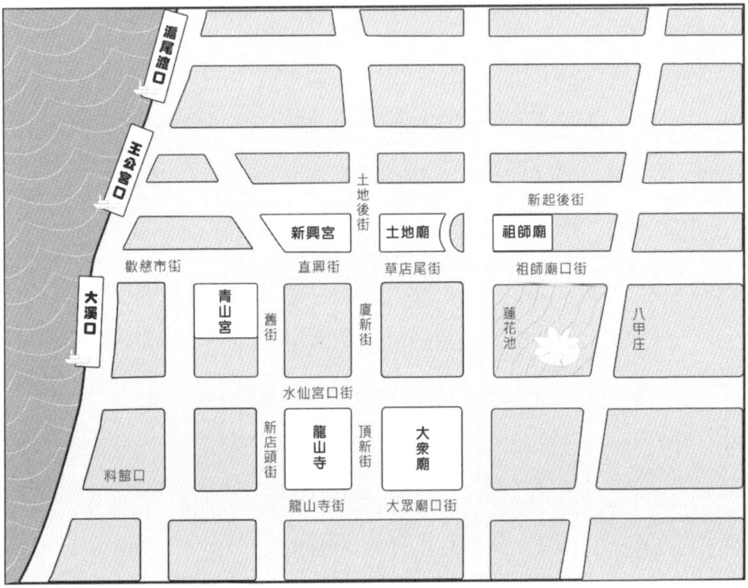

그림 2-1 청말 맹갑 지역 약도
출처: 『대북문물臺北文物』 2권 1기 참조로 저자 제작

상업 활동의 실질적 주도권은, 일종의 상업공동연합회trade union 성격을 띤 조직이 장악했다. 이 조직이 바로 '교郊'(또는 교행郊行, 행교行郊)다. 교는 중국 상인의 동업결맹에서 비롯됐다. 중국 전역에 존재하지는 않았다. 회관會館, 공소公所, 공회公會, 방幫 등이 교와 비슷한 시스템을 가졌다. '교'는 청대 화남華南 연해의 상인을 지칭하는데, 특히 대만에서 주로 사용한 호칭이다(方豪 1972). 교는 부두 인력 관리와 선박 운항 사업을 했고, 18세기 대만 무역 도시에서 흔히 볼 수 있었다. 타이베이뿐 아니라 상업이 비교적 빨리 발달한 몇 개의 도시, 가령 타이난臺南, 루강鹿港, 신주新竹에는 모두 저명한 교 조직이 활동했다.

교는 상업 조직이면서 동시에 지역 조직, 사회 조직이기도 했다. 교의 권력이 지배한 영역도 상업에 국한되지 않았다. 맹갑에서 교의 권력 분포는 족군族群(ethnic)의 지리적 분포와 높은 연관성을 보인다. 맹갑에서 가장 많은 인구를 보유한 삼읍인은 주로 강 인근 거리에서 거주했다. 그다음으로 인구가 많은 동안인은 부두에서 약간 떨어진 팔갑장八甲庄에 모여 살았다. 팔갑장은 현 라오숭老松 초등학교 동북쪽과 구이양로2단貴陽路二段 및 류저우가柳州街 일대다. 이 지역은 련화지蓮花池를 사이에 두고 맹갑 주요 시가지와 약간 떨어져 있었다. 당시 하천 항구에서 발생한 이익을 고려하면, 동안인 세력이 삼읍인에 비해 확실히 열세였던 셈이다.

삼읍인이 조직한 '정교頂郊'는, 삼읍이 천주부泉州府 북쪽에 위치한다는 점을 고려해서 이름을 지었다. 교는 교역의 대상에 따라 더 세세하게 분류할 수 있다. 가령 푸저우福州 및 저장江浙과 교역하는 이들은 '북교北郊', 취안저우泉州와 교역하는 이들은 '천교泉郊'로 구분한다(陳培桂 1963 : 298). 또 다른 동안인 세력은 복건성 남쪽의 샤먼廈門과 주로 교역했다. 그래서 그들은 '하교廈郊' 혹은 '하교下郊'로 불렸다. 하지만 맹갑 내 마을이 단 하나였던 하교 세력은 크게 발전하지 못했다.

북교 교행郊行 '김만리金萬利'와 천교 교행 '김진순金晉順'이 맹갑의 주요 거리를 지배했다. 그들은 출신지, 업무, 무역 대상 등의 공통점을 가진, 동질성이 높고 내부 응집력이 강한 이익 집단이었다. 당시 맹갑의 거리 풍경 지도는 곧 교행을 대표로 하는 사회 인구지도였다. 지역 내 교행의 역할과 의의는 다음 장에서 더욱 상세하게 설명하겠다.

관官의 부재와 군軍의 불간섭

상업계의 역량이 아닌 국가의 힘도 맹갑의 발전에 도움이 됐을까? 어떤 이들은 맹갑 거리에 정치·군사 관련 국가 기구가 주재했기 때문에 치안 관리와 사회 안정이 가능했고, 그래서 대량의 인구가 유입돼 맹갑의 급속한 확장이 가능했다고 주장한다. 여기서 부인할 수 없는 사실은, 대만 발전사에서 작은 마을이 지역성을 지닌 중대형 시가로 발전할 때는 대체로 고급 행정 기관과 군사 조직이 체재했다는 점이다. 스텐푸施添福(1989)의 통계를 보면, 일본 통치 시기 초기에 시가로 규정된 75곳 중에서 74곳이 청대 현청의 소재지였다.

하지만 행정 기능으로 청대 대만 시가지 형성을 해석하면 이야기는 달라진다. 최소한 두 개 문제를 반드시 고려해야 한다. 첫째, 국가 행정 기구의 설치는 매우 피동적이었다. 대부분 마을의 인구와 관련 업무가 폭증한 이후에야 어쩔 수 없이 행정·군사 시설을 설치했다. 둘째, 많은 경우 새 명칭의 관청을 설치하지만 관원은 원래 주재지에서 새 관청이 들어선 곳으로 옮겨오지 않았다. 관료들에게 새 관할은 그저 '멀리서 바라만 보는' 대상이었지 결코 통치하는 구역이 아니었다. 맹갑은 전자, 즉 국가의 피동적인 대응관인 선민후관先民後官의 범례에 해당한다. 또한 후자처럼 관 주도의 관리와 방어가 유명무실한 경우에도 들어간다. 먼저 맹갑 초기의 관청 배치를 알아보자.

강희제 이전에는 타이베이 평원 그 어디에도 관청은 없었다. 옹정 원년(1723)에 이르러서야 '단수이청'이 설치된다. 하지만 관리들은 단수이에서 사무를 보지 않았다. 심지어 단수이청 자체가 단수이가 아닌 장화현彰化縣에 소재했다. 재판이나 조세 등의 행정 업무도 장화현에 위탁된 상황이었다. 단지 도둑을 잡는 일만 관료가 담당했는데, 바로 '단수이포도동지淡水捕盜同知'다. 그는 단수이청에 '단수이포도동지'라는 이름으로 편제됐지만, 역시 반쪽짜리였다. 이 동지同知라는 직책은 전문 직종이 아닌 데다가 장화 방어 업무까지 겸했다. 원래 장화현이 원격으로 관리하던 예산, 곡식, 살인사건, 강도사건 등의 사무는 옹정 9년(1731)에야 단수이 동지가 직접 관리하게 된다. 이즈음 단수이청 관청 소재지도 북쪽으로 이동해서 단수이 관할 구역 내에 자리 잡았다. 새로 터를 잡은 곳은 북부 대만에서 비교적 번영했던 죽참竹塹으로, 지금의 신주新竹다(王世慶 1983 ; 張勝彦 1993 : 7).

건륭제와 가경제 시기를 통틀어, 이렇게 넓은 북부 대만을 관리한 최고 행정 관원은 겨우 5품에 불과한 단수이 동지였다. 건륭제 이후 맹갑이 빠르게 성장하자 도광道光 연간부터 '동지가 반년 동안은 맹갑에 체류'한다(姚瑩 1957 : 91). 반년은 죽참에, 반년은 맹갑에 머물던 동지 어르신은 동치同治 9년(1870)이 되어서야 맹갑 환자시가歡慈市街에 관공서를 짓고 거처로 삼았다. 이를 '인빈관寅賓館'이라 불렀다(王世慶 1983 : 483).

그렇다. 맹갑이 대만 북부 농상업의 중심 구역으로 성장했을 때도, 실질적인 고급 관청은 부재했다. 다만 비교적 낮은 등급의 순검巡檢만 팔리분과 죽참에 주재했을 뿐이다. 이들은 단수이 동지의 관할 지역인 북로에서 포도捕盜 업무를 보조했다. 이후 지역 중심이 단수이강 상류로 이동하자 팔리분 순검은 건륭 11년(1746)부터 신좡新莊에 체류하기 시작했고, 건륭 32년(1767) 신좡 순검으로 명칭이 바뀐다. 건륭 55년

(1790)에는 신좡 현승縣丞으로 승격됐다(尹章義 1989 : 387-388). 이 기간, 맹갑의 상업적 중요도는 행정 · 군사적 중요도를 능가하고 있었다.

가경 14년(1809)에 청 조정은 신좡 현승을 맹갑 현승으로 바꿔 부르고 관청의 주재지를 맹갑으로 옮긴다는 내용을 입안했지만, 결국 호칭만 바뀌고 주재지는 옮기지 않았다. 결국 '맹갑艋舺 현승'은 광서 초년에 폐지될 때까지 줄곧 신좡에 머물렀다(尹章義 1989 : 389-392).

다시 단수이청의 행정 인원 규모를 살펴보자. 도광 연간의 편제에 따르면 단수이 동지부, 죽참 순검사, 신좡 현청에 소속된 사람은 도합 141명에 불과했다(張勝彦 1993 : 62). 가경 중엽, 이 취약한 조직을 약간 보충한다. 단수이청에 대갑大甲 순검과 교무教務를 담당하는 훈도서訓導署를 증설한 것이다(張勝彦 1993 : 72). 그러나 빠르게 발전하는 맹갑은 여전히 관官의 관리에서 벗어나 있었다.

군사 부문의 상황도 비슷했다. 맹갑에 최초로 파견된 군사 단위는 건륭 24년(1759) 팔리분八里坌에서 옮겨온 '담수영도사淡水營都司'였다. 가경 13년(1808)에는 '대협우영유격臺協右營游擊'이 이동해 왔다. 대협우영유격은 '맹갑영수사유격艋舺營水師游擊'으로 명칭이 바뀐 후 도광 연간 '참장參將'으로 승격한다. 북부 대만의 물길을 총관리하는 지휘관의 역할을 수행했다. 육로 방어는 가경 13년에 옮겨온 '연평협표좌영수비延平協標左營守備'가 맡았다. 연평협표좌영수비는 이후 '맹갑영육로중군수비艋舺營陸路中軍守備'가 된다(陳培桂 1963 : 172 ; 204).

이들을 소위 '녹영병綠營兵'이라 한다. 녹영병의 업무는 일반 백성과 접촉하는 영역이 아니라 군사적 방어 영역이었다. 육지에서는 창고 경비, 군량 보호, 범죄자 호송 등을 담당했고 강과 바다에서는 해적 체포,

항구 방비 등의 업무를 수행했다. 비전투기간에만 염참 방비, 행인 보호, 무뢰배 감시 등의 일을 맡았다. 대만 주둔 초기, 병사들은 폭력 사건과 계투 사건에 종종 휘말릴 정도로 기강이 느슨했다. 도광 연간 대만도臺灣道에 부임한 서종간徐宗幹이 "병사 통솔이 백성 통치보다 어렵고, 백성 통치가 원주민 통제보다 어렵다(治兵難於治民, 治民難於治番)"고 탄식할 정도였다(徐宗幹 1960 : 383).

녹영병의 주둔지는 시가지 외곽이었다. 병사들이 백성을 괴롭히고 시가지에서 난동을 피우는 일을 예방하기 위해서였다(許雪姬 1987). 맹갑에서 수사水師나 참장參將의 막사는 시가지의 남쪽 끝인 속창구가粟倉口街, 료관가料館街, 죽고가竹篙街 일대에 설치했다. 또한 육로중군수비陸路中軍守備의 막사는 동남쪽 주변의 북피료가北皮寮街와 만안가萬安街 일대에 있었다. 모두 상점과 교행이 밀집한 거리와 떨어진 곳이다(蘇省行 1953 : 23).

건륭 3년(1738), 용산사가 세워졌을 때부터 도광 원년(1875) 타이베이부府가 설치될 때까지, 140년 맹갑에는 관청이 부재했다. 기껏 1년에 절반만 맹갑에 체류하는 동지同知와, 백성을 괴롭히지 못하도록 관리해야 하는 해이한 기강의 녹영綠營만 있었다. 가경嘉慶 · 도광道光 이후 맹갑은 빠르게 성장했고 이민자 역시 대폭 증가했다. 이런 지역의 질서를 현지에 머물지 않는 현승이나 반년만 체류하는 동지가 관장하기는 어려운 일이다. 심보정沈葆楨이 1874년에 올린 『대북의건일부통할일청삼현접臺北擬建一府統轄一廳三縣摺』을 보면 당시 관官의 타이베이 통치력이 부족했다는 사실이 확인된다.

> 동지가 반년은 죽참의 아문衙門관청에, 반년은 맹갑의 공소公所에 머무른다. 두 지역의 거리는 약 120리다. 전력을 다해도 결국 소홀할 수밖에 없다. 죽참에서 남쪽의 대갑까지 100리가 넘는다. 맹갑에서 북으로 호미滬尾와 계롱雞籠까지는 각기 약 10리밖에 되지 않는데도 살인과 강도가 연이어 발생한다. 군영은 북쪽의 관문을 방비하기에 급급해서 남쪽을 방비하려면 몸이 두 개라도 방도가 없으니 난감하기 그지없다. 공무는 쌓여만 가고, 큰 사건은 꺼리며 은폐한다. 이 모두 피할 수 없는 일이다(沈葆楨 1959 : 47).

그렇다. 행정 관청이나 군사 부대의 주둔은 도심의 발전과 역사적으로 깊은 관계가 있지만, 이들이 도심 형성의 동인은 아니다. 맹갑을 보라. 지역사회의 생활과 질서는 국가가 아닌 다른 기제들이 관장했다. 이 사회적 기제에 대해서는 다음 장(3장)에서 지역사회를 다루면서 이야기하겠다. 일단 먼저 타이베이 평원에 등장한 또 하나의 주요 공간인 대도정을 들여다보자.

3. 제2거리: 세계 차茶 시장에 진출한 대도정大稻埕

타이베이 분지의 중심 지역은 맹갑에서 대도정으로 옮겨진다. 보통이 이동의 원인으로 한 차례의 계투械鬪를 주목한다. 계투에서 패배한 동안인同安人은 맹갑을 떠나 대도정으로 이동할 수밖에 없었다. 승리자인 삼읍인三邑人은 계속 맹갑에 남았다. 그런데 어떻게 승리자들의 땅인 맹갑이 아니라 패배자들이 개발한 대도정이 번영과 부귀를 획득했을까? 이는 우승열패라는 생태학적 이치와 어긋난다. 운명이 사람을 농락한 것이라고 치부할 수도 있겠다. 하지만 대도정과 맹갑의 흥망성쇠는 추적 가능하다. 이 상황이 발생한 이유로는, 세계구조와의 연동이라는 외인外因과 맹갑이 시대 변화에 대응하는 탄성이 부족했다는 내인內因을 들 수 있다.

가경嘉慶 이후에 단수이강 삼대 지류 일대 지역에서 생산되는 경제작물 대부분은 수운水運으로 맹갑에 집산되어 단수이항을 통해 수출됐다(王世慶 1976 : 40). 1850년대 서구의 식민 침략은 전 세계에서 진행됐고, 맹갑 모델 역시 극적인 변화를 맞이한다. 아편 수입, 장뇌樟腦의 채취와 구매, 태국으로부터 수입되는 양미洋米, 통상 항구의 강압적 개방, 그리고 세계 경제의 짧은 불황 등이 맹갑의 운명에 큰 영향을 미쳤다(林滿紅 1994). 이런 세계정세의 변화 때문에 맹갑은 기존 수익 구조는 위기에 빠졌고, 늘어나는 경쟁자들을 견디지 못했다. 함풍 초기(1850년대)에 맹갑에서 발생한 몇 차례의 분류계투 사건은 상술한 경제구조의 변화와 밀접한 관련이 있다.

대만의 분류계투를 다룬 연구는 매우 많다. 계투가 발생한 원인으로 다투기 좋아하는 민간의 풍습, 관의 핍박 때문에 일어난 백성의 반란, 자원의 부족 등을 제기하는 연구들이다. 하지만 대만은 구역마다 다른 개발 과정을 거쳤기 때문에, 분류계투 역시 제각기 다른 양상으로 진행됐다는 사실을 간과해서는 안 된다. 모든 계투를 하나의 요인으로 단순하게 설명할 수 없다. 1860년대는 이미 리궈치李國祁(1975)가 말한 '내지화'나 천지난陳其南(1987)이 말한 '토착화'가 이뤄진 시대였고 주민은 이미 순치馴致되었을 텐데, 어찌하여 타이베이의 각 족군은 계속해서 계투를 벌였단 말인가? 경제구조의 변화가 이익 충돌을 추동했고, 이 충돌은 출신지를 둘러싼 다툼이라는 외투를 입고 있었다. 맹갑 계투의 본모습이다. 이에 대해서는 3장에서 상세히 다루도록 하겠다.

몇 차례 있었던 큰 계투를 보통 정하교변(頂下郊拚 혹은 頂廈郊拚)이라 칭한다. 앞서 살펴봤듯, 맹갑 주민들은 주로 민남 천주부의 삼읍과 동안 지역에서 온 이민자들이다. 분류계투는 바로 이 서로 다른 출신의 주민 간 싸움이다. 당시 정교頂郊 소속 인사들이 주요 부두 사용권을 통제했고, 이에 대해 하교廈郊 소속 행상들은 불만을 품고 있었다. 본적이 다른 짐꾼들이 자주 충돌하다가 결국 함풍咸豐 3년(1853), 계투가 점점 크게 번졌다. 팔갑장八甲庄의 동안인과 소수의 장주인들이 결탁해서 서쪽의 삼읍 족군을 공격해서 삼읍인의 정신적 기둥인 용산사를 불태웠다. 그들은 맹갑의 기존 주축 세력을 쫓아내고 단수이강 연안의 서쪽 일대를 점령하려 했다. 계투 초기에는 동안인이 우세했으나, 이후 삼읍인이 안계인들의 지지를 얻은 후 반격을 가했다. 삼읍인은 조사묘祖師廟를 불태우고, 주요 거리와 이어져 있는 조사묘의 길을 통해 팔갑장을 공격해 들어갔다. 결국 이 계투는 동안인의 퇴각으로 마무리됐다(黃啓木 1953 ; 王世慶 1976 : 73).

역경을 이겨내고 생존의 길을 궁구하다, 근대 세계체제와의 연결

계투에서 패배한 동안인은 북쪽으로 달아나 '대도정'이라 불리던 작은 취락에 당도했다. 이 지역에는 토착부족 기무졸사奇武卒社가 터를 잡고 있었고, 도광 연간 무렵 대도정은 그저 마른 밭이었을 뿐이다. 함풍 원년(1851)에야 동안인 임람전林藍田이 정착해서 상점을 열었다는 기록이 보인다. 전하는 바로는, 오래전 몇 부락이 이 일대에서 함께 곡식을 말렸기 때문에 '대도정'이라는 이름이 붙여졌다고 한다(張家坤 1953 : 3). 임람전은 원래 계롱鷄籠에서 요고搖鼓(딸랑이가 달린 작은 북-역자)를 파는 사람이었다. 이후 해적을 피해 대도정으로 옮겨왔다. 이주 초기에는 임익순林益順이라는 이름으로 세 개의 점포를 열었다. 이 일대는 이후 대도정 중가中街가 된다. 그는 강에 인접한 대도정의 지리적 이점을 십분 활용했다. 수운을 이용해서 화베이華北, 샤먼廈門, 홍콩 등지에서 화물을 가져와 농민들에게 판매한다. 화물을 기름, 쌀, 사탕, 장뇌 등의 물품으로 바꾼 뒤, 다시 대륙의 각 항구로 수출하는 소규모 무역을 한 것이다(黃得時 1953). 대도정은 맹갑에서 북쪽으로 약 1.5km 떨어진 곳이었고, 단수이강에 면해서 항구로서 좋은 지리적 입지를 가졌다. 게다가 곧 서양 세력이 진입하면서 맹갑과 대도정에는 미묘한 변화가 발생했다.

1860년대 서양 세력의 침입은 대만과 대륙의 지역 분업 시스템을 해체시켰다. 대만은 이제 대륙에만 의지하지 않았다. 이 전변轉變의 시기, 누군가는 새로운 이익을 찾아서 번창했고 어떤 이들은 기존의 이익을 잃고 쇠퇴했다. 이 모두가 공간을 통해 드러났다.

함풍 3년(1853) 동안인이 대도정으로 옮겨온 이후, 동안인의 지도자 임우조林右藻는 생존을 위해 홍콩, 샤먼 및 민남 일대에서 적극적으로 사업거리를 물색했다. 그는 또한 교행郊行 '김동순金同順'을 조직한다. 속칭 하교廈郊(하교下郊라고도 불림)의 무역이 점진적으로 활발해지자 중가中街, 남가南街, 중북가中北街, 사조가社厝街 등 대도정 초기 시가들이 줄줄이 형성됐다(溫振華 1981a ; 王世慶 1996). 함풍 5년(1855) 임우조가 다시 움직였다. 그는 중가 일대에 마조묘媽祖廟를 짓고, 모금을 해서 남가에 하해성황묘霞海城隍廟를 세웠다. 대도정에도 드디어 신앙의 중심 장소가 출현한 것이다. 대도정은 점차 시가지의 모습을 갖춰갔지만, 그 규모는 여전히 크지 않았다. 1869년 단수이의 『해관보고海關報告』는 당시 대도정을 '맹갑 부근의 작은 촌락'으로 묘사했다(溫振華 1981a : 245). 대도정 거리는 아직 맹갑 거리와 상당한 격차가 있었다.

대도정의 공간 확장은 '맹갑 모델'과 달랐다. 맹갑 발전의 배경은 타이베이 분지로의 농산물 집산과 무역 결집이다. 하지만 다시 기술 수준 때문에 농산물 생산은 한계가 있었다. 그러니 상업이 지속해서 확장될 수 없었다. 이에 따라 맹갑 시가지의 규모는 가경 연간에 이미 정체된 상태였고, 그 상태가 1860년 개항 이전까지 이어졌다(溫振華 1978 : 115-121). 상대적으로 대도정의 발전 동력은 다른 유형의 공간구조에서 비롯한다. 1860년의 개항은 바로 이러한 공간 이익구조가 전변하는 모습을 가장 선명하게 보여주는 사건이었다.

도광道光 20년(1840), 청 조정은 '제1차 아편전쟁'에서 영국에 패하고 1842년 『난징조약南京條約』을 체결했다. 중국은 이 조약에 따라 광저우廣州, 샤먼廈門, 푸저우福州, 닝보寧波, 상하이上海 등 5개 항구를 외국에 개방한다. 오래전부터 동아시아를 노리던 서구 열강들이 드디어 중국의 통상 관문을 열어버렸다. 게다가 청은 함풍 6년(1856)과 8년(1858),

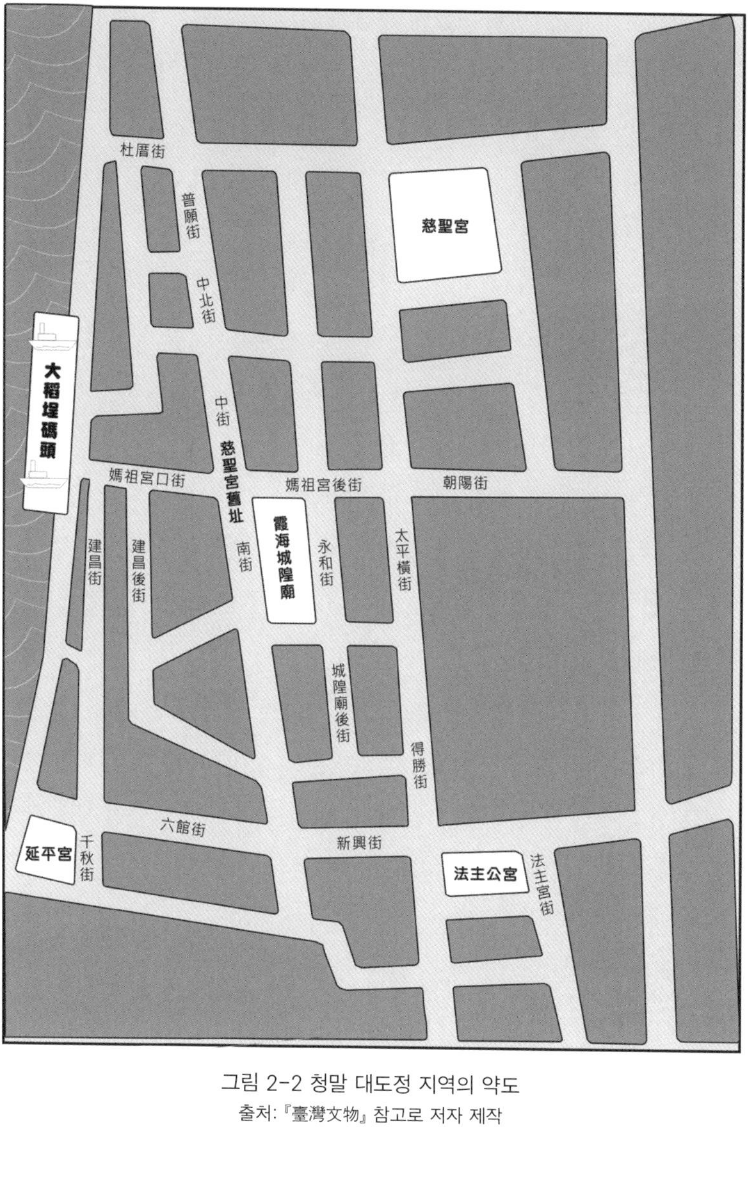

그림 2-2 청말 대도정 지역의 약도
출처: 『臺灣文物』 참고로 저자 제작

다시 영국·프랑스 연합군에게 패배했다. 이 패배로 인해 1858년에 『천진조약天津條約』, 1860년에 『북경조약北京條約』을 체결한다. 이 조약들에 따라 대만도 안핑安平, 단수이淡水, 계롱鷄籠(지금의 지룽基隆), 타구打狗(오늘의 가오슝高雄) 등 4개 항구를 개방했다. 『천진조약』에 따르면, 단수이 일대 개방 항구는 단수이 항구 하나뿐이었다. 이후 영국 상인은 북부 대만이 상업 중심기지의 가치를 지녔다는 사실을 인지했다. 이에 따라 주단수이 영사領事는 중국과 교섭을 진행하여 1862년, 맹갑과 대도정을 개방 통상 항구에 포함하는 항목을 기존 조약에 삽입하는 데 성공한다(溫振華 1981a ; 葉振輝 1985 : 93).

개항 이전 맹갑의 주요 대외 수출 상품은 대만 북부의 쌀이었지만, 개항 후부터 점차 찻잎, 장뇌 등의 고가 경제 작물로 바뀌었다. 이 작물들 대부분은 구미와 일본으로 수출됐다(林滿紅 1997 : 10). 대만의 찻잎과 장뇌의 주요 생산지는 타이베이 항구의 배후지에 집중돼 있었다. 그래서 대만은 순식간에 세계 경제 속으로 편입됐고, 이에 따라 지역 산업 역시 재편된다. 찻잎이 대만 경제를 좌지우지하면서 대만 경제 중심지가 북쪽으로 이동했다. 1881년, 대만 북부 단수이항의 무역액이 역사상 최초로 대만 남부 타구항을 초과한다. 타이베이 일대가 대만 경제에서 가장 중요한 지역으로 자리매김한 것이다(薛化元 1983 : 7-9).

대만이 차를 재배한 역사는 깊다. 가경 연간 차를 들여와 현재의 신뎬新店 인근 구릉지역에 심었다고 한다. 『담수청지淡水廳志』에 따르면, 도광 연간에 이미 타이베이 일대 산지에서 찻잎을 재배했고, 석정보石碇堡, 권산보拳山堡 지역의 주민 다수는 차 재배를 '생업'으로 삼고 있었다. 하지만 차가 대만 경제에 광범한 영향력을 발휘한 것은 개항(대만이 세계

체제에 편입되면서) 이후부터다.

도광·함풍 연간까지 대만 차 산업은 차나무를 재배하고 찻잎을 조야하게 가공하는 수준에 머물렀다. 『대양견문록臺陽見聞錄』은 대만의 차를 '정제되지 않은 거친 차'라고 적었다. 찻잎 건조와 정제 같은 비교적 높은 수준의 가공 기술이 발전하면서부터 대만 차는 푸저우나 샤먼으로 수출됐고, 이 차들은 중국 각 지역으로 팔려나갔다. 함풍 11년(1861), 개항 초기 영국 영사 로버트 스윈호Robert Swinhoe[10]는 대만에 해관海關을 설치할 계획을 갖고 있었다. 그는 대만 차의 품질이 꽤 괜찮다는 사실을 발견하고 대만 차 일부를 영국으로 보냈다. 차 전문가의 감정 결과는 '맛은 매우 깊으나 차 가공과 포장 방식은 거칠다'였다(James W. Daidson 1972a : 258). 동치4년(1865), 보순양행寶順洋行(Dodd & Co.) 대표 영국 상인 존 도드John Dodd는 대만에서 아편 및 장뇌 수출 사업을 검토하다가 권산卷山 산간 지역(현재 타이베이 원산文山 일대)에서 차농茶農과 접촉한다. 그는 차농에게 복건福建 안계安溪의 좋은 차나무를 들여와 심으라고 권하면서 상품 대금을 미리 지급했다. 이듬해 존 도드는 수확한 차를 맹갑에서 직접 말리고 포장해서 미국 뉴욕에 판매하는 데 성공한다. 그는 계속해서 차 관련 기술을 개량해나갔다. 동치 8년(1869), 그는 대만 차 2,131담擔(1담은 용량 1석斤 혹은 중량100근斤이다-역자)을

10 로버트 스윈호는 저명한 자연사 학자이기도 했다. 그는 대만에 체류하는 동안 공무 외에도 원생종原生種 동식물 채집에 힘을 쏟았다. 그는 포유류 27종, 파충류 21종, 양서류 4종, 담수어종 6종, 복족류 30종, 곤충 46종, 식물 85종을 기록했다. 그래서 대만의 유명한 원생 동식물 중 그의 이름을 딴 것이 많다. 산계Lophura swinhoii(Gould), 칼라 올빼미Otus bakkamoena(Swinhoe), 대만 원숭이Macaca cyclopys(Swinhoe) 등이 대표적 예다.

미국으로 수출했다. 이듬해 수출량은 10,540담으로 늘었다. 차 수출이 주는 이익은 확실히 매우 컸다. 그는 샤먼 주재 양상洋商을 대만으로 불러 양행洋行을 설립한다(James W. Daidson 1972a : 258).

존 도드는 차 사업으로 큰 이익을 얻었다. 그리고 대만의 차 산업과 세계 경제체제를 연결시켰다. 북부 대만에 변화의 파고가 점점 거세졌다. 1860년 무렵부터 대만 북부 농업은 '장뇌가 줄어들고 차가 늘어나는' 국면에 접어든다. 장뇌업이 한창일 때 나무를 대량으로 벌채했는데, 수목樹木의 규모가 벌채의 규모를 따라잡지 못해서 생산이 감소했다. 이와 반대로 차나무는 3년이면 모두 성장하고, 1년에 최대 7차례나 수확할 수 있다. 게다가 교역 시장 역시 전 세계로 확장된 상태였다. 그래서 차농 인구가 빠르게 늘어났다. 1860년대 중반부터 원래 천연 장뇌나무숲 혹은 계단식 밭과 습지였던 산간 지역이 모두 차밭으로 개간될 정도였다. 이런 당시 상황을 1878년 『해관보고海關報告』는 "15년 전 대도정 주변 산비탈 위에는 단 한 그루의 차나무도 찾아볼 수 없었다. 그러나 지금은 차나무가 이 산비탈을 가득 채우고 있다. 차밭은 번계番界(원주민 사회와 한인 사회의 경계-역자)까지 이른다"고 기록한다(林滿紅 1997 : 66).

1870년대부터 대만산 차는 모두 현지에서 재배, 가공, 제조를 거쳐 직접 수출됐다. 그래서 대만에 대한 중국의 농업 지배 역량과 곡물을 통한 연결이 약해졌다. 국제시장에서의 영향력 때문이었다. 린만홍林滿紅(1997)은 차, 사탕수수, 장뇌가 청말 대만의 가장 중요한 대외 무역생산품이라고 지적했다. 이 세 품목은 각각 1890년대 대만 수출총액의 54%, 36%, 4%를 차지했고, 관련 업종 종사자는 각각 30만 명, 15

만 명, 1만 3천 명이었다. 세 경제 작물 중 사탕수수는 대만 남부 지역의 전통 산업이다. 차와 장뇌는 대만 중북부에서 생산됐다. 특히 차는 대부분 대만 북부 구릉지에서 재배했다. 차 수출액은 1870년대 중반 이후부터 더욱 증가했다. 교역이 집중된 지역은 단수이와 계룽이었다. 이런 과정을 거치면서 대만 북부의 지경학적 중요도가 급격히 높아졌다. 대만의 도시 체계 역시 '일부이록삼맹갑一府二鹿三艋舺'에서 남부의 부성府城과 북부의 대도정·맹갑으로 재편되기 시작한다. 타이베이 맹갑·대도정에 형성된 취락聚落의 지위는 차의 경제적 가치와 함께 높아졌다.

대도정 발전은 세계 시장을 잘 이해하는 양행이 주도한 것이다. 하지만 지역사회의 역량도 무시할 수 없었다. 중국 상인들은 몇 년의 모색기를 통해 세계 시장 시스템에 적응하며 발전해나갔다. 결국 그들이 대도정의 주도권을 손에 쥐었다.

양행洋行에 지지 않는 화상華商, 한인漢人이 지배하는 거리

대도정의 발전은 양행을 수용하면서 시작됐고, 맹갑의 쇠퇴는 양행을 배격하면서 본격화됐다. 보순양행寶順洋行은 1868년에 맹갑을 거점으로 대만 차를 수출하려 했다. 하지만 '조옥사건租屋事件' 때문에 현지의 배척을 받고 대도정 육관가六館街로 옮겨 갔다. 다른 양행들 역시 차 산업의 높은 이익을 얻기 위해 잇따라 대도정으로 진출한다. 그들은 보순양행처럼 대도정 강변에 상관商館을 설치해서 영업했다. 동치11년(1872) 무렵 대도정에는 보순, 덕기德記(Tait), 이기怡記(Elles), 영육永陸(Brown),

화기和記(Boyd) 등 5대 양행이 진출해 있었다. 그들은 대량의 대만 차를 구매하여 가공한 후 수출했다(James W. Daidson 1972a : 257-258).

서양의 양행은 시가지에서 영업만 하지 않았다. 그들은 방대한 자금으로 차농과 연계해서 사업을 확장했고, 그 영향력은 타이베이 분지로 널리 퍼졌다. 양행은 '홍콩상해회풍은행香港上海匯豐銀行'의 금융지원을 받아 대량의 대금을 현지 차농과 차상에 지급했다. 또한 중국 측 당포當鋪보다 낮은 금리의 대출과 상품 대금의 선지급 등으로 영향력을 키웠다(林滿紅 1997 : 106). 샤먼의 양행도 매판買辦(서양 상관商館과 영사관 등에서 중국 상인과의 거래 중개를 맡겼던 중국인-역자)을 통해 대금을 농민에게 지급했는데, 이를 '마진관媽振館'(Merchant의 음역)이라 불렀다. 매판의 활동은 찻잎 가공 산업의 경영에 개입할 정도로 적극적이었다(James W. Daidson 1972a : 356 ; 林滿紅 1997 : 106). 양행과 마진관이 공동으로 대만 내 외국 자본을 구성하면서, 양행은 1870년대 대만 차 산업을 장악했다. 당시 현황을 『대만견문록臺陽見聞錄』은 '대만의 각 차상은 모두 양행의 자본을 받고 입산하여 차를 사들였다. 그러나 그들은 자신의 차행茶行을 세우려 하지는 않았다. 막대한 비용이 필요했기 때문이다'라고 설명한다(唐贊袞 1958 : 71). 당시 대만 차상은 양행의 자본에 의지했을 뿐만 아니라, 양행을 통해 상품을 판매했다. 대만 차상이 양행에 예속되는 생산 관계가 형성된 것이다.

당시 차 무역의 판매 시스템은 두 가지였다. 하나는 동남아로 수출되는 포종차包種茶 시스템이고, 나머지 하나는 미국으로 수출되는 우롱차烏龍茶 시스템이다. 동남아에 포종차를 판매하는 차상을 '포가鋪家'라고 불렀다. 이들은 대개 동남아에 지점을 두고 직영했고 판로 장악을 도모했다. 하지만 시장에서 이들이 차지하는 비중은 그리 크지 않았다. 1881년을 보면 대만 차 90%가 미국 시장으로 수출됐다. 그렇다. 미국 수출이야말로 대도정 상업의 명맥이었다. 미국 우롱차 시스템에서는 현지 차상을 '번장番莊'이라고 불렀다. 번장은 미국으로 직수출하는 판로가 없었다. 그래서 찻잎을 구매해서 건조한 다음 마진관과 양행에 넘겨 수출했다(林滿紅 1997 : 106). 1870년대 중반 이전까지, 대도정 차 산업의 자본과 수출은 모두 양행이 장악했다. 여기서 만약 양행이 계속 대도정을 주도했으리라고 짐작했다면, 그 추측은 한인 지역사회의 역량을 너무 가볍게 여긴 것이다.

양행이 운용한 대만 차무역의 생산과 판매 과정은 매우 복잡해서 그 실태를 소상하게 파악하기는 힘들다. 기본적인 운영 메커니즘은 다음과 같다. (1)서양 구매자가 무역 신용장을 발급하고, 소재지 은행에서 차 구매 환어음을 서명 · 발송. (2)양행은 어음을 현금으로 바꾸고, 샤먼의 양행은 '마진관'에 위탁. 대도정 양행은 매판 위탁으로 차 구매. (3)마진관 혹은 매판은 현금(혹은 선지급금 제외)으로 찻잎 구매. (4)찻잎은 양행을 통해 서양 구매자에게 수출(臺灣總督府財務局 1930 : 13).

양행의 차 구매 절차가 복잡한 이유는, 차 생산 과정의 상류上流가 한인漢人 사회에 속했기 때문이다. 서양인은 언어가 통하지 않고 지역사회 네트워크도 넓지 않다는 제약 때문에 차 산업 과정 전체를 독점할 수 없었다. 그래서 차를 둘러싼 교역의 세밀한 부분은 모두 중국인 매판에 맡겨 처리했다. 양행의 한계는 곧 현지 상인의 발전 공간이었다. 한인은 먼저 차 가공 산업에 뛰어들었다. 그들의 경영 영역은 빠르게 확장됐다. 차 건조와 가공뿐 아니라 세관 신고, 대금, 판매, 마지막에는 대만에서 진행되는 차들의 매매까지, 차 산업의 거의 모든 영역이 화상華商의 손에 떨어졌다.

대도정 차 산업은 1872년부터 본격적인 발전을 시작해 1895년에 가장 흥성했다. 이 23년 동안 양행 차상은 5곳에서 6곳으로 늘었다. 하지만 양행 차상이 겨우 한 곳 늘어날 동안 화인 차상은 크게 발전한다. 1876년 23곳이었던 화인 차상은 1884년 50곳에서, 1892년에는 95곳, 1895년에는 131곳으로 증가했다. 게다가 이들 중 대규모 화인 차행茶行 12곳은 구매, 건조, 운송 등 모든 방면에서 양행 5곳과 비슷한 수준을 갖췄다(林滿紅 1997 : 108-109).

1870년대, 중국 대륙의 한인 화상이 대도정으로 진출해서 차행을 운영하기 시작한다. 대륙에서 온 차상 대부분이 자기자본으로 차행을 경영했는데, 이들은 양행을 따라서 자금을 차농에게 주고 초제차粗製茶를 받아서 스스로 차를 가공하고 포장한 뒤 외국 상인에게 판매했다. 언어 소통이 어려웠고 과정도 복잡했던 양인에 비해 화인 차상의 경쟁력이 높을 수밖에 없었다. 곧 한인 차상의 무역 규모가 양행을 넘어섰다. 『해관보고海關報告』를 참조하면, 1874년 이전 화상의 차 수출 비중은 겨우 40%에 불과했다. 하지만 1875년, 한인 차상은 양행의 차 수출 규모(15,000담)를 훌쩍 넘는 수출 규모(27,000담)를 달성한다. 또한 1876년 양행의 차 수출액은 160만 파운드였고, 화상 차행의 차 수출액은 640만 파운드였다. 1877년, 영국 영사가 "몇 년 전만 해도 외국 상인이 차 무역을 독점하다시피 했다. 하지만 작금의 차 산업은 점점 화인의 손으로 넘어가는 중이다."라고 탄식할 정도의 변화였다(林滿紅

1997 : 108-109).

화상은 차 생산과 판매 과정 일체를 독점하며 차 산업을 장악했다. 조제차粗製茶를 산지產地에서 만드는 것 외의 정제 과정, 가령 간수揀手(찻잎 선별)와 화수畫手(찻잎 말기)까지 모두 차관茶館에서 도맡았다. 그러면서 대도정에 상당한 인력 수요가 발생했다. 『대유필기臺遊筆記』에 따르면, '매년 3월 초부터 10월 말까지, 시가지에 가서 차를 검수하는 부녀가 매일 4~5천여 명'이었다고 한다(連溫卿 1953 : 16). 일본 통치 초기에도 모든 대형 차관은 수확기가 되면 2~3백 명 이상의 차 검수 여성을 고용했고, 납품 시한이 촉발할 때는 고용 규모가 4~5백 명까지 늘었다. 이런 실정을 근거로 계산해보면, 차 수확기에 대도정을 출입하는 차공茶工은 매일 2만 명이 넘었을 것이다(陳惠雯 1997).

대도정은 차와 세계체제가 연결되면서 흥성했다. 그 기회를 놓치지 않고 양행이 자본과 판로를 이용해서 성공을 거뒀다. 하지만 한인이 더 큰 이익을 얻으며 지역에서 우위를 점했다. 대도정과 맹갑에서, 공간 이익이 각축하는 양상은 다르다. 하지만 두 곳의 지역사회는 비슷한 형태로 존재했다. 차 산업이 시가지 중심을 차지한 대도정에서도, 맹갑 시기 강력한 지배력을 보였던 교행 조직이 존재했을까? 그렇다고 볼 수 있다. 대도정은 두 층위의 시장이 공영共榮하면서 형성된 공간이다. (1)중국 대륙을 왕래하는 교행 교역. (2)세계 각국과 왕래하는 차 시장. 양자의 관계는 승자독식이 아닌 상호 공영이었다. 차 산업은 대량의 노동인구와 부富를 대도정으로 끌고 왔다. 지역민의 구매력이 오르자 전통 산업인 미곡과 잡화 교역도 활발해졌고, 나아가 고급소비품

(고려인삼, 진주, 비단 등) 구매도 제고됐다. 그러니 전통적인 상업 조직인 행교行郊 역시 더 번창할 수 있었다(溫振華 1981a : 260).

대도정에서도 교행郊行의 힘이 여전했다면, 그 힘은 맹갑 시대와 유사한 지배력이었을까? 대도정 교행 조직은 '금동순金同順'으로 불리는 '하교廈郊' 중심으로 운영됐다. 그들은 조직 내부에 노주동사爐主董事를 정하고 스스로 사업 관련 규율을 징했다. 금동순을 주도한 인물은 앞서 언급한 대도정의 지도자 임우조였다. 하교의 공식 결집 장소는 대도정의 신앙 중심지인 성황묘와 마조궁이었다. 이 방식은 맹갑 정교頂郊의 권력 운용 방식의 연장선상에 있다. '지역사회'는 경제, 사회, 종교가 뒤섞여 작동했다. 다만, 대도정에는 지역에 관여하는 종족宗族 명문가들의 힘이 맹갑에 비해 약했을 뿐이다.

대도정 거리는 도광 연간 맹갑 주변의 작은 시장이었다. 하지만 점차 발전하여 북부 대만에서 가장 중요한 지역으로 자리매김했다. 상술한 교행과 차상의 공존 양상을, 바로 아래의 시가지 발전 흐름을 통해 그려보자.

(1)1853년에서 1856년까지 팔갑장八甲庄에서 옮겨온 동안인은 강에서 멀지 않은 곳에 중가中街, 남가南街, 중북가中北街를 형성했다. 이후 지역에서 자체적으로 모금해서 하해성황묘를, 마조묘인 '자성궁慈聖宮'을 중가와 남가 교차점에 세웠다. 시가지는 북쪽으로 더 뻗어 나갔고, 보원가普願街, 사착가杜厝街 및 익보욕가益保裕街 등이 더 만들어졌다(현재의 민성시로民生西路에서 타이베이교 사이의 단수이강 강변거리).

(2)1868년에서 1872년까지 서양 양행은 차 시장의 발달을 이끌었

다. 양행은 건창가建昌街, 천추가千秋街 및 육관가六館街 등의 거리에 연이어 들어섰다(지금의 민성서로民生西路에서 난징서로南京西路 사이의 단수이강 강변거리).

(3)1875년 이후 화상華商 차행茶行은 매년 두 배씩 성장했다. 화상 차행은 양행에 비해 강변에서 조금 더 떨어진 곳, 이를테면 동쪽의 조양가朝陽街, 신흥가新興街 및 용화가永和街 등에 흩어져 자리 잡았다. 그래서 대도정 시가 범위가 동쪽으로 더 확장된 것이다(현재의 옌핑북로延平北路 일대). 1883년 한인 차상은 신흥가에 법주공궁法主公宮을 지었다. 법주공궁은 일대 차상들의 신앙 중심지로 자리매김했다(黃得時 1981 : 43-47 ; 廖春生 1988 : 73-77).

1896년, 일본이 대만을 통치하기 시작할 때 작성한 통계를 보자. 당시 대도정 차상은 모두 252곳이다. 대도정 주요 거리의 차상 분포(표 2-2)를 통해 상업 중심지를 추정할 수 있다. 청대 타이베이는 국제적 중심/변경 분업구조에 편입됐다. 야나이하라 다다오矢內原忠雄(1985 : 101)가 묘사한 '비자본주의에 대한 자본주의 약탈과 착취의 전형'이었다. 구미나 중국과 비교했을 때, 청말 시기 대만의 생산력은 너무나 낮았다. 하지만 구미와 중국의 상업자본가들은 교환을 이용해 큰 이익을 얻을 수 있었다. 대만 내부에서는 소수의 지주와 부상富商만이 그 이익을 향유했다. 남은 것은 광범한 착취 속에서 살아남은 가난한 대중이었다.

표 2-2 1896년 주요 거리별 대도정 차상茶商 분포

거리 이름	數	거리 이름	數
조양가朝陽街	46	태평횡가太平橫街	17
신흥가新興街	27	득승가得勝街	15
태평가太平街	23	조동가朝東街	13
영화가永和街	18	건창가建昌街	11
법주궁가法主宮街	17	기타	65

출처: 曾迺碩(1953)을 참고하여 작성

타이베이 시가지 발전 과정이 약탈적 성격을 띠고 있는 건 사실이다. 하지만 한인 중개인이 외국 상인의 잉여가치를 착취한 것이 아니다. 맹갑 시기의 3대 가문과 정교頂郊, 대도정 시기의 하교廈郊와 차상이 그 예다. 이 약탈성 때문에 생산 관계는 봉건사회적인 '인신 종속'의 특징을 보인다. 인간관계가 경제와 정치에 예속됐다. 이러한 특징은 '지역사회'의 지도자나 엘리트가 국가와 서민을 중개하게 만드는 조건이기도 했다.

4. 제3거리: 성내城內, 국가의 적극통치

맹갑과 대도정의 발전 과정에서 국가의 힘은 거의 보이지 않았다. 지역 질서는 신앙, 상업, 족군이 결합한 지역 세력이 주도했다. 1874년, 청 조정은 목단사 사건을 겪은 후, 이른바 '적극통치'를 시작한다. 결과적으로 봤을 때, 타이베이 지역에서 적극통치 시대가 만든 가장 뚜렷한 변화는 '타이베이 성 건설'로 대표되는 부치府治 시대의 도래다.

청 조정의 대만 정책은 태도로 보면 소극적 혹은 적극적이라는 구별이 가능하겠지만, 실제로는 비용 효과와 이익을 고려한 결과다. 청 조정은 대만 통치에 큰 비용을 투입하기 꺼렸지만, 동시에 세금을 거둬 이익은 얻고 싶었다. 그래서 약 100년 동안, 청 조정의 대만 정책은 지역의 작동 원리를 고려하지 않고 법을 통한 징세에 집중했다. 보통 국가가 지방을 관리하지 않으면 '소극통치'라고 여긴다. 그렇다면 1874년 청의 대만 정책 성격이 일단의 '적극통치'로 전환된 이후, 지역사회는 해체되고 몰락했을까? 그렇지 않다. 이 모순에 대해 우리는 어떤 구조적 요인을 추적해야 하는가? 이 문제를 토론하기에 앞서, 먼저 청대 타이베이 세 거리 중 마지막 시기에 만들어진 '성내城內'의 외적 변화를 그려보자.

'성내'의 지리적 범위는 '타이베이부성府城의 성벽 안쪽'이다. '성내'를 논하려면 먼저 맹갑과 대도정 시기로부터 1~2백 년 뒤를 설명해야 한다. 청나라는 왜 타이베이에 성을 건설했을까? 이 질문에 답하기 위해서 먼저 1874년에 있었던 이른바 '적극통치'부터 이야기하겠다.

어찌 화외化外의 백성이란 말인가?
청말, 타이베이부臺北府가 설치되다

동치 13년(1874)에 발생한 '목단사 사건'이 청 조정의 대만 통치 성격을 바꿔버렸다. 이 사건의 개요를 살펴보자. 1871년, 일본 류큐琉球의 민간 선박 한 척이 고장 때문에 표류하다가 대만 남쪽에 상륙하면서 현지 원주민들과 충돌이 벌어졌다. 원주민의 공격으로 인해 많은 류큐 선원들이 다치고 죽었다. 이후 일본 정부는 강경한 태도로 청 조정에 문제를 제기한다. 이때 청 조정은 해당 지역이 원주민 자치구역이므로 '화외化外(황제의 교화가 미치지 않는 변경을 뜻하는 관용어-역자)'라고 간주했다. 그렇다. 화외였다. 이 기회를 틈타 일본은 1874년 출병하여 목단사를 공격한다. '군대 출병에 필요한 명분'을 십분 이용한 것이다. 그제야 사태가 심상치 않다고 느낀 청 조정이 일본과 협상하기 시작했다. 일본에 배상한 후에야 사건은 일단락됐다. 이때 청 조정은 '화외'의 정의를 다시 검토하고, 대만 연해의 중요성을 깨달았다. 그제야 청 조정은 양무운동洋務運動의 주요 지도자 심보정沈保楨에게 대만 건설 · 방어 업무를 맡겼다.

이후 심보정이 흠차欽差(황제를 대리하는 관리-역자)의 신분으로 대만에 당도한다. 그는 중앙 행정 규율의 대만 이식을 준비했다. 지금껏 대만의 정치 · 경제 중심지는 타이난이었다. 그러나 동치 이후 대만 북부는 급속하게 발전했고, 특히 타이베이 분지는 상업화가 이뤄진 상태였다. 그래서 청 정부는 타이베이의 경제성과 전략적 중요성을 외면하지 못했다. 당시 복건 순무巡撫 정일창丁日昌은 『청속주대사전국소清速籌臺事全局疏』에서 다음과 같이 말한다.

> 대만의 핵심은 타이베이, 단수이, 계롱 등에 모여 있다. 그래서 외국인도 이곳들에 관심을 보인다. 이 일대의 찻잎, 석탄, 유황, 석유, 장뇌가 큰 이익을 창출하기 때문이다(臺灣銀行經濟研究室編 1971 : 80).

광서 원년(1875), 심보정은 '항구는 사방으로 통하고 황무지는 나날이 개발된다. 밖으로는 방어하고 안으로는 다스린다. 명령이 두루 닿지 않는다'면서 타이베이 북부에 한 개의 '부府'를 증설해야 한다는 내용의 상소를 올린다. 그리고 새로운 부의 위치 선정에 관해, 소위 '맹갑'의 중요성을 생생하게 표현했다.

> 맹갑을 조사한 결과를 삼가 올립니다. 맹갑은 계롱雞籠과 귀룬龜崙 두 산 사이에 있고, 비옥한 평원이 두 개의 강 일대에 넓게 퍼져 있습니다. 촌락은 길과 시장을 끼고 크게 발전했습니다. 서쪽으로 30리里면 호구湖口에 닿고, 팔리분八里坌과 호미滬尾 두 항구와 직통합니다. 또 관음산觀音山과 대둔산大屯山을 병풍으로 삼아 지역을 지킬 수 있습니다. 이에 타이베이에 부府를 설치하여 통치하고, 그 이름을 타이베이부臺北府라 하기를 청하는 바입니다(沈保楨 1959 : 58).

이렇게 '타이베이'가 '탄생'했다. '맹갑艋舺'이라는 이름의 비옥한 평원은 정식 행정구가 돼 '타이베이부'라는 이름이 붙여졌다(尹章義 1985). 타이베이부의 관할은 기존 단수이청淡水廳과 갈마란청噶瑪蘭廳을 포함했다. 이후 계속된 편제 조정으로 3현 1청(단수이현, 신주현, 갈마란현, 지룽청)을 관할하게 됐다. 타이베이부를 관장하는 최고직 관료의 품계도 높아졌다. 정5품 '단수이포도동지淡水捕盜同知'에서 종4품 '대만부경력겸사옥臺灣府經歷兼司獄'이 타이베이 일대를 책임졌다(張勝彦 1993).

광서 원년, 타이베이부와 단수이현 모두 소재지의 명의로 '맹갑'을 선정했다. 바로 타이베이 지역이다. 하지만 실제로는 맹갑에 관청이 있었던 적은 없다. 그러니 당연히 부현府縣 관원이 머물 관저도 없었다. 그래서 역사상 최초의 '타이베이부臺北府 지부知府' 임달천林達泉은 부임 후 기존 관아가 있던 '죽참竹塹'(현재 신주新竹)에 잠시 머물렀다. 그가 단수이현과 신주현의 지현知縣을 겸직했기 때문에 큰 문제는 없었다. 임달천이 취임 첫해 죽고 진성취陳星聚가 타이베이부 지부에 부임했다. 광서 5년(1879)부터 단수이와 신주의 행정 관리가 분리되면서, 타이베이 지부도 더는 신주에 머물 수 없었다. 반드시 타이베이로 옮겨가야 하는 상황에 직면하자 부성府城 건설이 시급해졌다(尹章義 1989).

'반쪽 동지同知'가 주재했던 맹갑은 부치府治와 현치縣治, 즉 부의 최고 관청과 현의 최고 관청이 모두 주재하는 행정 중심지로 변모했다. 원래 경제가 발전한 거리를 뜻했던 타이베이臺北라는 단어도 정치 중심지를 의미하게 됐다. 타이베이부성 설치는 당시 현지 기준으로는 굉장한 의의가 있었다. 이때 가장 구체적인 공간 변화는 바로 '성벽 건설'이다. 청조의 법률에 따르면, 부府의 관청은 모두 '성으로써 방어하는' 곳에 세워져야 한다. 하지만 여기서의 '방어'는 꼭 경비만을 뜻하지는 않는다. 맹갑과 대도정 사이의 공터가 타이베이부성 부지로 결정됐다. 상가와 백성을 지키기 위한 결정이 아니다. 성이 곧 부府의 실체이자 얼굴이었기 때문이다.

타이베이성은 4년 동안의 모금을 거쳐 광서 8년(1882) 1월 착공, 광서 10년 11월에 준공됐다.[11] 단단한 돌로 성벽을 쌓고 중간은 사토砂

11 타이베이성의 착공과 준공 연대에 대해서는 의견이 갈린다. 광서 5년 착공 및 광서 8년 준공, 광서 6년 착공 및 광서 8년 준공을 각기 주장한다. 이 책은 尹章義(1989)의 고증을 근거로 삼았다.

土로 채웠다. 성은 정방형으로 동서 두 변은 각각 412장丈, 남쪽 변은 342장, 북쪽 변은 340장이고 성의 둘레는 1,506장이었다. 1장은 현재 도량형으로 약 3.3m이므로 타이베이성의 둘레는 약 5km 정도가 된다. 성벽의 두께는 1장 2척, 높이는 1장 8척이었다. 성 위에는 치첩稚堞(성가퀴, 성 위에 낮게 쌓은 담-역자)을 설치했고, 성의 바깥으로는 해자가 둘렀으며 5개의 성문을 설치했다. 성문은 경복문景福門(동문東門), 려정문麗正門(대남문大南門), 중희문重熙門(소남문小南門), 보성문寶成門(서문西門), 승은문承恩門(북문北門)이다(陳正祥 1957 : 8). 타이베이는 부성의 소재지가 됐고, 청의 법률에 따라 '아서衙署(관청), 사묘祠廟(사당), 창오倉廒(미곡 창고), 영신營汛(군 주둔지)'을 갖췄다. 청 법률에는 성황城隍, 학궁學宮, 제단祭壇 등의 교화시설 건설에 관한 부분은 명문화되지 않았지만, 중국 도성에는 꼭 필요한 것들이었다(王斯福 2000 : 701). 당연히 타이베이성도 마찬가지였다.

행정 부문 건설을 살펴보자. 광서 4년, 성의 동북쪽 모퉁이에 부府 관청 건물이 들어섰다. 교육 부문 건설을 보면, 광서 6년에 고붕考棚(과거 시험장)과 행대行臺(가설 무대)를 관청 서쪽에 설치하고 고붕 내에는 서원書院을 배치했다. 광서 7년에는 문묘文廟와 유학儒學(명청 시대 각 주州, 부府, 현縣에서 생원生员에게 제공한 학교-역자)이 설립됐다. 종교 부문 건설도 잇따랐다. 광서 14년, 관방官方 제사祭祀를 위해 무대가撫臺街 뒤쪽에 성황묘를 세웠다. 같은 해, 민간 숭배에서 관방 신앙으로 편입된 천후궁天后宮도 북문 남쪽의 부후가府後街에 지었다(黃得時 1954 : 22).

지부知府 진성취는陳星聚 광서 5년, 상인 모집을 공고했다. 현지 상인과 유지는 관官과 함께 힘을 합쳤다. 맹갑 교상郊商 홍상운洪祥雲과 이청

임李清琳이 공고에 응답해 개업을 신청하고, 성내 거리에 새 점포를 열었다. 이를 시작으로 부후가府後街, 서문가西門街, 북문가北門街 등이 점차 형성되었다(郭芬芝 등 1953 : 10). 이런 방식의 시가지 발전 형태에 많은 부호들의 성내 토지 투기가 더해졌다. 그 결과 성내는 지역 주요 상인인 신상紳商들이 투자하고 치부하는 대상이 돼버렸다. 이는 상업 거리의 자연적인 집중 모델이 아니다. 초기 성내로 들어와 거주했던 자들은 대부분 관과 관계가 좋은 부유한 지역 유지인 신사紳士들이었고, 보통 상인은 매우 드물었다(劉篁村 1954 : 45).

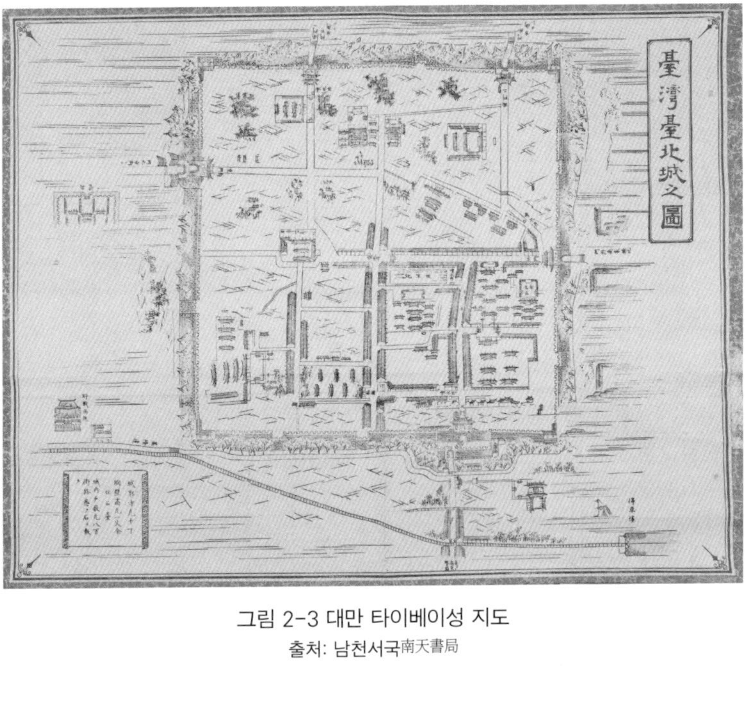

그림 2-3 대만 타이베이성 지도
출처: 남천서국南天書局

그래서 청말 이전의 타이베이성에는 실질적인 경제 배후지가 발전할 수 없었다. 상업 서비스 역시 모두 맹갑과 대도정에 의지했다(黃得時 1954 : 27-28 ; 藍厚理 2000 : 194). 광서 5년 이후 연달아 성내에 등장한, 부후가府後街, 서문가西門街, 북문가北門街 등의 주요 가도는 대도정과 연결되는 북문과 맹갑으로 통하는 서문 일대에 집중된다. 반면 남문과 동문 일대는 발전이 정체돼 도로에 점포도 없을 정도였다(劉篁村 1954 : 45). 하지만 이런저런 상황을 다 고려해도, 부성府城의 소재는 지역에 큰 영향을 주는 사건이었다. 북문과 서문 일대의 상가는 잠시나마 '성내'의 거리 형태를 유지했다. 이렇게 타이베이의 세 거리가 그 모습을 드러냈다.

성내로 모이고 나온 세 거리
역사는 하나의 선인가?

타이베이 시가지 건설은 유명전劉銘傳이 대만에 부임하면서 많은 변화가 일어났다. 광서 10년(1884), 청과 프랑스는 베트남을 둘러싸고 전쟁을 벌였다. 이때 유명전은 대만에서 군사 관련 업무를 담당했다. 이듬해 전쟁이 끝나자 대만은 광서 11년 9월에 정식으로 행성行省, 즉 정식 행정단위로 발돋움한다. 원래 복건대만순무福建臺灣巡撫가 복건과 대만을 동시에 다스렸지만, 이때부터 대만순무臺灣巡撫가 대만을 관리하게 된 것이다. 유명전이 바로 초대 대만순무였다(連橫 1962 : 86).

이제 타이베이는 대만의 수부首府(성의 수도 격인 성회省會가 소재하는 부府 -역자)로서, 그 중요성은 더 말할 필요가 없을 정도였다. 이후 유명전은 각 분야에서 양무운동을 추진했다. 그중 대다수 관련 정책이 타이베이에서 진행되면서 '현대 타이베이'의 초기 모습이 자리를 잡는다. 관련 정책과 주요 건설들은 다음과 같다.

(1)서구화 조치: 대도정 육관가六館街 일대를 외국인 거주지로 지정. 중국 최초로 가로등을 성내 관청 등 장소에 설치. 귀마로掃馬路에 가도청결국街道清潔局, 대도정 육관가에 서학당西學堂, 건창가建昌街에 전보電報학당 설립. 성내에 관의국官醫局을 설치하고 서양인 의사를 초빙하여 상주 진료 실시.

(2)교통 건설: 지룽基隆에서 타이베이를 거쳐 신주新竹로 통하는 철도 건설. 대도정에서 단수이까지 운항하는 기선汽船 개통. 몇 개의 도로를 건설. 큰 길의 폭을 여섯 간間(180cm)으로 규획.

(3)상인 초빙과 조직: 대륙 상인들에게 자금 5만 원을 모금하여 흥시공사興市公司를 설립. 석방가石坊街 및 문무가文武街 확대 건설. 현지 상신商紳 임유원林維源 및 이춘생李春生이 건창공사昌公司를 조직하도록 고취. 토지 임대를 계획.

(4)행정 기구: 포정사사布政使司, 순무아문巡撫衙門, 청부국清賦局, 상무총국商務總局, 우정총국郵政總局, 전보학당電報學堂, 선후국善後局, 기기국機器局 신설(郭芬芝 等 1953 : 11 ; 廖春生 1988 : 94).

원래 타이베이와 대만 2부를 관할하에 두었던 대만도臺灣道는, 성省이 설치되면서 증설된 타이베이, 대만, 타이난 삼부三府를 관리하게 됐다. 유명전은 원래 성의 중심지인 성회省會를 대만 중부 교공도橋孜圖(현재의 오늘의 타이중臺中)로 정하려 했다. 하지만 해안 방어와 경제적 상황을 고려해서 성회 관청인 순무아문巡撫衙門을 타이베이 성내에 세울 수밖에 없었다. 타이중을 성성省城으로 삼는 계획은 계속 미뤄졌다. 광서 16년 유명전이 순무에서 물러나고, 광서 17년 소우렴邵友濂이 순무에 부임하면서 교공도를 성회로 삼으려는 계획은 무위로 돌아간다. 이로써 타이베이는 정식 성회省會로 자리매김했다. 이제 타이베이는, 전全대만의 명실상부한 경제, 행정, 군사의 중심이었다(連橫 1962 : 87-88 ; 廖春生 1988 : 86-87).

세 개 거리의 출현으로 역사는 새로운 한발을 내디뎠다. 용산사 설립으로 '맹갑 시기'가 시작됐고, 동안인의 패주로 '대도정 시기'가 펼쳐졌고, 부府 설치와 건성建省, 그리고 서구화 정책으로 '성내 시기'가 열렸다. 이 세 개의 역사적 시기는 자연스럽게 '타이베이 도시사'라는 축으로 수렴된다. 타이베이 도시 발전 3부작은, '성내'가 형성됐을 때 절정을 달렸다. 마치 국가의 힘과 계획이 이 모두를 훌륭하게 이루어낸 듯하다. 타이베이는 강력한 적극통치의 세례를 받은 것처럼 보였다. '대만 현대화의 아버지'로 불리는 유명전이 대만을 주도하고 다스렸던 7년. 모두 이 시기 진행된 타이베이 도시 현대화를 찬양한다. 리궈치李國祁는 말했다.

> 타이베이 지역의 경제 번영은 사람들을 유인했다. 정치적 고려 위에서 시행된 정책인 부府 설치와 축성은 도시 번영과 현대화를 서로 돕게 만들었다. 청불전쟁 이후 유명전은 …… 당시 정세를 목격한 후 해양 방위와 경제 측면에서 대만의 중요성을 깊이 깨닫는다. 유명전

은 결의를 갖고 대만 운영에 전념했다. …… 그래서 서양 상인이 들어와 살고, 시가지도 나날이 번성하면서 타이베이는 당시 대만섬에서 가장 현대화된 도시로 발전할 수 있었다. 사회는 빠르게 변해갔다. 타이베이는 대만에 현대화의 관념을 전파하는 핵심으로 자리매김했다(李國祁 1982 : 475).

리궈치의 '타이베이 현대화' 논점의 기초는, 유명전이 도입한 많은 신식 건설, 가령 흥시공사興市公司 설립, 도로 건설 및 전등 설치, 서양 거리 응용 등에서 왔다. 그는 소박한 정책과 전력을 다하는 경영을 현대화의 주요 요인으로 제시했다. 그렇다면 물어보자. 신식 건물과 서구식 건설이 '현대화 도시'의 지표로 충분한가? 이 지표성指標性 건설은 이후 현대 타이베이시에도 이어졌는가?

성내 주요 도로 상당수가 유명전 시대에 건설됐다는 사실은 부정할 수 없다. 부전가府前街, 부후가府後街, 부중가府中街, 부직가府直街, 무대가撫臺街, 문무가文武街, 문무묘가文武廟街, 석방가石坊街 등이 대표적 사례다(黃得時 1981 : 57). 하지만 이 거리들은 성내 북쪽과 서쪽에 집중됐다. 인근에 관청이 소재했다는 점을 차치하면, 도로 입지에서 가장 중요한 문제는 두 구시가舊市街(맹갑과 대도정)와의 연결 편의성이었다. 성내는 땅은 넓지만 사람은 적었다. 성내는 생계를 여전히 맹갑과 대도정에 의지할 수밖에 없었다. 광서 18년(1892)에 성내에서 과거시험을 치른 황순청黃純青의 회상을 보자. "백 분의 삼십은 관아, 서원, 고붕, 사원, 점포고, 백 분의 칠십은 밭이었다."(郭芬芝 등 1953 : 13)

한편 타이베이를 '작은 상하이'로 불리게 해준 근대 시설, 즉 전등,

서학당, 깨끗한 도로 등은 유명전이 떠나면서 유명무실해졌다. 후임 순무 소우렴邵友濂은 재정 압박을 이유로 도로를 정비하는 부서를 폐지했고 전등도 순무아서巡撫衙署 주변만 켤 수 있게 허가했다. 숱한 교육기관들도 현대 건설의 요절을 보여줬다. 1887년에 설립된 영어 수업이 진행되는 '서학당', 1890년에 설치된 서구식 통신 기술을 교육하는 '전보 학당', 1891년에 세워져 원주민 학동學童에게 글을 가르치는 '번학당番學堂' 모두 운영이 중지됐다. 1891년 서학당과 전보학당이 철폐됐고, 반학당 역시 1892년에 폐지되고 말았다(高賢治 1978 : 287-288).

또한 다른 제도의 설계, 가령 철도 교통이나 경제 개발 역시 대부분 멈췄다. 실패한 것이다. 이 지점에서 반드시 확인해야 할 것은 '단단히 뿌리내리지도 못한 채 사라진 유명전의 서구화 정책들을 현대화 여부를 판단할 근거로 삼을 수 있는가?'이다. 국가의 적극통치와 서구식 건설 집행이 정말로 도시를 현대화로 이끌었을까? 머리 위의 국가와 도시 기층의 토지와 인민 사이에 존재하는 또 하나의 힘이, 국가가 땅을 볼 수 없게 하고 인민에 닿을 수 없게 한 것은 아닐까? 만일 타이베이에 이런 힘이 있었다면, 그 힘은 도대체 어디에서 펼쳐졌을까? 다음 장에서는 중국 통치 구조에서 보이는 '지역사회'의 필요성과 이 문제에서 파생된 국가 통치의 모호성을 논한다. 타이베이 지역사회의 성격과 운용을 구체적으로 이해해야만, 일치日治 시기 타이베이 도시 공간이 얼마나 '정확'하게 관리됐는지를 보다 명확하게 비교 · 대조할 수 있을 것이다.

3

보이지 않고 만져지지 않는 청말 지역사회

3장
보이지 않고 만져지지 않는 청말 지역사회

맹갑과 대도정의 지역사회는 어떤 힘을 가지고 있었을까? 만약 혹자들의 주장처럼 1874년 이후부터 청의 주도로 국가의 '적극통치'가 작동했다고 가정하자. 그렇다면 국가는 지역사회의 힘을 해체하고 소멸시켰을까?

중국 역사에 관한 하나의 법칙이 있다. 중국은 넓고 복잡하며, 중앙 통치 시스템은 허약해서 지역의 하위문화와 서로 분리되는 사회 형태를 보인다(Rowe 1984 : 213-214). 그래서 많은 학자는 전통 중국의 통치 시스템을 '이중정치' 혹은 '이단식통치二段式統治'라고 지칭한다. 양칭쿤楊慶堃에 따르면, 1단계는 관료가 이끄는 중앙 기구에 의한 통치고, 2단계는 무수한 이질적인 지역사회의 통치다(Yang 1965). 이단식통치는 부정할 수 없는 역사적 사실이다. 중국 제국의 통치 능력은 지역사회의 역량을 통제할 수 없었다. 결국 국가는 문화 정체성을 이용해 국가 정체성을 확보해야 했다. 그러므로 전통 중국은 문화를 기초로 한 '천하성天下性' 구조였지, 정치에 기초한 '국가성國家性' 구조는 아니다(金耀基 1977 : 17). 그렇다면, '2단二段'은 어디에서 구분될까? 혹은 어디에서 결합할까?

전통 중국 정치 시스템의 영향력을 흔히 '현縣까지만'이라고 형용한다. 먼저 관원 급료에 관한 권리와 의무를 살펴보자. 청조 시기 지방의 경우, 현급 이상 지방 단위의 문관만 봉록을 받고 구품제九品制에 편제됐다. 이보里保 이하의 경우 관리의 급여를 지방 정부가 스스로 해결했다(艾永明 2003). 지방의 관원 대다수는 국가의 권위를 영유하지만 국가로부터 봉급은 받지 않았다. 현급縣級 단위의 문관文官체계에서 단절이 발생하는 이유다.

현대 국가는 직접 공무원의 봉급을 지급한다. 관료들은 국가와 사회의 공복公僕이라는 자의식을 갖고 업무를 공정하게 처리하려고 애쓴다. 현대 사회에서는 당연한 일이다. 하지만 '현까지만'의 체제에서 국가 권력기관은 통치의 대상인 기층민과 분리됐다. 국가와 인민은 '중개자'를 통해 접촉했다(Duara 1995). 즉 중국의 통치는 단지 현급縣級 관리까지만 닿았던 것이다. 현급 단위 아래로는 자체적으로 사회를 운용했다. 국가는 단지 표면적인 소극적 통일을 유지했을 뿐이다. 제국 중국의 핵심은 변경 지역사회에 관철되지 않았다(Hsiao 1960).

문화적 결합인 '국가/사회'의 관계 구조에서, 지역은 원칙상 국가에 소속되어 권력을 행사한다. 그러나 지역사회의 권력 행사는 꼭 국가에 예속되지는 않는다. 많은 경우 지역은 '국가를 대리'하는 방식으로 권력을 집행한다. 두아라Duara가 말한 '국가 중개state brokerage' 방식의 통치 형식이다(Duara 1995 : 42-46). 이렇게 '국가/사회'라는 거시적 관계에 착안하면, 맹갑, 대도정, 성내 세 개 거리의 구체적인 사회 작동을 보다 명료하게 이해할 수 있다.

누가 '국가대리인國家代理人'의 일을 청부받았는가? 두인頭人(heads)과 신상紳商(gentry), 이 두 신분이 가장 많이 언급된다. 지금부터 타이베이의 '진짜 실세'를 검토한다.

1. 누가 지역을 지배했는가? 신상紳商이라는 실세

먼저 두인頭人을 살펴보자. 저명한 대만사학자 마크 알레Mark Allee의 책『19세기의 북부대만』에는『담신당안淡新檔案』으로 1880년대 죽참竹塹 지역사회를 연구한 부분이 있다. 그는 북부 대만지역 질서가 자체적 제어보다는 국가 사법 기제의 개입에 의존했다고 추론했다. 그 내용은 다음과 같다. 일련의 '핵심 소송 사례'를 보면, 청 조정은 가장街庄의 총리總理, 이사董事, 가장정/부街庄正/副 등의 '지역두인local heads'과 협력 관계를 맺고 준관료조직의 일환으로 삼았다. 청 조정은 두인을 통해 '준관료 시스템의 방법 및 법률 네트워크'를 펼쳤다. 그래서 마크 알레는 지역사회가 이미 국가와 '정합整合'돼서 국가 권위 체제에 편입됐다고 주장했다.

먼저 청대 대만의 일반 행정 시스템을 이해하면 '지역 두인'의 역할을 확인할 수 있다. '두인'은 가장의 총리, 동사, 정/부 등의 사람을 통칭하는 용어다. 지역민의 추천으로 선출된 이들은, 국가로부터 징세, 호구 조사, 치안 등의 업무를 위임받았다. 그리고 주민의 용수권水權, 빈민 구제, 소방 등 생활 관련 일들도 맡았다. 그러니 사실상 일종의 '준관료quasi-officials'였던 셈이다(Huang 1984 ; Allee 1994).

두인은 지역의 추천으로 선발됐고 관리의 권한을 가졌으니, 두인이 국가대리인이라는 추론도 합리적일 수 있다. 하지만, 그들이 정말로 단지 관부官府의 협력자나 앞잡이에 불과했을까? 여기서는 먼저 청대 지역 행정 구조와 실제 운용을 살펴본 후, '지역 두인'의 지역사회 장악 여부를 검토한다.

3급 지방 행정 체계, 편의적이고 느슨하다

확실히 청조는 중앙과 지역을 연결하는 행정제도를 설계했었다. 하지만 그 효력에 관해서는 논의가 필요하다. 먼저 타이베이 행정 구조를 확인해야 한다. 그래야 지역 두인의 실체를 알 수 있고, 행정 영역에서 '국가와 사회'가 매끄럽게 연결됐는지를 검토할 수 있다. 지역의 두인은 정말로 국가를 '대리'해서 사회를 장악할 수 있었을까?

다이옌후이戴炎輝의 연구(戴炎輝 1959 : 5)에 따르면, 청말 대만의 지방 행정 체계는 3단계로 나뉜다. 1단계 현청縣廳, 2단계 이보里保(현청 관할 아래의 큰 구역), 3단계 가장街庄(이보 관할 아래의 작은 구역이다)이다. 이 행정 체계는 관官이 통일적으로 설정한 제도가 아니라, 편의적이고 느슨하게 형성된 임시방편에 가까운 제도다. 심지어 지방마다 명칭도 달랐다. 가령 이보里保는 대만 서부 평원 용어였는데 이보里堡(한자가 다름)라고도 불렸다. 개발이 빨랐던 남부에서는 이里, 개발이 늦었던 북부에서는 주로 보保 혹은 보堡라고 칭했다. 펑후澎湖에서는 오澳, 타이둥臺東에서는 향鄉이라고 불렀다. 또한, 펑후澎湖에서는 가장街庄(혹은 장莊) 단위를 향鄉이라고 이름 붙였다(伊能嘉矩 1991a : 647 ; 戴炎輝 1979 : 5-6, 143).

지방 행정 체계에서 가장 중요한 인물은, 당연히 중앙의 조정이 파견한 지현知縣이다. 그러나 청대의 현급縣級 지현은 관등이 7품에 불과했고, 권한도 넉넉하지 않았다. 또 회피제도迴避制度[1] 때문에 교대가 잦았다.[2] 게다가 현관은 부임하자마자 호구 조사, 과세 징수, 치안 관리 및 반란 진압 등의 막중한 공무 때문에 기진맥진해버렸다. 결국 그들은 곧 중앙에 허위보고를 일삼게 된다. 이런 상황에서 어떻게 지역 통치를 논할 수 있을까? 강희康熙 60년(1721) 남정원藍鼎元은 「논대중시사서論臺中時事書」에서 당시 상황을 증언했다.

> 근래 대만 지역의 각 관아는 대부분 오래 지탱되지 못한다. 모두 진심과 전력을 다하지 않는다. 지역이 위험해도 필사적으로 방어하는 모습을 볼 수 없다. 또한 전함戰船 때문에 적자와 빚을 지고 말았다. 쌀이 없어서 밥을 짓지 못한다. 맥이 빠지고 실망을 금하기 어렵다. 포기하는 게 더 나을지도 모르겠다. 지역을 정비할 여력이 어디 있겠는가?(藍鼎元 1958a : 73)

이러한 구조에서 현급 이상 지방관은 백성과 직접 접촉하지 않았

1 관리를 임명할 때 사적 관계 때문에 공평성을 잃는 일이 없도록 사전 조치하는 제도. 회피제도는 크게 친족회피와 지방회피로 나뉜다. 전자는 친족이 같은 관청에 임명됐을 때 한 사람을 다른 관청으로 이임하는 것이고, 후자는 관리가 본인 본적지나 기류지寄留地 등에 지방관리로 부임하지 못하게 하는 것이다. 명나라 초부터 청나라 말까지 시행됐다-역자

2 회피제도迴避制度는 여러 번 개정됐다. 출신지로부터 500리 이상 회피 혹은 300리 이상 지역 회피 등 상황에 따른 여러 규정이 있었다. 魏秀梅(1992) 참조.

을 뿐만 아니라 마을의 일에 나서지도 않았다. 막우幕友(명·청 시대 지방 장관이 사적으로 고용한 정치상 고문 또는 비서-역자)나 가정家丁(집에서 부리는 남자 일꾼. 가병家兵과 같은 성격을 갖기도 했음-역자)이 보고서를 읽고 지시를 내리고, 이역吏役(관청의 아전吏屬이나 이속吏屬의 임무를 맡은 사람-역자), 지보地保(청나라 시기 지방에서 관청의 업무를 도와 자잘한 일들을 처리하던 사람-역자), 가장街庄의 총리總理나 이사董事에게 일을 넘겨 처리했다. 도광道光 13년(1833) 대만도臺灣道 주개周凱는 다음처럼 말했다: "내가 오늘의 위정자를 보니, …… 형벌은 형벌을 주는 막우幕友가 있고 전곡錢穀은 전곡을 지급하는 막우가 있다. 모든 일은 가정家丁에게 위탁한다. 관리는 관아에만 앉아 백성과 더불어 지내지 않는다."(陳盛韶 1997 : 序) 관과 민의 접촉은 주로 이역, 지보, 가장의 총리/이사 등 세 부류의 사람들이 도맡았다. 이들은 제각기 관청, 이보, 가장이라는 세 층위의 조직 직원에 대응하는 것처럼 보인다. 세 층위의 조직과 행정이라고 부르지만, 사실 이 단위 사이에는 구조적인 단절이 존재한다. 이 구조에서 가장街庄은 이보里保 아래지만, 이보에 소속된 단위는 아니다. 가장은 이민자들이 정착한 후 자연적으로 형성된 지역 단위다. 이에 대한 다이옌후이戴炎輝의 표현을 보자.

> 집거한 지 오래됐다. 대부분 집을 갖고 있다. 서로 사이좋게 지내면서 경작한다. …… 그리하여 장묘庄廟, 종사宗祠, 도로, 교량, 견벽堅壁(대나무를 둘렀고 좁은 문을 냈다)을 건설해서 안전을 도모했다. 사람이 정착하기에 부족함이 없어 지연地緣에 기반한 단체가 마을에 형성됐다(戴炎輝 1979 : 4).

그렇다. 가장街庄은 지연地緣에 기반해 만들어진 취락이다. 이 지리 단위는 먼저 자연 형성 및 확산했고, 그 이후 행정 방식으로 획정劃定됐다. 청대 가장의 경계는 뚜렷하지 않았고, 거주 집단의 활동에 따라 나뉘고 합쳐졌다.[3] 가장의 지도자는 재력과 인맥 등의 자원을 보유했다. 그래서 장기적인 상호 교류 속에서 자연스럽게 촌민들의 지지를 받았다. 이에 지방 정부는 유령諭令으로 그 지도권을 인가했다. 하지만 가장과 가장의 지도자가 정치 편제에 속한 것은 아니다(戴炎輝 1979 : 5).

가장街庄과 이보里保는 본질적으로 달랐다. 이보는 관의 행정 단위였고, 가장은 행정 명칭을 가진 자치취락이었다. 따라서 청현이보廳縣里保의 이역吏役(및 조예皂隸와 지보地保)과 가장街庄의 총리總理(및 이사董事)는, 제도적 본질이 다른 두 개의 직무 시스템이다.

(1)이역吏役과 조예皂隸는 관(청廳, 현縣, 부府)의 편제에 속한, 지역으로 파견된 정책집행자다. 지보地保는 관청이 설치된 지역의 현지 일꾼이다. 관아의 이역과 급예와 협력한다. 이를 '재관인역在官人役'이라고 부른다. 그래서 다이옌후이(1879 : 667-668)는 지보를 '관치官治' 조직의 최말단'이라 칭했다.

(2)총리總理, 이사董事, 장정庄正, 장부庄副는 지역사회인 가장街庄(혹은 가장을 넘는 범위)에서 추천한 자치 직함이다. 단일 가장에서 가장정正

3 이런 불명확성은 유명전劉銘傳이 광서 12년(1886) 토지 조사를 실시할 때까지 이어졌다. 유명전의 조사 이후 대만의 이보里堡와 가장街庄의 구체적 범위와 경계가 확정됐다. 하지만 여전히 정확하다고는 할 수 없었다(施添福 1996).

과 가장부副를 선출해서 관할 범위 내 공공 업무를 통괄하고 관리한다. 또한 몇 개의 가장이 모여 총리와 총리를 보좌하는 이사도 뽑는다(王世慶 1983 : 513). 『담수청지淡水廳志』에 기록된 이들의 역할은, '가장 주민을 단속하고 마을의 이웃과 화목'하는 것이다. 관官은 이들이 관할하는 가장이 평온하면 상을 내렸다. 여기서 가장 중요한 직책은 총리다. 『담신당안淡新檔案』을 보면, 관부는 업무를 지시하는 공고를 가장에 게시했는데, 이때 총리가 공무 대부분을 관官을 대신해 처리했다. 다이옌후이는 총리를 '지역 자치의 우두머리'라고 불렀다.

이보里保는 구역 내 가장 주민들에 대한 행정지배권(가렁 징세, 호구 편제와 심사 등)을 가졌다. 하지만 가장의 자치 업무(도로, 교량, 수로, 사원, 단속, 분쟁 중재 등)에 대해서는 어떠한 명령권과 감독권도 없었다(戴炎輝 1979 : 11). 가장은 기층 조직이지만, 가장 업무를 결정하는 권력자는 가장의 주민이 아니었다. 가장의 사무에 참여할 수 있었던 자는 유력 지주나 상인들이었다. 소작이나 일반 서민 및 빈곤층은 가장의 일에 대해 듣거나 물을 기회가 거의 없었다. 게다가 가장 업무의 결정 방식 역시 다수결이 아니었다. 가장의 주요 일들은, '명성과 인망이 두터운' 유력 인사에게 자문하거나 그들을 회의에 참여시켜서 결정했다(戴炎輝 1979 : 118).

국가의 통치와 지역의 자치, 연결과 단절

만일 관치官治의 하부(이역吏役과 지보地保)와 자치自治의 상층(총리總理

와 이사董事)이 연결됐고, 이를 통해 국가 통치가 지방의 기층으로 관통된다고 추정한다면, 그 판단은 틀렸다. 지역의 차역差役(하급 관리, 관청의 심부름꾼-역자)및 지보地保와 가장의 총리 및 이사의 '위망威望'과 '통치'는, 효과적인 국가 행정의 도구는 아니었다. 이에 대해 두 가지 관점으로 살펴보자.

첫째, 중국 관리의 위세와 명망은 날이 갈수록 약해졌고, 지역 통치보다 지역 착취에 더 많은 힘을 쏟았다. 청대에는 현급縣級 이상의 관원만 봉록체계에 속했다. 현급 이하의 관원은 국가가 부여한 합법적 권력을 가졌지만, 봉록은 수령할 수 없었다. 이로써 관청의 하급 관리(이역吏役, 서리胥吏와 차역差役 등)는 '비합법적인 정당성'을 확보했다. 그들은 백성에게 일정한 수수료를 받고 행정을 처리해줬고, 특히 소송 방면에서 그런 경우가 가장 많았다. 예를 들어 고소장, 항소, 고시, 소환 등 소송 관련 과정은 하급 관리들이 사익을 편취할 수 있는 공간 그 자체였다. 당시 상황을 취통주瞿同祖는 다음처럼 설명한다. 하급 관리의 정상 급료였던 '반식은飯食銀' 역시 청나라 초기에 잠시 실시되다가 강희康熙 초기에 폐지됐다. 하급 관리들이 백성들에게 받았던 일종의 수수료customary fees 역시 청조 정치 제도와 구조의 산물이다. 만일 하급 관리들의 수수료 횡령을 허가하지 않는다면, 지현知縣이 어떻게 급료를 지급했겠는가(Chu 1962 : 44-47). 두아라Duara는 당시 하급 관리들의 '뇌물' 수령을 관청에서 '묵인'했다고 주장했다(Duara 1995 : 40).

이 하급 관리들의 지위는 매우 낮았다. 청의 법률은 하급 관리들을 평민과 똑같이 여기도록 규정했고, 관원과 동일하게 대우하지 않았다(戴炎輝 1979 : 642). 그러나 지위는 낮았지만 사익을 편취할 수 있는 경로를 가지고 있었고, 서로 비리를 은폐해주는 관행을 형성했다. 취통주瞿同祖는 이 현상을 '사회 지위와 문화 가치의 부조화'라고 불렀다(Chu 1962 : 197). 이는 대만 변경만의 문제가 아니라 당시 중국 통치 구조 전체의 문제였다. 도광道光 연간 대만도臺灣道에 부임한 서종간徐宗幹은 '민남 지역에 이치吏治의 해로움이 극에 달했다. 그중 대만이 가장 심하다'고 표현했다(徐宗幹 1960 : 349). 중국 전역에 하급 관리들의 농단이 심했고, 대만에서 가장 심했을 뿐이다. 중국의 정치 구조에서 하급 관리는, 국가와 지역사회를 연결하는 가장 낮은 층위면서도 동시에 국가와 지역사회를 연결하는 시발점이기도 했다.

둘째, 총리總理와 이사董事가 주도하는 자치 기능은 뒤섞였고, 권한은 합법적이지 않았다. 총리와 이사 등 지방 두인方頭의 신분과 지위는 지보地保 같은 관청 하급 관리와 달랐다. 하지만 관官은 종종 이 차이를 구분하지 못하고 업무를 대행시켰다(戴炎輝 1979). 다른 방면으로 관은 총리나 이사가 관을 대표할 수 없다고 여겼다. 그래서 많은 업무 영역에서 두인의 관여를 금지하고 질책했다. 『담신당안淡新檔案』 12301.5안에서 확인할 수 있다. 동치 12년(1873), 단수이 동지同知 진성취陳星聚는 많은 총리가 '모두 무뢰배고, 뇌물이나 받으려' 한다고 힐난하며, 탐욕스럽고 무지한 인사를 총리로 앉히지 말아야 한다고 지역사회에 요구했다. 『담신당안』 11325안에도 관련 내용이 있다. 광서 18년(1892) 타이베이부臺北府 공문서는 '차보差保(지보地保)' 외에도 "보保, 보장保長, 향장鄉長, 총리總理, 가정街正, 업호業戶, 이사董事, 장정庄正 등의 명칭이 있다. 모두 사사로이 설치된 것이고, 이들의 마음은 축재蓄財를 향한다"고 적었다. 관은 이런 불법 직함이 '법으로 마땅히 금지해야 하는' 사안이라고 판단하고, 지역 인사들이 '총리, 이사, 가장 정/부'의 직함을 이용해 백성들에게 돈을 걷는 일을 금지했다.

상술했듯이 제도의 설계 혹은 현지의 운용 모두에서, 지역의 두인頭人은 모순적인 사회적 입장에 처해 있었다. 정식 관제에 속하지 못한 조직이었지만 관청이 맡기는 업무를 담당했다. 가장街庄의 유력 인사가 천거하고, 관청이 공개적으로 파견 명령을 내렸다. 이러한 모순 때문에 두인은 권력을 가졌어도 지위는 매우 낮았다. 청조 중후기부터 이들은 지역 토호세력으로 취급됐다. 도광 연간, 오자광吳子光은 두인의 권력 남용을 "관인官印을 호부護符로 삼고, 문격文檄을 기화奇貨로 삼아 백성의 피와 땀을 소진한다"고 강력하게 질타하고, "행동은 천박한데 그 위세는 진신縉紳과 같다"며 통렬하게 비판했다(吳子光 1959 : 67). 이 내용을 참고하면 두인은 국가 통치의 지역사회 관철을 중개하는 존재가 아니었다. 지역은 나름의 통제 방법이 있었다.

하급 관리와 두인은 국가가 위탁하는 업무를 온전히 감당하기에는 부족했다. 하지만 이들이 국가 위탁 업무 수행 및 지역 정치 조정 등에서 일정한 역할을 한 점을 부정할 수는 없다. 『담신당안』 11325 안에는 국가가 지역사회의 사법 재량권을 승인한다는 내용이 기재돼 있다.

> 그대들은 알아야 한다. 나라에는 관官의 장長이 있다. 책무는 백성을 다스리는 것이다. 향鄉에는 족친族親이 있어 백성과 화목할 수 있다. …… 살인 및 강도 사건이나 지역의 관가에 보고해야 할 사항들을 제외한 혼인, 전답, 금전 문제나 단순 분쟁은 마을의 장에게 먼저 보

고하여 공정하게 처리하도록 한다. 자체 처리가 힘들 경우에는 관가에 판단을 맡긴다. 이때 보증인, 투서, 협박 등이 있어서는 안 된다(淡新檔案校註出版編輯委員會編輯 1995, 11325.2案).

이 문서는 두 가지 층위에서 의의가 있다. 일차적 의의는 비교적 명백하다. 관부 대리인의 이름으로 농간을 부리는 일들을 금지하고, 현명하지 못한 총리와 이사가 주민을 협박하지 못하게 하는 것이다. 이차적 의의는, 족장族長과 공친公親이 살인 · 강도 사건을 제외한 민사 · 형사 사건을 '처리'할 수 있다는 사실을 드러냈다는 점이다. 물론, 지역에서 해결할 수 없는 경우는 관청에 보고해서 판단을 구하게 했다.

위 문건의 실제 효과는 알 수 없다. 금령禁令의 내용을 보면, 두인의 사법 영역 관여를 배제하고 지보를 통한 살인과 강도 등의 중대 안건 보고만을 허가했다. 국가와 지역사회의 교류 방법을 좁힌 것이다. 국가는 기층의 행정을 직접 관리할 역량이 없었다. 그러면서도 양자가 접촉할 수 있는 공간마저 좁게 만들어버렸다. 지역사회는 스스로 자치와 자율의 범위를 넓혀야만 했다. 그래서 금령의 첫 번째 의의가 두 번째 의의로 연장됐고, 이는 어느 정도 합리적 판단이었다. 문제는 누가 소위 말하는 '족장과 공친', 즉 국가의 대리인이냐는 것이다. 또한 타이베이 지역 질서는 어떻게 유지 가능했느냐는 점도 확인이 필요하다. 이 지점에서 지역 '신상紳商'의 역할을 주목해야 한다.

교행郊行과 교상郊商, 지역사회의 초기 지도자

엄격히 보면 신상紳商을 단일하고 뚜렷한 사회적 세력이라고 보기는 어렵다. 신사紳士와 부상富商, 신紳과 상商의 결합은 청말 중국 사회의 중요한 추세였다. 명청 이후 상인의 지위는 상승했지만, 사회적 명망은 여전히 신사에 미치지 못했다(黃克武 1984 : 486). 그래서 상인 대다수는 사업이 안정되면 신사층에 진입하기 위해 애를 썼다. 이런 현상은 대만 개척사에서도 헤아릴 수 없을 만큼 많았다(蔡淵絜 1980 : 114). 이들은 기층 주민의 사회, 정치, 경제에서 큰 영향력을 발휘했고, 지역사회 질서 유지에 핵심적 역할을 수행했다. 이제부터 상인과 신사의 결합에 관해 차근차근 살펴볼 것이다. 타이베이 개발 초기, 맹갑 거리의 교상郊商부터 이야기를 시작해보자.

맹갑에 상업 취락이 출현한 시기(용산사가 건설된 건륭 연간), 활발한 상업활동에 의해 시가가 형성됐다. 상인은 거리의 이익을 창출하는 세력이자 지방 기층사회의 지도자이기도 했다. 타이베이 지역은, 개간 초기 간호墾戶의 소작 지도자부터 상업 구역의 행교行郊와 포호舖戶 모두 지역 업무에 관여할 힘이 있었다. 여기서는 1장에서 언급한 '교郊'를 중심으로 맹갑 거리의 사회 질서를 검토한다.

건륭 연간에 개항 경제가 전개되면서 맹갑에 교상이 출현했다. 용산사龍山寺와 수선궁水仙宮 모두 교상이 자금을 모아 지었다. 청나라 초기 맹갑은 중국 대륙과의 무역을 중시했다. 상행商行의 종류가 매우 많았다. 각각의 업종(원단, 염색, 차, 설탕 등)은 모두 '교郊'라는 동업 조직으로 불렸다. 무역항에는 많은 인력과 넓은 부두 공간이 필요했다. 따라서 부두의 인력과 선박 운항을 관리하는 '선두행船頭行'이 공급과 수요를 조정하는 가장 중요한 역할을 수행한다. 청말 개항 관련 자료를 분석한 원충이文崇一(1975)에 따르면, 맹갑에서 가장 중요한 교행 조직은 천교泉郊의 김진순金晉順과 북교北郊의 금만리金萬利다. 북교의 24개 점포는 모두 선두행을 경영했고, 천교의 6개 점포 중 최소 5곳이 선두행을 운영했다. '선두행'을 둘러싼 방대한 조직이 바로 '교郊' 세력의 근원이었다(吳逸生 1960 ; 卓克華 1978 : 189).

맹갑 거리의 상인 대부분은 삼읍三邑에 적을 뒀다. 그들은 주로 화물 운송과 일반 상업에 종사했고, 복건 및 절강 지역과 교역했다. 이들은 모두 정교頂郊(천교泉郊와 북교北郊) 구성원들이었다. 모든 점포는 교郊에 입회했다. 개별 상점은 선택의 여지가 거의 없었고, 입회와 퇴회 관련 규정도 없었다(文崇一 1975 : 25). 이렇게 높은 동질성과 응집성을 가진 행교 집단은, 종성宗姓과 신앙 같은 여타 사회 역량과 결합해서 상업 조직의 차원을 넘어선다.

(1)교상郊商과 종성宗姓의 결합: 도광道光 연간 이후 맹갑에서 황黃, 임林, 오吳 세 개 성씨가 기득권을 갖는다. 그들은 강변 주요 부두 주도권을 각각 하나씩 점유했다. 황씨는 대계구大溪口, 임씨는 왕공궁구王公宮口, 오씨는 호미도두滬尾渡頭를 점유했는데, 이 중 황씨의 세력이 가장 컸다(廖漢臣 1953 : 15). 『맹갑인물지艋舺人物志』(劉篁村 1954)에 청말 맹갑 유지 84명의 주소가 열거돼 있다. 이 기록을 귀납해서 분석하면, 당시 신사와 교상이 주로 3개의 축선 위에 살았다는 결론이 나온다. 1)환자시가歡慈市街 – 직흥가直興街 – 초점미가草店尾街 2)정신가頂新街 – 하신가

廈新街 – 토지후가土地後街 3)구가舊街 – 신점두新店頭. 이 세 축선은 맹갑 취락의 주요 도로들이다. 또한 이렇게 구성된 거리 및 구역의 범위는 청산왕공묘青山王公廟, 토지공묘土地公廟, 용산사龍山寺, 이 세 사원을 둘러싸고 있다. 이 세 축선을 강변으로 연장하면, 각각 단수이강 주요 부두를 향한다. 그렇다. 축선은 대계구, 왕공궁구, 호미도두에 닿는다(徐裕健 1993 : 38). 이렇게 행교와 종성의 힘은 뚜렷하게 중첩되고 교차했다.

(2)교상과 신앙의 결합: 교는 제사를 주관하는 단위는 아니지만, 모두 숭배하는 주신主神이 있었다. 가령 맹갑의 북교北郊는 주로 관세음보살觀世音菩薩, 천교泉郊는 주로 마조媽祖, 관제關帝(관우), 문창군文昌君(학문의 신) 등에 제사를 올렸다. 교의 노주爐主는 일반 업무의 책임자이자 제사의 주제자主祭者이다. 교의 구성원은 정기적으로 제사 비용을 납부했다(文崇一 1975 : 25). 교행郊行은 종교적 의식 훈련을 통해 생활의 각종 일을 신성화하고 조직 응집력을 강화한다. 많은 사무事務가 종교 의식을 치르며 완성됐다. 지역 사묘寺廟는 교행이 공공사무를 완성할 공간을 제공한다. 그리고 함풍 연간에 발생한 분류계투 기간, 사원은 군사 지휘소 역할을 수행하기도 했다. 맹갑 용산사와 대도정 하해성황묘에 교행 사무실이 배치됐다. 사원과 교행의 관계를 보여주는 전형적인 사례다. 왕스칭(王世慶 1972 : 123)은 이들이 신성神聖을 통해 '우리'와 '그들'을 구분했고, 그 구분이 향당주의鄉黨主義에 기초한 의식성儀式性과 상징이라고 주장한다.

맹갑 용산사는 지역의 다양한 역량이 집결한 전형이다. 용산사는 지역과 적속籍屬의 신앙 중심지였을 뿐만 아니라, 몇 차례의 족군 투쟁 때 지휘소 역할을 하기도 했다. 함풍咸豐 3년(1853)의 '정하교변頂下

郊拚'(정교頂郊와 하교下郊의 계투械鬥) 때 용산사는 정교의 대본영大本營이었다. 함풍 9년 '장천계투漳泉械鬥'(맹갑 천주인泉州人과 반챠오板橋 장주인漳州人의 계투) 때도 천주인의 대본영은 용산사 부속지인 의학義學에 설치됐다(黃得時 1957 : 21).[4] 이런 신성 상징 공간과 인간 집단 조직의 결합은 대도정 시기에도 이어졌다. 하교下郊(廈郊라고도 표기)는 하해성황묘霞海城隍廟에서 일반 업무를 처리하다가 사원 공간이 부족해지자 사무소를 이전한다. 이전한 곳은 역시 종교 공간인 자성궁慈聖宮이었다(徐裕健 1993 : 22-23).

행교行郊는 종성宗姓 세력 및 신앙 세력과 연결됐다. 종성 역시 신앙 세력과 상호 강화를 꾀했다. 맹갑 거리 발전 내용을 보자. 행교, 족성族姓, 신앙, 이 세 축의 조직이 '지역사회' 질서를 유지하는 기능을 하고 있다. 맹갑 공간의 구성도 주목해야 한다. 맹갑 거리는 단지 화물이 유동하고 상인이 집결하는 지역이 아니었다. 권력 구조가 형성된 맹갑은, 상당한 자주성을 갖춘 사회였다. 나아가 국가에 필적하는 통치 기제가 발전한 공간이었다고도 할 수 있다.

신사紳士에서 신상紳商으로, 지방사회 리더십의 변화

상인의 맹갑 사회 장악력을 이해하려면, 상인이 부를 축적한 후 그 경제력을 정치력으로 전환하려는 시도를 먼저 파악해야 한다. 이들이

---

4 대만에서 가장街庄의 사무를 결의할 때는 대개 지방 공묘公廟에서 결의했다. 일본 통치 시기 초반에도 가장의 행정 기관이 사원에 설치되는 경우가 많았다(蔡慧玉 1996).

바로 지역사회의 또 다른 주요 세력인 신사紳士 계층이기 때문이다. 보통 지역 신사는 퇴직 혹은 휴가로 고향에 돌아온 관료를 지칭한다. 이들은 반半 관원의 신분을 갖는다. 그들은 관원이 자신의 고향에 부임하지 못하게 제한하는 회피제도迴避制度 때문에 고향에 부임할 수 없다. 고향의 행정시스템에 포함되지 않는 것이다(王霜媚 1982 : 377-378). 조금 더 넓은 의미의 신사는 향시鄉試를 통과한 거인舉人, 지역의 유학儒學에서 공부하는 생원生員, 과거 시험과 상관없이 공부하는 사람(처사處士) 등을 포함한다(森正夫 1980).

신사는 지속적으로 사회적 자본을 누적한 계층이다. 그들은 다음과 같은 특권을 가졌다. (1)지방 관청의 신임을 받았다. 신사는 관원을 만날 때 무릎을 꿇고 예의를 표하지 않아도 된다. (2)특별한 칭호, 장신구, 모자, 복장이 허용된다. (3)추천을 통해 의전과 축전을 주재한다. (4)평민은 신사를 함부로 대할 수 없다. 신사는 임의로 처벌되지 않는다. (5)부역과 세금을 일부 면제받는다(張仲禮 1991 : 30-39).

지역에서 신사의 '신분'은 정치 및 사회적 특권을 가졌을 뿐 아니라, 관官과의 높은 접근성에 기반하는 '국가-사회'의 중개자 역할도 포함했다. 구조적인 제약의 균형상태, 즉 '신紳은 관의 힘을 빌려 백성을 누르고, 관은 신紳의 힘을 빌려 정치를 하며, 백성은 신紳의 힘을 빌려 일을 하고, 신紳은 백성의 힘을 빌려 관을 거부'하는 형세였다(王先明 1997 : 59). 도광 연간, 대만도臺灣道에 부임한 도영姚瑩의 '극단'적 묘사를 보자.

힘이 센 신사紳士는 평소 자신의 족인族人을 다스리는데, 이때 족인은

> 모두 노예와 같다 …… 어리석은 백성은 관官을 무서워하지 않고 오로지 신사만을 두려워한다. 모든 백성이 신사의 말을 따른다. 신사는 백성을 부리는 데 주저함이 없다. 게다가 이 괴이한 상황을 고칠 수 없으니, 상하上下의 정이 통하지 않는다. 관官은 백성을 사랑하는데 백성은 알지 못한다. 관이 백성의 억울함을 해결할 수 없다. 전임자들은 실패할 수밖에 없었던 것이다(邵之棠 1980 : 169).

중국의 사회 구조에서 신사의 지위는 모호하고 복잡했다. 서민을 보호하면서도 서민을 약탈했고, 정부가 의지하는 존재이자 동시에 정부의 견제를 받는 대상이었다(張維安 1988 : 189-190). 관과 민 사이에 걸쳐 있는 신사의 역량은 견고했다. 위에서 신사의 악행을 한탄한 도영이 내놓은 해결 방안 역시 '신사는 관을 믿고, 백성은 신사를 믿는다. 이처럼 위아래로 통한다면, 정부의 명령도 행할 수 있을 것이다'에 그쳤다. 촘촘하지 못한 행정 제도는 회색 공간의 생성으로 이어졌다. 관과 신사의 소통을 강조하는 정치는 '사람의 믿음'에 의존했다. 제도에 편입되는 '시스템의 신임信任'이 아니었다.

먼저 타이베이 신사의 유래를 추적해보자. 최초의 타이베이 신사를 확인하려면 강희 연간 황무지를 개간한 간호墾戶(간수墾首)를 살펴야 한다. 간호 중에는 토호土豪(지방의 호족, 토지를 포함한 경제력이 강한 세력)가 많았다. 리궈치(李國祁 1978 : 135-136)는 당시를 "의기가 충만한 지사가 많다. 문화 수준이 높은 지식분자나 신사도 조금 있다"고 묘사했다. 하지만 그의 말과 달리 개간 현장의 지식인과 신사는 적지 않았다. 사료에 따르면 타이베이 평원의 개간자는, 개간을 신청하는 과정에서 관청 및 원주민 사회와 교섭을 진행했다. 농민과 소작농을 모집하여 개간을 진행하려면 문서 작업의 숙달이 요구됐다. 그래서 원주민과 교역을 진행한 사람들은 대부분 통사通事(통역) 경험이 있었다. 그들은 평소 한인과 원주민 사이에서 통역뿐 아니라 토지매매를 통해 많은 이익을 얻었고, 이 과정에서 간호墾首(개간의 지도자)로 변신하기도 했다. 뇌과賴科가 전형적인 성공 사례다. 그는 통역 일을 하다가 큰 상인으로 변신했다. 대가에보大加蚋堡를 개간한 '진뇌장간호陳賴章墾號'의 뇌영화賴永和 역시 뇌과와 밀접한 관계에 있었으리라 추정된다(尹章義 1989 : 231).

통사通事와 더불어 개간에 투입된 또 하나의 주력은 바로 재력이 풍부한 신사 계층이었다(溫振華 1981b). 흥직보興直堡를 개간한 양도홍楊道弘과 호작유胡焯猷, 해산보海山堡를 개간한 장방대長方大(간호명 장필영張必榮), 파접보擺接堡를 개간한 임수준林秀俊(간호명 임성조林成祖)이 대표적 예다. 이들은 대부분 공생貢生(각 성에서 1차 과거 시험에 합격한 사람-역자) 혹은 감생監生(명청 시대 국자감國子監의 학생-역자)이거나 지역에 널리 이름이 알려진 사람들이었다(尹章義 1989 : 150). 간호가 맹갑 지역을 개간했지만 신사가 향촌을 다스렸다고 말하기는 어렵다. 토호와 신사가 뒤섞여 함께 지도하는 사회 형태에 가까웠다. 당시 대만 북부의 문풍文風(글을 숭상하는 풍습)은 약한 편이었다. 따라서 개간 초기 어느 정도 힘이 있었던 신사의 입지도 점점 약해졌다. 도광道光 이후 유학儒學이 설치되면서 신사 세력이 조금씩 커지기 시작했다.

청대 대만 신사 대부분은 현지 유학儒學 출신이었다. 유학은 청나라 때 각 부府, 주州, 현縣, 청廳에 개설한 정식 학교다. 청초, 대만 중남부의 1부 3현에는 신속하게 유학이 설치됐지만, 북부 지역의 유학 설치는 지지부진했다. 강희 23년(1684), 대만이 청의 정식 영토로 편입된 초기부터 본격적으로 유학을 설치한다. 대만부臺灣府, 대만현臺灣縣, 봉산현鳳山縣, 제라현諸羅縣 등에는 부와 현이 성립된 바로 이듬해에 유학이 설치된다. 하지만 옹정 원년(1723)에 수립된 단수이청에는 가경嘉慶 22년(1817)에야 유학이 세워졌다. 단수이청 설립 후 94년이 지나서였다(王啓宗 1987 : 7-9 ; 溫振華 1989 : 2).[5]

남부 각 현(봉산, 대만, 제라)의 신사 계층은 건륭 · 가경 연간 무렵부터 크게 활약한다. 중부 장화현彰化縣의 신사 계층은 이미 가경 · 도광 시기부터 대량으로 출현했다. 반면 타이베이 신사 계층은 가경 23년, 단수이청 유학에서 과거가 시행된 후에야 그 수가 증가하기 시작한다. 이들은 함풍 · 동치 연간 무렵부터 사회적 힘을 행사하기 시작했다(蔡淵絜 1980 : 139).

동치 연간에 작성된 『담수청지淡水廳志』는 대만 북부 지역의 신사 출현 과정을 아래처럼 묘사했다. "단수이에 설치된 서당은 오래되지 않았다. 하지만 스스로 전학專學을 설치하고 연거푸 과거를 실시했다. 관리는 이런 풍조를 장려하고, 선생은 이를 고취한다. 이에 인문이 흥성해 대만의 최고로 자리매김했다." '전 대만의 최고'라는 표현은 약간의 과장이지만, 유학 설치는 문풍文風을 일으켰다. 이 흐름에 따라 민간 사원 역시 발전했다. 이 현상이 타이베이 신사 계층 형성의 주요 동력이

5 가경 17년(1812) 수립된 이란현宜蘭縣의 경우, 광서 14년(1888)에야 유학이 설치된다. 그로부터 76년 전인 옹정 5년(1727) 설립된 평후청澎湖廳의 경우, 아예 유학이 설치되지 않았다.

다. 북부 대만 신사 계층은 가경 연간에 급감했다가 함풍 연간부터 다시 증가하는 추세를 보인다. 건륭 시기 이후 타이베이 지역에 실시된 경세 및 학문 교육 시기와 조응하는 변화다. 다시, 상술한 교상郊商으로 초점을 옮기자. 신사화의 경향이 뚜렷하게 드러난다.

표 3-1 청대 타이베이 지역 과거 합격자 수

	건륭乾隆	가경嘉慶	도광道光	함풍咸豐	동치同治	광서光緒	합계
진사進士	2	-	-	-	-	-	2
거인擧人	-	-	1	5	6	7	19
공생貢生	-	-	3	5	8	17	33
생원生員	-	-	4	5	10	129	148
소계	2	0	8	15	24	153	202

출처: 溫振華(1978), 蔡淵絜(1980)을 참조로 제작

신사의 사회적 지위는 상인보다 훨씬 높았지만, 신사와 상인의 길은 사실 일맥상통한다. 청대 때 신사 지위를 얻는 방식은 '정도正途'와 '이도異途' 두 가지였다. 상인에게는 신사 계층으로 올라갈 수 있는 많은 합법적 경로와 기회가 있었다. 특히 청말부터 정부의 재정 결핍이 심해지자 그 문턱은 더 낮춰졌고, '상인의 신사화' 현상이 도드라졌다(林玉茹 2000 : 282). 이렇게 상인은 다양한 경로로 신사가 될 수 있었다. 그 결과 상업 발달 지역의 신사 대부분이 지주나 상인 출신으로 채워졌다. 그들은 신사 신분을 취득한 후 자식들로 하여금 과거를 보게 하거나 돈으로 공명功名을 샀다. 그들은 이 시기 가장街庄에서 영향력을 유지했고, 신사가 되는 과정에서 알게 된 동학同學과 동료를 결집시켜

정치적 후원을 받았다(王霜媚 1982 : 404-405).

타이베이 평원도 마찬가지였다. 초기 공명功名을 가진 개간자들은 부는 쌓을 수 있었지만, 유학儒學의 미설치로 인해 신사층을 형성하지 못했다. 이후 문풍文風이 조금씩 흥성하자, 상간商墾(상업과 개간) 호족들에게 신사층으로 이동할 수 있는 기회가 주어졌다. 과거 시험을 보지 않더라도 연납捐納(기부나 매관買官), 군공軍功 등을 통해 신사가 될 수 있었다. 그리고 청불전쟁 기간, 정부는 많은 개혁 정책 및 국방 정책을 실시했다. 이 상황은 상인들에게 더 많은 신사화의 길을 열어줬다. 징세 지원 및 지방 향군을 모집 등의 군공 혹은 해상 방위에 대한 기부 등이 대표 사례다. 사회 전반의 상황이 상인의 신사 계층 진입을 도와주는 형국이었다(蔡淵絜 1980 : 205-206 ; 279).

맹갑의 교상郊商은 원래 모두 상인들이었다. 도광 및 함풍 연간부터 공명功名을 가진 사람들이 출현하기 시작한다. 교상의 후손은 경제적 능력을 활용해서 신사 계층으로 활발하게 이동했다. 맹갑 북교北郊의 부상富商 홍등운洪騰雲은 공생貢生이었고, 그의 손자 홍이남洪以南과 홍문광洪文光은 광서 연간에 생원生員이 됐고, 북교의 부호 장덕보張德寶의 후손인 장양청張揚清과 장춘원張春園은 동치 · 광서 연간에 늠생廩生(명청 시대 관청에서 돈과 양식 등을 지급한 생원-역자) 자격을 취득했다. 천교泉郊 이승발李勝發의 후손 이손보李孫寶는 광서 연간에 생원이 된다. 길태행吉泰行 임경운林卿雲의 동생 임경휘林卿暉와 북교 백면발행白棉發行의 백연승白聯陞은 광서 연간에 무생원武生員이 됐다. 대도정의 경우, 하교 지도자 임우조林右藻의 아들 임망주林望周가 생원의 칭호를 얻었다(溫振華 1989 : 26).

2. 신상紳商에 의존하는 거리: 국가와 지역 사이의 절충

신사紳士, 부상富商, 종족宗族 및 행교行郊는 정체성과 차이의 정치를 이용해 거리를 지배했다. 이 지배는 국가를 완전히 벗어나 독립적으로 운용됐을까? 그 정도로 국가 역량이 부족했던 것은 아니다. 타이베이 거리는 완전히 '자연적'으로 형성되지 않았다. '국가가 작동'하는 가운데 권력과 제도가 상호 작용하면서 만들어진 것이다. '시가市街의 사법 권력'과 '축성築城의 관신官紳합작'을 통해 국가와 사회의 특수한 관계를 설명할 수 있다.

타이베이 거리의 질서를 논할 때는, '국가와 사회'의 상호 작용을 분명히 파악해야 한다. 이에 황중즈黃宗智(1998 ; Huang 1993)가 제기한 '제3의 영역the third realm' 개념을 빌려, 타이베이 시가에서의 사법 권력 작동을 중심으로 검토하겠다.

중국 기층사회의 사법 시스템이 '공식'과 '비공식'으로 나뉘어 작동한다고 생각하는 사람이 많다. 여기서 '공식'은 관청의 재판 시스템을 뜻하고, '비공식'은 씨족氏族 · 종족宗族 내부의 민간 조정 시스템을 의미한다. 전자는 국가의 율령에 근거하여 갈등을 처리하는 것이고, 후자는 종족宗族이 그들의 내규로 친족 사이의 문제를 중재하는 것이다. 그러나 황중즈는 이 '공식/비공식' 영역 외에도, 그간 주목되지 않았던 '제3의 영역'이 존재한다고 주장했다. 그는 이 영역을 '반半제도화된 사법체계'라고 이름 붙였다. 내용은 다음과 같다. 관官과 지역 지도 조직이, 임의로 하나의 제도화된 상호 작용의 공간을 만든다. 사건이 공식 사법 체계의 관리에 들어갔다 해도, 다시 비공식적인 협상 루트로 되돌려 놓는다. 이후 특정 단체가 이 문제를 중개하고, 쌍방의 이익과 손해를 평가하고 조율하여 화해를 도출한다.

이 모델은 공식과 비공식이라는 이분법적 체계 내부에서 작동했다. 이 방법을 통해 분규가 해결되면, 관은 그 효력을 인정하고 사건을 마무리 지었다. 사실 이 모델은 중국에서 오랫동안 이어져 온 것이기도 하다. 다만 청대의 방식은 조금 달랐다. 공식 부문과 비공식 부문의 소통에 조정 루트를 제시하면, 관이 이를 수용하고 공식적으로 인정했다. 사건이 터지면, 관이 아니라 지역의 공친公親이 먼저 조정과 판단에 나섰다. 조정 여부에 따라 추후 소송 절차가 결정됐다. 황중즈(Huang 1993, 1994)는 사법私法과 국법國法으로 구성된 사법 시스템이, 청대에 이르러 국가와 지역이 공동으로 처리하는 공공사무의 일환이 됐다고 여겼다. 바로 '제3의 영역'이다.

재력에 기반하는 교상郊商과 정치 사회적 특권에 기초하는 신사紳士. 이 둘은 서로의 힘을 더 강화했고, 서로 결합하여 지역사회를 주도했다. 이 명제를 수용한다면, 타이베이 거리에서 발생한 일련의 사회학적 사건을 통해 신상紳商의 사회적 지배요소를 더욱 깊이 이해할 수 있다. 이제부터 계투械鬥, 교규郊規, 축성築城 관련 사례를 통해 배후에서 은닉하는 신상의 지배력, 그리고 국가와 사회를 중개한 신상의 작용력作用力을 검토한다.

신상紳商의 지배력: 계투械鬥, 정체성과 차이의 정치

청말 타이베이가 두 개의 큰 거리로 분열된 것은 함풍咸豐 연간에 발생한 두 차례의 큰 계투 때문이다. 두 차례의 계투는 모두 문치文治가 발달한 1850년대 이후에 발생했고, 사회 집단의 이동과 분리로 이어졌다. 이로 인해 지역사회는 매우 빠른 속도로 재조직되고 융합됐다. 계투는 지리적 분리로 이어졌지만, 사회적 분열을 조성하지는 않았다. 그렇다면 대중이 모이고 나뉘는 동력의 요소는 무엇인가? 또한 동기는 어떤 것일까? 정말 모종의 심리적 '정체성' 때문인가? 이제부터 '조적祖籍(원적 혹은 본적) 정체성 가설'에 관해 토론하고, 약간의 수정과 보완을 덧댄다.

조적 정체성 가설은, 출생지에 기반하는 정체성에 따라 대만 사람들이 조직·구성된다는 해석이다. 천지난陳其南 등의 인류학자들이 주장한 '토착화론'이 대표적 사례다. 토착화론은 분류계투를 1860년대 대만에 발생했던 사회 대전환의 주요 지표로 삼는다. 그들은 19세기 중반 계투가 연거푸 발생한 이유는 '출생지 정체성' 때문이고, 이후 계투가 감소한 것은 출생지 정체성이 '거주지 정체성'으로 전환됐기 때문이라고 주장한다(陳其南 1987 : 180).[6] 이런 사회 전환론자들은 '실질주의' 개념으로 정체성을 이해하는 경향이 있다. 하지만 대만 계투는 거주지를 둘러싼 실질적인 이해관계와 출생지 기호 및 상징 문제가 혼재한다. 물론 출생지는 이민의 형태에 큰 영향을 미쳤다. 하지만 정체성 문제가 분류계투의 원인이라고 쉽게 단정할 수는 없다. 더 많은 검

---

6 천지난陳其南이 주장하는 토착화의 다른 지표는 다음과 같다. 현지 사원의 신앙이 출신지 집단의 제사 권역을 넘어서는 것. 혹은 원래 중국 대륙의 고향에서 지내던 제사를 대만 현지로 옮겨오는 것. 이를 위해 사당을 짓고 독립적 제사 공간을 확보하는 것.

토가 필요하다. 대만 계투 역사를 논할 때, 민남인이 협력해서 광동인에 대항하면 민남 지역 출생 정체성이라고 규정한다. 하지만 민남 지역 간 발생한 계투, 즉 장주漳州인과 천주泉州인 간의 계투나 삼읍三邑인과 동안同安인 간의 계투에서도 민남 지역 출생 정체성이 존재할 수 있을까? 민남 지역 정체성이 실제로 존재한다면, 어떻게 같은 민남인인 장주인과 천주인이 싸우고, 심지어 천주인 내부에서 삼읍인과 동안인으로 나뉘어 계투를 벌일 수 있었단 말인가? 사료를 보면 천주인과 광동인이 연합해서 장주인을 공격하거나, 혹은 광동인과 장주인이 동안인과 협력해서 삼읍인을 포위하고 공격한 사례도 쉽게 찾을 수 있다. 롄야탕連雅堂의 『대만통사臺灣通史』(1962)를 보면, 도광道光 12년(1832) 봉산현鳳山縣에서 장병張丙의 난이 발발한다. 지방지地方志는 이 사건을 "소를 억지로 끌고 가면 말썽이 날 뿐이다"라고 기록했다. 하지만 이 사건의 실체는, 장병이 군사 봉기를 일으킨 게 아니라 천주인과 광동인이 힘을 합쳐 장병이 주도하던 장주인에 대항한 것이다.

이렇게 복잡한 계투분류에서, 출생지 정체성의 효력은 정말 존재했을까? 함풍 3년(1853) 및 함풍 9년(1859)에 타이베이 지역에서 발생한 두 차례의 대규모 계투를 살펴보자. 이 두 계투는 타이베이 지역 질서의 구동에 정체성 이외의 다른 요소가 작동했음을 보여준다.

함풍 3년의 계투를 『담수청지淡水廳志』는 "함풍 3년 8월, 장천漳泉 4현 분류계투"라고 짧게 기록했다(陳培桂 1963 : 353). 이 계투는 같은 천주 출신인 삼읍인과 동안인이 벌인 것이다. 이들과 마찬가지로 천주 출신인 안계安溪인은 중립을 표방하면서 암암리에 삼읍인을 도왔다. 반대로 동안인은 천주인이 아닌 장주漳州인의 도움을 얻었다. 이처럼 '복건 출생 정체성' 혹은 '천주 출생 정체성' 같은 출생지 기반 정체성은, 실제 발생한 계투의 내막과 부합하지 않는다.

함풍 9년의 계투 역시 『담수청지』에는, "함풍 9년 9월 7일, 계유癸酉, 장주와 동안 분류계투", "함풍 10년 9월 15일, 을사乙巳, 장주와 천주 분류계투"(354)로만 짧게 기록됐다. 그러나 이른바 장천계투漳泉械鬥로 불리는 이 사건은, 『담수청지』의 간략한 기록과는 대조적으로 2년이 넘게 이어졌다. 이 계투는 맹갑 삼읍인과 반챠오 장주인이 주도했다. 함풍 3년의 계투 때 천주 동안인은 삼읍인의 적이었지만, 함풍 9년의 계투 때는 힘을 합쳐 함께 장주인을 공격한다. 또한 삼읍인은 객가客家인의 도움까지 받아 계투를 벌였다. 따라서 토착화론의 '정체성 전이' 개념으로는 상술한 역사를 제대로 해석하기 힘들어 보인다.

이 두 계투를 지휘한 지도자의 배경을 분석하면 집단 충돌의 분류 원칙을 어느 정도 도출할 수 있다. '조적祖籍', 즉 출생지나 뿌리의 본적은 줄곧 중국 상인의 이주와 결집을 설명하는 원칙으로 여겨졌다. 게리 해밀턴Gary Hamilton과 윌리엄 로William Rowe는 명청明淸 이후 중국의 도시 산업이 고도로 발전했지만 상인은 여전히 고향과의 거래를 통해 수익을 창출하는 관성을 유지했다고 주장한다. 그들에 따르면 동향同鄉이야말로 이민 사회의 결합 기준이다. 다만 여기서 주의할 점은, 출생지는 상인이 서로를 '구분'하는 기준이 아니라 도리어 상인이 서로 '협력 혹은 합작'하는 근거였다는 사실이다. 이 두 명제는 다르다. 이익 창출 영역에서 '조적'은 집단을 분류하는 결정적 요인이 아니었고, 정체성을 결정하는 핵심 원칙도 아니었다(Hamilton 1979 ; Rowe 1984).

'족군 정체성'은 분명히 대만 계투 현상을 분석하는 중요한 관점이지만, 대만사를 분석하는 만능열쇠는 아니다. 신상紳商의 지배력이 관철됐던 타이베이 지역사회에서, 분류계투와 집단 정체성의 법칙은 추가적인 해석이 가능하다. 이를 통해 족군 분류의 역사를 검토하면, 맹갑에서 발생한 여러 차례의 계투를 새 관점에서 검토할 수 있다.

『담수청지淡水廳志 · 상이고祥異考』의 "함풍 3년 8월, 장천漳泉 4현 분류계투"라는 기록은 역사학계에 의해 '천주부 내 4년 계투'로 수정됐다. 심지어 당시 사건을 계투가 아니라, 두 교행 집단이 이익을 둘러싸고 충돌한 '정하교변頂下郊拚'으로 격하해서 부르기도 한다. 당시 지방지는 계투의 원인을 장주와 천주 출신들의 갈등으로 오해했다. 이 충돌에는 또 따른 이유가 있었다. 그 원인은 무엇일까?

펑얼캉馮爾康(1994 : 258)은 민남 지역과 대만에 성행한 계투가 '계급 대립의 약화'라는 음성적 효과—토지 겸병과 인구 증가로 인한 지주와 소작농 간의 기존 대립이 종족 간 대립으로 전이—로 이어졌다고 지적했다. 또한 계투를 통해 종족宗族 내 권력 집중이 발생했고, 이로써 종족은 강력한 내부 통제가 구현됐다고 말한다.

신사紳士의 사회 규합 역량은 지역의 이익 집단을 공고화했다. 계투는 기층사회 집단 내부에 대한 통제권을 견고하게 만들었다. 샤오궁취안蕭公權은 중국의 계투 상당수가 물질적 이익 때문에 발생했으며, 특히 용수권用水權의 통제와 사용이 주요 원인이었다고 분석했다. 이런 '이익'의 관련자는 일반 서민이 아니라 신사紳士와 부상富商이었다. 신사는 국가로부터 권위를 부여받았지만, 실질적인 이익이 필요하면 서민을 이끌고 계투를 벌였다. 중국 지방지에 기록된 규모가 비교적 큰 분류계투의 대부분이 신사의 지휘 아래 일어났다(Hsiao 1960 : 422-424). 중국 조정은 백성을 선량한 백성good people과 불량한 백성weed people으로 구분하는 습관이 있다. 그러나 선량함과 불량함은 결코 실재론적 이분법이 아니다. 대부분의 백성은 신사의 영도에 따라 선량함과 불량함 사이를 오고 갔다(Hsiao 1960 : 422).

대만에서 발생한 계투 역시 신사가 자신의 이익을 위해 서민을 동원하는 양상으로 전개됐다. 황슈정黃秀政(1955 : 33)에 따르면 청대 대만의 지주들은 소작농을 강제로 결집해 '지주 집단'을 형성했다. 계투는 바로 이러한 지주 집단 간 개간지 쟁탈 때문에 발생한 것이라는 이야기다. 결국 분류계투의 외피는 정체성 간 투쟁이지만, 실제로는 이익의 투쟁이었다. 향촌 간 갈등이 개간지 이익을 쟁탈하기 위한 행위였다면, 타이베이 거리에서 발생한 계투는 제한된 공간에서 발생한 집단 간 충돌에 가깝다. 교행郊行의 '이익 쟁탈'은 분명 '출생지 정체성'보다 더 중요한 충돌의 근원이었다.

정하교변頂下郊拚의 핵심 지휘자는 교상郊商이었다. 삼읍三邑 출신으로는 황삼계黃三桂, 황용안黃龍安, 임삼林森, 동안同安 출신으로는 임우조林右藻, 진류陳柳 등이 대표적이다. 이들은 당시 천교泉郊와 북교北郊, 그리고 하교廈郊의 부상이었다(郭芬芝等 1953 : 4). 당시 동안인들의 상업 구역은 부두에서 비교적 멀었다. 그래서 무역 '이익' 쟁탈전에서 다소 열세에 처한 상태였다. 정하교변은 사회 집단 간 충돌을 통해, 공간 분배가 자아내는 긴장을 드러냈다. 동시에 출생지별 집단의 충돌과 연대는, 신상紳商의 이익 확보가 조성할 수 있는 긴장을 보여줬다.

『담수청지 · 상이고』의 "함풍 9년 9월 7일, 계유癸酉, 장주와 동안 분류계투"라는 기록은 아래의 의미를 내포한다. 반챠오板橋 지역과 맹갑艋

艋舺 지역이 벌인 이 계투의 원인은 토지 문제로 불거진 갈등이었을 확률이 높다. 장주漳州 출신의 반챠오 임林씨 임국방林國芳, 천주泉州 출신의 맹갑 부상 황용안黃龍安(黃阿蘭)과 임삼林森이 양측의 주요 지도자였다. 관련 문헌은 계투의 원인을 서술하지 않았다. 다만 맹갑 지역에 전해 내려오는 이야기에 따르면, 맹갑 지역의 천주인은 임국방의 토지 겸병에 대해 불만을 느꼈다. 반차오 장주인에 대한 맹갑 천주인의 적대감이 나날이 커졌다(郭芬芝等 1953 : 5). 이 사례는 이익을 둘러싼 갈등과 긴장이 족군 간 충돌로 전환되는 모습을 보여준다. 표 3-2를 통해 맹갑에서 발생한 계투 지도자의 배경과 신상紳商이 주도하는 관계 네트워크를 확인할 수 있다.

정하교변頂下郊拚과 장천계투漳泉械鬥는 '백성들이 죽어나가고 마을이 폐허가 되는' 대규모 전투였다. 신상의 이익 추구가 이 난리의 부분적 원인이다. 일부 사료는 신상 간 이권 다툼이 계투로 이어졌고, 기층 서민이 갈등을 바라지 않았다는 사실을 말하고 있다. 장천계투 때 상당수 장주 출신 소작농은, 지주 임국방林國芳의 부추김에 넘어가 참전했다(許達然 1996 : 48). 현지 노인은 "만약 천주인이 장주인의 땅을 원한다면, 두인頭人의 승낙을 받아 장주적漳州籍으로 들어갈 수 있었다"(郭芬芝等 1953 : 5)고 말했다. 즉, 자신의 생계를 지탱하는 토지(이익)를 위해서 추상적인 원칙(정체성)을 바꿀 수 있었다는 이야기다. 생활 논리의 구체적 실천이었던 셈이다. 그렇다. 함풍계투咸豐械鬥 이전의 타이베이에서, 지역사회의 주체성은 일정 정도 신상紳商에 의해 조정됐다고 말할 수 있다.

또한 조적祖籍 정체성은 국가의 정치력에 이용당하거나, 역사적 상

표 3-2 함풍 연간, 타이베이 지역에서 발생한 두 차례 대계투의 지도자와 배경

계투械鬥 시기	이름	출신 지역	신분	배경
함풍咸豐 3년 (1853)	황조양黃朝陽	천주泉州 삼읍三邑	상호商號	맹갑 권문세가
	장덕보張德寶	천주 삼읍	은상殷商, 맹갑 거부	경제 지원
	임삼林森	천주 삼읍	은상	
	임우조林右藻	천주 동안同安	은상	하교廈郊 지도자
	진류陳柳	천주 동안	생원	하교 지도자
	진유조陳維藻	천주 동안	도광道光 5년 거인擧人	
함풍咸豐 9년 (1859)	임국화林國華	장주漳州	기부로 동지진도함同知晉道銜 후보에 이름을 올림	장주인 지도자, 지금 지원, 무기 구매
	임국방林國芳	장주	함풍咸豐 9년, 거인擧人 직함을 받음	장주인 지도자, 경제 지원
	반영청潘永清	장주	거인	장주 지도자, 경제 지원
	임삼화林三和	천주 삼읍	은상	
	황용안黃龍安	천주 삼읍	은상	정교頂郊 지도자, 맹갑 거부

출처: 榮峰(1960), 賴子清(1969, 1970), 林偉盛(1993) 참조로 제작

황에 의해 재구성된다. 많은 사료가 증명하는 바이다. '의민義民'이 대표적인 사례 중 하나다(黃秀政 1995 : 32). 후손들의 원한을 이용해 민간인 간 살인 사건을 유도해서 정치적 이익을 얻기도 했다. 건륭제가 대진도臺鎮道 양정리楊廷理에게 전한 문건에는 청 조정이 족군 간 갈등을 방치한 것을 시사하는 부분이 나온다.

> 대만 지역은 장주인, 천주인, 광동인이 만든 마을들만 가득하다. 어떤 일이 생기면 그들은 서로 견제한다 …… 민심은 불안정하다. 듣기로는 저절로 계투가 발생해 서로 죽인다고 한다. 지역의 문무관원들은 계투 관련자들을 체포하고 조사하여 징계하고 다스릴 수 있다. 하지는 암묵적이어야 한다. 장주 및 천주인들이 이를 알게 하면 안 된다. 그들이 서로를 견제하게 해야 한다(中國人民大學清史研究所等編 1987).

이 말의 뜻은 다음과 같다. 대만에는 장주인, 천주인, 광동인 간 분류계투가 벌어진다. 물론 관官은 이 상황을 다스리고 진정시켜야 한다. 하지만 조정은 계투를 지역세력을 억제하는 정치적 도구로 사용했다.

이처럼 분류계투의 핵심 원인은 '정체성'이 아니라 '차이'였다. 청말 타이베이에서 발생한 두 차례의 계투 대립, 충돌, 정합은 사회 집단이 이동하는 '동질교환' 현상을 초래했다(施添福 1987 : 80-81). 맹갑과 대도정은 후손들의 동질성이 더 강화됐고, 내부 차원의 권력이 작동하기 쉬운 환경이 갖춰졌다. 하지만 현지의 신상紳商들이 즉각적인 이익을 추구하는 원칙에 기반해 매 사안에 대처했기 때문에, 상호 대립하는 후손들 간 협력이 원천 차단되지는 않았다.

계투의 시대로부터 약 15년 이후, 타이베이에 '삼교三郊'가 출현했다. 이들은 맹갑 출신, 대도정 출신, 혹은 조상이 누구며 어디에서 왔느냐 같은 문제에 구애받지 않았다. 삼교 출현 당시 상황을 보자. "맹갑 지역의 천교泉郊 김진순金晉順과 북교北郊 김만리金萬利 등이 임우조林右藻에 관해 들었다. 임우정이 대도정의 지도자가 되어 여러 사람의 신망을 받고, 인심을 깊이 얻었으며, 멀고 가까운 곳에서 모두 추앙한다는 이야기였다. 이에 서로 무겁게 논의하여 천교泉郊, 하교廈郊, 북교北郊를 합치기로 하고, 그 이름을 김천순金泉順으로 지었다. 모두 임우조를 삼교三郊의 총장總長으로 추대했고, 총장이 모든 사무를 결재하여 그 어떤 불공정도 발생하지 않도록 조처했다"(伊能嘉矩 1991b : 4). 이처럼 맹갑과 대도정에 속한 집단들, 즉 원적지가 다른 조직들이 상업적 이익을 위해 서로 협력하고 합작한다. 이로써 타이베이 거리의 지배력 역시 다른 단계로 들어섰다.

교郊 규율의 운용: 국가가 지역에 부여한 정당한 권력

타이베이 지역사회의 대가예보大加蚋堡 삼판교장三板橋庄의 '장약庄約'과 맹갑 및 대도정 3대 행교郊規의 '교규郊規'는, 지역 질서에 존재하는 '제3의 영역'의 특질을 보여주는 사례다. 제3의 영역의 작동 방식은 다음과 같다. 국가는 '반제도半制度'의 권한을 지역에 부여하고, 지역은 그 권한을 이용해 '반자주半自主'의 방식으로 현지 안건을 처리한다.

대만에는 가장이 자체적으로 마을 내 규약을 정하거나, 마을 간 규약을 체결하는 경우가 많다. 타이베이 지역을 보자. 동치 11년(1872) 삼판교장三板橋庄의 '연장금약聯庄禁約'(연장聯庄은 자연촌락인 가장街庄의 연합을 뜻한다-역자)이 대표적 사례다. 히라야마 이사오平山勳(1934 : 113-114)가 수집한 이 금약의 서두는, '정부에는 정조正條(법에 규정된 조례)가 있고 민간에는 사약私約(사적 규약)이 있다'이다. 일종의 자치적 의미가 내포된 셈이다. 금약을 만드는 이유는 치안 때문이다. '사농공상은 모두 각자의 일이 있다'고 하지만, 마을 안에는 여전히

'차별'이 존재했다.

금약에 이어 바로 몇 개의 금규禁規가 나온다. 주로 도둑의 침입을 막고 체포하는 구체적인 방안이 담겼다. 가령 '마을에 불이 나면 좀도둑이 든다. 소리가 들리면 목탁을 쳐서 신호를 보낸다' 같은 내용이다. 여기서 강조하고 싶은 부분은 금규 안에 마을 연합(연장聯庄)의 처벌 재량권이 포함됐단 사실이다. 도둑을 잡을 때 참여하지 않으면 '기볍게 벌'하고, 도둑을 잡다가 다친 사람의 치료비 분담을 거부하면 '중벌에 처'한다. 범인을 숨기거나 도박장을 운영한 사람은 '마을에서 추방'하며, 길흉을 빌미로 금전을 구걸하는 자는 '모두의 의견을 들어 공평하게 벌'했다.

상술한 일련의 처벌을 보면, 당시 마을 연합은 이미 준사법에 해당하는 효력을 보유했다. 범죄자는 벌하고, 공이 있으면 상을 준다. 이 금약은 민간에서 자체적으로 체결한 것이므로 자치적 의의가 있다. 도둑을 '모두 함께 잡는다'는 항목은 곧, 이 마을이 기본적으로 법인의 형태를 띤다는 이야기다. 그래서 규약을 지키지 않은 주민들을 관에 보내 처분을 기다리지 않고, 마을에서 스스로 처벌하거나 추방했던 것이다.

이 반半자치적인 마을 규약은 누구의 지배를 받았을까? 가장街庄의 두인頭人이나 신상紳商이었을까? 사료로는 판단하기 어렵다. 그래서 신상이 관민의 중개자였다고 확증할 수 없다. 하지만 마을 규약을 따져보면, 지역사회는 확실히 국가가 부여한 어느 정도의 사법 독립성을 보유했다. 지금부터 상업이 발달한 도시를 사례로, 신상이 국가의 역량 아래서 어떻게 지역사회를 지배했는지를 살펴보자.

타이베이 2대 시가에서, '교郊'가 제정한 교규郊規는 교상郊商 내부 구성원들을 구속했을 뿐 아니라 시가의 일상적인 경제 행위에도 영향을 미쳤다. 뗏목 이용 비용, 은의 가격, 운송비 결정, 교역 가능 구역 설정 등이 모두 교규에 해당했다. 교의 사무소에 무게를 측정하는 표준화된 도량 관련 도구들이 비치돼 있었을 정도다. 교가 정한 도량 기준에 그 어떤 상인도 토를 달지 못했다. 이처럼 교규는 강력한 통제력으로 분규를 억제했다(曾迺碩 1982 : 1008 ; 卓克華 1990 : 77).

나아가 '교'는 지역 안건을 해결하는 대리인이었다. 또한 사법 영역에서 반자주성半自主性을 가졌다. 줘커화卓克華(1990 : 77)에 따르면, 교는 공소公所(동업자 조합 사무소-역자)를 설치하고 사업체 인감과 독립 재산을 보유했다. 또한 지역 내 분규를 해결할 수 있는 능력도 있었다. 심지어 교가 주재한 사법 재판이 관官의 승인을 받기도 한다. 그래서 교는 각종 소송 및 사법 문제의 조정자였다. 또한 일상적 지역 행사나 행정에 참여했다. '교'는 '위를 섬기고 아래와 접촉하는' 기구였다.

가장街庄의 의사 결정에 참여할 수 있는 자격은 선거를 통해 정해지지 않았다. 보통은 재산, 명망, 지위 등의 조건에 따라 '자연'적으로 정해졌다(戴炎輝 1979 : 339). 데라다 히로아키寺田浩明(1998)는 중국 명청 시대의 향약鄉約 정신이 참가자들의 동의에 기초하지 않았다고 지적했다. 오히려 특정 인사들의 제안과 다른 주민들의 화답으로 결정되고, 그 결정을 행동의 기준으로 삼았다고 한다. 당시 가장 운영은 권리와 의무가 대등한 현대 법인法人과는 달리, 사람들이 지도자로 인식하는 인물이 마을을 지도하는 방식이었다.

이노 가노리伊能嘉矩(1991b : 4)는 '대만의 교는 재계財界에서의 우수한 역량뿐 아니라, 대중의 이익을 도모하고 의협심이 강하며 사회 공헌 및 공적이 있어야 한다'고 지적했다. 즉 교행은 상업 범주를 넘어 공공의 질서를 관리하는 '관민중개官民中介' 역할을 수행한 것이다. 교는 관을 도와 반란을 평정하고, 거리 빈곤 구제에 나섰으며, 치안 관리에도 협조했다. 당시 모든 신상紳商이 교행郊行에 참여했다. 타이난臺南의 삼교三郊는 임상문林爽文의 사변事變과 채견蔡牽의 반란 당시 의민義民을 모집하고 군사 자금 모금에 나섰다. 녹항鹿港의 천하교泉廈郊는 도광 4년 톈진天津 흉년 때 대만쌀을 모아 지원했다. 타이베이의 삼교 역시 청불전쟁 기간, 지역 안정에 협조한다. 그들은 전쟁이 발발하자 적극적으로 지역 자위 기구를 만들고 운영해서 관官의 통치부담을 줄여줬다.

상술한 맹갑의 공간 발전 가운데 정교頂郊와 신앙, 그리고 종성宗姓이 결합된 긴밀한 네트워크는 당시 이런 지역 질서 관리 형태를 보여준다. 대도정 또한 마찬가지다. 「대도정 김동순金同順 (하교廈郊) 규약規約」을 보면, 당시 지역사회 질서 유지에서 교의 네트워크와 지역 관리가 매우 중요했다는 사실을 추측할 수 있다.

> 일의 크고 작음과 무겁고 가벼움을 불문하고, 모든 일은 모두 하교廈郊가 중재한다. 노주점爐主店과 마조궁媽祖宮은 모두 많은 사람이 몰리는 장소다. 따라서 공의에 기반하여 큰일은 작은 일로, 작은 일은 없던 일로 만든다. 혹시 관에 먼저 고발한다 해도, 관이 다시 우리에게 사실 확인 후 보고를 명하니, 있었던 일도 없던 일로 만들 수 있다. 그러므로 우리 지역에는 통상通商은 많고 분규는 적다. 이렇게 된 지

벌써 40여 년이다(臺灣銀行經濟硏究室編輯 1961 : 29).

위 내용은 일본 통치 시기 만든 『대만사법臺灣私法』의 조사 기간(1903-1920)에 수록돼 있다. 이 규약이 1860년대 대도정 거리가 형성된 직후 제정됐다는 점을 고려하면, 규약의 작동 기간은 무려 '약 40년'에 달한다. 내용을 살펴보면 교행이 청말 대도정 거리 일대에서 발생한 지역 갈등을 처리했고, 조정의 승낙을 거쳐 직접 처벌도 진행했다는 사실을 알 수 있다(曾迺碩 1982 : 1008). 만일 누군가가 정식 사법 체계에 따라 고발을 해도 무용지물이었다. 관청에서 되려 그 고발을 하교廈郊로 돌려보내, '조사 후 사건 실체에 근거해 보고'하라고 지시하기 때문이다. 그 결과 '있던 일도 없던 일로' 바뀌었다. 이렇게 교의 중개와 조정은, 완전한 사적 영역에서 운용된 사적 시스템이 아니었다. 오히려 정부의 승인 아래에서 집행된 반제도적半制度的 사법 체계에 가까웠다.

이러한 작동 방식은 청말 타이베이 사회가 국가 밖의 독립된 영역이 아니었음을 설명해준다. 국가 권력의 영향력은 사회에 완전하게 관철되지 않았다. 국가와 지역 조직이 함께 구성한 특수한 작동 공간에서 국가와 사회가 연결됐다. 교행郊行의 규약을 위반하면, 위반 사항이 어느 항목에 해당하는지를 검토한 후 '대중의 의견을 물어 문책하거나 징벌'한다. 위반 정도가 엄중할 경우, '문책하거나 상부에 송부'했다. 상황에 따라 내부 해결과 상부 보고를 결정한 것이다. 이처럼 교의 내규는 준사법기제에 해당하는 기능을 발휘했다.

그러나 중요한 점은, 청대 행교가 치안 혹은 행정 체계의 일환도, 국가 및 관청 부속 조직도 아니었다는 사실이다. 오히려 행교는 정부와 일정한 거리를 뒀다. 광서 16년(1890), 타이난臺南 삼교三郊는 정부 개입으로 인한 충돌이 발생했다. 당시 대만 지부知府 오본걸吳本杰은 수출입 보증금을 타이난 삼교에게 징수하려 한다. 그러나 삼교의 고사稿師인 시사길施士洁이 반발하며 직책을 내걸고 징수 무효화를 시도했다. 이후 삼교는 정부 개입을 거부하며, 수출입 보증금 납부를 정지해버렸다(卓克華 1990 : 72 ; 臺灣私法商事編 : 17). 이처럼 정부와 교의 협력은 통속統屬적이지 않았고, 대체로 '제3의 영역' 개념에 조응했다.

타이베이 지역사회에 관철되던 '교郊'의 실질적 구속력은 청조 중후기부터 도전에 직면한다. 가령 도광 연간의 초국가적 불황 때 대도정도 타격을 받았다. 다만 당시 대만 상인들 대다수가 중국 대륙과 교역하고 있었기 때문에, 상업적 기회가 줄었을 뿐 몰락을 우려할 정도는 아니었다. 함풍, 광서 연간이 되자 행교行郊는 다시 번영을 구가했다(林滿紅 1994 : 180-181). 1860년, 서구 세력에 의해 개항이 시작된 후 상선이 크게 줄었다. 대만 행교는 우수한 서양 상품의 진입, 도덕적 해이, 하항河港 일대의 모래 퇴적 등 요인이 중첩되면서 쇠퇴해갔다(東嘉生 1954 ; 涂照彥 1993). 이익이 줄어들자 교비郊費 납입액도 덩달아 줄었다. 이렇게 교가 서서히 약해졌지만, 당시 사회는 새로운 통치 기제를 만들지 못했다. 교는 여전히 지역사회를 관장했고, 이 현상은 최소 청조의 몰락, 나아가 일본의 대만 통치 이후까지 이어졌다.

부府의 설치와 축성築城: 관부官府와 신상紳商의 호혜적 협력

광서光緖 원년(1875), 타이베이부府 설치는 '관신官紳협력'이 구현된 또 하나의 구체적 장면이다. 두 개 시가를 중심으로 하는 현지 사회의 힘과 국가의 힘이 만난 큰 사건이었다. 황제 지배 체제의 중국에서 대규모 공공 건축 사업은, 대개 지역의 현지 자원을 가용해서 진행됐다. 도시를 다스리는 부의 건설은 성벽, 성문, 성루 등의 기조 건설뿐 아니라 관청, 제단, 사원 등의 건설도 필요했다. 기본 자원부터 건축 인력까지, 국가는 민간의 자원이 절실한 상황이었다(Yang 1969). 다른 대만 주요 도시 건설도 마찬가지다. 모두 지방 정부와 지역 세력의 협력을 통해 이뤄졌다. 이런 협력의 과정에서 족군 간 알력이 생기기도 했다.

타이베이보다 먼저 건설된 도시들의 사례에서 대만 축성 특유의 '사회적 응집' 현상과 그 의미를 분석할 수 있다. 청에 있어 대만은 편벽한 곳에 위치한 작은 땅에 불과했다. 그리고 대만에는 빈번하게 터지는 반란을 방어할 성벽이 없었다. 그래서 강희제와 옹정제는 모두 '대만은 도시 건설에 적합하지 않다'고 생각했다. 심지어 이들은 주일귀朱一貴가 점령한 지역을 수복하는 데에도 큰 관심이 없었다. "자위自衛에 급급한데 어떻게 승리의 소식을 전하겠는가"라는 인식 때문이었다(黃叔璥 1957 : 18). 이런 고민은 만약 성이 반란군에게 함락되면 정부군이 다시 수복해야 하니, 결국 '반방어反防禦'와 같다는 역발상으로 이어졌다. 초기 대만의 '축성 지도 원칙'은 이 역발상에 기초했다. 그래서 초기 대만의 부府, 청廳, 현縣 관청 소재지 대부분의 성벽은, 벽돌이나 흙이 아닌 대나무를 꽂아 만들었다. 이른바 '죽성竹城'이다. 이런 상황은 건륭 말기에야 달라졌다(藍厚理 1977 : 157).

건륭 51년(1786)에 터진 임상문林爽文 사건이 축성 정책의 전환을 가져왔다. 이 반란은 16개월 동안 이어지다가 4개 성省의 병력이 동원된 후에야 평정됐다. 대만이 청에 복속된 이후 가장 큰 반란이었다. 임상문의 반란은 '쉽게 잃고 쉽게 수복'한다는 사유에 기초한 기존의 축성 정책에 충격을 줬다. 건륭 53년, 임상문 사건이 수습되자 무대흠차撫臺欽差 복강안福康安은 황제의 명을 받들어 대만 각지의 성벽을 새로이 쌓는다(臺灣銀行經濟硏究室編 1964b : 544-545). 축성 정책이 전환되면서 전면적인 방어력 강화가 추진되는 듯 보였으나, 건륭제는 다시 생각을 바꿔버린다. 그 결과 대만부성臺灣府城과 제라현성諸羅縣城만 벽돌로 축성했고, 장화彰化와 봉산鳳山 등은 여전히 '나무나 대나무가 꽂혀' 있었다(臺灣銀行經濟硏究室編 1964b : 545). 훗날 대만부성은 벽돌로 축성됐지만, 제라현성은 토성을 더 두껍게 하는 성벽 보강정책으로 그쳤다(周郁森 2003 : 22).

'방어'는 대만 축성 역사에서 원칙이 아닌 일종의 선택 가능한 요소에 불과했다. 그래서 이후 대만에서 진행된 축성 사업은 모두 표면적으로 방어라는 명분을 내세웠지만, 지역 인사들은 제각기 다른 계산을 하고 있었다. 건륭제는 대만부와 제라현의 성벽을 더 높게 쌓는 개건改建 사업을 허가했다. 이는 대만 각지 신사들의 상징 투쟁 전개로 이어졌다. 대만부는 부성府城(부府의 핵심 공간)의 높은 지위를 확보했다. 제라현은 의민義民이 성을 지켜낸 공이 인정돼 황제로부터 '가의嘉義'라는 이름을 하사받고, 그 상으로 벽돌로 된 성벽을 받았다(이후 이 상은 강등됐다. 이에 따라 상도 벽돌 성벽에서 토성 보강으로 바뀌었다). 성벽이 상벌의 도구가 된 것이다. 이로 인해 대만의 축성 활동은, 물신 숭배 형식을 띤 문화적 상징성을 파생시켰다.

가경嘉慶 시기부터 각 현성縣城의 신사들은 주동적으로 축성을 요구했다. 대체로 지역사회는 열정적이고 국가는 소극적이었다. 각지의 축성 운동은 신사들이 제의, 공사 감독, 모금을 맡았다. 그뿐 아니라 적극적으로 정부와의 교섭에 임했고, 경비 일체도 부담했다. 심지어 지역 각계를 동원해 모금까지 진행한다. 가경 13년(1809) 장화현성의 개축은, 국가가 아니라 지역의 장주, 천주, 객가 3개 족군의 신사들이 함께 이름을 걸고 요구한 것이다. 축성의 비용 역시 재력을 가진 지주나 신사들이 모았다(周璽 1962 : 396). 같은 기간 봉산현성鳳山縣城의 주민 대표도 대나무 성 철거와 재건축을 요구하며 나섰다. 이때도 비용 일체를 재력을 보유한 신사층이 감당했다(灣銀行經濟研究室編 1963b : 150-151). 1827년 신주성新竹城 사례도 있다. 지역 상류층 인사 3분의 2가 상소를 올려 석성으로의 개축改築을 요구했다. 이 요구의 목적 중 하나는, 남부의 다른 행정 도시와 균형을 맞추려는 것이었다. 이들은 돌로 성벽을 쌓으면 도시의 중요성이 외부로 드러난다고 여겼다(藍厚理 1977).

그렇다. 신사들의 축성 요구에서 지역 방어나 행정 기능은 단지 수사에 불과했다. 진짜 이유는 바로 '체면'이었다. 해리 람레이Harry Lamley에 따르면, 대만 각지에서 전개된 축성은 바로 '자아긍정'의 대표적 방법이다. 대만의 경제적 규모와 문화 수준이 중국 대륙 내지 수준에 근접했다는 사실을 과시하려는 노력의 일환이었다는 이야기다(Harry Lamley 2000). 그러므로 타이베이성 축성의 의미를 검토할 때는 단순하게 군사적 방어와 정치적 행정 같은 기능의 측면만 고려하면 안 된다. 오히려 상징 권력을 추구하는 지역사회의 분위기에 주의를 기울여야 한다.

타이베이부성이 건축되기 이전의 일이다. 타이베이 지부知府였던 임달천林達泉과 진성취陳星聚는 죽참竹塹에 임시 체류하며 업무를 봤다. 이때 신주新竹의 신사들이 강력한 진정을 넣었다. 그들은 타이베이 지역을 관할하는 관공서가 신주를 떠나지 않고 '위류慰留(떠나지 않고 그대로 머무르다)' 해주기를 희망했다(黃得時 1954). 이와 같은 신주 신사들의 집념 역시 '체면' 때문이었다. 한편 타이베이성 건축을 준비할 당시, 타이베이 지역의 현지 신사들도 '체면'을 세우는 일에 골몰했다. 훗날 최종 선택된 타이베이성의 위치는 대도정과 맹갑 사이의 빈 땅이었다. 사람들이 밀집한 두 취락은 배제됐다. 이는 축성이 방어 외에도 '개발'이라는 목적이 있었다는 사실을 보여준다(劉淑芬 1985 : 494).

타이베이 축성은 맹갑과 대도정이라는 주요 시가뿐 아니라, 타이베이 전체 지역이 사활을 건 사업이었다. 1860년대의 참혹한 계투를 겪었던 족군들이 서로를 향한 적대감을 미뤄두고 함께 부성 건축 비용을 기부할 정도였다. 당시 정부는 14명의 축성 공정이사工程董事를 선발했다. 이는 당시 축성이 주거지나 족군을 넘어서는 다원적 형태를 지닌 사업이었음을 방증한다. 동시에 당시 지역의 체면 중시 경향의 반영이자 권력 균형의 산물이기도 하다.

선발된 14명 이사의 사회적 속성은 그들의 주거지 분포를 통해 확인할 수 있다. 핵심 시가市街인 맹갑과 대도정의 인사 외에도 대룡동大龍峒, 사림士林, 사자社子의 신상紳商, 그리고 당시 기준으로 원거리 지역이었던 반챠오板橋와 지룽基隆의 인사들도 포함됐다. 원적 분포로 보면, 함풍계투咸豐械鬥의 각 단위(가령 천주泉州, 장주漳州의 이부二府, 혹은 삼읍三邑, 동안同安, 안계安溪 등의 현縣)들이 모두 명단에 들었다. 이들 모두, 축성을 위해 힘을 합쳐 재력과 사회적 자원을 아낌없이 내놓았다(표 3-3 참조).

표 3-3 청말 타이베이 축성 이사들의 배경

이름	거주지	신분	원적
임유원林維源	반챠오板橋	거인擧人, 부상富商	장주부漳州府
반성청潘成清	사림士林	거인	장주부
왕정리王廷理	지룽난난基隆暖暖	무거인武擧人	천주부泉州府
왕옥화王玉華 (왕경충王慶忠)	대룡동	부상	천주부동안현泉州府同安縣
엽봉춘葉逢春	대룡동大龍峒	부상	천주부동안현
이청림李清琳	맹갑艋舺	부상	천주부삼읍泉州府三邑
진홍의陳鴻儀	알 수 없음	알 수 없음	알 수 없음
진하림陳霞林	대도정大稻埕	거인	천주부동안현
반경청潘慶清	알 수 없음	알 수 없음	알 수 없음
왕천석王天錫	맹갑	공감생貢監生	천주부
료춘괴廖春魁	알 수 없음	거인	알 수 없음
백기상白其祥	맹갑	부상	장주부안계현漳州府安溪縣
임몽암林夢岩	알 수 없음	알 수 없음	알 수 없음
진수익陳受益	사자社子	공생	천주부동안현

출처: 이사 명단은 伊能嘉矩(1991a) 참고. 구성원의 신분 배경은 臺灣總督府編(1916), 曾迺碩編(1989), 賴子清(1969, 1970)을 종합하여 제작

이 명단은 몇 가지 사실을 보여준다. 축성 과정에 지역 권력이 참여했다. 이때 주요 지역과 족군의 균형을 맞췄다. 청대 성의 건설은 지역 체면을 상징했다. 그래서 그들은 능동적으로 건성에 참여한다. 바로 이 지점에서, 당시의 축성과 현대 국가가 주도하는 '도시 건설'의 사회적 의미가 다르다는 사실이 확인된다. 더 깊이 토론해야 할 사항이 있다. 신상들이 '함께' 타이베이성 축성을 추진했다는 사실이, 과거 그들 간에 벌어졌던 격렬한 대립(계투)을 극복하고 더 높은 층위의 '사회적 통합'을 이뤘다는 뜻일까? 초기 신상들이 극렬하게 대립하던 계투에서 '공동'으로 힘을 합쳐 타이베이 축성의 과정을 거치면서 더 높은 층위의 '사회적 통합'이 이뤄졌을까? 그렇게 되지 않았다.

타이베이 축성이 시작될 무렵, 지역 신사들은 적극적인 지지를 보내며 거의 20만 냥에 가까운 거액의 경비를 모금했다. 하지만 지역 신사들의 통 큰 기부는 지역의 정서 때문만이 아니었다. 오히려 일종의 기대 이익이 축성 공사를 지지하는 진짜 이유였다. 이 기대 이익은 (최소한) 다음의 내용을 포함한다. (1)축성에 협조(기부 참여 및 공사 감독 등)하여 공을 세우고 조정의 상을 받는다. 이러한 상에는 편액匾額, 배당금, 정대頂戴, 혹은 진급 및 과거 합격 후 빠른 관직 임용 등이 포함된다. (2)도시 건설 참여는 사실상 투자와 진배없었다. (3)부府가 설치되면, 축성 공사에 협력한 인사들은 부가 주관하는 과거시험에 응시할 수 있었다. 이는 신상紳商 자제들의 공명功名 취득에 큰 도움이 됐다 (Lamely 2000 : 219). 청말 유명전劉銘傳은 '(재물 혹은 축성에 필요한 자원을) 헌납한 사람에게 관직을 주는' 방식으로 축성 참여 유인 효과를 제고했다. 상술한 내용은 관官과 신상紳商이 호혜적으로 이익을 교환하는 방식과 성격을 보여준다.

광서 10년(1884) 프랑스 군대가 대만을 침공한다. 군기처軍機處는 유명전에게 신사들의 힘을 모아달라고 요구했다. 이에 따라 대만의 지역 유지들은 사병을 동원해 프랑스 군대에 저항한다. 유명전은 황제에게 전보를 보낸다. 그는 이 전보에서 광서 초기 중지한, '(국가가 필요한 자원을) 기부한 사람에게 관직을 주는' 정책의 재실시를 호부가 검토하게 조치해달라고 요청했다. 당시 유명전의 말은 다음과 같았다. "대만에는 부호들이 많아 지역사회의 기부로 군사비를 벌충할 수 있습니다. 이런 방법 없이 지금의 난관을 헤쳐갈 수 없습니다." 유명전은 기부를 유인하기 위해 '관직을 제공'하는 방법을 제안해서 거상巨商들의 기부에 대해 보상했다. 호부는 유명전의 제안에 동의했고, 이후 대만 지역은 임시로 기부자에게 관직을 제공한다(朱壽朋 1969 : 85). 반챠오板橋의 임유원林維源은 광서 3년, 타이베이 축성에 50만 원이란 거금을 기부했다. 이후 그는 '영부재연永不再捐'(이후 영원히 기부 및 헌납하지 않아도 된다는 뜻)이라는 명예직을 하사받는다. 광서 10년, 기부자에게 관직을 주는 정책이 재시행되자 임씨 가문은 다시 20만 원을 기부한다. 결국 임유원은 '사오품경당후보四五品京堂候補'라는 실제 관직을 얻었다. 그리고 헌납 및 기부에 대한 면책권을 부여받았다(劉銘傳 1958 : 337).

타이베이 축성 과정은 순조롭지 않았다. 심보정沈葆楨은 부府 설치 및 축성이 끝나면 바로 양강총독兩江總督(장쑤성江蘇省, 안후이성安徽省, 장시성江西省의 총독. 관할 지역의 군정과 민정을 모두 총괄한다. 지방 장관의 최고위직이다. 총독 중에서도 양강총독은 가장 중요했다-역자)을 맡겨달라고 주청을 올렸다. 그는 축성 업무에 일절 관여하지 않았다. 건성建城을 관장하고 주도한 고위 관원은 당시 복건福建 순무巡撫 잠육영岑毓英, 대만 병비도兵備道 유오劉璈, 타이베이 지부知府 진성취陳星聚였다. 잠육영은 성 부지가 확정된 이후 운귀총독雲貴總督(운남성雲南省과 귀주성貴州省 총독)으로 부임했다. 이때 축성 관련 업무를 대만도臺灣道 유오에게 인계한다(廖春生 1988 : 84).

유오劉璈는 성 부지 규모를 확대했다. 그러자 경비 역시 13만 냥이 추가되었다. 유오는 임유원林維源에게 추가 경비 부담을 요청했다. 하지만 임유원은 광서 3년, '기부 및 헌납 면책'을 받은 상태였다. 그는 병을 핑계로 유오의 요청을 완곡하게 거부했다. 그러자 임유원을 지지하던 장주인漳州人과 천주인泉州人이 대립하기 시작한다. 이후 진성취는 장주의 지도자 임유원과 천주의 지도자 진하림陳霞林과 논의하여, 14명의 이사가 추가 경비를 분담하기로 했다. 부족한 금액은 단수이淡水 지역 중상층에 기부를 요구하여 충당하는 방식이었다(傳銘傳 1969 : 225-226 ; 許雪姬 1992).

축성 마지막 단계는 '성문'이다. '성문' 건설 과정을 보면 국가 정치의 '체제'와 지역사회 '체면'의 상호 작용을 확인할 수 있다. 타이베이성은 광서 8년에 착공하고 광서 10년에 준공했다. 성문은 다섯 개였다. 성루의 형태는 대체로 민남閩南의 특색을 띠었다. 하지만 각 성문과 성루의 크기나 형식이 달랐다. 가령 남문과 서문의 성루 지붕은 '헐산중첨식歇山重簷式'이고, 나머지 세 개 성문은 '헐산단첨식歇山單簷式'이었다(黃

健敏 1979 : 38 ; 周郁森 2003 : 99).[7] 그리고 다섯 개의 성문 중 유일한 주랑누각柱廊樓閣인 소남문小南門이 성문 중 가장 화려했다(李乾朗 1993 : 59).

성문 양식이 제각기 달랐던 것은 성문마다 다른 공장工匠이 작업했기 때문이다. 축성은 '체면을 만드는 공사'다. 축성 공사 중 가장 중요한 부분이 바로 성문이다. 그러므로 성문 건설은 각기 다른 지역 신사들의 기부로 지어졌을 확률이 높다. 그러므로 각 지역 신사들이 저마다 공장을 초청해서 성문 공사를 진행했을 것이다. 내려오는 이야기로는 소남문은 반챠오 임씨 전용으로 지어졌다고 한다. 그래서 소남문 성루의 건축 양식은 다른 네 개의 성문과는 확실히 다르다. 화려하기 그지없다. 반챠오 임유원은 축성을 지원한 이사董事이자 가장 많은 금액을 기부한 거상이었다. 그리고 반챠오에는 많은 장주인들이 거주했는데, 이들이 소남문을 이용해 성내와 반챠오를 왕래할 수 있게 소남문을 만들었을 가능성도 있다. 장주인들이 소남문만 이용할 수 있다면 사이가 좋지 않은 맹갑 천주인과 만날 확률이 높은 서문을 거치지 않아도 되기 때문이다. 충돌을 예방하기 위한 조치였다는 추론이다(李乾朗 1993 : 57-58). 이 의문을 해소해줄 사료적 증거는 없다. 하지만 국가와 지역사회의 상호 작동 방식 논리에 기초하면, 상술한 추측은 합리

7 헐산식歇山式: 지붕의 4개의 면 중 전후 두 개 사면斜面에는 도료를 완전히 입히고 좌우의 사면에는 도료를 부분적으로 입힌다. 그리고 상단에는 삼각형의 벽이 있고, 벽의 상반부는 삼각형의 벽과 수직이 된다. 하부는 확장돼 산자락이 꺾이는 형상이다. 중첨重簷은 지붕이 두 층이고, 단첨單簷은 지붕이 한 층이다. 남문과 서문은 중첨이기 때문에, 다른 성루보다 비교적 높다(李乾朗 2003 : 107 ; 河出圖社 2004).

적이라고 할 수 있다.

전통 중국의 이중 정치 구조는 '지역사회'가 작동할 수 있는 조건을 제공했다. 이러한 '국가/사회' 관계 사이에는 '모호한 통치'라는 특성이 내포돼 있다. 하지만 주의해야 한다. 모호한 통치의 성격은 과학적 이성의 '저도발전低度發展'으로 해석될 수 없다. 오히려 특수한 정치 사회적 구조에 존재하는 '지식 통치 시스템'으로 해석해야 한다.

3. 모호한 통치원리: 보이지도 만져지지도 않는 사람과 땅

1874년의 목단사牡丹社 사건은 청의 '(대만)적극통치' 시대의 도래에 간접적 영향을 미쳤다. 이때부터 타이베이 도시 건설 역시 집중적으로 이뤄진다. 하지만 서양의 현대 공정기술 도입이 현대 도시 건설을 보증하는지는 의문이다. 서양 세계가 외부에 드러내는 기술은 계몽 이성의 구현이지만, 19세기 중국의 '전통 통치 지식 시스템'에서는 공간이 보이지 않고 인민이 만져지지 않는다. 과학 이성에 기반한 서양의 관리 모델에 비하면 전통 중국의 통치는 확실히 '과학기술'과는 그다지 어울리지 않았다.

황런위黃仁宇는 그 원인이 중국의 '조숙'한 정치적 통일 때문이라고 생각했다. 중국은 진한秦漢시대에 이미 정치적 통일을 이뤘지만, 이 복잡하고 방대한 기층사회를 관리한 통치 기술은 갖추지 못했다. 중앙은 권력을 민주적 형식으로 내려놓으려 하지 않았다. 그렇다고 해서 지방을 실질적으로 점검하거나 관리할 능력이 있었던 것도 아니다.

무능한 중앙 집권 세력이 지방 분권을 원하지 않을 때, 해결책은 바로 '도식적 설계schematic design'를 채택하는 것이다. 실질적인 고찰 없이, 순수한 이상적 도식의 틀을 이 광대한 지역에 바로 적용해버린다. 이런 상황은 황런위黃仁宇(1988 : 158)가 형용한 『주례周禮』의 제도와 같다. "자연의 법규에 따라 절로 선함과 아름다움에 이르니, 들쑥날쑥한 강역과 흥성한 백만 천만 중생의 머리 위로 자욱하다."

그래서 중앙에서 밖으로 복사輻射되는 거대한 관료기구는, 위는 무겁고 아래는 가벼운 '역피라미드' 체제를 형성했다. 중앙의 제도와 법규는 잘 갖춰진 듯 보였다. 하지만 실제로 각 지역에서 집행될 때는 모호하고 제멋대로였다. 이 모호함은 하급 관리들에게 매우 큰 재량 공간을 제공했다. 황런위는 이런 중앙과 지방관계를 '예의로 행정을 대신하고, 도덕으로 효율을 대신한 것'과 같다고 비유했다. 중국 관료 체계와 행정은 황권 시스템을 지키는 데 급급했다. 통치에 필요한 관리 기술은 의리나 도리의 논리에 제압됐다. 통치 기술에 대한 이런 압박은 지역의 말단까지 이르렀다. 국가의 '수학적 관리'는 애당초 불가능했다(黃仁宇 1988 : 161).[8]

'수학적 관리가 불가능한'이라는 황런위의 묘사는 17세기 자본주의 체제에 진입한 영국과 명대의 중국을 비교하며 나온 것이다. 당시 서구 현대 자본주의는 '사회 전반에 대한 수학적 관리가 가능했고, 그래서 사회 구성원들이 다기능의 교체 가능한 부속품으로 변환가능interchangeable 하다'. 황런위는 서양의 사회 분업이 무한하고 다채롭게 분

8 '수학적 관리'와 중국 역사에 관련한 통찰은 邱澎生(2000)를 참고하라.

할되고, 법률 역시 사유 재산권을 핵심 원칙으로 삼는다고 생각했다. '수학적 통치'는 가감승제加減乘除(덧셈, 뺄셈, 곱셈, 나눗셈)의 방식으로 권리와 의무를 분할하고 합친다. 상대적으로 황권 중심의 중국은 사유 재산권의 배경과 맥락, 무한 분할/확산하는 분업의 필요성, 그리고 이와 관련한 기술적 수요 자체가 없었다(黃仁宇 1988 : 46-47).

'수학적 관리 불능'이라는 정의는 약간 지나친 듯하지만, 사실 전통 중국의 인구토지 장악의 본질과 정수를 생생하게 전해주는 표현이기도 하다. 전통 중국의 인구 · 토지 행정 기능은 효과적인 세금 징수에 그쳤다. 그래서 지방 정부의 인구 및 토지 관리는 '만족'이라는 원칙이 '정확'이라는 원칙보다 우위였다. 대만이라는 이 변경 사회에서 시행된 인구와 토지 관리 역시, 모호한 통치의 전형 그 자체다.

비수학적 관리 기술: 황책黃冊과 어린책魚鱗冊

청조의 토지 및 호적 관리는 명대의 어린책魚鱗冊 · 황책黃冊을 계승했다. 어린책은 토지 문제를 관장하고, 소유자와 관련한 토지 위치를 그려서 제작한다. 또한 토지 면적, 토지 경계(둘레), 토지 등급을 간단하게 표기했다. 각 도안을 연결하고 빼곡히 쌓으면서 겹쳐 적으니 물고기 비늘처럼 보여서 어린책魚鱗冊이라고 불렀다. 황책은 인구대장이다. 이갑제里甲制에 기초한다. 110가구를 1리里로 삼고, 재산이 많은 10가구를 이장으로 추천했다. 남은 100가구를 나눠 10갑甲으로 조직하고 10년에 한 번씩 재편성한다. 각급 정부에서 편제하여 호적부에 올렸다. 책 표지가 황색이라서 황책黃冊이라 이름 붙였다(楊子慧 · 張慶五 1991).

어린책의 등록 대상은 농지다. 토지 소유자의 변화를 기록한다. 황책의 등록 대상은 호구다. 각 가구별 인구 및 토지 증감을 기재했다. 본래 이 제도의 목표와 이상은 다음과 같다. 어린책과 황책이 상호보완한다. 백성이 인구 및 토지 변화 수시 등록을 잘 따르면 어린책과 황책이 잘 집행돼 호적과 토지를 속일 수 없다. 그러므로 세금과 부역을 공정하고 균등하게 배정하는 도구로 쓴다(杜贊奇 1995 : 44).

중앙의 인구·토지 장부 제작은 모두 국가의 행정 능력을 검증하는 것이다. 이 장부들은 제작 후 지속적인 갱신이 필요하다. 장부 갱신이 이뤄지지 않는다면, 장부는 정확한 인구·토지 정보를 제공하지 못할 뿐만 아니라 각종 병폐의 온상이 되고 만다. 명대 어린책과 황책은 이상적인 시도였다. 하지만 이미 명 초기부터 유지가 어려운 상황에 이르렀다. 명대 중기 이후부터 농지가 상품화되기 시작하면서, 국가는 기층에서 빠르게 이뤄지는 토지 교환을 파악할 수 없었다. 국력이 쇠퇴한 명 말기에 이르자 장부를 갱신할 행정 여력이 없을 지경이었다. 허위 보고를 일삼는 지방 관료들과 호구 및 토지 상황을 은닉하며 축재하는 지주들이 대량으로 출현했다. 율법으로 부정 행위자들을 엄벌(심한 경우는 사형에 해당했다)하려 해도, 관련 형법刑法이 지나치게 가혹해서 도리어 형법 집행이 어려운 역설적인 상황이었다. 그렇다. 황책과 어린책 제도는 명말 시기에 이미 유명무실했다(楊子慧·張慶五 1991).

중국 인구·토지 관리의 목표는 토지 조세권 통제다. 어린책의 제작원칙은 지형의 실제 비율에 근거하지 않았다. 오로지 '연접한 토지는 하나도 빠트리지 않는다'는 원칙에 기준하여 토지 소유와 이전에 집중했다. 단지 납세의무자 파악이 목적이었다. 정확한 토지 범위와 경계의 계산에는 관심이 없었다. 그러니 '정확'이라는 능력을 갖추지 못한 것이다. 애초부터 그 능력이 필요하지도 않았다.

대만에서 청초에 개간한 토지에 대한 세금과 부역은, 개간 완료 후 토지 등록과 취락 형성 후에야 징수됐다. 관은 인구를 관리하기 위해 관리기구 확장이 필요했다(Shepherd 1993 : 198). 농가 인구는 거둘 수 있는 세금과 직결된다. 그래서 밀항을 통해 유입되는 이민자들이 계속 늘어났지만, 지방 관원과 서민들은 각각 행정 부담과 세금 증가를 우려해서 정확한 토지 · 인구 보고를 피했다. '문화 구조적인 필연적 모호함'이 형성된 것이다.

청대 인구 장부의 통계는 모호하고 부정확했을 뿐만 아니라, 심지어 '완전히 편사編査되지 않는' 수준에 이르렀다. 그저 세력 범위를 유지한다는 상징적 의의가 있을 뿐이었다. 『제라현지諸羅縣志』에는 강희康熙 55년 민절총독閩浙總督 각라만보覺羅滿保가 상주上奏한 「생번귀화소生番歸化疏」가 기록돼 있다. 남로와 북로에서 15사社의 생번生番(원주민)이 귀화했다. 청 조정은 호적 장부 접수와 지도 편찬해서 호병戶兵 2부에 기재한다. 하지만 별도로 '보고된 인구와 첨부한 판도版圖를 조사하지 말라. 순기불식부지지성順其不識不知之性의 법도를 따르라'는 명령이 떨어졌다(柯志明 2001 : 37).

수천 년 동안 이어져 온 이런 모호한 통치는 구조적 문제였다. 개별 관리가 조정할 수 있는 영역이 아니었다. 중국 관료가 전면적인 조사와 측량을 통해 토지에 관한 지식 축적을 시도하지 않았다기보다는, 통치 구조의 제약 요인이 더 컸다고 볼 수 있다. '과도하게 정확'한 관리 방식은 중국식 통치의 탄성을 감소시킬 위험이 높았고, 통치적 이익으로 이어지지도 않았다. 중앙의 무능이 정밀을 요구할 때, 지방은 모호함을 유지했다. 따라서 지방을 정확하게 조사하는 행정 조치는 농지 정밀 측량과 마찬가지로 필수적이지 않았다. 옹정雍正 2년 남정원藍鼎元이 『여오관찰논치대만사의서與吳觀察論治臺灣事宜書』에서 제기한 의견은 상술한 '불필요한 정확함'에 내포된 논리를 충실히 반영하고 있다. 남정원은 토지 정밀 측량을 통한 증세에 반대했다. 그는 대만에 은닉된 대량의 토지가 무용한 것만은 아니라고 여겼다. 최소한 납세 시기에는 이런 '비등록 토지의 장점을 다스리고 단점을 보완할 수 있다'며 '절대 경솔하게 토지 측량을 논의해서는 안 된다. 토지 측량을 통한 증세는 …… 아마도 이후에 남는 토지를 없애서 관민의 고달픔이 적잖을 것이다'라고 말했다(藍鼎元 1958b : 54).

남정원의 진의는 다음과 같다. 나라가 알지 못하는 '흑지黑地(은닉 토지)'를 국가에 정확히 보고할 필요는 없다. 백성은 원래 세금을 덜 내고 싶어 한다. 지방 관원 역시 정해진 세금만 거두면 된다. 그런데 왜 시간과 공력을 들여 조사와 징세로 백성과 관원을 힘들게 하는가? 이는 후임 관원의 징세 관련 행정 부담을 가중할 수 있다(柯志明 2001 : 104). 이처럼 모호한 통치는 정치 구조상 필수적 요소였다. 통치 비용을 절감하고 지역사회의 작동을 유지한다. '수학적 관리에 따른 통치를 할 수 없는' 역사적 요인이다. 이제부터 청대 타이베이 인구 및 토지 조사 제도의 운용을 중심으로 모호한 통치의 사회사를 서술한다.

부적절한 인구 편심編審: 보갑제保甲制

전통 중국의 호구 제도는 주로 부세賦稅를 위해 시행된 것이다. 이런 목적을 가진 제도는 '정확성'을 경시한다. 청 조정의 타이베이 인구 파악도 마찬가지다. 정확한 숫자에 근거해서 이뤄지지 않았다. 여기서는 청초 대만에서 실시됐던 '보갑제' 이전의 호구 조사들을 검토한다.

청대 초기는 보갑제를 실시하진 않았지만, 상시적인 인구 및 토지 통제와 호구 편심編審이 조밀하게 진행됐다. 호구戶口(호수와 인구)와 정구丁口(남성 인구) 조사에도 비교적 적극적이었다. 강희康熙 30년부터 강희 50년까지, 5년에 한 번꼴로 편심이 실시됐다. 이 기간 이뤄진 다섯 번의 편심에서 각급 관부는 모두 규정에 따라 통계를 작성했다. 그러나 이후부터 편심과 조사는 나날이 무뎌졌다. 타이베이 개간이 시작될 무렵, 타이베이 평원은 제라현諸羅縣 관할이었다. 여기서는 제라현의 통계를 중심으로 이야기하려 한다.

강희 33년(1694) 고공건高拱乾의 『대만부지臺灣府志』와 강희 51년(1712) 주원문周元文의 『중수대만부지重修臺灣府志』에는 강희 22년 대만이 청의 영토에 편입된 이후의 현별 인구수가 적혀 있다. 제라현의 현황은 다음과 같다. 강희 22년은 '실제 가구 수 2,436호, 인구 4,199명', 강희 30년은 '새로 증가한 인구 71명, 가구는 과거와 동일', 강희 50년의 경우, 인구는 소폭 증가했는데 가구 수는 과거와 같다. 몇 번의 조사를 거쳐 나온 통계를 보면 인구는 260명이 증가했고 가구는 완전히 동일했다(표 3-4 참조). 이 사료는 당시 사회 실태를 이해하는 통계가 아니다. 도리어 모두가 '허위라고 알고 있는 통계'가 존재할 수 있었던 사회적 맥락의 이해를 돕는 데 의의가 있다.

표 3-4 강희제 통치 기간 제라현諸羅縣 호구 조사(3회) 통계

연대	강희康熙 22년 (1683)	강희 30년 (1691)	강희 35년 (1696)	강희 50년 (1711)
호구	2,436호户	2,436호	2,436호	2,436호
인구	4,199명	4,270명	4,315명	4,459명

출처: 『중수대만부지/권오부역지重修臺灣府志/卷五賦役志』를 참고하여 제작

옹정雍正 원년(1773), 대만 북부 지역에 단수이청淡水廳이 설치됐다. 당시 단수이청의 관할 구역은 현재 타이베이의 행정 구역 범위와 비슷하다. 하지만 당시 인구는 알 수 없다. 특히 옹정 2년 세금 제도稅制의 간소화와 '탄정입지攤丁入地' 실시 때문에 과세와 무관한 인구 자료가 엉망진창으로 뒤섞여버렸다. '탄정입지'는 원래 독립적으로 부과되던 '정은丁銀'(인두세)을 '전세田稅'(토지세)와 합쳐서 징수하는 제도다. 토지와 인구를 기준으로 각기 징수하던 세금을 토지 기준으로 단일화해서 징세 경로를 간략하게 만들었다. 황책黃冊은 과세 근거 자료라는 지위와 지적地籍과 교차하는 기능을 상실했다. 이제 인구 자료는 정확할 필요가 없어졌다. 이런 상황에서 황책 시스템에 기초한 타이베이 인구 조사 결과는 건륭乾隆 29년(1764) '남녀 포함 30,342명'이라는 기록뿐이다. 도광道光 21년(1841) 담수이 동지同知 조근曹謹이 단수이청 각 보堡

의 호구 조사를 진행했다. 당시 대가예보大加蚋堡의 성인 남성은 23,683명이었다. 대가예보大加蚋堡의 행정 구역은 현재의 타이베이시와 비슷하다. 이는 청대 타이베이 인구에 관한 유일한 자료다(王國璠主修 1977 : 48).

황책이 인구 파악 기능을 잃자 인구 관리의 의미도 달라졌다. 건륭 22년(1757) 청 조정은 전 중국의 인구 관리 정책을 보갑제保甲制로 귀속시켰다. 그간 부세賦稅에 귀속됐던 호구戶口가 치안 시스템 부속으로 전환됐다(楊子慧 · 張慶五 1991).

보갑제의 역사는 매우 길어 그 연원이 주周나라까지 거슬러 올라간다. 청나라의 보갑제도는 강희 9년에 공표됐지만 건륭乾隆 22년에야 호구 제도와 결합했다. 강희 말부터 건륭 초까지 대만에 보갑제를 시행한다. 강희 29년의 『대청회전大清會典』의 기록을 보면, 보갑제는 가장街庄의 민간인 출입을 감시감독하는 치안 유지 목적으로 설립된 제도다. 운영 방식은 다음과 같았다.

> 무릇 보갑의 법은 집마다 도장을 주어 그 이름을 쓰게 하며, 나갈 때는 목적지를 적고, 들어올 때는 어디에서 돌아오는지를 적는다. 10호를 1패牌로 묶어 패장牌長을 정하고, 10패牌를 갑甲으로 하여 갑장甲長을 정하며, 10갑을 1보保로 하여 보장保長을 세운다. 도시에서 농촌까지 서로 감독하고 살피며, 법을 준수하고 간사한 무리姦宄를 관찰한다(戴炎輝 1979 : 233-243 ; 聞鈞天 1971).

청대 보갑제의 본질은 '호구를 치안 단위로 만드는 것'이다. 호패

갑을 중심으로 한 시스템의 목적은 치안 위협 요소를 감시하는 것이지, 실제 인구수 파악이 아니었다. 하지만 '10호 1패, 10패 1갑, 10갑 1보'라는 설계 구조는 너무 도식적이다. 주민들의 실제 수요와도 무관했다. 황런위黃仁宇는 이 상황을 다음처럼 설명한다. 지방에 내려보내는 중앙 계획의 정교함은 비례가 딱 맞아떨어지는 '미관美觀'의 공식 산물이다. 그래서 보갑제 집행 과정에 각급 관부의 방만함과 조직 운영의 무질서가 난무했으리라는 점을 쉽게 유추할 수 있다. 중앙 제도의 형식적인 집행은 곧 지역 행위자의 탄력적인 운용으로 이어진다. 황런위의 주장처럼 건륭 시기 전반적 설계로부터 출범·실시된 보갑제는 곧 여러 폐단을 불렀다.

건륭 52년(1787), 임상문林爽文 사건(대만 중부 장화彰化 출신의 농민으로 천지회天地會 장화 지부 수령이 되었다. 1786년 난을 일으키고 장화를 점령하였으며 이후 제라諸羅와 봉산鳳山을 함락시키고 대만부성을 포위했다. 이듬해 청나라 군대에 패해 북경으로 압송돼 처형되었다-역자)이 터졌다. 섬감陝甘 총독 복강안福康安이 대만에 와서 사건을 수습한다. 그는 대만 지방 관원들이 보갑제 시행에 태만했다는 사실을 알고 조정에 보고했다. 이를 통해 당시 보갑제의 시행을 둘러싼 제반 상황을 알 수 있다. 복강안은 함락됐던 대만부성臺灣府城을 수습한 후 성 내부에 첩자가 암약할 가능성을 우려했다. 그래서 성의 실제 거주 인구를 조사한 것이다. 그 결과는 다음과 같다. "성내 인구를 조사하니 약 90여만 명이었습니다. 신 등이 지금의 대만현 민책民冊을 조사했더니, 개간 초기 인구인 13만 7천여 명으로 적혀 있어서 실제와 숫자가 맞지 않았습니다." 복안강은 '인구 통계를 제멋대로 작성한' 대만 현지 관원에 진노한다. 그는 현지의 보갑 편사編查 실태를 지적하며, "지시를 수행할 능력이 부족하고, 시일이 갈수록 해이해져서 제도가 유명무실해졌다"라고 질타했다(臺灣銀行經濟研究室編 1964c : 157-158).

『대만청지臺北廳志』는 청대 보갑을 '호구 단위'라고 불렀다. 『대만관습기사臺灣慣習記事』는 잘 정비된 청대 보갑제가 인민 자위 경찰과 같다고 했다. 이처럼 보갑제도의 본질과 운용 실태에 대한 인식은 약간 불분명하다. 적어도 청조 중엽 이후의 보갑제는 불규칙한 조사 기관, 지방 관원의 적극성에 따라 제각기 진행된 편심編審, 혹은 상급 정부의 불시 점검 및 자료 재촉 등 온갖 문제에 시달렸다. 제도는 겉돌았다. 『담수청지淡水廳志』의 자료를 보면 가경嘉慶 16년, 가경 19년, 도광道光 5년, 광서道光 11년, 광서 12년, 동치同治 9년에만 편심을 거친 인구 통계가 있다. 그 밖의 다른 연도에는 자료가 없거나, 기재된 내용이 매우 부실했다. 청대 대만 보갑제 관련 역사 자료는 찾기 힘들다. 특히 북부 대만 및 타이베이 지역의 보갑제 관련 자료가 부족하다. 입수 가능한 자료 중 『담신당안淡新檔案』 12403안이 있다. 해당 자료를 보면 '호구는 치안유지를 위한 수단'이라는 보갑제의 정책 목표가 지역에 관철되지 못했다는 사실을 확인할 수 있다. 제12403안은 동치 11년(1872), 신주현新竹縣과 단수이청淡水廳이 보갑 청책淸冊(장부) 납부를 독촉한 안건이다. 제도 설계에 따르면 현청縣廳의 하부 단위(이보里保와 가장街庄)는 반년에 한 번씩 호적 청책을 상급 단위에 보고해야 한다. 하지만 실제로는 대부분이 그 규정을 지키지 않았다. 12403.1안을 보면, 지역 '서판書辦(서기 급의 하급 관리)' 한 명이 도적을 엄중히 처벌해야 한다는 건의서를 냈다. 이 건의서에서 그는 "청장연장淸庄聯庄의 법은 이미 20여 년이 지났는데, 아무도 이를 언급하지 않습니다. 예컨데 지금 청장清庄을 지시하는 일은, 인적이 드문 깊은 계곡에서 나는 발자국 소리와 같아 수년간 간혹 있을까 말까 한 일과 같습니다"라고 말했다.

『담신당안淡新檔案』 12403.19안과 12403.39안의 내용을 보면, '청장편사보갑清庄編査保甲'을 담당한 양세총국糧稅總局은 청책清冊 업무를 맡아본 적이 없었다. 업무경비도 최소 두 차례에 걸쳐 지급을 요청해야 하는 지경이었다. "함풍 원년 장전헌張前憲이 내연염설국內捐廉設局에 부임해서 안건별로 장부를 만들어 발송했다. 아직 3천 원 남짓한 비용이 지급되지 않았다. 이미 20여 년이 지났지만, 여전히 처리되지 않은 것이다. 그 누구도 경비를 요청하는 서찰에 답하지 않았기 때문이다." 대만 북부와 타이베이에서, 소위 청장연장清庄聯庄의 보갑제 명부 조사는 1851년에서 1872년 사이에 사실상 중지됐다. 사실 1851년 이전에도 제대로 실시됐는지 알 수 없다.

보갑제와 관련된 행정이 엉망진창이었다는 사실을 보여주는 관부의 상황을 더 살펴보자. 동치同治 12년, 복건분순도福建分巡道는 단수이청淡水廳에 '함풍咸豐 6년부터 처리되지 않은 (보갑 관련) 문서를 독촉'한다. 단수이 동지同知 진성陳星은 광서光緒 원년에 보갑 명부를 보고하며 그간의 지연 사유도 함께 진술했다. 그는 동치 12년 8월에 부임하자마자 즉시 농촌을 방문해 보갑 명부를 작성하려고 했었다. 하지만 기층의 각 보堡를 조사할 때 어려움에 부닥쳤다. '조사를 처음 경험하는 민간이 따를지 모르겠다'는 것이었다. 이렇듯 동치 11년에 시작된 보갑 명부 작성 활동은 아무도 모르고 신경 쓰지 않는 정책이었다. 다만 신주현新竹縣과 단수이청만이 동치 11년에서 12년까지 보갑 장부 관련 활동을 진행했다. 기층의 가장街庄이 1~2년씩 일을 질질 끌었지만 결국 장부를 제출한다.

적어도 북부 대만의 경우 '보갑제도'는 예와 의를 다해 얼버무리며 보고하는, 양봉음위陽奉陰違와 같은 작업이었다. 인구 파악에 대한 국가의 관심은 오로지 부세賦稅에만 집중된 듯하다. 국가가 주도한 인구 자료보다 사원이 망혼제建醮를 위해 자체적으로 실시한 인구 조사가 더 정확했다. 맹갑의 원로 곽분지郭芬芝는 광서 14년 사원이 진행하는 호구 조사는 봤어도, 관청에서 인구 조사하는 모습은 보지 못했다고 말한다(郭芬芝等 1953). 청대 관료 기구의 지역사회 장악 능력은 이처럼 흐리멍텅했다. 또한 토지와 공간 파악 역시 별반 다르지 않았다.

명확하지 않은 지적地籍 조사: 유명전의 토지 측량과 부세 관리

개간이 시작된 대만의 토지제도는 중국 대륙과 달랐을 뿐 아니라 매우 난삽했다. 청조 통치기간 동안 전체 대만에서 실시된 토지 측량 작업은, 광서 12년(1886) 유명전의 대규모 청부청장淸賦淸丈(부세 정리와 토지 측량) 외에는 건륭 53년(1788) 실시됐던 '민번계답사民蕃界踏查'가 유일하다(臨時臺灣土地調查局 1900). 1~2백 년 동안 이어진 관부의 무관심은 새로운 토지 규범을 형성했다. 민간이 토지의 소유, 이전, 임차/임대, 태차胎借(부동산담보대출) 등 영역에서 자신들의 현실에 맞게 토지를 활용했기 때문이다. 가령 일전이주一田二主(심지어 일전삼주도 있었다)

같은 토지 제도가 운용됐다. 현대 민법의 배타적 소유권 개념에 입각해 보면, 토지 권리의 혼란이 아닐 수 없다.

일전이주는 토지 소유권을 '저지권底地權'과 '상지권上地權'으로 분할해 구별하고 각 소유권마다 지주를 둔다(松田吉郎 1992 : 105).[9] 일전이주는 대만만의 현상은 아니다. 명말 이래 중국 민간에서 발전한 토지 제도다. '중국 왕토 개념하의 영토권과 사법상의 토지 소유권이 뒤섞여 구별되지 않는 시대의 산물'이다(矢內原忠雄 1985). 대만은 간호제墾戶制를 실시하여 청초의 개간민을 '업호業戶'로 승격시킨 후, 납세 의무를 가진 지주로 인정했다. 반면 다른 한편으로, 건륭제 시기 크게 증가한 소작민이 개간민에게 대항하기 시작한다. 심지어 소작인이 개간자를 제약하기도 했다. 소작인은 또 다른 의미에서 민간의 지주가 됐다. 상술한 역사적 요인이 대만의 토지권을 혼란스럽게 만들었다.[10]

현대의 법적 관념으로 보면 일전이주의 폐해는 다음과 같다. 사적 소유권리의 불분명과 개간 이익의 불명확이다. 전자는 법률적 거래/토지이전에서 불리하고, 후자는 재정상 납세에서 불리하다. 그래서 토지측량조사는 현대 국가 개념이 민간 사회에 삽입되는 중요한 단계로 인식된다. 이런 논리에 따라 일본 경제학자 야나이하오 다다오矢

9 저지권底地權은 중국 대륙에서는 전저권田底權, 대만에서는 전면권田面權으로 불린다. 상지권上地權은 중국 대륙에시 전면권田面權, 대만에서는 전저권田底權으로 불린다. 명칭은 제각기 다르지만 의미는 비슷하다(松田吉郎 1992).

10 일전이주는 대만 역사에서 매우 중요한 부분이다. 자세한 부분은 아래의 연구를 참고하라. 森田明(1974), 黃富三(1974), 戴炎輝(1979), 張勝彥(1983), 陳秋坤(1988), 松田吉郎(1992), 柯志明(2001).

內原忠雄는 『제국주의 아래의 대만帝國主義下的臺灣』에서 유명전이 1886년 실시한 토지 측량을 '자본주의 개발이라는 선구적 의의'가 있다고 평가했다.

유명전의 토지측량에 대해 일본인들이 호평만 했을까? 꼭 그렇지만은 않았다. '임시토지조사국臨時土地調査局' 보고서는 유명전이 "기존의 세목을 하나로 합쳤다. 돈과 곡식을 토지 측량이 마무리된 토지 제도로 귀속시켰다"고 평가했지만, 동시에 중복과세로 인한 폐해가 생기자 '조세와 무관한 토지는 확인하지 않았다'(臨時臺灣土地調査局 1900 : 9)는 일침을 날렸다. 『대만토지조사사업개요臺灣土地調査事業概要』 지방지에는 일본임시토지조사국 인원이 유명전의 토지 측량 방법을 '몹시 유치하다'고 비웃었다는 기록이 있다(臨時臺灣土地調査局 1905 : 28). 대만 역사 최초의 전면적 토지 측량에 대해 이처럼 모순적인 평가가 나오는 이유는 무엇 때문인가? 이 질문에 답하기 위해, 먼저 유명전이 토지 측량을 결정하게 된 역사적 과정을 설명하겠다.

유명전은 청나라가 서구 열강에 온갖 좌절을 겪은 후 대만순무臺灣巡撫에 부임했다. 그는 파견 후 해안 방비, 건설, 통치 등의 녹록하지 않은 임무를 도맡았지만, 상대적으로 국가의 지원은 거의 받지 못했다. 만성적인 재정 부족에 시달리던 그는, 제조국製造局 설치와 기선 구매에 필요한 비용을 조달하기 위해 부세賦稅를 위한 토지 측량을 시작한다. 이처럼 유명전의 측량은 처음부터 목적이 뚜렷했다. 그는 상주문에서 말한다. "각 현縣에 대한 과세를 일률적으로 조사할 수 있다면, 대만의 수입으로 대만에서 발생하는 수요를 공급할 수 있습니다. 적실한 부세를 통해 이익을 얻을 수 있고, 그 이익은 부족함이 없으리라 사료

됩니다. …… 따라서 이 부세 정리 작업은 더 늦추기 힘듭니다"(劉銘傳 1958 : 148-149).

유명전은 대만 토지세가 중국 대륙보다 비교적 과도하다고 판단했다. 그리고 신사층의 간섭 때문에, 토지를 관리하는 개간꾼들이 '(개간 토지를) 한 번 보고하면 한 푼도 들지 않는다'라는 생각을 한다고 여겼다. 푼돈을 들여 토지 보고에 관한 공문 한 장을 쓰면, 푼돈으로 토지를 향유할 수 있었고 나아가 소유지를 더 넓히기도 했다. 다들 이런 방식으로 토지 정보를 숨겨서 정당한 부세 기준을 비껴갔다. 법규에 맞게 세금을 내는 사람들은 거의 없었다. 이 때문에 '타이베이와 단수이 사이의, 약 300리에 이르는 토지에서 겨우 1만 3천여 석의 식량을 징발했다. 다들 사사로이 은닉하여 추적할 수 없는' 상황에 이르렀다(劉銘傳 1958 : 304). 이처럼 간수墾首가 대조大租(지주가 소작인에게 받는 지조地租. 지주는 이 대조의 일부를 세금으로 납부해야 한다-역자)를 악화시키자 역설적으로 유명전은 '은닉 토지 조사'의 정당성을 확보했다.

광서 12년(1886) 4월, 유명전은 먼저 타이베이臺北와 타이난臺南에 청부국淸賦局을 설립했다. 이어 각 현청에 청부국 분국分局을 설치한다. 그간 있었던 지방의 납세 심사업무 폐해를 철폐하기 위한 조치였다. 또한 중국 대륙에서 30여 명의 조사 인력을 선발해 대만 토지 조사 인력으로 충당한다. 그 인원들을 각 현청 분국에 파견하고, 휘하에 작업 인력을 배속해서 하나의 조사반으로 구성했다. 조사 시에는 각 현에서 정신正紳을 수명 선발해서 파견한다. 먼저 보갑을 조사하고, 가구별 호구와 전답을 기재한 후 토지를 측량하는 방식이다(臨時臺灣土地調查局

1900). 호구의 편사編査는 대체로 전통적 보갑 시스템을 활용했다. '10호戶의 집을 1패두牌頭, 10패를 1갑장甲長, 10갑을 1보정保正으로 한다. 집마다 인신지패印信紙牌를 보급하고, 이름과 장정壯丁 수를 적게 했다. 패두와 갑장은 불시에 검열한다(王國璠主修 1977).

유명전은 한편으로는 호구를 편사編査했고 다른 한편으로는 편사 결과에 따라 토지를 측량했다. 청장 작업은 주로 청장위원의 현지 집행에 맡겼다. 그들은 현지에 조사와 측량을 진행했을 뿐 아니라 산도散圖, 구도區圖, 장도庄圖를 제작해야 했다. 이 중 '산도'만이 실제 측량된 토지에 근거한 세밀한 지도다. 비교적 큰 범위를 다룬 구도와 장도는 실제 측량을 통해 제작되지 않았다. 산도에서 눈에 들어오는 지형(가령 산과 하천, 도랑, 도로 등)을 경계로 삼고, 산도를 합쳐 '구도'로 만든다. 그리고 각 장의 구도를 합쳐 '장도'로 만드는 것이다. 이 산도, 구도, 장도를 합쳐 삼도三圖라고 부른다. 각 마을의 측량이 끝나고 삼도를 현국縣局으로 보내면 '현도縣圖'가 제작된다. 그리고 현국은 현내 각 보의 마을들을 반영해 '보도堡圖'를 만든다. 이 다섯 종류의 지도 중 산도만이 간단한 '실지實地' 측량을 거쳤다. 나머지 큰 규모의 지도(도책)는 산도를 도면 위에서 연결한 것에 불과하다. 현대적 의미의 초도草圖(대략적인 설계도), 안내도, 설명도, 약도보다도 못한 수준이다. 지형도라고 볼 수 없다(施添福 1996).

광서 13년 10월에 측량 사업의 첫 단계가 종료됐다. 광서 14년 1월부터 측량이 끝난 토지에 대해 땅문서를 발부했다. 측량 결과 대만의 토지는 361,447갑甲으로, 이는 조사 전보다 80%나 많은 면적이었다(臨時臺灣土地調査局 1900). 이 측량 사업은 유명전 통치의 성공 사례로 손꼽힌다. 하지만 우리는 주의해야 한다. '조세 목적론'에서 도출된 측량은, 사실 정확한 통치라는 본질이 결여된 것이다.

사회 구조적 타성은 개인의 힘으로 바꿀 수 없다. 유명전銘傳自 본인의 사유가 서구화됐다 하더라도, 더 나아가 유명전이 측량에 따르는 통치적 의의를 이해했다 하더라도, 구舊사회의 구조와 타성은 필연적으로 유명전 개인을 그 속에 가둬버린다. 토지 측량과 부세 정리는 유명전에게 통치에 필요한 권력 기초를 가져다주지 못했다. 아니, 오히려 간접적으로 유명전을 퇴직의 길로 내몰았다. 이노 가노리伊能嘉矩의 유명전 평가를 보면 중국 통치 지식 시스템의 구조적 제약을 이해할 수 있다.

> 당국은 유명전처럼 할 수 없다. 폐해가 쌓여만 갔다. 특히 그 시기는 측량 방법이 열악했고, 다들 눈앞의 공로와 이익에만 급급한 모습을 보였다. 조사는 거칠고 조잡했다. 지주에 대한 조사가 정확하지 않았으므로 땅문서는 종종 잘못 발급됐다. 분규가 생겨도 피해자는 억울함을 호소할 길이 없었다. 측량의 기준은 지역마다 다르고 토지 등급은 공정하게 매겨지지 않았다. 어린책魚鱗冊과 실제 현황이 종종 달랐다(伊能嘉矩 1905 : 32-33).

청대 토지 측량은 현대 국가 공간 통치의 기본적이고 필수적인 기술도 없는 상태에서 진행한 것이다. 그 한계를 알고 있던 일본의 임시토지조사국 관원들은 유명전을 무작정 저평가하지는 않았다. 그들은 유명전의 토지 측량이 실용적이지 못했다고 판단했다. 일본 통치 시대의 『타이베이청지臺北廳志』(1919)는 유명전의 시대를 "토지측량은 불완전했고 세율은 불공평했다. 복잡하게 얽힌 토지권은 확정되지 못했고, 각종 문제와 폐해가 농업의 발달을 저해했으며, 조세체계는 매우 불확실한 기초 위에 세워졌다"라고 평가한다(臺北廳志 1919 : 100). "극도의 불확실한 기초 위에 세워졌다"라는 한 마디는 유명전의 측량문제만을 겨냥하는 게 아니나. 오히려 전통 중국 통치 지식 시스템 자체를 지적한다고 봐야 할 것이다.

4. 청말의 건설 사업: 구사회舊社會에 매몰된 신사유新思維

중국 특유의 통치 지식 시스템을 이해하고 지역사회의 반자주半自主적인 작동 논리를 인식해야만, 비로소 타이베이 도시 건설과 발전에 대해 더 깊은 사회성 분석이 가능하다.

청 조정이 진행한 도시 건설의 지식시스템은 전통적 중국 공간 권력 배치를 관찰할 수 있는 중요 통로다. 광서 원년(1875) 청 조정은 타이베이 북부의 부 설립과 관청 건설을 결정하고 광서 5년부터 성을 건설했다. 타이베이부성府城의 건설은 '계획'이라는 특별한 의의를 지닌다. 당시 북부 대만의 시 중심지에는 새 부府의 통치에 적합한 곳이 없었다. 그래서 청 조정은 타이베이의 두 번화가인 맹갑과 대도정 사이의 빈터를 골라 성을 지었다. 새 부성府城은 기존 시가에 성벽을 두르는 방식이 아니었다. 따라서 기존 공간 형태를 고려할 필요가 없었다. 계획을 진행할 공간은 충분했다(溫振華 1986 : 33).

유명전은 어느 정도의 현대 과학적 사고를 보유한 인물이었다. 하지만 유명전은 축성 과정에서 그가 구현하려던 현대 과학 정신을 발휘하기는커녕, 오히려 곳곳에서 구사회 구조의 저항에 시달렸다. '풍수지리학'이 성 부지 결정 과정에 개입했고, 온갖 뇌물과 청탁이 철도 건설 과정에 난무했다. 이 모든 사례는 타이베이 도시 계획이 '현대 과학 이성'과는 다른 독특한 지식 시스템으로 진행됐다는 사실을 방증한다. 풍수에 기반한 성터 공정과 당시 철도를 통해 구사회의 힘을 더 또렷하게 살펴볼 수 있다.

풍수를 참고하는 도시 계획: 축성築城의 실무

청 조정의 관리 역시 확실히 타이베이부성 축성에 대해 모종의 계획을 진행했다. 그 계획의 의도는 광서 5년(1879) 타이베이부 진성취陳星聚의 축성 고시告示로 엿볼 수 있다.

> 축성의 일을 고한다. 명을 받들어 타이베이 맹갑 지역에 부府를 설치하고 다스렸다. 현재 성터 거리를 균등하게 감정하여 가도街道를 이미 정하였다. 백성의 주거지를 우선으로 고려해서 민가의 부지를 조성한다. 이를 제대로 하지 않는다면 백성이 의심하고 관망할 것이다. 하여 공명정대한 신사紳士에게 공사 감독을 명하여 공의를 따르도록 했다. …… 여러 신사의 보고에 따라 본 부府는 도헌道憲의 비평을 진지하게 받아들였다. 현재 민의 주택을 위한 투자 유치도 진행 중이다. 이후 즉시 성으로 와 공의로 정한 규칙을 따라 그 터에 집을 짓도

> 록 한다. 터마다 높이 24장丈, 너비 1장丈 8척尺으로 한다. 택지는 현금 15원圓을 준비하고 매년 토지세 은 2원을 납부해야 한다. 각 지주에게 은입자銀立字를 납부하고, 이후 관청에 보고한 뒤 택지를 조사하여 자유롭게 공사를 시작하라.

"성터 거리를 균등하게 감정하여, 가도街道를 이미 정하였다"와 "터마다 높이 24장丈, 너비 1장丈 8척尺으로 한다"는 구절은 청말 타이베이 최초의 '도시 계획'으로 봐야 한다. 하지만 국가의 건설 및 투자 유치 활동은 지속할 수 없었다. 오히려 건설의 주요 국면마다 모종의 독특한 중국의 사업 논리에 가로막혔다. 앞서 말한 것처럼 광서 8년(1882), 즉 타이베이성 착공 1년 전에 일이 터졌다. 성터 위치가 이미 선택된 상태에서 대만을 관장하던 복건순무 잠육영岑毓英이 갑자기 타지역으로 이동했다. 그 자리를 물려받은 대만도臺灣道 유오劉璈는 기존 계획을 대폭 수정했다. '기존에 정해둔 터를 포기하고 이용하지 않았다. 이전의 공로/공적은 순간 사라졌다. 이에 따라 은 2만여 원의 경비가 추가로 소요됐다'(臺灣銀行經濟研究室編 1968 : 1058).

갑작스러운 계획 변경에는 '풍수風水와 감여堪輿'가 작용한 것으로 추측된다. 심보정沈葆楨이 동치 13년(1874) 유오劉璈를 천거하고 항춘현성恆春縣城 축조를 담당하게 했을 때다. 당시 심보정沈葆楨은 상주문에서 유오에 대해 "평소 풍수가의 이야기를 잘 듣고, 그림으로 자세히 살핀다"(沈葆楨 1959 : 24)라고 칭찬했다. 그는 유오에게 축성과 도심지 건설 관련 업무 일체를 인계한다. 이렇게 특수한 지식 시스템을 가진 축성 주무 관원은 어떻게 타이베이 최초의 도시 계획을 기획하고 진행했을까? 지금부터, 성터의 방위와 성문의 위치를 통해 '풍수'가 도시계획에 미치는 영향을 설명할 것이다.

먼저 성의 방위를 보자. 원래 잠육영岑毓英이 계획한 타이베이성은 일반적인 축성 원리에 따라 정북향을 향해 북극성의 위치를 취했다. 그러나 유오는 기존의 계획을 변경하여 성터를 동북쪽으로 기울여버렸다. 산봉우리와 물길의 형세를 배합하라는 '만두학파巒頭學派'의 요구에 부합하는 결정이었다. 유오는 계획 변경을 위해 백성들에게 약 2만 냥의 추가 비용을 모금했다. 새 타이베이 성터는 풍수에 조응하는 지리적 배치가 반영됐다. 성터 뒤편은 조산祖山(풍수 관념. 혈穴에서 제일 멀리 떨어져 있는 용龍의 봉우리-역자), 앞은 안산案山(풍수風水 관념. 집터나 묏자리의 맞은편에 있는 산山. 혈과 가깝고, 혈을 정면으로 마주 보는 산. 여러 산이 거듭하여 있을 때는 내안산과 외안산으로 구별-역자), 그리고 좌청룡, 우백호, 조산朝山(안산 뒤의 멀고 크고 높은 산-역자)과 유수流水가 성터를 둘러쌌다(廖春生 1988 : 117).

이어서 성문 위치를 보자. 타이베이 성에는 다섯 개의 성문이 있다. 그중 소남문小南門을 제외한 동서남북 4개 성문의 방위도 풍수철학의 영향을 받았다. 장성다오章生道의 연구에 따르면, 중국도시의 가도는 보통 직선으로 연결하지 않는다. 또한 가급적 두 개의 성문을 직통하는 길은 피한다. 그 이유는 (군사)방어에 대한 고려뿐 아니라 귀신이 직선으로 다닌다는 민간 신앙과도 관계가 있다. 그래서 중국 도시의 도로 배치는 아래의 그림 3-1 중 A · B 형식이 매우 드물다. 꺾이는 형태의 길이 많다(章生道 2000 : 105-107). 또한 타이베이성의 거리 배치(그림 3-2)는 그림 E에 가까운 형식이다. 대도정大稻埕으로 가는 북

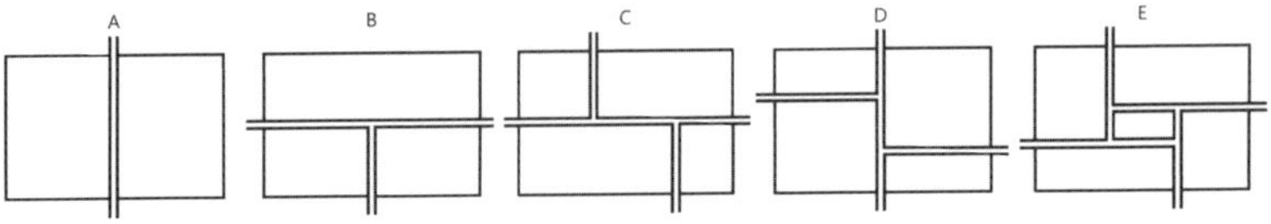

그림 3-1 중국전통도시의 성문과 도로 유형
출처: Chang,『城市的形態與結構研究』105쪽

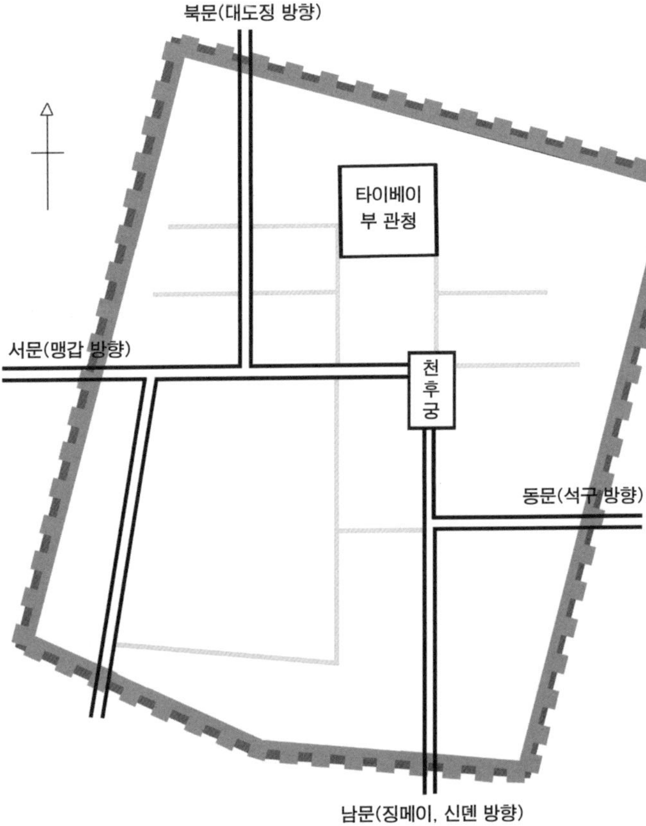

그림 3-2 청말 타이베이의 성문과 도로 분포
출처: 李乾朗『臺灣建國史』, 溫振華『二十世紀初臺北都市化』를 참고로 제작

문, 맹갑艋舺으로 가는 서문 등 주요한 도로의 축선이 꺾여 있다. 바로 상술한 형제形制(건축물의 형상과 구조)의 영향을 받았기 때문이다(溫振華 1986 : 40).

풍수 관념에 기반해서 이런 식으로 일을 처리하는 사람은 단지 유오 한 명이 아니었다. 유명전 역시 교자도橋孜圖를 타이완성臺灣省의 성회省會(성의 수도)로 삼아야 한다고 주장하면서, '자뭇 성의 수도라면 그 형세는 대만 전체의 기운이 연결되고, 반드시 음양이 조화해야 하며 흐르는 물을 관찰할 수 있어야 한다'고 말했다(劉銘傳 1969 : 104). 당시 풍수 관념은 도시계획에 침투하여 공정에 많은 영향을 끼쳤다.

타이베이성 건설을 유사 이래 최초의 타이베이 도시 계획으로 상정해보자. 이 계획과 실천에는 풍수지리적 지식 시스템이 작동했다. 국가는 이 부정확한 지식 시스템을 지역사회의 지도자와의 협력과 교섭을 통해 축성에 반영한다. 타이베이를 중심으로 한 철도 건설 역시 정확성을 추구하지 않았다. 정확성이 아니라 편의를 도모한 양상이 철도 건설 공사 전반에 드리워져 있었다.

말할 수 있는 교통건설? 철도공사 사례

철도는 청말 서구화 정책을 대표하는 사업이다. 1860년, 중국 통상의 관문(항구)이 열린 후 서구 열강은 줄지어 중국 내 철도 건설을 요구한다. 하지만 서구 열강에 여러 차례 침탈당한 당시 청나라는 철도 건설이 '적을 이롭게 하고, 백성에게는 해악을 끼치며, 실업을 증가시킨다'는 이유로 거절했다. 이 거절의 내막에 내포된 청의 우려를 상세히 서술하면 다음과 같다. 적군이 철도를 침략 경로로 이용할 수 있다. 또한 철도는 민간 토지를 점유해서 주거 지역 및 묘지 구역 철거로 이어지기 쉽다. 나아가 철로 공사를 위한 강제 노역 때문에 백성의 생계가 어려워질 수 있다(李占才編 1994 : 62). 이처럼 서양 철도의 기저에 깔린 효용 논리와 중국 지식 구조는 분명히 달랐다.

대만 철도는 순무巡撫에 부임한 유명전의 제안으로 건설됐다. 유명전의 전임 대만순무 정일창丁日昌 역시 대만 철도 건설을 계획했었다. 1876년 영국은 상해 오송구吳淞口에 '마로馬路'라고 불렸던 용지를 취득하고, 노반路盤이 만들어지면 몰래 철도 레일을 깔았다. 또 토지를 징발할 때는 도랑을 부쉈다. 철도 개통 이후에는 민간인을 압사시키기도 했다. 지역사회가 반발하자 청 조정은 거금을 들여 철도를 인수한 후 철거해버렸다. 이때 목단사牡丹社 사건이 발생했다. 대만 내부는 서양을 방어해야 한다는 분위기가 갈수록 팽배해졌다. 이때 청 조정은 일전 정일창이 조정에 요청했던 철도 건설을 승인하고, 오송 철도의 기자재를 뜯어서 타구항打狗港(현재 가오슝항高雄港)으로 반출했다. 하지만 그 직후 정일창이 병으로 퇴직하는 바람에 대만의 철도 계획은 흐지부지되고 말았다(李占才編 1994 : 62-65). 유명전의 철도 계획은 노선이 성회省會와 중부까지 맞물렸다. 전체 대만을 장악할 수 있는 계획이었던 것이다. 또한 북부 지룽基隆을 수출이 가능한 무역항으로 만드는 데 초점을 맞췄다. 철도를 활용해서 전체 대만의 정치경제를 관통하는 형태의 계획이었다. 1887년 3월 대만 철도가 착공된다. 철도총국鐵道總局이 대도정大稻埕에 설치되면서, 타이베이는 이 공사의 핵심 지역으로 자리 잡았다(李占才編 1994 : 71-72).

그림 3-3 유명전의 감독 아래 철도를 건설하고 있다
출처: 남천서국南天書局

유명전 개인은 현대 과학이라는 신사고를 가졌을지 몰라도 그를 둘러싼 시공간은 녹록하지 않았다. 현대화의 지표로 여겨진 이 철도는 제대로 작동하지 못했다. 어쩌면 실패했다고 말해야 할지도 모른다. 당시 주대만 미국영사관 기자 제임스 휠러 데이비슨James Wheeler Davidson(중국 이름 예밀신禮密臣)은 이 철도 건설 과정을 목격했다. 그는 서양 지식 시스템의 감독 아래 만들어진 철도가 제대로 운용되지도 못하고 일본인에 의해 철거돼버린 이유를 명료하게 이해할 수 있었다(禮密臣 1972b : 178).

철도 건설은 대도정에서 남북으로 뻗어 나가는 형국으로 진행됐다. 유명전은 외국 엔지니어를 초빙해서 노선을 정했다. 철도 궤도의 폭은 3척呎(피트feet) 6시吋(인치inch)였고, 레일의 무게는 36방(파운드pound)

이었다. 최대 경사는 30도를 넘으면 안 됐으며 최소 곡률반경Bending Radius은 5련(체인chain)보다 커야 했다. 유럽 기사를 초청해서 철도 기술 설계를 맡겼지만 실제로 다수 기술자는 중국인이었다. 심지어 도로 정비 공사는 청이 파견된 군대에서 집행했다. 장교들은 건설 공사를 감독했고 병력은 노선 일대를 보호했다(臺灣總督府鐵道部編 1990 : 23 ; 李占才編 1994 : 71-72). 외국에서 파견된 기술자들은 전문적인 측량과 설계 및 계획을 관장했지만, 일선에서 공사하는 병력을 관리할 수 있는 권한은 주어지지 않았다. 제임스 휠러 데이비슨은 이런 상황을 '기술이 군대를 만났다'라고 표현했다.

> 그들이 측정한 노선은 걸핏하면 바뀌었다. 병사들은 종종 말뚝을 뽑아 땔감으로 썼다. 노동자들은 수평이어야 할 노반과 최소한이어야 할 굴곡을 중시하지 않았다. 심지어 계측기보다 자신의 눈을 더 믿었다. 철도를 건설하는 그들의 태도는 마치 원주민 거주 구역에 오솔길을 만드는 것처럼 보였다. 더 큰 문제는 공사를 지휘하는 청나라 사람(장교)들이 종종 뇌물을 받는다는 점이다. 어떤 이들이 조상의 무덤을 보존하기 위해 뇌물을 보낸다. 이 뇌물을 받은 사람들은 노선을 급격히 변경하여 무덤을 피하게 만든다. 노선의 방향은 지주들의 뇌물 액수에 따라 달라지기도 했다. 때때로 공사장의 장교들이 종종 고의로 노선을 바꾼다는 이야기도 들었다. 어떤 부농의 땅이나 무덤을 향하도록 공사를 지휘하고는 거액의 뇌물을 유도하는 것이다. 그렇게 거래가 성사되면 바로 노선을 다시 (뇌물을 바친 자의 땅과 조상 묘를 피하는 방식으로) 바꿔준다(禮密臣 1972b : 178).

제임스 휠러 데이비슨이 사구령獅球嶺 터널이 개통되기 전 상황을 언급한 내용을 보면, 청과 서구의 지적 시스템 차이가 그대로 드러난다. 지룽基隆 남쪽의 구릉지 일대는 대만 철도 공사에서 가장 어려운 구간이었다. 영국과 독일의 엔지니어들은 터널을 뚫어 관통하는 방식을 제안한다. 하지만 청 조정 관리들은 엔지니어들의 의견과 반대로, 도리어 진흙을 파서 제방을 보강하려 했다. 이후 토양의 습기 때문에 공사가 지지부진하자 어쩔 수 없이 노선을 바꿔 터널을 뚫었다. 이런 우왕좌왕 속에서 공사 비용이 대폭 늘어났다. 경비를 아끼려는 감독관들이 엔지니어의 의견을 따르지 않고 목판으로 축장築牆을 세워 터널 지붕이 무너지는 참사가 벌어지기도 했다. 서양 과학 기술이 중국 관리들의 손에 놓여 있을 때 벌어지는 사건들이었다. 이 터널 공사에 대한 제임스 휠러 데이비슨의 총체적 평가를 보자.

> 터널 양쪽 끝이 가까워질 때 어려움은 극에 달했다. 현장 지휘관이 터널 양쪽 높이를 잘못 계산해서, 양쪽의 차이가 14촌呎에 달한다는 사실을 알게 된 기술자들은 매우 놀랐다. 터널은 지룽에서 1마일 이상 떨어져 있었다. 경사도가 심했으므로 당연히 최고 수준의 공사가 필요했다. 하지만 청나라 사람들이 이 구간의 공사를 최악으로 몰고 갔다. 그들은 엔지니어의 측량을 시종 무시했고 외국인 감독의 감독 없이도 공사를 진행했다. 그 결과 철도는 구불구불했고 경사도가 매우 가팔랐다. 그 어떤 기차도 운행할 수 없었다(禮密臣 1972b : 178-179).

국가의 동원으로 추진된 이 철도공사는 상술한 지식체계 간 괴리

외에도 지역사회의 끊임없는 방해에 시달렸다. 『대북시지臺北市志』는 철도 용지 수용 과정에 벌어진 일들을 묘사하고 있다. '풍수에 미혹된 사람들은 조업祖業을 넘겨줄 수 없다고 완강하게 버텼다. 어떤 이들은 열차운행이 사람을 해하는 독을 내뿜고 벼의 성장을 막는다고 주장했다. 노선 설계를 위한 조사 초기, 조사 요원에게 뇌물을 주면서 노선이 자신의 땅과 조상 묘를 피하게 만드는 사람도 많았다. 노선이 정해진 이후에도 다양한 방법으로 공사를 방해했다. 이 때문에 노선이 자꾸 수정되는 등 불필요한 시행착오들이 많았다'(臺北市文獻會 1988 : 16). 맹갑의 경우, 원래는 료관구料館口 부근에 철교를 건설해서 철도 노선을 신좡新莊 방향으로 이을 생각이었다. 그러나 철교 동쪽 출구 방향에 지방 호족 황천유黃川流의 집이 있었다. 황천유는 집의 풍수(지리)가 무너질까 봐 진정서를 만들어 '용산사'의 공인을 무단으로 찍었다. 당시 명의도용은 맹갑 지역사회의 정서상 수용되는 일이기도 하다. 그들은 유명전에게 철교의 위치를 옮기라고 요구했다(黃啟明 1953 : 48).

결국 그 다리는 비교적 하류 지역인 대도정으로 옮겨 세워졌다. 하지만 또다시 지역사회에서 약간의 저항을 겪는다. 이 계획은 다리를 건설해서 강을 건너려 했다. 강의 폭은 4분의 1마일을 넘는 수준이었다. 그래서 외국 기술자들은 철교를 만들어야 한다고 제안했다. 그러나 청 조정의 관원은 비용 절감에 노력을 기울였다. 그 노력의 결과는 1889년 광동 출신 상인 한 명이 만든 나무다리, 즉 목교木橋였다. 이 다리는 움직였다. 돛단배나 삼판선舢板船(중국식의 작은 돛단배, 거룻배와 가깝다-역자), 혹은 하선河船이 다리를 통과할 때 관리인이 수동으로 다리를 개방했기 때문이다(禮密臣 1972b : 178-179).

광서 17년(1891) 6월 지룽에서 타이베이까지의 철도 공사가 완공됐고, 10월부터 열차가 운행했다. 철도를 따라 지룽基隆, 바두八堵, 수반각水返腳, 남항南港, 석구錫口, 타이베이臺北 등의 6개 역이 들어섰다. 그리고 얼마 지나지 않아 유명전이 대만을 떠났다. 후임 소우렴邵友濂이 신주新竹까지 철도를 건설하면서 대만 철도 공사는 마무리됐다. 1893년 11월, 타이베이와 신주 구간이 개통했다. 이 구간에는 타이베이臺北, 대교두大橋頭, 해산구海山口, 다류항打類坑, 구윤령龜崙嶺, 도자원桃仔園, 중역中壢, 두중계頭重溪, 태호구太湖口, 봉산기鳳山崎, 신주新竹 등 11개 역이 들어섰다. 지룽에서 신주까지 철도의 길이는 107km, 건설 비용은 129만 냥이었다(李占才編 1994 : 71-72).

당시 사회의 지식 구조 아래 건설된 철도는, 현대기술을 전통 지식 시스템 속으로 밀어 넣어 만든 것이다. 얼핏 보면 대단한 풍경이다. 하지만 실제 운용이 어땠을지는 짐작하기 어렵지 않다. 철도 개통 후 열차는 매일 여섯 번만 왕복할 수 있었다. 이후에는 기관차의 손상 때문에 하루 4회 왕복 운행으로 줄었다. 하루 평균 탑승객 수는 타이베이-지룽 구간이 약 500명, 타이베이-신주 구간이 약 400명에 불과했다(井出季和太 1936 : 122).

청 조정이 만든 철도는, 건설 과정과 효율을 고려하면 현대화의 모범이라고 보기 힘들다. 일본의 대만 통치 후 이 철도는 비판과 조롱의 대상이 됐다. 결국 일본은 이 철도의 사용을 포기하고 새 철도를 건설했다. 1895년, 초대 대만 총독에 부임한 가바야마 스케노리樺山資紀는 철도 중건重建을 제안한다. 일본은 대만 통치 초기 기존의 대만 철도를 시험 운행했는데, 매일 운행 가능한 열차가 1~2량에 불과한 상태였다. 지룽에 상륙한 대규모의 일본 군대는, 원래 빠르게 타이베이로 이동하려 했다. 그런데 열차는 종종 하중을 초과했고, 나중에는 60명의 부역을 동원해 열차를 밀기까지 한다. 정상 운행이 가능해진 후에도 급격히 구부러진 철도 노선 때문에 운행 자체가 위험했고, 평균 시속 역시 8마일에 불과했다. 당시 일본인은 이 열차를 '밀어서 가는 열차' 혹은 '폐병 걸린 열차'라고 불렀다(臺灣總督府鐵道部編 1990 : 59-60).[11]

상술한 여러 상황을 고려하면, 타이베이의 철도 건설은 현대화의 징표라기보다는 전통사회 구조의 모순과 조우한 하나의 실험이었다. 유명전의 건설 사업이 무의미했다고 말할 수는 없다. 그는 자신의 서구화 사고에 기초해서 어느 정도 규모를 갖춘 건설 사업을 주도했다. 그러나 부인할 수 없는 사실은, 유명전 통치 아래의 타이베이 역시 맹갑과 대도정이라는 두 거리가 중심 공간이었다는 점이다. 성내城內는 여전히 넓고 황량했다. 다안大安과 구팅古亭에 어느 정도 촌락이 있었지만, 역시 소수 농가가 띄엄띄엄 분포된 정도였다(王一剛 1959). 결국 유명전의 타이베이는 그저 '세 거리'가 합쳐진 것이지 '하나의 완전한 도시'는 아니었다. 청 조정은 구사회를 대대적으로 개혁할 통치 능력이 없었다. 유명전 역시 이 구사회에 편승할 수밖에 없었던 것이다.

---

11 일본 통치 시기 대만에 체류했던 일본문학가 이시카와 미츠루西川滿의 저서는 관련된 여러 장면을 서술했다. 이시카와 미츠루의 관련 저서는 다음과 같다. 『대만의 열차臺灣的火車』『두 명의 독일 기술자兩位德國工程師』『용맥기龍脈記』『대만종단열차臺灣縱貫鐵道』.

청말 타이베이 '지역사회'의 함의와 토론

청말 타이베이성에 정치경제 역량이 집중됐다. 이 현상은 얼핏 보면 소위 '소극적 통치'에서 '적극적 통치'로의 전환을 의미하는 듯하다. 하지만 '지역사회와의 단절'과 '지식 시스템의 한계'라는 두 조건은 강력했다. 그 두 조건 때문에 타이베이는 여전히 '세 개의 거리' 구조에서 벗어나지 못했고, '하나의 도시'라는 현대적 형태에 진입할 수 없었다. 일본의 대만 통치 시대에서 상술한 두 방해 요소가 무너지고 해소됐다. 관건은 도시의 외적 형태가 아니다. 도시 본질의 변화, 이게 가장 핵심적인 문제다.

사회학자 막스 베버Max Weber는 도시 유형 연구에서 중국 전통 도시를 다음처럼 묘사했다. 정치적으로는 군사 요충지나 황권 대리인의 소재지다. 사회적으로는 주민은 '여전히 가족과 집성촌에 예속됐다.' 도시 내부는 온통 행상과 특수한 결사結社 및 상회商會로 가득하다. 막스 베버는 당시 중국에는 도시 정체성에 기인하는 '시민'과 '도시공동체'라는 개념이 형성되지 않았다고 생각했다(Weber, 1958 : 81-83 ; 1964 : 16, 90).

막스 베버는 중국 도시를 '국가에 종속된' 유형으로 정의했다. 명말에서 청초까지의 중국 도시는 정말로 그랬던가? 윌리엄 로William Rowe는 막스 베버의 견해에 반박했다. 그는 명말 시기 출현한 중국의 도시 간 장거리 무역이 청말에 이르러 더욱 발전했다고 주장한다. 그는 '한커우漢口' 연구를 통해 현지의 신사紳士와 상인들이 태평천국太平天國 운동 이후 특정한 자주성을 키웠다는 사실을 지적했다. 이 자주성에는 축성이나 (군사)훈련, 구빈 활동 등 주동적인 공공활동 참여가 포함된다. 윌리엄 로는 공공 영역public sphere에서 신상紳商 계층의 참여와 주도를 주목한다. 그는 신상 계층이 각 족군 사회의 충돌과 해결 과정에 개입해서 도시 공동체 의식을 집결시켰고, 이를 통해 청말 중국 도시가 이미 '서양에 못지않은' 시민사회의 특질을 보유했다는 사실을 논증했다(Rowe 1984, 1989).

윌리엄 로의 논점은 메리 랭킨Mary Rankin과 데이비드 스트랜드David Strand[12] 등의 호응을 얻었다. 하지만 중국의 도시 발전과 활동을 서구적 사유인 '시민사회civil society' 개념으로 해석하는 것이 적합한지에 대한 새로운 논쟁이 일어났다. 사실 위르겐 하버마스Jürgen Habermas가 지적했듯, 시민사회는 원래 '자유경쟁 시스템'을 의미한다. 게다가 이 체계는 부르주아의 자기조율self-regulating로 작동하기 때문에 경제가 아닌 다른 힘의 관여를 받지 않는다. 또한 국가 기능은 극도로 축소돼야 하고 부르주아 민법 시스템의 자유 이념과 결합해야 한다. 결국 이 사회의 최종 목적은 시장의 자유를 보장받는 것이다(Habermas 1989 : 84).

윌리엄 로는 분할된 지방의 2차 문화에서 사회적 동력을 찾으려 했다. 그가 한커우 상인들의 공공활동을 '시민사회'로 간주한 것 역시 매우 중요한 학술적 발견이다. 그러나 상술한 서구 시민사회의 역사적

12 메리 랭킨은 저장성浙江省 지역 지도층의 '엘리트 능동주의'를 연구(Rankin 1986)했다. 데이비드 스트랜드는 베이징 시민 연구에서 그들의 공공 활동을 '비국가활동'의 새로운 영역으로 묘사한다(Strand 1989). 도시 엘리트의 주도적인 공공 의제(방위 문제 등) 개입을 설명하고, 이를 '국가'와 '사회' 사이의 공백을 메우는 작업으로 해석한 것이다. 그들은 중국 도시에 형성된 지역사회에 서구 도시 '시민사회'와 부합하는 측면이 존재한다고 여겼다.

맥락에서, 도시 상업활동에서 연장되는 '시민사회' 개념은 처음부터 국가와 분리된 개념이자 상호 의지하는 관계다. 시민사회는 국가와의 결합/분리를 떠나 권력 발생과 긴밀한/팽팽한 관계다. 이렇게 보면 윌리엄 로의 한커우 연구에서 촉발된 논란, 즉 '중국도시의 시민사회 출현 여부와 공공 영역의 서구적 특질 존재 여부'는 이해하기 어렵지 않다. 전통 중국은 막스 베버의 묘사처럼 행상으로 가득한 형태는 아니었다. 또한 명백하게 국가에 대항하거나 대응하는 시민사회가 출현하지도 않았다. 이 책의 사례들은 중국에서 국가와 사회는 '분리하고 대립'하는 긴장 관계가 아니라, 오히려 '떨어져 있지만 협력'하는 조율 가능한 관계였다는 사실을 알려준다.

그래서 본서에서 사용하는 '지역사회', 그리고 '제3의 영역' 개념은 청대 타이베이 시가지를 묘사하는 방법이다. 특정한 '시민사회' 이론의 적용 가능성을 선취하려는 게 아니다. 청말 타이베이 사회는 전통 중국의 '국가/사회'가 분리되거나 완전히 단절되지 않았다는 사실을 보여준다. 국가 권위는 집중됐지만 통치는 기층으로 스며들지 못했다. 이런 상황에서 관官, 신紳, 상商이 협력을 단절하기는 어렵다. 신사층은 국가 권위와 관료 체계에서 완전히 벗어나지 않았다. 완곡히 말하자면 그들은 황권을 이용했고, 기층사회의 틈새에서 양면적으로 교묘하게 작동했다.

4 타이베이를 관통하는 일치 시대 공간 건설

4장
타이베이를 관통하는 일치日治 시대 공간 건설

앞의 두 장을 통해 1895년 이전의 타이베이가 맹갑과 대도정, 성내로 분리된 '세 개의 거리'였고, 우리에게 익숙한 '하나의 타이베이'와는 크게 달랐다는 사실을 알 수 있다. 세 개의 거리로 나누어져 있던 타이베이는 일치日治 중기까지 시나브로 합쳐졌다. 왜 하나의 도시가 됐을까? 1920년에 명목상의 타이베이시가 정식으로 출현했기 때문일까?[1]

이 질문에 답하기는 쉽지 않다. '세 개의 거리'가 1920년의 어느 날 갑자기 하나의 도시로 변했을 리는 없다. 1931년 다나카 가즈나리田中一二가 편찬한 『대북시사臺北市史』를 보면, '타이베이시臺北市' 혹은 '타이베이 시가市街' 개념은 일본의 통치 이후에야 일반 시민들에게 점차 인지됐던 것으로 보인다.

> 대만 점령 이후 이 세 거리를 타이베이 지방청 직할시로 편제하고 타이베이의 세 거리라고 불렀다 …… 이후 성내와 대도정은 크게 번영

1 1920년 일본은 대만의 지방행정 구획을 조정했다. 이때 타이베이는 정식 행정 단위(타이베이시市)로서, 구체적이고 합법적이며 경계를 가진 도시가 됐다.

했다. 특히 성내는 빠르게 번창해갔다. 이에 영향을 받아 타이베이 시내臺北市內 또는 타이베이시臺北市라는 호칭이 어느 순간부터 타이베이 시가臺北市街 혹은 타이베이 세 거리臺北三市街로 바뀌기 시작했다(田中一二編 1998 : 42).

그렇다면 세 거리는 "이후 성내와 대도정은 크게 번영했다. 특히 성내의 번화 속도가 매우 빨랐다"라는 다나카 가즈나리의 말처럼, 번창한 상업과 증가한 인구의 영향으로 자연스럽게 하나로 합쳐졌을까? 당연히 그렇지 않다. 이 장에서는 갈라져 있던 세 개의 시가지가 하나의 도시로 계획되는 과정을 이야기한다. 이 흐름은 번영과 발전에 따른 자연적인 현상이 아니라, 현대 국가의 통치 기술을 공간상에서 실천한 인위적인 과정이었다.

1. 공간이 곧 권력이다: 식민殖民에 현대를 덧댄 통치 원칙

1895년, 일본은 갑오甲午전쟁(청일전쟁)에서 승리하고 대만 통치권을 획득했다. 일본이 대만에 현대 국가 관리 기술을 집행한 핵심 시기는 의심할 여지없이 대만 총독부 역사상 가장 임기가 길었던 제4대 총독 고다마 겐타로兒玉源太郎, 그리고 고다마 겐타로보다 더 중요한 인물인 제4대 민정국장[2] 고토 신페이後藤新平가 통치했을 때다. 고다마와 고

2 1896년 3월 고토 신페이의 첫 직함은 민정국장民政局長이었다. 같은 해 6월 민정장

토는 일본의 대만 통치 구축에서 가장 중요한 인물이다. 또한 두 사람이 대만에 체류했던 1898년부터 1906년은 일본의 대만 통치 시대 중 가장 중요한 기간이다.

전통 중국의 도시 건설 능력은 1895년까지만 해도 '수학적 관리가 불가능한' 수준이었다. 더 정확하게 말하자면 전통 중국은 정확성을 추구하거나 장악하거나 계획하려 하지 않았기 때문에, 수학적 관리가 필요하지도 않았다. 그래서 청말 타이베이 건설은 국가와 지역사회 사이에서 모호하게 진행됐었다. 의인화하여 설명하자면 국가의 손과 발은 사회를 만질 수 없었고, 국가의 귀와 눈은 지역을 볼 수 없었다. 여기서 일치 시기 정권의 힘이 어떻게 타이베이를 변화시켰는지를 다시 살펴봐야 한다. 예전 국가(청)가 '시도조차 할 수 없었던' 수학적 관리가 어떻게 국가에 대한 주민의 저항조차 '불가능'하게 만드는 강력한 수학적 관리로 변모했을까.

이 책은 일본 통치자가 '공간균질화'와 '공간시각화'라는 두 원칙으로 타이베이 공간 통치를 완성했다고 주장한다. 타이베이 도시 건설과 정비는 '현대 국가 통치 능력'의 구체적인 실천이다. 현대 공간 통치의 두 원칙을 설명하기 전에 먼저 일본이 대만을 지배하게 된 역사적 배경을 이해해야 한다.

관民政長官으로 바뀌었다(黃昭堂, 1994 : 82).

식민주의, 식민 지식, 그리고 식민 도시

1895년에 중국과 일본은 갑오전쟁을 벌였다. 교전하는 한쪽은 메이지 유신明治維新을 거쳐 현대 국가로 변신하고 있던 일본이고, 다른 한쪽은 왕토 개념을 고수하는 제국 중국이었다. 조선 쟁탈전처럼 보인 이 전쟁의 본질은 '동'과 '서' 혹은 '구세계'와 '신세계'라는 두 세계 질서의 충돌이다(茂木敏夫 1992). 일본은 승리로 대만을 얻었을 뿐만 아니라, 중국으로 대표되던 동방의 구질서관을 일본이 대표하는 서구의 신질서관으로 전환했다. 이 전환은 동아시아의 거대한 변화를 상징한다. 1895년 일본은 대만에 상륙했다. 대만을 접수한 것이다. 그리고 일본은 청말 대만성의 성회省會(성의 수도)였던 타이베이의 지위를 인정하고 대만 섬의 수도로 정했다. 이후 일본 식민 체제는 과학주의에 기반하여 대만을 통치한다. 이때 타이베이는 그 통치의 핵심 도시였다. 이로써 타이베이의 발전은 새로운 단계로 진입했다.

식민주의colonialism는 자국의 통치 제도를 다른 민족에게 연장하는 과정이다. 종주국과 피식민국은 지리적으로 떨어져 있지만 하나의 국가 제도를 통해 결합한다. 그러나 두 사회는 합쳐지지 않고 분리된다. 이 관계는 모순적이고 복잡하다. 따라서 식민을 논할 때 절대 놓치면 안 되는 부분이 있다. 바로 식민의 목적은 자원 착취를 포함하지만, 폭력만을 활용하는 착취는 식민지 유지에 비효과적이라는 명제다. 식민주의 출현의 배경은 15세기 말의 대항해 시대, 즉 지리 대발견의 시대이다. 이 시대를 주도한 유럽의 해양세력은 과학을 바탕으로 하는 항해, 방위, 화약, 심지어 동식물학 등의 기술 지식에 힘입어 세계를 호령했다. 나self와 타자the other를 결합하고 분리하는 식민 권력의 전제는, 피식민지의 사람과 토지를 반드시 '볼 수 있게' 만드는 것이다(Cohn 1996 : 1).

저명한 식민주의 연구자 에드워드 사이드Edward Said는 저서 『오리엔탈리즘Orientalism』(1978)에서, 식민 통치의 지식은 진실을 드러내는 게 아니라 오히려 진실을 '재현representation'한다고 지적했다. 다르게 말하면 종주국의 식민지는 '상상 지리'의 형식을 통해 구성되는 것이다(Valentine 1999). 지식의 목적은 지식의 내용에 영향을 준다. 에드워드 사이드의 논증에 따르면 식민 지식은 '상상'에 기초한 지리학이다. 이런 맥락에서 유럽인의 '동양'에 대한 지식은 발견이 아니라 '발명'한 것이다. 유럽인은 이 '상상'과 '발명'을 유럽 패권의 우월성을 증명하는 구조물로 활용했다(Said 1978).

그들의 지리 지식은 상상계imaginary에 걸쳐 있지만 공상적illusionary이지는 않다. 식민주의는 유동성에 기반하는 통치다. 그래서 현지에 고착화된 '의미'를 모두 제거해야 한다. 서구 식민 통치 역시 마찬가지다. 식민 통치자는 서구의 객관적 지식으로 객관적 지리를 그려낸다. 서구의 주체로 현지의 주체를 갈음한다. 이렇게 '상상의 지리와 상상의 역사는 자기에게 가까운 것과 먼 것의 차이를 과장해서 처리한다. 그 결과 자기 인식은 더욱 견고해진다'(Said 1978 : 55).

따라서 식민주의는 자신의 주관과 목적에 따라 지식의 객관적 재구성이 필요하다. 그리고 객관적 지식이 제공하는 '정당성'을 명분으로, 현지 인민이 구성해둔 토지와 장소의 '의의'를 제거한다. 소위 '상상'이란 통치자의 실재로 피통치자의 실재를 대체하는 것이다. 현지 사회를 고려하지 않는 이 대체 작업에서 이용되는 객관적인 지식, 바로

'숫자'다(Appadurai 1996).

식민국가 모두가 보유한 현대 국가 통치 지식체계를 일본도 대만 통치에 사용했다. 메이지 유신 때 유럽과 미국을 보고 배운 지식체계를 토대로 대만을 통치한 것이다. 일본은 한인漢人의 거주 공간이었던 대만을 한인의 정의定義로 통치할 수 없었다. 그래서 한인의 관념에 기초하면서도, 동시에 그 관념을 대체할 수 있는 '상상 지식'을 구성해나갔다. 일본의 타이베이 통치를 보면, 상상 지식의 구축과 운용이 뚜렷하게 전개된다. 하지만 지식으로만 통치할 수는 없다. 지식이 어떤 실천 경로에서 전개돼야 권력은 효율적으로 작동할까?

일본은 대만 지배 과정에서 타이베이에 막대한 역량을 투입했다. 타이베이는 대만의 수도일 뿐만 아니라 주요 행정과 상업 기관이 집중된 도시였다. 대만 체류 일본인의 3분의 1이 타이베이에 거주했다. 청말(1894), 대만의 도시 시스템은 타이베이와 타이난이라는 두 봉우리를 축으로 해서 유지됐다. 하지만 일본 통치 이후, 타이베이는 대만의 거대하고 유일한 봉우리로 자리매김했다(章英華 1986 : 253). 일본의 경영 아래 타이베이는 대만의 정치 · 문화 중심지로 발돋움했을 뿐만 아니라, 일본 정치력의 효과를 대외적으로 과시하는 지리적 중심지 기능을 수행했다. 타이베이시市는 청대 부성府城이라는 옛 권위를 계승하면서 동시에 일본 식민 통치가 새롭게 발동하는 지점이었다(章英華 1986 : 239).

이 책의 취지는 식민 통치자가 어떻게 타이베이를 구체적으로 건설했는지를 설명하는 게 아니다. 이 책은 일본이 타이베이의 규획規畫과 개정改正을 어떻게 완성할 수 있었는지를 추적한다. 이 과정을 '식민 폭력'의 작동이라는 관점으로만 해석하면 안 된다. 청말 전개됐던 적극적 통치 역시 국가의 강제력을 대거 투입해서 성벽을 쌓고 철도를 깔았으며 시 중심을 형성했었다. 하지만 이 과정에서 국가는 지역사회에 관여하지 못했고 지역사회를 볼 수도 없었다. 폭압적이고 강제적인 힘 외에도, 상술한 식민 지리학적 지식체계를 뒷받침하는 요소는 실재를 재구성하고 계산하며 분석할 수 있는 지식이다. 실재의 지식화에 대한 이해를 통해 구체적인 통치 대상을 규정할 수 있는 권력만이, 비로소 정확하고 효과적인 통치 '도구'를 선택할 수 있다. 그리고는 통치 대상에게 그 도구를 사용하는 것이다. 이때 '공간'은 권력이 행진하는 통로를 제공한다.

현대 과학 개념 중 공간space은 본래 맑고 투명하고 비어 있으며 채워지길 기다린다고 인지된다(Lefebvre 1991 : 1). 이러한 해석의 근원은 계몽 철학가 칸트Immanual Kant까지 거슬러 올라간다. 칸트는 공간을 미리 설정된 '감성의 직관 형식'으로 간주한다. 칸트는 『순수이성비판』에서 자발적 지성 능력과 피동적 감성 능력이 인류 지식의 두 요소라고 설명했다. 감성능력은 직관을 통해서 눈앞의 사물을 꿰뚫어 보는 능력이다. 여기서 '공간'은 직관의 기본 형식이라고 할 수 있다. 직관 형식이란 물체의 속성을 다루지 않는 형식적 특징을 뜻한다. 예를 들어 보자. 누군가 책상이라는 하나의 사물을 본다. 그는 색깔, 빛과 그림자, 재질 등의 여러 요소를 한번에 감지하고 복합적으로 느낀다. 그러나 직관의 대상은 전부 사라진다. 뇌는 여전히 책상이라는 형태 개념만을 세계의 구성 요소 중 하나로 남겨둔다. 바로 선험적a priori 의미의 공간 직관 형식이다. 칸트 철학의 '공간'은 감각 기관의 경험과는 무관하다. 사람은 공간이 없으면 이미지를 만들 수 없기 때문이다. 반대로 생각해보자. 사람은 사물이 없어도 공간을 상상할 수 있다(康德 1984 ; Werlen 1993).

칸트는 '공간'에 대한 철학적 맥락을 정의하고 공간을 자연과학의 영역으로 분류했다. 그에 따르면 공간은 정말로 '텅 비어 있는 것'을 의미한다. 칸트 철학으로 인해 사회과학은 공간을 별도의 해석이 불필요한 대상으로 간주했다. 그래서 공간은 단지 사회적 힘이 투영되는 대상으로만 인식됐다(Sack 1980).

그러나 1970년대부터 기존의 공간 이론을 반성하는 논의들이 등장한다. '공간'의 사회 작용은 따로 분석할 필요가 없다는 기존의 주장들이 점차 기각되자, '공간'이 이론적 논의의 대상으로 부상했다(Werlen 1993 : 1-3). 특히 앙리 르페브르Herri Lefebvre의 공간 비평들은 당시 학계의 경각심을 불러 일으켰다. 앙리 르페브르는 공간이 사람들이 인지하고 경계하지 못하도록 숨겨진 상태로 설계된 권력의 통치 도구라고 주장했다. 이 명제의 전제는 공간에 침투해서 사람과 토지를 지배할 수 있는 일종의 기술 제도다(Lefebvre 1991).

공간은 통치의 배경이 아니라 통치의 도구여야 한다. 기존의 '지역'이 가진 의미를 벗겨내는 작업은 현대 국가의 통치 형태에서만 가능하다. 이렇게 지역의 의미를 제거하는 작업은, 서구의 경우 보통 민족 국가의 출현과 함께 진행된다. 반면 시민사회의 기초가 부족한 국가는 정복 등의 특수한 외부 요인이 공공적public이고 객관적objective인 공간 개념을 완성하는 경우가 많다. 바로 식민 시기에 전개되는 공간 작업(가옥, 병영, 교실 등)이다(Harvey 1990).

그래서 식민주의 실현은 폭력 혹은 지식만으로는 불가능하다. 반드시 공간의 작용력과 결합해야 한다. 그래야만 국가의 기치 아래 결합할 수 있고 이격된 두 사회에서 통치 기반을 만들 수 있다. 타이베이시가 현대 공간으로 전환되는 역사적 과정은, 곧 공간을 이해하고 공간을 계획하는 현대 국가 지식체계 실험의 구현이었다.

균질화均質化와 시각화視覺化의 공간 논리

일본 통치 시기 타이베이는 세 개의 거리로 분리된 상태였다. 일본 식민 통치가 진행되면서 타이베이는 1920년 무렵부터 현대 도시의 면모를 뚜렷이 드러냈다. 여기서는 청말 '지역사회'가 일본 통치 시기를 거치면서 어떻게 제거됐는지를 논한다. 논의는 두 측면에서 진행한다. 먼저 원래 '파악하지 못했던' 도시 주민을 어떻게 '파악'하게 됐는지를 검토하고, 다음으로 '볼 수 없던' 토지가 어떻게 '보이게' 됐는지를 살펴본다. 이 두 지점과 관련한 현대 공간 구성 이론으로는 '공간균질화homogenization of space'와 '공간시각화visiualization of space'가 있다. 다음은 두 개의 이론에 대한 설명이다.

1. 공간균질화 논리

공간균질화란 특정 의미를 가진 이질적인 장소를 제거하고 공간을 균질적으로 구성하는 것이다. 앙리 르페브르의 개념을 차용하면, 현대 국가는 자본주의 운영 모델과 결합하여 사당, 주택, 상점 등 모든 장소를 균질화한다. 이를 통해 해당 지역을 계산이 가능한 공간 단위로 만든다(Lefebvre 1979). 현대 국가의 주권 통치 대상은 공간이지 장소나 지역이 아니다. 현대 국가 통치는 구사회의 '토지와 인민'을 '국토와 국민'으로 재편한다. 토지공간에 대한 현대 국가의 제도적 개혁은 '균질적인 연속적 공간'으로의 국토를 형성하는 작업이다(若林幹夫 1996 : 10). 역사적으로 형성됐고 특정한 의의가 부여된 공간은, 원래 국가와 인민 사이의 '중개사회'에 위치한다. 모두 관통당해서 국가가 계획할 수 있는 균질공간이 됐다.

2. 공간시각화 논리

공간시각화는 지역 공동체를 관통하는 국가의 간섭을 의미한다. 모든 공간을 눈에 보이도록 가시화visible해서 한 치의 땅과 한 치의 사람도 놓치지 않는다. 이전의 전통사회와는 완전히 다른 새로운 권력 작동 방식이다. 미셸 푸코Michel Foucault의 이론을 빌려 설명하겠다. 전통사회에서 권력을 과시하는 방법은 '권력의 근원'을 보여주고 경외심(공개, 의식, 참배와 같은 의식을 통해)을 갖게 하는 것이다. 그러나 현대 서구 사회에서 하나의 권위(신권)가 종식되자 권력은 더 이상 하나의 근원으로 세계를 지배할 수 없게 되었다. 따라서 권력은 작동 형식을 전환해야만 한다. 권력은 '공간'이라는 도구를 빌려 권력 스스로는 '보이지 않는' 공간 속에 숨는다. 반면 피통치자는 항상 '보이기' 때문에 통치자의 시선gaze(응시)이 닿는 대상(객체)이 된다. 피통치자는 권력의 시선이 존재한다는 사실을 알지만, 언제 어떻게 그 시선이 닿는지 알 수 없다. 그래서 권력은 공간 배치를 이용해서 시선으로 전체를 감시하는 효과를 창출했다.[3] 이것이 바로 공간 배치의 중요한 의의다. 보이지 않았던 어두운 공간을 허물어 밝고 시선이 관통할 수 있는 공간으로 개조해야만 비로소 현대 통치의 효용이 거침없이 발휘될 수 있다. 그렇다. 공간은 구체적인 용도와 기능을 갖춘 건축일 뿐만 아니라 사람의 거주와 왕래 및 활동을 구속하기도 한다. 국가는 보이지 않았던 지역사회를, 새로운 지식 시스템을 통해 합리적이고 직선적이며 시선이 관통할 수 있는 '볼 수 있는' 공간으로 재편했다. 이것이 바로 권력의 '공간시각화' 논리다.

3. 두 개의 현대 공간 논리와 작동

'균질화'와 '시각화' 모두 현대 사회의 공간 논리다. 앞의 두 장에서 서술한 청대 사회(지역사회의 중개 역할 및 전통 통치의 모호한 성격)와는 권력 작동 형태가 완전히 다르다. 어째서 기존의 반半자주적 타이베이 지역사회는 일본 통치 시기에 이르러 국가와 사회를 중개하는 능력을 잃었는가? 왜 '정밀하지 못한' 전통 통치 구조의 탄력성이 일본 통치 시기에 제거되고 모든 것을 국가에게 일임하게 됐는가? 이 질문을 이해해야만 타이베이 도시 건설을 추동한 정밀한 계획과 실천의 동학動學을 알 수 있다. 타이베이 도시 공간 발전의 맥락에서 균질화와 시각

3 제레미 벤담Jeremy Benthem이 설계한 원형 감옥panopticon은 현대 생명 권력의 작동을 대표한다. "외곽이 원형으로 되어있는 건축물, 중앙에 놓인 높은 탑, …… 이렇게 새장 같은 감방은 작은 극장과 같다. 그 속에 홀로 고독하게 존재하는 배우는 모두 개별화되어 상시적으로 가시된다"(Foucault 1977 : 200). 범인은 언제 어떻게 감시를 당하는지 알 수 없으므로 24시간 내내 감시받는 상태에 놓이다가 결국 스스로를 감시하는 자기 검열의 단계로 진입한다. 바로 규율discipline을 통한 권력 작용이다.

화의 작동 논리가 어떻게 작동됐는지를 살펴보자.

(1)공간균질화: 현대 국가는 피통치자가 지역에서 자의적으로 할거割據하거나 격리隔離하는 것을 허용하지 않는다. 청대 타이베이의 세거리는 상인이 관리했다. 국가는 지역사회를 통제하거나 파악할 수 없었다. 지역사회는 다른 지역사회와의 차이를 통해 정체성을 구축했다. 그러나 현대 국가의 기준은 다르다. 사회는 '국민의 사회'다. 사회 내부의 '지역 정체성'은 국가가 관리하기 힘든 골칫거리이므로, 반드시 제거해야 하는 대상이다. 따라서 여기서의 공간균질화는 지역사회가 보유한 중개 역량을 제거하고 경찰 통제가 사회로 침투하는 과정을 뜻한다.

(2)공간시각화: 서구 과학 지식을 계승한 일본 식민 통치자는 조사와 제도 및 통계를 통해 피식민지를 정확하게 파악한다. 통치자는 정교화, 과학화, 이성화의 기술을 드러낸다. 그러므로 타이베이의 도시 공간에 작용하는 시각화는 '알 수 없는 상황'에 적합한 폭력에 의지할 필요가 없어졌다. 지배는 인민의 행복을 만드는 공정으로 변신했다. 정밀함은 인구와 토지 관계를 처리하는 수칙으로 존중받았다. 합리성은 아름다운 미래를 계획하는 원칙이 됐다. 이 장에서 공간시각화는 공중위생으로 인해 도시가 원활해지고 투명해지는 과정이다. 또한 비위생적 요소 제거, 성벽 철거, 도로 관통 등도 함께 논한다.

여기서는 균질화와 시각화의 이론 개념으로 청말 타이베이 신사紳士가 일본 통치 시기에 분화 및 변화되는 모습, 국가가 민정경찰을 통해 지역사회 균질화(국가가 직접 인민 파악)를 진행하는 양상, 그리고 국가가 엄밀한 조사를 통해 지역을 드러내는(국가가 직접 공간 응시) 방법을 설명한다.

2. 지역사회의 약화: 전통 신사紳士의 분화와 질적 변화

앞서 강조한 것처럼, 청대 타이베이는 지역사회의 성격을 지닌다. 게다가 그들은 관官의 통제 밖에서 작동하면서 동시에 관의 인정을 받았다. 이 반半 자주적인 지역사회는 청일전쟁으로 대만 정권이 교체되자 근본적인 타격을 받는다.

1895년 6월 2일이다. 일본과 청은 지룽基隆 외해外海에 정박해 있던 일본 함선 공의륜公義輪에서 대만을 일본에 할양하기로 협약했다. 이렇게 대만은 국제법상 최초로 일본의 정식 식민지가 됐다. 이런 급격한 정권 교체는 많은 신상紳商 계층이 대만 체류 여부를 고민하게 만들었다. 가난한 서민이나 소작인은 애초에 대만을 떠나는 선택 자체가 어려웠지만, 부유한 신상 계층은 중국 대륙으로의 이주와 대만 체류라는 최소 두 개의 선택지가 있었다. 계속 체류하기로 한 신상은, 일본이라는 새로운 국가가 진입한 후에도 여전히 중개 역할을 수행하면서 공공업무에 참여하려 했다. 하지만 일본 식민 통치 기술의 발달로 인해 신상들의 중개자 성격은 점점 옅어졌다. 관과 민의 중개 관계가 사라지는 현상을 이른바 '공간균질화'로 설명하겠다.

접근하기 혹은 멀리하기: 일치 초기, 신사의 양극화

청말 타이베이에서 활발히 활동했던 신상들은 식민 정권이 성립된 초기까지도 '관민 중개'의 대리 성격을 유지했다. 일본 군인이 대만에 상륙해서 대만 접수를 준비할 때, 대만 신상은 일본 군인의 이성을 돕고 폭도를 진압한다. 이 역시 관민 중개에 근거한 활동 중 하나다.

일본이 대만을 접수한 후, '근위사 제1혼성여단近衛師 第一混成旅'이 친왕 타시라가와노미야 요시히사北白川宮能久親王의 지휘 아래 5월 29일 삼초각三貂角 근처 해안에 상륙한다. 그러자 '대만민주국臺灣民主國'을 필두로 각지에서 반일 투쟁이 발생했다. 이 때문에 일본군은 6월 1일 지룽基隆을 점령한 후 진군을 멈췄다. 하지만 급하게 결성한 대만민주국 군대는 오래지 않아 흩어졌다. 많은 하급 관군은 타이베이를 탈출했고, 상점들은 문을 닫고 사태를 관망했다. 수일 뒤 대만민주국 총통 당경숭 역시 몰래 대만을 탈출한다. 이렇게 타이베이성은 갑작스러운 무정부 상태에 직면했다. 당시 미국 영사관 기자였던 제임스 휠러 데이비슨James Wheeler Davidson은 이 상황을 "무기공장이 털렸고, 근처의 거리는 약탈자로 가득하다"라고 묘사한다. 성을 지키는 경비병은 수비를 포기했고 화약고에 불이 붙었다. 난민은 그 틈을 놓치지 않고 노략질을 벌였다. 상점은 각자 총기를 구해 가게를 지키려 애썼다. 중국 상인들뿐 아니라 외국인들도 공포에 떨며 허둥지둥했다(禮密臣 1972b : 205-215).

시국이 대혼란에 돌입하자 타이베이의 신사紳士와 부상富商은 가만있지 않았다. 공생貢生 이병균李秉鈞, 늠생廩生 유정옥劉廷玉, 부상富商 이춘생李春生, 오연원吳聯元, 진순신陳舜臣, 백기상白其祥 등을 포함한 지역사회 지도자들은 곧바로 모여서 회의를 열고, 일본군 입성을 대비해 폭도를 진압하기로 했다. 그리고 대표로 고현영辜顯榮을 지룽에 파견해서 일본군을 영접한다. 동시에 스코틀랜드 차 상인 톰슨G. T. Thomson과 독일 장뇌상 오리R. N. Ohly, 그리고 미국 기자 데이비슨James W. Davidson도 외국인 거류자 대표로 지룽에 갔다. 그들은 일본군에 혼란에 빠진 시국 상황을 알리고 진압을 요청했다. 6월 7일 일본군이 타이베이성에 들어왔다. 아무런 저항도 없었다. 오히려 성내 도처에 투항을 알리는 백기가 걸려 있었다. 심지어 어떤 백기는 일본 국기를 따라 붉은색 원을 그려 복종 의지를 표현했다. 그리고 맹갑에는 일본군을 환영한다는 플래카드가 걸렸다(禮密臣 1972b : 217 ; 陳俊宏 2003 : 46).

일본이 순조롭게 타이베이성을 손에 넣으면서 본격적으로 정권 전환이 이루어졌다. 이때부터 신상紳商과 일본 식민 통치 기구의 협력이 새롭게 펼쳐진다. 6월 17일, 타이베이에서 거행된 일본 '대만시정대전臺灣始政大典'에 각국 영사와 외국인 24명뿐 아니라 타이베이 신상 대표 83명도 초대받았다. 참석한 신상들을 청조 시기 신분으로 살펴보면 공생貢生 5명, 감생監生 1명, 생원生員 32명, 훈장塾師(서당선생) 1명, 부상富商 31명, 중의사中醫師 3명, 부농豪農 4명, 그 외 신분이 불분명한 6명이다(吳文星 1992 : 49).

일본에 대한 타이베이 신상들의 협조는 청말 시기처럼 관과 민의 '중개'처럼 보인다. 하지만 사실은 '실리'에 기반한 선택이었을 뿐이다. 대만에 자산이 있는 신상은 재산을 즉각 처분하고 대만을 떠날 수 없었다. 그래서 일본 진입 초기, 신상들은 항일 활동에 참여해서 자신의 생명과 재산의 안전을 확보하고자 했다.[4] 그러나 항일 운동이 실패하고 일본군이 순조롭게 진입하자, 신상은 신변의 안전을 도모하기 위해 일본군 입성을 환영하고 나섰다. 다른 관점으로 보자. 신상들이 비상시국 앞에서 추상적인 민족의 대의에 따라 충절을 지켰다면, 그게 오히려 더 비현실적이었을 것이다. 일본 당국과 긴밀하게 협력했던 대도정 거부 이춘생은, 자신의 판난에 내해 다음처럼 말했다.

> 변란 중에 평안을 지킬 수 있다면, 예를 다해 중국을 잘 보내고 일본을 맞이하는 것이 마땅한 이치다(中西牛郎 1908).

민족을 초월한 이춘생의 이 말에는 생존의 철학이 담겨 있다. 역사학자 롄야탕連雅堂은 차 사업으로 거부가 된 이춘생을 대만 최고의 상인이라고 칭송했다. 이춘생은 단순한 사업가가 아니라 사회사상가이기도 했다. 그는 청말에서 일본의 대만 통치 초기까지, 타이베이 지역사회에 큰 영향력을 발휘한다(中西牛郎 1908, 吳文星 1987, 李明輝編 1995). '다가오는 것들을 맞이하여 도道로 삼는' 임기응변의 태도는 정권 교체기 타이베이 신상紳商들의 전형적인 자위自衛 사유思惟였다.

도시의 무질서로 인한 피해를 막기 위해 새 정부와 협력을 진행한 신상의 심리는 이해할 수 있다. 그러나 이러한 관계가 전통적인 중국의 이단식二段式 통치 구조 아래에서 형성된 관계와 같은 성격일까? 여

---

4 공생 진유림陳儒林, 진운림陳雲林, 부상 백기상白其祥 등은 『대만민주국』의 간부였다(吳文星 1992 : 49).

전히 반半자주적 성격을 유지했을까? 그렇지 않다. 사회 지배 계층이자 청대 지역사회에서 '제3의 영역'으로 작동했던 신상은 본질적인 변화를 겪는다. 본래 국가와 인민을 중개하던 신상은 정권 교체 후 신新신사와 구舊신사로 분화됐다. 사회 참여 수준으로 1차 분화, 교육 시스템으로 2차 분화가 진행된다. 사회 참여와 교육 시스템 기준에 따른 분화는 한학漢學 교육을 받은 구신사와 정권 간 이격離隔을 발생시켰다. 구신사는 더는 공공 영역의 일에 관여할 수 없었다. 반면 신식 교육을 받은 신신사들은 여전히 공공 영역에서 활약을 이어갈 수 있었다. 하지만 그들은 이후 국가 행정 시스템에 편입되면서 차차 반자주적 성격을 상실한다.

사회 참여의 차이, 교육 시스템의 분화

이 시기 타이베이 신상은 대륙 이주와 대만 체류를 두고 고심했다. 두 선택 모두 나름의 이유가 있었다. 대륙 이주를 결정한 신상들의 절반 이상이 '집은 저기 있고, 가게는 여기 있는' 사람들로, 대륙에 토지와 재산이 있는 거상들이 많았다. 반면 대만 체류를 선택한 신상들 대부분은 대만에 재산이 집중돼 있었고 평소 공공 활동 참여가 높은 사람들이었다. 이 두 부류의 신상은 일본 통치 직후 2년 동안 불었던 두 번의 대륙 귀환(내도內渡) 열풍 때 구분됐다.

첫 번째 대륙 귀환 열풍은 1895년 일본군이 대만에 상륙한 직후에 일어났다. 대만민주국의 항일 운동이 지지부진하자 맹갑과 대도정의 많은 신상이 가족을 데리고 잇달아 중국 대륙으로 달아났다. 당시 단수이강은 피난민과 짐을 실은 배로 가득찼다. 린웨이위안林維源이나 탕징쑹唐景崧 등의 고위 관원 신사紳士도 예외는 아니었다. 고위급 인사가 타이베이를 떠나는 모습은 중하층민에게 영향을 미쳤다. 일본군이 대만에 상륙한 시점으로 추정되는 6월부터 8, 9월까지 타이베이 지역에서만 약 2천 명이 대륙으로 떠났다(吳文星 1992).

두 번째 대륙 귀환 열풍은 1897년에 불었다. 중국 국적을 가진 사람은 시모노세키 조약에 따라, 대만 체류 후 일본 국민이 될 것인지 아니면 조건 없이 본적지(중국 대륙)로 귀환한 것인지를 선택할 수 있었다. 선택 기한은 시모노세키 조약 체결일(1895년 4월 17일)로부터 2년 뒤까지였다. 1897년 5월의 기한 만료일을 앞두고 신상들의 대륙 귀환 열풍이 다시 불었다.

당시 일본 정부가 위탁한 보고서인 『다음 해 5월을 기한으로 하는 대만인 이민 의사 의견서』를 보면 귀환자의 신분을 대략적으로 알 수 있다. 이 보고서는 타이베이 생원 진락陳洛이 작성했다. 그는 1896년 말 이전에 농 · 공업자 및 상인 대부분이 대만에 체류할 것이라고 추정했으나 실상은 달랐다. 귀족과 신사의 절반 정도가 중국으로 돌아갔다. 이 현상을 진락은 다음처럼 분석했다. 상인 계층은 대만에 집과 재산이 많고 토지 또한 팔 수 없어서 대부분 대만에 남았다. 반면 신사층은 공명功名이 있었기 때문에 대륙에서도 벼슬 자리를 보장받을 수 있다. 즉 청 정권에 의탁해서 생활할 수 있기 때문에 귀환을 선택한 것이다(陳洛 1940). 귀환 열풍으로 중국 대륙으로 귀환하는 신상과 대만 체류 신상이 나눠졌다. 물론 남은 신상들 모두가 공공 활동에 적극적으로 참여한 것은 아니다. 이 무렵, 공공 영역에서 퇴진한 신사들인 '은거

파退隱潮'도 논해야 한다.

많은 신사가 대만 체류를 결정한다. 그러나 세상에 나서지는 않았다. 은거를 선택한 것이다. '유민遺民'이 됐다는 마음으로 은거한 이들 대부분은 중·고령자와 유생儒生들이었다. 어떤 이들은 산에 은신하며 그 어떤 공식 행사에도 모습을 보이지 않았다. 또 다른 이들은 '양문회揚文會' 같은 문화 친선 단체의 명단에 이름은 올렸지만, 실제로는 정권과 일절 교류하지 않고 지냈다. 일본 통치 초기 타이베이 지역을 보면, 신장紳章이 있는 유력 인사 71명 중 최소 28명이 은거를 선택했다. 청대 타이베이 신사는 광서光緒 연간 거인擧人 7명, 공생貢生 17명(溫振華 1978)이 있었다. 여기서 중국 대륙 귀환자와 은거 신상에 포함된 사람을 제외하면, 1896년 12월 타이베이에는 거인 1명과 공생 8명만 남았다(吳文星 1992 : 28-34). 일본 식민 통치 직후 전통 주류 계급인 상층 신사 대부분이 지역사회에서 물러났다. 그 빈 자리를 신식 신사들이 꿰차고 앉았다.

구신사와 신신사 간 역할 변화는 전통 중국식 한학 교육과 일본 주도의 신식 교육 간 줄다리기로 이어졌다. 일본 통치 초기의 기초 교육 정책은 투 트랙two track으로 진행됐다. 구신사들이 중시하는 중국 전통 한학 중심의 '서당'을 허가하면서, 다른 한편으로는 일본어로 진행되는 신식 교육을 추진했다. 이 신식 교육은 훗날 국어전습소國語傳習所와 공학교 등의 현대 교육 체제로 발전한다. 정치와 행정이 개입하자 두 노선 간 우열이 급변했고, 다음 세대의 대만 사회에 영향을 미쳤다.

대만 식민 초기, 대만인 교육 철학 기조는 이자와 슈지伊澤修二의 『혼합주의 동화론』이었다. 일본 통치 초기 잠시 허용한 한문 및 서당 유지

정책은 단지 동화 정책의 도구였을 뿐이다. 반면 일본어 교육의 지위는 빠르게 신성화神聖化되었다(陳培豐 2006 : 69-104). 1896년 3월, 총독부는 대만 각지에 14개의 '국어전습소'를 설치한다. 타이베이에는 '국어 학교'를 설립했다.[5] 이사와 슈지 사직 후 1898년 3월, 고토 신페이後藤新平가 민정국장으로 부임한다. 그는 대만의 정사政事 일체를 실질적으로 장악했다. 천페이펑陳培豐(2006 : 129-143)은 고토 신페이의 교육 정책이 동화 정책을 계속 이어나가는 것처럼 보이지만, 사실은 동화同化를 부정했다고 주장한다. 고토 신페이의 교육 정책이 '민족 동화론'이 아니라 우승 열패의 '문명 동화론'에 기반했다는 이야기다.

고토 신페이의 눈에 비친 한학과 서당은 효율성이 떨어지는 비문명적 역사의 잔재였다. 일본의 신식 교육이 동반한 '현대 문명'의 가치관은 대만 신식 계층 분화의 기제가 됐다. 일본은 1898년 『대만공학교령臺灣公學校令』을 포고한다. 일반 대만인 학생들이 다닐 수 있는 신식 기초 교육 기관인 공학교가 등장한 것이다(許佩賢 2005 : 28). 상대적으로 전통 한학 서당은 행정력의 간섭(일본어 및 사수 과목 개설 요구 등)에 시달렸고, 경영 악화를 겪으며 대만 교육의 변방으로 점차 밀려난다(陳昭瑛 2000 : 37).

통계를 보면, 일본 통치 초기에는 대만인 절대다수가 한학 교육을 선택한다. 1898년 『대만공학교령』이 포고된 후에도 신사들은 자제들을 서당에 보내 교육하는 것을 선호했다. 당시 서당은 총 1,707소

5 국어 학교의 주요 기능은 통역 인재 양성이었다. 이 학교는 훗날 대북사범학교台北師範學校가 된다. 국어학교 부속학교와 국어전습소는 공학교의 전신前身이다.

所로 공학교 74소의 23배에 달했고, 서당 학생 수는 29,941명으로 공학교 7,838명의 4배에 가까웠다. 이 우위는 일본의 대만 통치 10주년인 1904년에 역전된다. 1904년 기준으로 서당은 총 1080소로 공학교 153소보다 여전히 많았다. 하지만 학생 수를 보면 서당은 21,661명으로 10년 전에 비해 크게 줄었고, 공학교는 23,178명으로 크게 늘었다. 1920년이 되면 서당은 총 225소, 학생 수 7,639명으로 그 기세가 뚜렷하게 약해진다. 반면 공학교는 495소, 학생 수 151,135명으로 규모와 인원 모두 대폭 증가한다(參考李園會 2005 : 267).

1898년부터 1905년까지, 즉 고토 신페이 시대에 한학 교육과 신식 교육의 우열이 결정된 것이다. 일본어 수업을 진행하는 대만 공학교 시스템은 신식 엘리트주의의 교육 장소가 됐다. 그러자 중·상류 가정은 앞다퉈 자녀들을 공학교에 보냈다. 이춘생李春生이나 홍이남洪以南처럼 일본식 교육을 받은 상층 신흥 신사 가정에서는 일본 조기 유학 열풍이 불기 시작했다(陳昭瑛 2000 : 30-35).

일본 통치 초기의 취학 상황은 신상 계층의 세대교체에 따른 교육 시스템 선택 변화를 미리 보여주는 것이기도 하다. 이에 따라 한학 서당이 대만 사회에 미치는 영향도 결정됐다. 신흥 신사들이 일본의 현대 국가 교육 시스템에 의존하면서 전통 한학에 기반하는 신사층은 점점 몰락한다. 당연히 지역사회에서의 지배력도 잃어갔다. 대만 신흥 신사들은 일본의 대만인 교육이 초등 단계小學에 그친다는 점에 불만을 갖고 선제적으로 사립대중중학교私立臺中中學校 설치 계획을 발기한다. 대만 총독부는 이와 같은 불만에 대응하여 1915년 '대중중학교臺中中學校'를 설립했다. 대만인이 입학할 수 있는 대만 최초의 중학교普通中學였다

(許佩賢 2005 : 14). 구신사의 몰락과 신신사의 부상은 이미 돌이킬 수 없는 국면에 접어들었다.

1900년대 초반까지의 신식 교육 보급 효과는 신흥 엘리트들의 자녀가 사회 지도층으로 부상한 일본 통치 중기 이후 뚜렷하게 확인할 수 있다. 1910년과 1930년대 대만 사회 지도층 신/구 신사 비율을 비교하면, 표 4-1처럼 신식 교육을 받은 신신사가 다수를 차지한다. 이 수치는 한학 교육을 받은 구신사들이 점감했다는 사실, 그리고 일본어 교육을 받거나 일본 유학을 한 신신사들이 구신사들을 밀어내고 사회 지도층 영역을 차지했다는 것을 보여준다. 과거 지역사회에서 주민의 존경을 받던 신상 계층이 구신사/신신사로 나뉘었다. 구신사의 몰락 이후 신신사는 신정권(일본)에 기대어 권력을 확보했다. 이렇게 청대에 빛났던 지역의 '제3의 영역' 기능이 역사 너머로 자취를 감췄다.

표 4-1 1910년대와 1930년대 사회 지배 계층의 학력 비교

년대	한학 교육	신식 교육	확인 불가	합계
1910년대	146명 (48.3%)	131명 (43.4%)	25명 (8.3%)	302명 (100%)
1930년대	256명 (23.9%)	686명 (64.1%)	129명 (12.0%)	1,071명 (100%)

주: 신식 교육은 공학교, 중학교, 사범학교, 의학교, 유학을 포함한다.

출처: 우원싱吳文星(1992 : 152-154)

1920년대 대만 민간에서는 '어용신사御用紳士'라는 단어가 유행했다. 이 단어는 일본 정권으로부터 신장紳章을 받은 사람을 풍자하는 수식이다(葉榮鐘 1971 : 326). 이 풍자에 담긴 의미는 뚜렷하다. 과거 구신사가 받았던 전통적인 존경과 영예 및 지도자의 성격이 사라졌다. 이제 정치적 의존을 통해 공명과 이익을 얻는 신신사가 그 자리에 들어섰다. 어용신사, 이 단어는 구신사의 소멸과 신신사의 등장을 보며 민간사회가 내뿜은 한숨인 셈이다.[6]

중개에서 굴복으로: 보량국保良局, 사상공회士商公會, 보갑국保甲局

사실상 '어용'은 명예를 폄하하는 말이 아니다. 실제로 많은 신신사가 일본 행정 체계에 포섭됐다. 그야말로 명실상부한 '어용'이 된 것이다. 1895년에 설립한 보량국保良局이 대표적 사례다. 원래 지역 신상들이 사회 질서를 위해 주동적으로 조직했으나, 이런 자주성은 곧 일본의 압박과 편제화에 맞부닥친다.

1895년 6월 9일 타이베이청臺北廳이 설립됐다. 당시 타이베이청 공무원은 단지 15명뿐으로, 정상적 행정이 불가능한 상태였다(杵淵義房 1940 : 992). 거리에 들어찬 일본군, 유민, 하층 노동자들은 수시로 부호들의 집에 침범하여 부녀자들을 희롱하고 재물을 손괴했다. 재산을 위

6 원충이文崇一(1975 : 43)는 당대 만화권萬華權 구조 연구를 통해 관련 역사적 변천을 다음처럼 서술한다. "청대의 집단 지도자들은 상업 경제로 지도자의 지위를 구축했다. 이들 대부분은 상인과 지식인들이었다. …… 반면 일본 통치 시기의 집단 지도자들은 정치 권력에 의존해 지도자의 지위를 구축했다. 이들 대부분은 정치인과 상인이었다."

협박은 타이베이 신상들은 이춘생을 대표로 삼아 타이베이현지사縣知事에 보량국保良局을 설치하겠다는 '청원서'를 제출한다. 보량국의 구성과 운영을 보자. '현縣 직할의 각 보堡마다 공명정대한 신상 1~2명이 함께 일을 처리한다. 민정 일체를 각 국局에 상세히 보고하여 위아래를 모두 통하게 한다'의 방식으로 설계됐다. 정부의 역량이 민간에 닿지 못했기 때문에 신사들은 여전히 '관과 민간을 중개'하는 역할을 담당할 수 있었다. 그래서 신사 계층은 자신들이 주관하는 보량국이 '위의 정책은 막히지 않고, 아래의 정서는 피하지 않는' 방법이라고 여겼다(鷲巢敦哉 1941 : 72-73 ; 楊永彬 1996 : 20).

대만총독부는 두 달 동안 보량국을 시범 운영하겠다는 계획에 동의했다. 1895년 8월 8일, 타이베이 보량국이 개국하면서 시범 운영이 시작됐다. 대도정 건창가建昌街의 천흥다관泉興茶館(이춘생 소유)을 임대해서 보량국 건물로 삼았다. 인사 조치도 단행한다. 늠생廩生 유정옥을 보량총국 정주리正主理, 엽위규葉為圭를 부주리副主理, 이춘생을 회판會辦으로 추대했다. 당시 회원은 총 12명이었다(吳文星 1992 : 54). 보량총국은 12조로 구성된 자체 장정章程을 만들었다. 억울함을 풀어주고 거짓을 판별하며, 구휼과 구제를 추진한다는 추상적 목표가 반영됐다. 동시에 '사무취급인事務取扱人' 추천[7], 일본어 학교 취학 권유, 임시 호구 조사 지원, 관할 내 전쟁 피해 가구 조사 등의 구체적 임무도 적시된다. 보량국의 운영 경비는 경제력을 가진 신사들이 갹출했고, 사무

7 '사무취급인'은 일본 통치 초기, 관청 행정에 협조하는 비공식 공무원이다. 현지인이 담당했다.

는 신동紳董(지역 유지) 합의제로 처리했다(鷲巢敦哉 1941 : 73 ; 楊永彬 1996 : 22).

보량총국保良總局 조직 규정에 흥미로운 부분이 있다. 바로 "보량국 신동에게 문패와 신분증을 지급하고 병사의 출입을 금한다. 공적 문제를 제외한 그 어떤 경우에도 병력의 가옥 진입은 허용되지 않는다"(藍厚理 1964 : 227)라는 부분이다. 보량총국 신사들이 총독부에 '특권금패特權金牌' 발급을 요구한 것이다. 이는 당시 신사 집단들의 특별함을 보여준다. 타이베이 지역 부상富商을 중심으로 구성된 신식 신사 계층은 구신사들이 보유했던 특권도 가지고 싶어 했다.

1895년 8월 말 보량총국은 타이베이 지역에 20여 개의 분국을 설치한다. 같은 해 10월, 대만 전역의 보량총국 분국은 약 30소에 이르렀다. 대만에 진입한 일본이 동란을 진정시키느라 분주했던 시기, 보량국이 인민을 돌보고 정세를 안정시켰다. 이 공을 인정받아 1896년 보량국 핵심 간부 이춘생이 대만 총독의 표창과 상금을 받기도 한다. 하지만 일본 행정과 경찰 체계가 발전하면서 보량국과의 충돌이 잦아지기 시작했다.

1896년부터 타이베이 행정 관리 체계가 정비되자, 타이베이현지사는 보량국과의 협조 중단을 대외적으로 발표했다. 또한 보량국이 이후 일본의 행정에 악영향을 미치지 못하도록, 기반이 다져지지 않았을 때 각 보량국을 폐지해야 한다고 주장한다(楊永彬 1996 : 24). 1896년 6월, 민정국은 타이베이현지사의 의견에 동의해 보량국 조직 전체 폐쇄를 명령했다. 하지만 타이베이 신상은 '관민 중개'를 포기하지 않았다. 보량국 운영이 좌절되자 또 다른 자치 조직인 '사상공회士商公會'를 조직됐다. 사상공회는 이춘생의 발기를 통해 맹갑, 대도정, 대용동에 각각 설립됐고, 채달경蔡達卿, 엽위규葉為圭, 왕경충王慶忠이 각 지역의 회장을 맡았다. 이들 대부분은 과거 보량국의 주요 간부였다. 따라서 사상공회의 목적 역시 여전히 보량국의 기능 대체에 가까웠다. 사상공회는 약 1년 동안 이어졌지만, 경비 부족으로 인해 1897년 5월 10일 해산되고 말았다(吳文星 1992 : 59).

사상공회가 해산하고 몇 달이 채 지나지 않은 9월, 맹갑 일대 신상들은 다시 자위 기능을 갖춘 '보갑국保甲局' 설립을 요구하고 나섰다. 대만 총독부는 공식적인 '보갑조례保甲條例'를 계획하고 있었다. 하지만 아직 공식적인 시행 발표는 하지 않았기 때문에 타이베이 신상의 임시 보갑국 설립을 허용하고, '지역 치안 유지 및 충실한 보갑 직무 수행'을 지시한다.

보갑국 간부들 역시 보량국과 사상공회 인물들로 채워졌다. 보갑총국장 겸 단장은 고현영辜顯榮, 부국장은 이병균李秉鈞과 유정옥劉廷玉, 협리協理(부책임자)는 엽위규, 평의원은 이춘생, 장몽성張夢星, 백기상白其祥, 황전경黃傳經 등으로 유명 신사 30명이 보갑국 주요 직책을 맡았다. 보갑국 운영 비용은 과거와 마찬가지로 지역 재력가들이 감당했다. 경찰 기관은 보갑국에 깊이 관여하지 않았지만, 일본 당국은 '관민 중개' 성격을 가진 보갑국을 신임하지 않았다. 1902년 총독부는 '토비' 임소묘林少貓 소탕에 성공한다. 이로써 통치 초반 이어졌던 난국이 일단락됐다. 이후 경찰력을 활용한 일상적 치안 유지가 본격화되면서 1903년 3월, 총독부는 '민간' 보갑국 폐지를 명령한다. 그리고 총독부 산하 민정기구가 직접 관리하고 통제하는 '공식' 보갑 시스템이 등장했다. 총독부가 밝힌 민간 보갑국 폐지 사유는 다음과 같다.

> 과거에 …… 경찰력은 보갑을 감독할 수 없었다. 이에 보갑국을 설치했다. 이러한 보갑의 일시적 운용으로 지역은 평온해졌다. 이후 경찰력 배치의 변화로 꼼꼼한 보갑 감독도 가능했다. 하지만 보갑국의 존재가 보갑민의 경제적 부담을 가중한다. 게다가 경찰력의 감독은 갈수록 주도면밀해지고 있다. 이런 상황에서 경찰과 보갑민 사이의 보갑국이 계속 작동한다면 보갑 운용을 방해할까 염려된다. 따라서 지금 보갑국을 폐지해야 한다(引自洪秋芬 1982 : 464-465).

보량국, 사상공회, 보갑국까지. 일본 당국은 신상들의 조직과 움직임에 행정적인 방해를 가했다. 시대의 변화에 따라 관민 구조 역시 달라졌다. 청대 지역 신상은 관민을 중개할 수 있는, 통치에 필수적인 존재였다. 하지만 일본 통치 시기에 이르자 통치의 장애물로 전락하고 말았다.

역원役員이 된 신상紳商: 타이베이 신상, 행정 부문으로 편제되다

1895년 6월 28일 일본 당국은 『지방관가관제地方官假官制(지방관잠행관제地方官暫行官制)』를 공포한다. 이에 따라 청대의 행정 구획 대부분을 그대로 적용해서 대만에 3현縣 1청廳 12지청支廳을 설치했다. 타이베이는 3현 중 하나였다. 원래 이 단계의 행정 업무는 과거 제도에 속한 보장堡長, 총리總理, 이사董事, 가장장街庄長, 지보地保 등의 지방 두인頭人이 담당했다. 청대 제도에 연원한 이 구조는 신정권 통치의 정당성 확보에도 도움이 되지 못했을뿐더러 효율적인 행정 집행에도 적합하지 않았다. 이에 따라 타이베이현은 곧 각 보를 몇 개의 구로 분할하고, 구마다 '사무취급인事務取扱人'과 '취급보조인取扱輔助人'을 한 명씩 배치했다. 대만 현지 출신인 이들은 해당 지역 총리를 대신해 행정, 안건 접수, 위생 보급, 호구 조사 등의 업무를 맡았다.

타이베이현에서 활약한 이 '사무취급인'들은 지방 엘리트가 아니었다. 1896년 타이베이현지사 하시구치 분조橋口文藏는 "유학儒學 출신 신사 등은 사무취급인들과 어울리지 않았다. 더 나아가 그들과 같이 취급받는 것을 수치스럽게 여기며 관련 직책을 맡지 않으려 했다"라고 말했다(臺北市役所編 1940). 이 시기로부터 얼마 지나지 않아 총독부는 타이베이현에 '보무서堡務署' 설치를 지시한다. 행정 명령이 사무취급인을 통해 간접적으로 전달되는 현상을 막고, 위에서 아래로 일목요연하게 작동하는 관료 체계 구축을 위해서였다. 보무서 설립 이후 지방 관제는 여러 차례 변화를 겪었다. 이 과정에서 가장街庄 등급의 구역이 공식 행정 시스템으로 확고하게 편입됐다. 신사의 본질과 기능이 급격하게 변화하기 시작했다.

보무서는 1896년 9월부터 타이베이현 대가예보大加蚋堡와 문산보文山堡에서 시범 실시됐다. 총독부 직속 내무과 관할 최초의 현급 이하 지방 행정기관이었다(王世慶 1983 : 634). 보무서는 주리主理, 부주리副主理, 서기書記, 사무事務 등의 직급을 안배한다. 주리는 일본인이 맡았다. 부주리와 서기 및 사무는 명망 높은 대만 인사들을 임용했고, 보참사회

堡參事會는 지방 부호 혹은 지식인을 앉혔다. 대가예보무서大加蚋堡務署의 참사參事 대부분이 맹갑 주요 인사와 사상공회 간부 출신이었다. 이들은 주리의 명령을 접수한 후 각종 공공 업무 추진을 협의했다(臺北廳 1919 : 8-74). 타이베이 보무서 시범 운영은 순조로웠다. 1897년 5월 27일 대만 총독부는 『지방관관제地方官官制』를 공포하고 대만에 6현 1청을 설치한다. 지방 행정은 보무서 시스템에 기초하여 재편됐다. 대만 전역에 86개의 '판무서辨務署'를 설치하고 판무서 아래에 가장사장街庄社長을 초빙, 판무서장의 지휘와 명령에 따라 부내 행정을 보조하고 집행하도록 했다(外務省條約局編 1990). 판무서에도 '참사' 직책이 있었다. 참사는 대만인들이 가장 많이 배치된 직책이기도 하다. 『지방관관제』는 판무서마다 참사 5명을 선임할 수 있게 규정했다. 지사와 청장이 참사를 임명한다. 참사는 판임관判任官 대우를 받았다. 이들의 임무 규정에는 '서장의 지휘에 따라 업무를 추진한다'는 항목이 포함돼 있었다(外務省條約局編 1990).

참사는 지역 행정을 감독하는 자치직自治職이나 지역 사무를 자문하는 명예직이 아니다. 그저 국가의 급여를 받고 복무하는 판무서의 행정직이었다. 『대만일보臺灣日報』(1897. 12. 26.)는 '각지의 유력 인사와 지역 명망가들 사이에 퍼져 있는 청대의 매관賣官 악습을 일소한다'며 판무서 참사 균계선均係選을 예찬했다. 이 예찬이 시사하는 바는 뚜렷하다. 청말 신사와 관官 사이에 존재했던 일단의 거리감과 특수한 관계가 변했다. 일본 통치 시대의 신사는 관청의 직원으로 복무하는 데 거리낌이 없었다. 그들은 정식 수당을 받는 직원으로 국가에 편제됐다.

이렇게 일본 통치가 무르익는 만큼 지역사회는 약화되는 경향을 보였다. 정부 자원에 의존하는 행정적 종속 현상은 신사 개편 및『신장제도紳章制度』와의 결합으로 더 두드러졌다. 1896년 일본 식민 정부는 신사부터 말단 행정 체제를 동시에 재편하기 시작한다. 총독부는 그해 10월『신장제도』를 시행했다. 학식, 재력, 명망이 있는 대만인에게 신장을 수여한 것이다(楊永彬 1996 : 113). 일본 행성 기구는 이 과정에서 만들어진 신장 명부를 활용해서 신사의 편제화 작업에 박차를 가할 수 있었다.

1897년 5월부터 신사에게 지방 행정 관련 직책을 맡겨야 한다는 여론이 대거 출현했다. 저명 신사의 참사공회 회원 선발, 신사의 현청참사縣廳參贊 선임 및 행정 기관 임용 등이 대표적 예다. 1897년 말 타이베이 지역에서 신장을 얻은 사람 중 여러 명이 현청 및 판무처 참사, 가장구장街庄區長 등으로 임용됐다(吳文星 1992 : 65).『대만열신전臺灣列紳傳』에 의하면 타이베이 주요 세 거리 주요 인사 중 신장이 수여된 증삼曾參 및 말단 행정 직무자는 최소 30명이었다. 또한 청말 및 일치 초기, 비관비민非官非民의 '제3의 영역' 건설 때 활약한 주요 지도층 신사들 모두 차례로 행정 체계로 편입됐다. 해당 인물로는 오창재吳昌才, 이춘생李春生, 채달경蔡達卿, 홍이남洪以南 등이 있다.

1896년의 '총독부-타이베이현-대가예보무서大加蚋堡務署-가장정街庄正' 체계와 1897년의 '총독부-타이베이현-타이베이판무서-가장장街庄長' 체계에서, 공공 업무에 적극적으로 참여한 신사 대부분이 정식으로 가장과 현의 각 관청에 편성됐다. 1901년 고다마 겐타로兒玉源太郞 총독은 현과 판무서 제도를 폐지하고 행정 체계를 '총독부-타이베이청臺北廳-가장장街庄長'으로 개편했다. 그럼에도 신사는 여전히 참사나 촉탁囑託 등의 직책으로 대거 임용된다. 1909년 사쿠마 사마타佐久間左馬太 총독은 다시 한 번 지방 행정 체계를 개혁한다. 바꾼 행정 체계의 구성은 '총독부-타이베이청-구장역장區長役場'이다. 소청제小廳制와 가장장街庄長을 없앴다. 대만 20청을 12청으로 간소화하고 여러 개의 가장을 한 개의 구로 합병하고 구장區長의 행정 기능을 강화하는 등의 조치를 단행한 것이다. 이때 상당수의 대만 신사들이 구장으로 채용됐다(216쪽 표 4-2 참고).

'총독부總督府/현縣/보무서堡務署/가장街庄'. 네 개의 층급으로 구성된 이 정부에서, 청대 시기에 '관과 민을 중개'하던 신사들은 행정 체계로 편입됐다. 신사들이 행정 체계에 소속되고 행정을 보조하는 행정의 '한 부분'이 된 것이다. 이러한 역사적 과정에서 일치 시기의 지역 신사는 전통 중국의 구신사와 역사적으로, 그리고 본질적으로 단절됐다.

3. 균질화均質化의 추진: 경찰 제도, 중개 세력을 제거하다

전통 중국의 이원적인 '모호한 통치' 구조에서 작동했던 지역사회는 일본 통치 시기에 이르러 통치의 장애물로 인식됐다. 지역사회는 이제 체제의 회색지대로 남을 수 없었다. 그렇다면 지역사회를 운용하고 지역사회에서 작동하던 신상, 그들의 빈자리는 누가 메웠을까? 바로 '경찰'이다. 경찰은 전통 질서를 송두리째 무너뜨리고 새 체제를 구축하는 핵심 기제였다.

표 4-2 일본 통치 시기 행정 체계 내 신사 임직 구분

신장紳章 획득연도	이름	지역	이전 신분	행정 체계 내 담당 임직
1897	채석기蔡石奇	맹갑	문관	타이베이현의 사무 촉탁직, 타이베이현 직원
	오춘기吳春奇		문관	보갑 보정保正
	황극명黃克明		생원	맹갑 제2구역 구역장, 타이베이 판무서 직원
	임경운林卿雲		생원	보갑 보정
	홍이남洪以南		생원	판무서 참사, 타이베이현 참사, 단수이 구역장區長
	홍문광洪文光		생원	임시구관조사회臨時舊慣調查會 촉탁직
	채달경蔡達卿		상인	맹갑 제1구역 가장장街庄長
	점순음粘舜音		상인	대만일일신보臺灣日日新報
	황무정黃茂清		생원	타이베이판무서 직원
	이춘생李春生	대도정	상인	타이베이현 참사, 타이베이청 참사
	이경성李景盛		생원	타이베이청 참사, 신고은행新高銀行 은행장
	장희張希袞		늠생	보량국 국장, 제14구역 구역장
	진자신陳自新		생원	대도정 보량국 주리主理
	임세경林世經		생원	수림구樹林口 등 관공서 공직
	엽위규葉為圭		늠생	타이베이현 참사, 대도정 구역 구역장
	가대곤柯大琨		생원	대도정 구역장, 타이베이현 직원
	황전경黃傳經		생원	대도정 구역장, 판무서 직원
	채성금蔡成金		공생	보갑 보정
1898	황옥계黃玉階	대도정	오품 군공	대도정 구역 구역장
	임망주林望周		생원	대도정 구역 구역장
	구련청仇聯青		미기재	타이베이현 사무 위탁직
1899	진락陳洛	맹갑	생원	타이베이현 참사
1900	구양장경歐陽長庚	맹갑	상인	보갑 보정 대표
	백기상白其祥		상인	임시구관조사회 촉탁직
	심박沈博	성내	무관	인제원仁濟院 평의원
	달봉고達鳳翱		무관	총독부 해군부 직원
	장유성張幼成		문관	민정국 재무부 직원
1901	오지청吳志清	대도정	미기재	판무서 참사
1909	오창재吳昌才	맹갑	상인	타이베이현 사무 촉탁, 맹갑 구역장

출처: 대만 총독부편臺灣總督府編(1916 : 1-64) 참고로 제작

1896년 3현 1청 체계와 1897년 6현 3청 시대 모두, 현과 청은 지방 자치 단체가 아닌 총독부 파견 기관에 불과했다. 지방 행정 기관(현, 지청, 판무서 등)은 내무과, 세무과, 경무과 등의 3과로 구성됐다. 이 중 경무과 세력이 특히 강하다. 경무과는 사법 경찰 근무는 물론 위생 산업과 세무 등의 행정 업무도 관장했다. 일본 학자 무코야마 히로向山寬夫(1999 : 145)가 일본 통치 시기 대만 지방 행정의 주요 특징 중 하나로 경찰 중심의 통치 형태를 꼽을 정도였다.

군정에서 민정으로: 식민 통치의 현대 경찰 제도

대만의 일본 경찰 제도를 '식민자=약탈자'라는 관점으로만 해석하기는 힘들다. 일본의 경찰 통제 원리는 메이지 유신 시기 형성된 근대 경찰 개념이다. 다만, 일본이 대만을 통치한 초기의 몇 년 동안 경찰권은 군정軍政 관할이었다. 초대 대만 총독 가바야마 스케노리樺山資紀가 부임했을 당시, 그를 수행한 문무백관 중 경찰은 단 한 명도 없었다. 당시 경찰의 주요 업무는 군관의 지휘에 따른 토비 소탕이었다. 1901년 4대 총독 고다마 겐타로兒玉源太가 대만에 '현대 경찰' 시스템을 도입한다(鷲巢敦哉 1941).

군정경찰에서 민정경찰로의 제도 변화는 의미하는 바가 적잖다. 국가와 사회가 직접 연결됐다. 지역사회의 중개에 의존할 필요 없이, 국가가 직접 치안 관리와 인민 통제를 할 수 있다. 현대 국가는 공권력이 사회의 생활에 본격적으로 침투하면서 형성된다. 현대 경찰권의 작동은 권력이 피통치자에게 관철될 수 있게 만든다. 그래서 현대 국가와 현대 경찰권은 함께 출현한다. 현대 경찰권의 가장 큰 특색은 바로 민정경찰civil police(또는 행정경찰行政警察)이다. 민정경찰은 군사경찰military police 개념에서 분리되어 나온 존재다. 전통적인 봉건 체제에서 국가 경찰권은 군사 사법 경찰을 뜻했다. 경찰은 범죄자 체포, 반란 소탕, 정치 감찰 같은 제한적인 역할만 맡았었다. 행정 관리 및 치안 유지policing 같은 기능은 지역 공동체가 수행했다. 공동체가 붕괴하고 현대 국가가 성립하면서, 군사 사법 경찰 권력은 행정경찰 권력으로 전환됐다(大日方純夫 1992 : 14-15).

일본의 현대 경찰 체계는 일본 고유의 전통 유산이 아니라 메이지 유신 때 만들어진 제도다. 여기서 주목해야 할 것은 '가와지 도시요시川路利良 건의안'(1873)이다. 가와지 도시요시는 건의서에서 경찰을 '국가를 일상적으로 치료하고, 양민을 보호하여 국가의 힘을 기르는 자'로 재정의했다. 건의서는 경찰 체제를 사법과 행정으로 분명히 구분한다. 사법 경찰은 위법자 수사와 체포를 담당하며 사법경司法卿을 수장으로 삼는다. 행정경찰은 국민 건강을 보호하고 평화와 질서 파괴 행위를 예방하며 행정 체계에 소속된다(大日方純夫 1992 : 26, 67).

일본 경찰 체계는 유럽 대륙 형법의 기초와 일본 메이지 유신 정치 체제가 상응하여 태어났다.[8] 메이지 유신 직후 각 번藩은 실질적인 민간 통치력을 상실했고, 번병藩兵은 치안을 유지할 수 없는 상황이었

8 일본 현대 정치 체제에서 주목해야 할 몇 개의 시점이 있다. 1876년 막부幕府 도쿠가와 요시노부德川慶喜의 대정봉환大政奉還, 1869년 판적봉환版籍奉還, 1871년 이와쿠라岩倉 사절단의 구미 시찰 등이다. 특히 이와쿠라 사절단이 도입한 현대 제도는 일본 근대의 막을 열었다고 평가된다.

다. 이때 국가 권력이 사회를 관통하고 형벌권을 통일한다. 국가가 모든 인민을 편입하여 직접 장악하기 위해 새로운 행정 경찰이 필요했다. 이 모든 상황이 일본 경찰 체계 탄생의 배경이었다(李崇僖 1996). 일본이 채택한 유럽 대륙형 경찰 체계의 특징은 경찰이 국가와 정부 권력 지배의 일부분이라는 점이다. 경찰의 궁극적인 목표는 시민이나 지방자치 단체의 안전이 아니었다. 그래서 경찰 기능은 이미 발생한 범죄에서 시민을 배제하는 일에 국한되지 않았다. 이보다 더 중요한 경찰 임무는 정부를 위해 미발생 범죄를 예방하는 것이었다(大日方純夫 1992 : 10). 상술한 경찰 체계 변혁은 경찰에게 '치안' 권력 외에도 인민 생활세계에 적극적으로 개입할 수 있는 '관리' 권력을 부여했다.

항일 유격대가 대만 도처에서 봉기했던 일본 통치 초기에는 군대가 질서를 유지하고 관리했다. 그래서 일본에 행정경찰이 등장한 후에도 대만 치안은 여전히 군사경찰이 주도한다. 1897년 제4대 총독 고다마 겐타로 시대, 대만 총독부는 경찰 제도를 지방 행정 체계의 '판무서'에 편입해서 운용하려 했다. 이때 행정 체계와 경찰 체제가 일원화된다. 현대적 '행정경찰'이 대만을 지배하기 시작한 것이다. 1898년에는 민정경찰 제도 실시가 공포됐다. 이에 따라 '집단지휘제集團指揮制'를 '산재지휘제散在指揮制'로 바꾼다. 대만 전체 치안을 행정 체계에 속한 경찰이 관리하면서, 경찰이 서민 생활 영역 전반에 개입하는 시대가 시작됐다(淺見登郎 1928 : 188-189). '산재지휘제'는 기존의 중앙 경찰 중심의 감시 제도를 해체하고 경찰을 행정 기관 산하에 배치하는 조직 체계다. 원래 본부 중심의 '집단식' 조직이었던 경찰은 각 지역 판무서 제2과에 '산재식'으로 분산 설치된다. 이로써 '판무서辨務署-판무지서辨務支署-파출소派出所'라는 조밀한 조직 배치가 완성되었고, 체계적인 경찰 네트워크를 형성했다(臺灣總督府警務局編 1986a).

1898년 고다마 겐타로는 고위 지방 관료와의 담화에서 경찰 부서의 행정 구역 배치가 '행정경찰' 중심의 통치 정책을 의미한다고 밝혔다(Chen 1984 : 214). 행정경찰 관념을 도입한 후 일본 식민 관원은 경찰의 역할도 도맡았다. 공공질서를 유지하면서 보다 효과적으로 말단 행정을 집행했다. 당시 경찰 업무 범위에는 정치·정책 명령 전파, 조세 징수, 수리水利와 관개灌漑, 도로 보수, 교육 촉진 등이 모두 포함됐다(向山寬夫 1999 : 145 ; Chen 1984 : 214, 227). 그래서 경찰은 일본 대만 식민 통치의 근간으로 인식된다. 고토 신페이後藤新平는 대만 식민 통치 기간을 '경찰국가(의 시대)'라고 간주하고, 경찰을 '총독과 인민 접촉의 손과 발'이라고 불렀다(鶴見祐輔 1943b : 151).

청대 정치 구조 아래에서 대만 치안 관리 형태는 서구의 전현대적 군사 사법 경찰 모델에 가까웠다. 국가는 사회 질서 기능을 담당하지만, 이는 범죄와 소송으로 사법 절차가 필요한 경우에 국한됐다. 또한 군사력은 정부를 위협하는 동란 등의 급변 사태가 터졌을 때만 운용했다. 지역사회의 치안은 가장街庄과 보갑保甲 등 비관료 시스템이 담당하고, 심지어 교행行郊이나 유력 가문에 치안 관리를 위임하기도 했었다. 국가가 기층사회에 직접 진입해서 범죄를 예방하고 인구를 장악하는 행정경찰의 개념은 청대 시기 존재하지 않았다.

1895년, 대만의 통치자가 바뀌면서 통치 메커니즘도 변화했다. 일본의 경찰 위주 통치로 인해 오랫동안 유지됐었던 지역사회 중심의 질서가 파훼됐다. 보갑제의 도입과 발전을 검토를 통해 이 과정을 더 상세하게 설명하겠다.

보갑회保甲會: 모호한 제도에서 가혹한 정책으로

보갑은 경찰과 함께 일본의 대만 기층사회 통치의 기반이 된 제도다. 대만 총독부는 청대의 보갑제를 빌려 자기 방식대로 재구성해서 운용했다. 전통 중국의 보갑 정책은 특유의 모호함 때문에 실질적인 정책 효과를 기대하기 어려웠다. 하지만 일본의 손에 의해 재구축된 보갑은, 경찰 부서와의 연계로 기층에 깊숙이 진입하여 무소불위의 정책으로 변신했다. 새로 등장한 보갑제는 언제든지 사람을 해칠 수 있는 가혹한 정책이었다.

일본이 보갑제를 채택한 과정을 살펴보자. 1895년 내무부장 고장古莊이 윈린雲林 지역을 방문해서 대만인 원로들과 대화를 나누다가 보갑제 관련 실마리를 얻었다. 그는 곧장 쟈이嘉義와 윈린 지역에서 보갑제를 시범 운영했다. 시범 운영이 일단의 성과를 거두자 곧 대만 각지로 보갑제를 확대 추진한다(鷲巢敦哉 1941 : 64-68). 일본 통치 시기 문헌은 청대 보갑이 '자치경찰'의 기능을 수행했다고 표현하지만, 이는 의문의 여지가 있다.[9] 2장에서 확인했듯이, 중국의 보갑은 통치자가 규정한 사람을 단위로 삼는다. 가장街庄을 중심으로 한 지리적 단위가 아니었다. 그래서 당시 보갑제는 기껏해야 '중앙 통합' 정치 체제의 잔여물이었을 뿐, 실질적인 '지방 자치'의 기능과 의의가 거의 없었다(Tsai

9 이에 대해서는 鷲巢敦哉(1941)와 臺灣總督府官房文書課編(1908)을 참고하라.

1993 : 129).

청대 전통 정치 구조에서 보갑은 중앙의 '정밀한 설계'와 기층의 '모호한 집행'으로 구성한 이원적 제도였다. 하지만 일본 현대 경찰 제도의 보갑은 중앙의 '정밀한 설계'가 기층의 '정확한 집행'까지 이어지는 일원적 제도다. 일본 통치 시기 보갑제도는 서민 사회로 침투했을 뿐 아니라 엄격한 통제 회로를 형성했다. 그 결과 일본 통치 시기 보갑은 '악정惡政'이라고 불렀고(鄭淑屏 1986), 1920년대 지식인들의 통렬한 비판의 대상이 되었다. 당시 보갑제가 통치 구조와 통치 기술이 완벽하게 조화를 이루며 '전면적 강제'로 이어졌기 때문이다.

1897년 타이베이 신상들이 운집해서 자위 조직을 강하게 요구했다. 이 때문에 보갑제는 윈린과 쟈이에서 시범 운영 후 타이베이에서 2개의 방법으로 운용된다. 하나는 민간이 주도한 '보갑국'이다. 위에서 언급한 신상의 자위 조직 건설 요구를 총독부가 수용하면서 탄생했다. 1903년까지 시범 운영한 임시 조직이었다. 또 다른 하나는 정부가 추진한 보갑이다. 이 보갑은 1898년 민정장관 고토 신페이가 주도해서 공포한 『보갑조례保甲條例』에 기초하여 추진됐다. 이 보갑은 전 대만 지역의 일제 시행을 목표로 했다. 이 두 방식은 시행 시기와 추진 단위가 다를 뿐 아니라, 자치自治에 대한 인식이 달랐다.

1898년 이전에도 대만 지방 각 보堡에 민간 보갑회 혹은 장정단壯丁團이 존재했었다(합쳐서 보갑장정단保甲壯丁團으로 불렀다). 이들 중 다수는 스스로 자치 규약을 정했는데, 타이베이 대가예보大加蚋堡 지역의 규약인 『대가예보보갑회장정大加蚋堡保甲會章程』이 아직 남아 있다. 이를 통해 조직 살펴본 보갑 조직은 다음과 같다. 공회장公會長 한 명이 전체 조직의 공무를 관리하고, 보갑 비용은 각 가구가 납부하며, 공회장은 4개월마다 결산 보고를 제출해야 한다. 패중牌眾은 함께 도둑을 단속하고 호적 등을 신고할 의무가 있다. 그리고 장정단壯丁團을 부설하여 무기를 지니고 거리를 순찰해야 한다(鷲巢敦哉 1941 : 74-83).

일본 경찰력이 부족했던 시기에 보갑회는 강력한 자치적 성격을 띠었다. 1898년 무렵 총독부는 산재한 보갑회의 전체 관리가 힘들고, 장정단의 사적 무기 소유 역시 잠재적인 불안 요소라고 판단했다. 그래서 총독부가 보갑장정단을 총괄 통제하기 시작한다. 이후 총독부는 관련 법률을 제정했다. 바로 1898년 8월 공포한 율령 21호『보갑조례保甲條例』 7조와 부령府令 87호『보갑조례시행세칙保甲條例施行細則』 12조다(鷲巢敦哉 1941 : 84).[10] 보갑제에 대한 고토 신페이의 판단 변화로 인해 보갑은 자치권을 갑작스레 상실했다. 정부가 보갑을 직접 운용하면서 보갑은 행정 체계와 경찰 체계 산하의 말단 기구가 됐다. 이 보갑제는 1943년까지 운영되었다(Tsai 1993 : 136).

두 시기의 규약, 즉 1898년 이전의『대가예보보갑회장정大加蚋堡保甲會章程』과 1898년 정부가 선포한『보갑조례保甲條例』를 비교하면 두 보갑이 내포한 자치 관념의 차이를 보다 구체적으로 이해할 수 있다. 원래 주민이 발기하고 구성되던 조직은 정부 규정에 따라 조치되는 단위로 바뀌었다. 또한 더는 주민 주도로 범죄자의 죄의 유무를 결정할 수 없었다. 관이 직접 범죄자를 취조하고 처벌해야 했다. 그리

10 『율령』은 대만 총독이 (일본)제국 헌법 입법권 밖에서 공포하지만, 호력은 일본 법률과 동일했다.

고 경비 관리 방식도 달라졌다. 공회장公會長이 패중牌眾에게 경비 사용 내역을 보고하는 방식에서 행정 장관이 경비 내역을 검열하는 것으로 조정됐다.

표 4-3 1898년 이후 보갑 자치성 변화

	《대가예보보갑회장정大加蚋堡保甲會章程》	《보갑조례保甲條例》
출처	일본 통치 초기(1898년 이전) 대가예보大加蚋堡 지역 자체 규약	1898년 대만총독부 율령 21호
보갑 직원에 대한 벌책	없음	직무 위반 보갑 직원에 대한 지방 장관 징계 집행(조례 제4조)
시행 지점	보무서堡務署가 주도하여 민간에 설치 권유	지방 장관이 필요하다고 판단한 장소. 총독 인가 후 시행(조례 제6조)
보조행정	없음	총독의 필요 판단 후, 보갑직원이 구역장 직무 보조 집행(1909년 조례 개정 제3-2조)
범죄 여부 결정 및 처분	대중이 지정한 명사가 피의자(혹은 수상한 자)의 유죄 여부 판정	행적이 의심스러운 자에 대해서 먼저 보명갑장報明甲長에게 자문을 구함. 문제가 있다고 판단되면 즉시 보갑국으로 이송해서 조사 및 처벌(1899년 맹갑보갑조규艋舺保甲條規)
비용 심의	민간 기부로 보갑 비용 확보. 따라서 공회장은 경비 절감을 고려해서 경비 운용. 매년 4월 수입·지출 보고서 작성(장정 제9조)	부내部內 인민이 경비 부담. 경비 및 예산은 판무서장辦務署長이 검열(시행 규칙 제9, 10조)

출처: 鷲巢敦哉 (1941 : 74-82), 条約局法規課(1960 : 79), 吳定葉·黃耀東(1979 : 185-190) 참고하여 제작

1901년 9월 총독부가 제정한 『보갑조례시행세측표준保甲條例施行細則標準』 29조는 하향식 보갑제의 법적 기반을 탄탄히 다졌다. 29조의 구성은 다음과 같다. (1)율령층급보갑조례律令層級的保甲條例, (2)부령층급보갑조례시행세칙府令層級的保甲條例施行細則, (3)주청령층급보갑조례시행세칙州廳令層級的保甲條例施行細則, (4)부민공동약속 보갑규약部民共同約束的保甲規約이다. 층급을 4개로 나누어 보다 촘촘한 통제를 시도했다. 최말단 단위는 주민 스스로 만든 '보갑규약'이었다. 이 규약의 기재 방식을 보자. 먼저 'OO군, OO경찰서, OO경찰분서分署(지서), 제OO보保'를 적고, 다음 '제OO번番의 호부터 제OO번의 호까지, 총 OO가구'라고 기재해야 했다. 국가 권력이 기층 단위까지 침투했다는 사실이 명백하게 드러난다. 게다가 많은 가장家莊에게 도적 체포를 좌시하거나 방관하는 사람들을 '관 주도의 결재'를 받아 처리하는 규약을 제정하게 했다. 마을의 각종 자위 사안도 경찰 지휘를 받았다(鷲巢敦哉 1941 : 101). 1904년 개정한 대만 총독부 훈령 조약에 따라, 청장廳長은 보갑 간부에게 가장사장街庄社長 업무 보조를 명령한다. 이때 관련 업무의 종류와 내용은 대만 총독의 사전 승인을 받아야 했다(鷲巢敦哉 1938 : 247). 청대부터 내려온 보갑의 자치성을 일본이 제거한 것이다. 보갑 감독관은 경찰 행정 체계에 귀속돼 4개 층급으로 배치됐다. 국가가 직접 주민을 감독하면서 중개 집단 및 단체의 필요성도 소멸했다.

일본 통치 중기 보갑은 대만총독부에 완전히 흡수됐다. 이때부터 보갑제는 정부 명령을 집행하는 직접적인 통로라는 역할로 운영된다. 가령 1915년 전후 추진한 '단발 및 전족 금지' 운동을 보자. 총독부는 직접 주민이 제정하는 『보갑규약』에 전족 금지 규정을 추가했다. 이 규정을 어긴 자는 보정保正과 갑장과처甲長科處에 벌금을 지불해야 하는 처벌을 받았다(吳文星 1992 : 296). 이로써 보갑제는 치안 관리가 아니라 공권력 관철의 통로로 자리매김했다. 일본 통치 중기 이후부터 보갑 회의에서 주민과 갑장의 발언력이 약해졌다. 대신 그들은 경찰의 정책 선전과 훈계를 경청해야만 했다. 경찰이 신사紳士를 대체하고 감시가 자치를 대신하면서 국가 행정 체계가 지방과 지역사회에 침투한 것이다. 당시 상황을 『대만통치지臺灣統治志』 저자 다케코시 요사부로竹越与三郎는 다음처럼 묘사했다(1905 : 246).

> 총독은 경찰을 통해 인민과 접촉하고 순찰, 세무, 위생 및 농업 행정 등의 각종 정사를 처리했다. 인민의 귀와 눈에 보이는 유일한 관리는 경찰이었다.

교행郊行, '조합組合'이 되다: 지역조직의 사회적 기능 제한과 축소

청말 타이베이 지역 질서를 주도했던 '교행郊行'은 일본 통치 후 대리代理 기능을 점진적으로 상실했다. 『대만사법臺灣私法』기록을 보면 1895년 당시 '교郊'의 상황은 다음과 같았다. '장주漳州 · 천주泉州 출신 상인들이 일제히 영업을 중지했다. 당시 남은 상인이 얼마 되지 않았기 때문에 교대로 삼교三郊의 일을 맡았다. 오서기吳瑞記가 업무 권한을 잠시 주관했고 이삼교행二三郊行이 함께 참여했다. 이 시기의 변화는 후일의 부흥을 도모하는 것이었다.' 교행 조직은 폐지되지는 않았다. 하지만 일본이 대만을 점령했을 때 중국과 교역하던 상인들 대부분은 중국으로 돌아갔다. 오직 대도정大稻埕 하교廈郊만이 운영됐었다. 그러나 1896년 하교는 『대도정집화상동맹조합금동순大稻埕什貨商同盟組合金同順』으로 개명한다. 단지 이름만 바꾼 것이 아니다. 새로 제정한 규약의 취지를 살펴보자.

> 이 조합은 하교廈郊 상인의 조직이다. 같은 상인끼리 협력하고, 함께 상업을 논한다. 지역 내 상품과 화물 통상에 힘써 그 지역을 더 번영시킨다. 일본의 신문물을 도입한다(臺灣私法商事編 : 30).

청대 시기 교행이 보유했던 독립성은 어느 순간 사라지고 그 자리에 국가의 힘이 침투해 들어왔다. 교행은 일본 화폐의 대만 도입에 협력해야만 했고, 나아가 일본 국가 경축일 행사에도 협조할 수밖에 없었다. 청말 타이베이 교상郊商은 신앙 기능도 수행했기 때문에 성모聖母 등 신명성탄神明聖誕 연회 규격과 연극 배치 관련 약정이 있었다. 하지만 일본 통치 때 만들어진 신규약 제4항은 "매년 제국의 덴초天長 명절을 축하하며, 전연全筵을 열어 연극 공연을 한다. 기원절紀元節(일본 건국 기념일) 연회를 열고 제반 비용 일체를 담당한다. 현재 보량분국保良分局이 처리하고 있지만, 후일 보량분국이 폐지되면 이 경비는 교郊에서 처리한다"고 주석을 달았다(臺灣私法商事編 : 30). 지역 연고 기반의 반半자치 동업 조직이 빠르게 순수한 동업 조합으로 변해갔다. 얼마간의 시간이 지난 후에는 동종 업종 관련 안건에도 개입하지 못했다. 1918년 금동순金同順과 각 상호商號는 『동맹협의결정서同盟協議決定書』를 제정하여 홍콩교香港郊와 고베교神戶郊를 편입하여 『하교금동순廈郊金同順』을 『향하신교금동순香廈神郊金同順』으로 바꿨다. 조직이 확장된 듯 보이지만 지역사회에서의 실질적 영향력은 오히려 감소했다.

『동맹협의결정서同盟協議決定書』의 '향하신교규약香廈神郊規約'에는 지역 사무는 물론 상업 동업자 규범 관련 내용이 거의 없다. 대부분의 내용이 제사祭祀 관련 업무 및 공동 재산 관련 안건에 집중됐다. 이 규약만 보면 교郊는 지역사회 관리 체계나 상업 동업자 단체가 아닌, 단순한 종교 · 제사 조직일 뿐이었다. 1930년 무렵, 일본 총독부는 행교行郊의 특성을 지우기로 결정한다. 이에 따라 금동순을 '종신회崇神會'로 바꿨다. 하교廈郊의 원래 이름 또한 사라졌다. 북교北郊도 용산사에 예속된 제사 조직이 됐다. 천교泉郊의 행방은 알 수 없다(方豪 1972 : 50 ; 文崇一 1975 : 25).

이제 대도정 상업의 주력인 차상茶商을 살펴보자. 1914년 일본 정부의 반강제 · 반권유로 '대북차상공회臺北茶商公會'가 결성되고 9장 59조의 규약이 만들어졌다. 이 조직은 청말의 '차교영화흥茶郊永和興' 구성원이 주체였다. 차교영화흥은 청대 시기 돈을 걷어 빈곤한 다공茶工을 돕고, 다리茶釐(차를 판매해서 얻은 이익-역자)를 서원書院 경비로 충당하는 등 적지 않은 공익 영역에 참여했었다. 그러나 일본 통치 시기에는 공공 영역에서 활동하는 모습을 볼 수 없었다. 그저 차 산업에 치중하는 상업 조직으로 퇴보한 것이다. 가령 차상공회 규약의 핵심 기조는 '회원의 조야하거나 부정한 차茶 매매를 엄금한다'는 내용이다. 이때 강조한 사항은 바로 회원의 권익 관련 규율이었다. 1914년부터 1938년까지 주요 공론 안건에서 차상공회의 자발적 집단행동은 거의 찾아볼 수 없다. 대부분의 집단행동이 회원 이익을 위한 진정陳情이었을 뿐이다. 가령 1928년과 1929년에 발기한 '제다세철폐운동製茶稅撤廢運動'(차 제조 관련 세금 철폐 운동)은 총독부에 청조 때부터 이어져 온 다리茶釐 폐지를 호소한 운동이었고, 1933년부터 1934년까지 제출한 진정서는 총독부에 자바Java 및 만주국의 대만 차 수입 관세 인하를 요청한 것이었다(臺灣茶商公會 1938 : 66-77). 이처럼 '교郊'의 후신後身인 일본 통치 시기 공회 조합은 공공 안건에 참여하는 특성을 완전히 상실해버렸다. 이제 그들은 자신의 이익에 따라 움직이는 이익 집단으로 변신했다. 청말 신상들이 형성했던 '제3의 영역'도 사라졌다. 청말, '거리의 모든 사무'를 맡아 처리하던 패기는 다시 볼 수 없었다.

경찰만이 조사할 수 있다: 수족을 움직여 이목을 원할하게 하다

청대 때 지역사회는 국가와 인민을 중개했던 공동체였다. 하지만 일본 통치 아래에서는 더는 '관통할 수 없는' 존재일 수 없었다. 가장과 보갑, 교행과 신사 등 청대 사회 질서 운용을 담당하던 대리인들 모두 국가의 행정 구조로 재편됐기 때문이다. 이렇게 전통 중국의 이원적·이단식 정치 구조가 차차 일원적·일단식 관료 체계로 전환됐다. 국가의 입장에서는 지역 연고에 기반하여 구성된 지역사회 간 차이를 줄여야 했다. 차이를 없애야만 각 지역과 인민에 중앙 권력이 직접 닿을 수 있다. 이것이 바로 '공간균질화'다. 공동체의 중개가 국가와 인민 사이를 가로막았던 상황을 탈피하고, 국가 권력이 정상 작동하려면 중개 없이 인민에 직접 닿을 수 있어야 한다. 이 명제는 관리하느냐 마느냐의 문제가 아니라, 관리할 수 있느냐 없느냐의 문제다. 수족을 움직이는 것을 넘어 눈으로 직접 모든 토지와 인민을 살필 수 있어야 한다. 바로 '공간시각화'다. 이에 대해서는 다음 장에서 검토하겠다.

1903년부터 1909년까지 고다마 겐타로와 고토 신페이의 주도로 일본 경찰 체계는 통제 절차를 구축하고 서민의 일상에 파고들었다(王泰升 1998 : 264). 그들은 마치 국가의 수족처럼 지방사회를 직접 만졌다. 국가가 필요한 것은 인사人事와 지물地物을 직접 듣고 볼 수 있는 귀와 눈이었다. 국가는 이 귀와 눈으로 통치 초기 칠흑 같았던 미지의 공간을 장악하려 했다. 국가는 경찰을 통해 시선을 차단하고 가로막는 장애물을 제거해나갔다. 그제야 비로소 어슴푸레 모호했던 것들이 분명하고 명확하게 보이기 시작했다. 여기서 주목해야 하는 것은 1898년 『임시토지조사臨時土地調査』와 1905년 『임시호구조사臨時戶口調査』다. 일본 경찰 기관이 대만에서 진행했던 대규모 조사 작업이다(井出季和太 1936 : 323-325 ; Chen 1984).

행정 제도와 함께 긴밀하게 사회에 침투한 대만의 경찰 제도는 일본 모국의 경찰 능력을 뛰어넘었다. 새로운 통제의 모범이 된 것이다. 『경찰연혁지警察沿革志』에서 자랑스럽게 말하는 내용을 보자. 대만 경찰은 본래의 경찰 업무 수행뿐 아니라 모든 일반 행정 집행에 협조했다. 이렇게 대만 경찰은 당국자들의 이상이었던 이른바 경찰국가를 구현해냈다. 대만 식민 정책 성공은 바로 경찰 제도의 효과였다(臺灣總督府警務局編 1986a : 15). 상술한 무소불위의 힘은, 관리 범위에 대한 통치자의 '시각화'를 간접적으로 촉진하는 선결 조건이기도 했다. 국가가 토지와 인구의 현황과 특징을 파악하려면 반드시 먼저 자료를 수집하고 통계를 만들어야 한다. 이 작업에서 경찰은 바로 최전선의 기층 자료 수집가였다(Osterberg 1988 : 18). 여기서 간과하면 안 되는 것은 경찰이 국가 명령에 따라 자료를 수집하는 과정 그 자체가 바로 국가가 인민의 일상생활에 개입하는 과정이라는 점이다. 경찰의 중요성은 제도 자체나 경찰 기구 운용이 아니라, 국가가 보유한 통치 기술과 방법에 있다(葉啟政 2000 : 92).

국가의 수족이 된 경찰이 기층에서 진행한 숱한 조사와 통계는 국가의 눈과 귀였다. 이 무렵 현대의 균질화 및 시각화 통치 기술이 출현한다. 이 기술의 배치와 절차는 대부분 대만의 중심지 타이베이에 집중된다. 식민 통치자가 주도하는 '현대 공간' 계획과 기초 공정의 중요성이 대두한다. 타이베이에 대한 일본의 통제, 통치, 계획에서 필요한 것은 바로 미래를 예견하는 안목과 공간을 꿰뚫어 보는 능력, 즉 과학적 이성에 기반하는 우아한 권력이었다. 그들은 거칠고 야만스러운 식민 폭력에 기반하지 않았다.

식민 권력을 예찬하려는 게 아니다. 반대로 식민 권력을 단순하게 부정해서도 안 된다. 일본 통치 중기 이후 추진한 도시 계획은 통계, 분석, 도표뿐 아니라 기대 가능한 전망과 그림이 있었다. 이상적 도시 계획의 본보기에 가까웠다. 이제 일본 통치 초기 타이베이시 공중위생 개혁을 통해 국가의 시선이 어떻게 배치됐는지를 확인하자.

4. 시각화視覺化의 시작: 공중위생과 도로 관통

1895년 타이베이성에 순탄하게 진입한 일본 통치자의 가장 큰 적은 유격대의 저항이 아니었다. 오히려 정체불명의 열병이 일본을 위협했다. 당시 저명했던 의사 호리우치 지오堀內次雄는 1895년 타이베이에 입성했을 때를 회고하며, "타이베이 곳곳에서 열병, 콜레라, 각기병이 창궐했는데 어디서부터 손을 써야 하는지 알 수 없었다. 또 열병을 무엇이라 부르는지, 대만 어느 지방에 전염병이 도는지 지금까지 조사한 적이 없었고, 학교나 병원도 없어 마치 암흑 속으로 뛰어든 것 같았다"라고 말했다(引自范燕秋 1996 : 140).

'마치 암흑 속으로 뛰어든 것 같았다!' 이 공포는 열병의 정체를 알지 못하고 보지 못했기 때문에 생긴 것이다. 일본은 메이지 유신 시대에 이미 서양 현대 의학 지식을 받아들였다. 그래서 일본에게 질병은 파악 가능한 세계에 가까웠다. 하지만 새로 접수한 대만은 '보이지 않는 공간'이었다. 식민을 위해 도착한 새 공간은 도대체 무엇인가? 호리우치 지오는 당시 상황을 이렇게 묘사했다. "누구도 본 적도 들어본 적도 없는 상태에서 대만에 뛰어들었다. 그 누구도 이 사실을 상상조차 하지 못할 것이다." 이렇게 볼 수 없고 알지 못하는 상태가 주는 공포감은 전쟁이나 도적들보다 더 소름 끼친다(堀內次雄 1942 : 22-23)." 열병에 대한 공포, 불결함에 대한 공포, 볼 수 없는 공간에 대한 공포. 일본은 이 모든 공포를 반드시 극복해야 했다. 통치의 첫걸음이 공중위생 문제를 향한 것은 당연한 수순이었다.

위생에서 출발하다: 타이베이 6차 도시 계획의 단계성

대만은 청대부터 '열병의 고향'이라고 불렸다. 청대 말기에 개발한 타이베이의 열병이 특히 심했다. 강희 36년(1697) 단수이에 도착한 욱영하郁永河는 말한다. "산천풍토는 특이하지 않으나 사람은 언제나 병에 걸리고, 병은 곧 죽음에 이르게 한다." 그는 병의 원인으로 "기후와 풍토가 몸에 맞지 않아서 대만에 오자마자 병이 났다. 모두 나와 같았다"라고 말했다(郁永河 1959 : 504).

일본인이 대만을 통치하기 전에도 대만 열병은 일본군에게 피해를 준 적이 있다. 일본군은 1874년 목단사 사건을 빌미로 대만 남부에 진격했다. 5월부터 12월까지 총 7개월 동안 전쟁이 진행됐다. 이 기간 전쟁으로 인한 일본군 전사자는 8명이고 부상자는 25명이었다. 반면 전쟁 중 열병에 걸린 병사는 16,409명에 이르렀다. 이 중 병사 547명이 사망했다. 일본군 통계에 따르면 환자 중 66%가 전염병 감염자였고, 이들 중 66%가 훗날 악성 말라리아로 밝혀진 '이장열弛張熱'에 걸렸었다(范燕秋 1996). 일본군은 1895년의 대만 상륙 때도 열병의 위협을 받는다. 주로 말라리아, 콜레라, 이질, 장염 등이다. 1895년 5월부터 11월까지 대만에 상륙한 일본군 중 전사자는 164명, 부상자는 515명이었는데 병사자는 4,624명에 달했다(병에 걸린 자는 26,094명). 군을 이끌고 대만을 공격한 근위 사단 지휘자 기타시라카와노미야 요시히사北白川宮能久 일본 친왕親王 역시 대만에서 열병에 걸려 사망했다(井出季和太 1936 : 29). 이 '돌림병'이야말로 당시 일본군 최대의 적이었다.

처음 타이베이에 도착한 일본인은 타이베이성을 '지나식 도시支那式

城市(중국식 도시)'의 전형이라고 불렀다. 당시 문헌이 이 도시를 묘사할 때 가장 자주 사용한 수식어는 '불결함, 위험, 구역질' 등이었다. 이데기와타井出季和太의 저서 『대만치적사臺灣治績史』(1936) 내용 중 식민 초기 대만에 상륙한 일본 위생 부대의 기록을 보자.

> 타이베이 시가지의 가옥 주위와 정원에는 불결한 오수가 넘쳐흐른다. 곳곳에 고인 물이 못을 이룬다. 사람과 가축이 뒤섞여 산다. 공중 화장실이 있지만 아무 곳에서 대소변을 본다(井出季和太 1936 : 25).

일본은 메이지 유신 시기부터 서양식 의학 훈련을 시작했다. 1869년 독일 의학 전문가를 고용해 일본인 교육을 맡겼고 1879년에는 일본인 학생들을 독일로 유학 보냈다. 1885년에 이르자 자체적으로 의학 인력을 배양할 수 있는 능력을 갖춘다(范燕秋 1996). 하지만 일본 의학이 거둔 풍성한 성과에도 불구하고, 1880년대 대만 열병 앞에서는 속수무책이었다. 발병 원인, 시기, 전염 경로 모두 파악하지 못했다. 그저 키니네奎寧로 치료해야 한다는 것만 알 뿐이었다. 학질에 대한 공중위생 처리에 대한 원칙도 서로 달랐다. 어떤 이들은 대만에 오염된 공기가 유동하는 와중에 일본인이 무더운 기후에 취약하기 때문이라고 판단했고, 다른 이들은 밤이 되면 장기瘴氣(열대나 아열대 산림의 습하고 더운 공기-역자)가 스며들기 때문에 취침 시 병에 걸리기 쉽다고 주장했다. 이는 모두 '대만 열병'에 대한 공포심이 여전히 심각했음을 알려준다(范燕秋, 1996). 열병의 기제를 몰랐기 때문에 근원적인 치료가 불가능했다. 그저 중국인의 생활 습관을 거세게 탓할 뿐이었다. 일본군이 상륙한 다음 해인 1896년, 타이베이에는 학질(말라리아)뿐 아니라 10년 만의 흑사병(페스트)이 발생해 위생 공포가 더 심해졌다(溫振華 1986 : 138).

1896년 6월 총독 가쓰라 다로桂太郎가 새로 대만에 부임했다. 이후 대만 총독부는 '중국식' 시가의 때를 벗기기 시작한다. 가쓰라 다로는 당시 일본 내무성 위생국장 고토 신페이後藤新平를 대만으로 초청해 의견을 물었다. 고토 신페이는 대략적인 현지 조사 후 가쓰라 다로에게 '공중위생'을 우선적인 대만 식민 정책으로 삼으라고 제안했다(井出季和太, 1936:35). 상술한 것처럼 대만 전역에 공포가 조성된 상황이었다. 이에 가쓰라 다로는 고토 신페이의 건의를 받아들여 위생 우위 정책을 선포한다.

> 공중위생은 삶에 필수적이다. 그 필요는 내지와 외지가 다르지 않다. 게다가 대만의 기후는 열대 기후에 가깝다. 비바람과 더위와 추위의 변화가 내륙과는 다르다. 그런데도 청나라는 위생 법규를 추진하지 않아 건강을 해치는 상황을 피할 수 없었다. 그래서 어떤 이들은 대만의 실정을 전혀 몰랐다. 혹 어떤 이들은 대만 전체가 말라리아나 아편독의 소굴이라고 오해했다. 따라서 비용과 환경이 허락하는 범위에서 위생 조치를 시행하여 대만 거주자의 질병을 막고, 향후 대만에 이주하여 대만 관리에 협조할 경영자들의 두려움을 불식시키고자 한다(引自張景森 1991:38).

이로써 '위생 제일주의'(尾辻国吉 1943 : 134)의 전개가 확정됐다. 이에 따라 일본은 타이베이 통치 초기, 공중위생 의제를 고려해서 도시 건설을 진행했다.[11] 그중 하수도 시설 정비, 주택 정비, 비위생 요소 격리는 도시 건설 초기에 가장 구체적인 사업이었다. 『대북시정20년사臺北市政二十年史』를 보면, 일본이 대만 통치 50년 동안 타이베이에서 진행한 도시 계획 중 '계획'을 뚜렷하게 공고한 것은 모두 여섯 번이다. 이를 분류해서 정리하면 표 4-4와 같다. 여섯 차례에 걸친 타이베이 정비는 크게 세 단계로 구분할 수 있다. 1단계는 1896년과 1898년의 두 차례 사업, 2단계는 1900년과 1901년의 두 차례 사업, 3단계는 1905년과 1932년의 두 차례 사업이다.

표 4-4 일치 시기 타이베이 시가 6차 주요 정비 계획

계획	계획명 혹은 내용	실시 혹은 공고일
제1차 계획	성내 임시 하수도 긴급 설치	1896년 5월
제2차 계획	성내 하수도 설치(William Burton 건의)	1898년
제3차 계획	『대북성내시구계획臺北城內市區計畫』	1900년 8월 23일
제4차 계획	『대북성외남방시구계획臺北城外南方市區計畫』	1901년 6월 1일
제5차 계획	『대북시구개정계획臺北市區改正計畫』	1905년 10월 7일
제6차 계획	『대북시도시계획臺北市都市計畫』	1932년 3월 7일

출처: 臺北市役所編(1940 : 542) 참고로 제작

11 오쓰지 구니요시尾辻国吉(1943 : 34)는 유럽 식민 통치자 대부분이 종교적인 사명감 때문에 식민지를 경영했다고 주장했다. 그러나 일본의 식민 통치에 종교는 중요한 요소가 아니었다. 종교적 열정이 결여된 상태에서 '위생'은 식민 통치에 가장 필요한 분야였다.

1단계는 정식적인 도시 계획이라기보다는 공중위생만을 목적으로 하는 도시 개량 사업에 가까웠다. 배수 시스템 및 상하수도 정비 등을 추진했다. 2단계는 여전히 성내城內 지구와 그 주변을 범위로 진행됐다. 주요 사업은 성문 신설과 도로 정비였다. 하지만 여전히 일본인 거주 구역 정비에 그쳤다. 지리적 범위 역시 단지 '1개 시가'에 국한된 계획이었다. 하지만 3단계는 완전히 다르다. '3개 시가지(맹갑, 대도정, 성내)'를 포괄하는 타이베이 전체가 계획 범위였다(黃蘭翔 2005 : 205-207). 그뿐 아니라 수도 타이베이의 위상을 고려했다. 그래서 3단계 도시 계획은 지방 행정 사업이 아닌 국가 차원으로 격상돼 총독부가 계획과 설계를 직접 담당한다(蔡采秀 1995 : 71).

1896년과 1898년의 1단계 도시 계획은 질병 대항 논리에 기반하여 위생 개혁, 도로 정비, 부분적인 하수도 정비를 위주로 이뤄진다. 여기서 꼭 강조하고 싶은 부분이 있다. 두 차례의 국부적인 위생 정비 사업에 불과했지만, 현대 권력이 작동할 때 '공간시각화' 효과가 필요하다는 사실이 뚜렷이 드러났다는 점이다.

성내城內만의 위생: 윌리엄 버튼과 하수도 사업

1896년 5월, 타이베이 곳곳에서 오수가 넘쳐흘렀다. 총독부 민정국民政局은 『임시토목부臨時土木部』를 설립하고, 북문 성벽 바깥쪽에 임시 하수도를 설치한다. 타이베이 성내에서 흘러나오는 오수 물길을 성 밖 수로로 돌려 단수이강과 만나도록 방류했다. 이 사업은 타이베이에 대한 일본의 '제1차 도시 계획'이었다. 거주지 주변에 오수가 흐르지 못하게 하고, 단수이강이 성내로 유입되지 못하도록 하는 소극적 조치였다(臺北市役所編 1940 : 544). 1896년 8월 고토 신페이는 영국 위생사 윌리엄 버튼William K. Burton이 주도하는 대만 현지 조사를 추진했다. 도시 주거환경 문제를 해결하려는 조치였다.

윌리엄 버튼은 영국 킹스 칼리지King's College를 졸업하고, 1887년 동경제국대학에 초청되어 위생공학을 가르쳤다. 그리고 이후 도쿄, 오사카, 고베, 히로시마 등 일본 주요 도시의 상하수도 공사를 설계했다(呂哲奇 1999). 윌리엄 버튼의 주요 경력은 메이지 유신 이후 일본이 진행한 위생과 수도 정비 사업에 걸쳐 있었다. 이는 당시 구미 현대 자본주의 구조와 강하게 연관된다.[12]

윌리엄 버튼은 대만 도착 후 1897년 4월 보고서 한 편을 제출한다. 그는 이 보고서에서 신속한 위생 정비 사업 추진을 주장했다. 또한 이 사업은 타이베이를 최우선으로 해서 하수도 정비에 가장 많은 정책 역량을 투입해야 한다고 건의한다(越沢明 1993 : 188). 윌리엄 버튼의 건의로 1898년, 타이베이에서 '제2차 도시계획'에 기반한 하수도 부설 공사가 시작된다. 목표는 '오염과 악취의 거리'를 청결하게 만드는 것이었다. 하수도 정비 계획은 '개거식합류법開渠式合流法'에 기초했다. 먼저 빗물과 오수를 모두 수로에 받는다. 그리고 하수도를 설치하여 빗물과 오수를 성내 동남부를 거쳐 북쪽으로 흘려보내서 마지막

12 이시즈카 히로미치石塚裕道(1991)는 동경 현대화 초기 단계가 영국 자본주의 압력 아래의 '반식민지화 위기'라고 여겼다. 츠키지築地의 외국인 거류지가 대표 사례다. 또한 일본 현대화 스타일의 시초라고 불리는 긴자 렌가銀座煉瓦도 런던을 벤치마킹하면서 출발했다.

에 단수이강으로 유입되도록 한다. 이 공사는 성내 지역에서만 시행됐다. 부전가府前街, 부후가府後街, 북문가北門街 등에 수로를 하고 하수도를 설치했다. 오수가 지세를 따라 맹갑 일대의 암거暗渠를 거쳐 단수이강으로 유입되도록 한 조처다. 성문에는 수문을 설치했다. 홍수 때문에 강이 범람하면 수문을 닫고 펌프로 고인 물을 빼냈다(臺北市役所編 1940 : 542).

타이베이 성내에서 진행한 하수도 공사는 큰 성과를 거두었다. 1899년 대만총독부는 법률과 같은 효력이 있는 정식 율령 제6호 『대만하수규칙臺灣下水規則』 및 그 시행 세칙을 발표했다. 이어서 타이베이현도 『대만하수규칙시행규정臺灣下水規則施行規程』을 공포한다. 이 규정은 정부가 '공공 하수도'를 건설하고 관리해야 한다고 명기했다. '사설私設 하수도'는 도면을 첨부한 청원서를 올려 현청縣廳의 허가를 받아야 했고, 자재 · 경사도 · 형상 모두 관이 정한 규격에 부합해야만 공사할 수 있었다(黃武達 1997 : 59). 『대만하수규칙臺灣下水規則』은 하수도 부설 관련 규약일 뿐이다. 하지만 이 규약은 일본 식민 정부가 도시 시설을 서민 생활까지 적용한 첫 번째 율령이었고, 이후 도시 개정의 기본 절차가 되었다.

공중위생 관련 정책의 또 다른 중점은 가옥 관리였다. 1896년 타이베이현지사臺北縣知事 하시구치 분조橋口文藏는 『가옥건축규칙家屋建築規則』을 발표하고, 타이베이현이 관할하는 다섯 도시(타이베이, 신주, 지룽, 단수이, 의란)에 시행한다. 새로 짓거나 개조하려는 집은 관의 허가를 받아야 했다. 또한 통풍 및 배수 등에 관한 구체적인 규제도 만들었다(黃武達 1997 : 65). 상술한 타이베이현의 『가옥건축규칙家屋建築規則』은 일본 내지인 거주 가옥에만 적용됐다. 결국 이 규칙의 목적은 일본인 주택 위생 보호와 유지였던 셈이다. 도시 전체를 건설하고 환경을 개선하려는 의도는 아직 드러나지 않았다.

그러나 1900년에 이르러 총독부의 가옥 관리는 대만 전체 주민까지 확장 운영된다. 1900년 8월 12일, 율령 14호 『대만가옥건축규칙臺灣家屋建築規則』을 발표하고 이듬해에는 『시행세칙施行細則』을 공포했다. 이후 모든 가옥의 신축과 재건축은 지방관의 허가가 필수적이었다(제1조). 지방관은 특정 가옥의 개보수를 명령할 수 있었다. 개보수 대상은 '공공 이익에 도움이 되는 자, 사회에 위험이 될 우려가 있는 자, 공중위생을 저해하는 자'처럼 느슨하게 정의됐다(제3조). 1901년 발표한 『가옥건축규칙시행세칙家屋建築規則施行細則』은 모두 25개의 조문으로 구성됐는데, 그중 7개 항목이 쥐를 예방하는 것이었다. 쥐의 진입을 저지하도록 가옥 구조를 설계하고, 쥐가 집에 서식하지 못하도록 막아야 한다는 규정들이다.

『가옥건축규칙家屋建築規則』은 공중위생과 생활 통제의 결합을 상징한다. 바꿔 말하면 인민의 생활 습관이 사적 영역이 아니라, 공공복지의 필요에 따르는 공적 영역이 됐다는 뜻이다. 이에 따라 『가옥건축규칙』을 집행하는 단위도 바뀌었다. 원래 위생과 등 의료기관이 『가옥건축규칙』을 집행하다가 이후 보안과保安課와 시공소市公所 등의 행정 기관이 담당했다(細井英夫 1992 : 10).

열대 지역의 질병인 말라리아는 식민지 인구의 대규모 사망을 초래한다. 하지만 시구 현대 세균학은 발전을 거듭했다. 1898년 인도 주둔 영국 군의관 로널드 로스Ronald Ross가 '병을 옮기는 모기'가 말라리아 질병 기제라는 사실을 밝혔다. 마침내 전 세계를 공포에 떨게 했던 의문이 해소된 것이다. 이는 대만의 말라리아 관리에도 간접적인 영향을 미쳤다. 일본 의사들 역시 대만을 휩쓰는 전염병 연구를 계속해나갔다. 앞서 언급한 호리우치 지오, 그리고 이마무라 타모츠今村保와 기노시타 가시치로木下嘉七郎 등은 타이완 열병 원인(모기)을 밝히고 대만 각지에서 말라리아 모기를 찾아냈다. 1904년 『대만의학회臺灣醫學會』는 말라리아 학리성學理性 방역을 건의한다. 수로를 청결하게 하고 늪과 못을 메운다. 석유를 뿌려 유충을 죽인다. 연기를 피우거나 국화 기름을 바르고, 모기장을 설치한다. 이처럼 자신을 보호하고 모기를 퇴치할 수 있는 의학적 방역 작업을 전개했다(范燕秋 1996 : 146).

의학지식의 발달로 유행병의 예방과 치료가 가능해졌다. 말라리아 등 전염병으로 인한 치사율 역시 일정 수준까지 감소했다. 1905년 무렵 일본 통치 시대 도시 건설의 우선 과제였던 '공중위생'이 단계적으로 완성됐다. 이때부터 도시 개발과 건설은 다음 단계로 진입한다.

표 4-5 1897-1909년 대만 · 일본의 말라리아 사망률

연대	1897년	1899년	1901년	1903년	1905년	1907년	1909년
말라리아사망/총인구	0.44%	1.83%	3.23%	4.46%	3.10%	3.77%	3.26%
말라리아사망/일본인	23.90%	11.62%	6.27%	4.36%	2.52%	3.13%	2.20%
말리리아사밍/대만인	0.30%	1.71%	3.29%	4.63%	3.12%	3.79%	3.42%

출처: 范燕秋(1996 : 160-161)

과학 지식이 증진하면서 후대 사람들은, '위생 제일'을 내세운 타이베이시 도시 정비 단계를 도시 건설 단계로 해석하지 않았다. 1898년 윌리엄 버튼은 성내 지역 건물을 2층 높이로 지어서 '지하 악성가스(장기瘴氣)'를 예방해야 한다고 건의한다. 일치 말기의 건축학자 오쓰지 구니요시尾辻国吉(1943 : 134)는 이 사례를 예로 들며 대만 건축 개념이 '당시 단계는 여전히 유치한 수준'에 머물렀다고 지적했다. 일본 관료 역시 마찬가지였다. 1937년 대만 총독부가 새 『도시계획령都市計畫令』을 설명하기 위해 개최한 강습회에서 내무국장 야마가타 사부로山縣三郎가 한 이야기를 들어보자. "『대만가옥건축규칙臺灣家屋建築規則』은 콜레라, 흑사병 등의 전염병을 예방하기 위하여 만들어졌다. 그래서 위생 문제를 중점적으로 고려했다. 현실적인 환경으로 따져보면 굉장히 단순하고 실제적이지 않은 율령이다."(山縣三郎 1992 : 5) 쓰카모토 이치로塚本一郎 역시 이 강습회에서, 1900년대 전후 타이베이에서 시행한 도시 관련 조치를 "미봉적 성격의 산발적인 정비에 그쳤을 뿐"이라고 저평가했다(塚本一郎等 1992). 이처럼 1900년대 전후 시기 타이베이 도시 정비는 "질병에 대처하는 소극적이고 방어적인 조치였다. 도시 환경을 개조하려는 적극적인 시도는 없었다"라고 평가받는다. 즉, 본격적 도시계획의 준비 단계였다고 할 수 있다(黃世孟等 1987 : 48 ; 79).

하지만 공간과 권력의 관계를 중심으로 보면 공중위생 자체가 공간시각화 전개 과정이라는 점을 소홀하게 여길 수 없다. 이 단계는 도시 개조 작업에 필요했던 절차였다. 도시 정비에 동원된 일부 과학 지식은 유치한 수준이었지만, 도시 정비 운용은 노련하고 성숙했다.

개조를 위한 준비, 위생: 성내에서 성 밖을 향하는 시선의 정치학

공중위생의 기본 취지는 '불결함을 제거하는 것'이었다. 조금 더 깊은 수준에서 말하자면, 불결한 장소를 보이게visible 만들어서 이러한 장소들을 해체하고 변화시킨다(成田龍一 1993). 이 공간 가시화는 두 가지 의미를 내포한다. 첫째는 과거 발견하지 못했던 불결한 공간을 발견했다는 것이고, 둘째는 발결한 불결한 공간을 밝게 변화시켰다는 점이다. 서구는 19세기 말부터 조사investigation를 통해 빈민가를 드러냈다. 윌리엄 부스William Booth의 저서 『런던에서 가장 어두운 동쪽 끝The Darkest East End in London』이 이런 조사 보고서 사례다. 도시 내부에 문명을 구축하여 야만에 대응하고 질서로써 혼돈에 대항했다(成田龍一 1993). 공중위생이 요구될 때, 불결함을 보기 위한 '시선'은 중요한 통치 도구가 됐다. 바로 도시 공간 통치 속에 숨어 있는 '권력의 눈'이다. 이는 후속 도시 건설의 중요한 토대였다.

여기서 도시와 역병의 관계에 대한 푸코Foucault의 논의를 빌릴 수 있다. 푸코는 흑사병이 유럽을 덮쳤던 17세기를 검토했다. 흑사병이 불길처럼 번졌던 당시 인구가 밀집된 도시는 마냥 죽음을 기다리지 않고 나서서 저항한다. 이때 도시는 세밀한 분류, 분석, 구격區隔, 검사 등의 '질서 지식'으로 역병과 맞서 싸웠다. 당국은 시민의 움직임을 제한하여 역병을 검사했다. 그리고 역병을 발견하면 즉시 공간에서 격리시켰다. 역병에 대한 분석, 분류, 격리가 공간의 분석, 분류, 격리로 전환됐다(Foucault 1977 : 195-197).

이렇게 공간은 역병에 대항하는 통치 기술로 변모한다. 이 점은 산업혁명 이후의 현대 도시에 매우 중요했다. 당시 일자리는 도시에 몰려 있었다. 노동 기회의 격차로 인해 대량의 인구가 도시로 유입됐다. 따라서 도시 위생의 악화는 곧 도시의 '중병'과도 같았다. 이처럼 중요해진 공중위생은 도시 개조를 부른 최초의 동인이다. 공간 통치 기술을 현대 도시에 응용한 사례를 보자. 1848년 영국은 『공중위생법안公共衛生法案(Public Health Act)』을 제정했다. 최초의 하수도 설치, 쓰레기 수거, 비위생 요소 제거 등의 정책을 펼쳤지만 소극적인 질병 방위에 그쳤다. 적극적인 도시 개조 의지는 아직 보이지 않았다(徐裕健 1993 ; 黃世孟等 1987). 그러나 위와 같은 공간 개량과 청결 강조는 서구 통치자가 역사상 최초로 집행한 공간 관리였다. 여기서 1854년 오스만Baron Georges-Eugène Haussmann 남작이 주도한 파리Paris 개선 계획을 살펴야 한다. 이 계획은 위생, 정비, 도로 건설 등의 개선에 그치지 않았다. 도시 건설의 모델이 되는, 혁명에 가까운 계획이었다.

오스만은 나폴레옹 3세 시기, 센Seine지역 성장省長 겸 파리시 경찰총감Prefecture de la Seine이었다. 파리 주변 행정권과 파리 시내 경찰권이 모두 그의 손아귀에 놓여 있었다는 이야기다. 1850년대 파리는 포화 상태였다. 봉건제 붕괴 후 고향을 떠나 파리로 몰려든 사람들 때문이었다. 전통적 도시 건설 관념의 기계적 보수 방식으로는 문제를 해결할 수 없었다(謝偉勳 2000 : 3). 그래서 새로운 도시 계획은 많은 인구를 분배하고 사회 질서를 재건할 수 있으리라고 기대됐다. 계획과 질서의 결합이 필요했으므로 치안의 수장이 도시 계획을 책임졌다. 자연스럽고 합리적인 결정이었다(Benevolo 1993 : 171). 오스만은 하수도를 설치하고 도시를 개발했으며 공원을 만들었다. 하지만 가장 중요한 작업은 따로 있었다. 오스만은 개선문 광장을 중심으로 12개의 방사형 도로를 건설했다. 도시에 360도 조망이 가능한 '관찰점觀看點'이 만들어졌다. 표면적으로는 광장, 화원, 대로, 식물이 파리의 주요 요소처럼 보였다. 그러나 새로운 파리의 진정한 핵심은 '길게 이어지는 도로가 주는 투시 개방성'이었다(若林幹夫 1992 : 97-105). 시야의 개방은 도시를 밝게 만든다. 예전 파리의 길은 좁고 구부러졌다. 증축된 불법 가옥들이 도시를 채웠다. 그래서 도시는 햇빛이 바닥에 닿지 못할 정도로 어두웠다. 이 어둠은 사회의 그늘이었다. 파리는 혁명분자, 범죄자, 매춘녀, 방랑자의 도시였다. 하지만 시각화 개조 후 파리의 어두운 거리와 상점은 모두 밝아졌다. 외진 곳과 보이지 않았던 곳들이 모습을 드러냈다. 원근遠近과 내외內外의 구별이 사라졌다. 공공 영역과 사적 영역 사이에 놓여 있던 벽이 무너졌다. 본래 보이지 않았던 모든 구역이 정복됐다. 가시화가 이뤄진, 획일화의 도시가 된 것이다(Benevolo 1993 : 179).

발터 벤야민Walter Benjamin의 독해처럼, 스스로를 해체 예술가demolition artist라며 으스대던 오스만은 파리 시민이 자기 도시를 낯설게 여기도록 만들었다. 이제 파리는 더는 그들의 집이 아니었다. 사람들은 대도시의 비인간적inhuman 속성을 인식하기 시작했다(Benjamin 1999 : 23). 과거 인간 역사에서의 도시가 지녔던 의의가 사라졌다. 도시의 어두운 부분까지 '시선'에 노출됐다. 공간이 균질해진 도시, 바로 공간시각화의 도시다. 일본 통치 초기, 타이베이 성내에서 진행한 공중위생 사업 역시 사실은 공간을 관통하는 시선 배치 작업이었다.

일본의 도시 계획 개념은 서구의 영향을 깊게 받았다. 메이지 초기 일본은 외국인 고문을 고용해 도시 계획에 참여시킨다. 또한 오스만의 파리 정비는 1888년 동경 시구 개정에도 큰 영향을 미쳤다(石田頼房 1987 : 27 ; 石塚裕道 1991 : 10). 당시의 동경지사 요시카와 아키마사芳川顯正는 동경을 정치와 경제의 중심 도시로 개편하려 했다. 서양을 현지 조사한 막료가 가져온 오스만의 파리 경험은 동경 재건을 위한 기본 구상의 씨앗이었다(石塚裕道 1991 : 65). 이렇게 파리의 경험이 제시한, 도로를 밝혀 도시를 정비하는 이념이 타이베이의 '도시 정비' 사업에도 계승된다.

1897년 4월 윌리엄 버튼이 처음 계획한 타이베이 하수도 개선 관련 보고서에도 도로 개량은 언급됐었다. 버튼은 하수도 신설과 도로 건설이 동시에 이뤄져야 한다고 주장했다. 이에 대만 총독부는 1897년 4월 26일 『대북시구계획위원회臺北市區計畫委員會』를 설립하고, 타이베이 '시가지 구획, 가도 결정, 완전한 위생 시설 설계'에 착수한다(張景森 1991 : 40). 1900년 8월 23일 일본은 『대북성내시구계획臺北城內市區計畫』을 공포하고 타이베이 성내 지역 정비 사업을 개시했다(黃武達 1997).

1900년의 성내城內 시구市區 계획, 먼저 통하게 하고 기회를 노려 성벽을 허문다

앞선 두 차례의 도시 계획은 오수 처리에 치중됐으므로, 실질적인 첫 번째 타이베이 건설 계획은 1900년의 『대북성내시구계획臺北城內市區計畫』이라고 할 수 있다. 『대북성내시구계획』을 실시할 무렵 대만 총독부 정권은 막 지역 신사의 중개에서 벗어나던 참이었다. 민정경찰 제도의 전격적 배치도 이 시기에 시작됐다. 그러니 타이베이 지배 역시 상대적으로 독립된 성내 구역으로 국한될 수밖에 없었다. 두껍고 무거운 돌담에 둘러싸인 성내. 그러나 식민 통치자는 이미 폐쇄된 제국의 부성府城에 길을 내어 벽을 뚫고 나올 준비가 돼 있었다. 이러한 관점에서 1900년의 『대북성내시구계획』을 보자. 몇 가지 중요한 내용과 의의가 있다.

(1)직선 도로와 성문 증설: 이 계획은 '총독부 부지'를 성내 중앙에 배치한다. 식민 통치자의 최고 중추 기관을 시선의 발사 지점으로 구성한 것이다. 공간 통치의 '시각화' 원칙하에 원래 구부러져 있던 성내 도로를 직선화해서 서로 통하게 했다. 이때 가능한 도로가 성벽을 뚫고 나오도록 설계했고, 직선 도로는 성문 증설로 이어졌다. 『대북성내시구계획』은 기존 다섯 개의 성문 외에 아홉 개의 성문을 증설한다. 쭉 뻗은 도로와 9개의 성문은 모두 총독부 부지에서 성내 바깥으로 이어져 성 밖까지 관통했다.

증설한 9개의 성문을 방위에 따라 살펴보면 다음과 같다. (1)동쪽 성벽에 2개의 성문을 증설했다. 대북의원臺北醫院 북측에 동북문東北門, 대북감옥臺北監獄 북측에 신동문新東門을 세웠다. (2)서쪽 성벽에 2개의 성문을 증설했다. 부전가府前街를 관통하는 신서문新西門과 복심법원覆審法院 동쪽의 서남문西南門이다. (3)남쪽 성벽에 3개의 문을 증설했다. 부전가 남쪽으로 뻗는 지점에 남중문南中門을, 북문가北門街와 연결되는 문무가文武街에는 남동문南東門을 세웠다. (4)북쪽 성벽에 3개의 성문을 증설했다. 부전가로 뻗는 북동문北東門, 부후가府後街로 뻗는 북중문北中門, 신북문가新北門街로 뻗는 신북문新北門이다(臺北市役所編 1940 : 544).

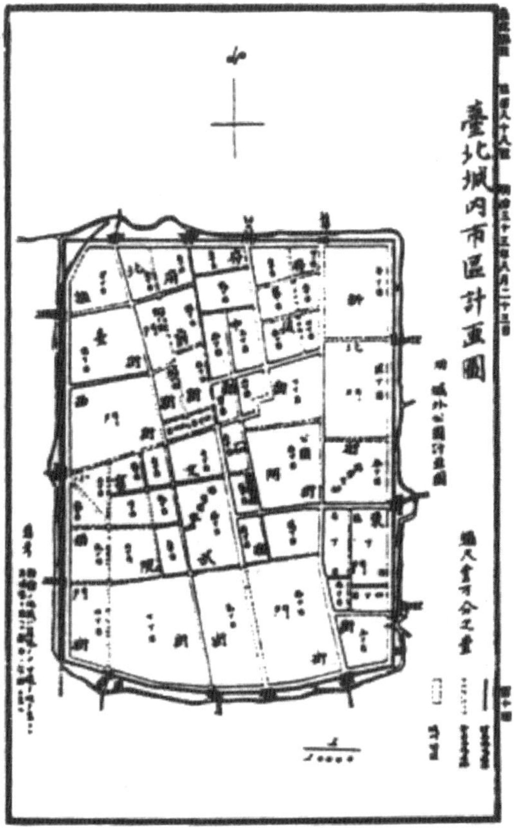

그림 4-1 1900년 타이베이 성내 시구계획도市區計畫圖
출처: 원본은「臺北縣告示第64號 」(1900),『臺北縣報188號』.
黃武達,『日治時代臺北市之近代都市計畫』32쪽

개정 후 성내와 개정 전 성내의 도로 구조의 철학은 확실히 달랐다. 청대 부성府城은 풍수 철학을 고려해서 도로와 성문이 서로 관통하지 않도록 애썼다. 칭의 유산은 신식 지식 시스템에 기반하는 일본 통치의 시선을 막는 장애물이었다. 그림 4-2는 1900년『대북시구계획』시행 후의 성내 공간 배치를 보여준다. 도로의 관통과 성문의 개통은 총독부의 통치 시선을 확실히 원활하게 했다.

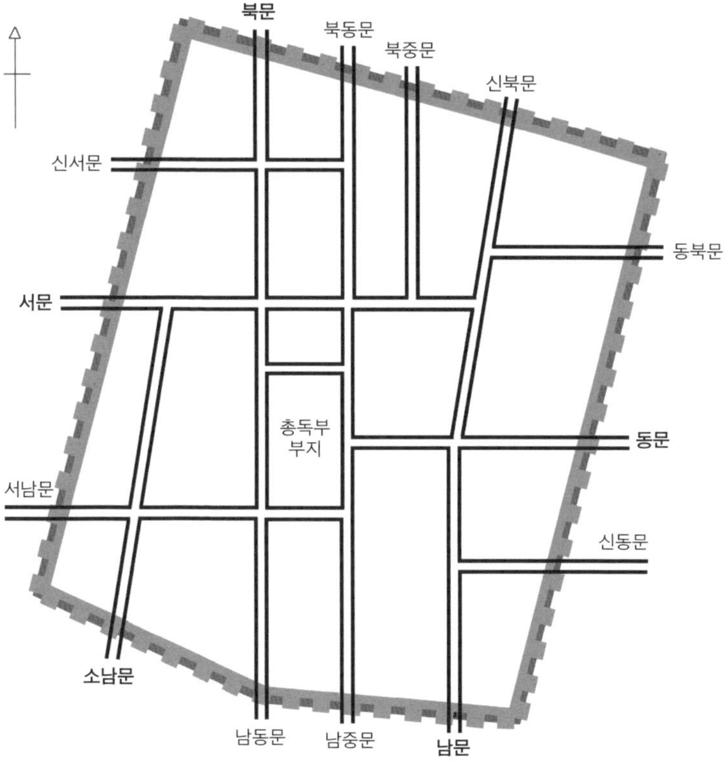

그림 4-2 1900년 타이베이 성내 시구 계획과 성문 배치도
출처: 黃武達, 『日治時代臺北市之近代都市計畫』 70쪽 참조로 제작

(2)블록block의 출현: 도시 직선화 후 타이베이 성내에 '블록block'이 출현했다. 관통성을 지닌 도로가 교차하면서 타이베이 성내에는 모두

52개의 크고 작은 블록이 생겼다(黃武達 1997 : 69).

블록은 중국과 대만에서 발전한 전통 거리의 선형線型 양식과 아주 다르다. 블록은 고도의 인위적 형식이다. 도시 개조적 평면 논리의 산물로서, 자연적으로 형성되는 마을의 구조(일반적으로 불규칙한 형태)를 고려하지 않는다. 도시사학가 루이스 멈포드Louis Mumford는 정치경제학의 관점에서, 직사각형의 시가지 형태가 자본주의 시스템에 가장 이상적인 단위라고 지적했다. 구획이 간단하고 개발이 빠르며, 규격이 표준적이고 매매가 쉽기 때문이다(孟福 1993 : 349). 하지만 더 중요한 의의는 자본 유동의 용이성이 아닐지도 모른다. 권력을 보유한 국가가 전격적인 자본 이익을 얻으려 했다고 단정하기 힘들기 때문이다. 오히려 국가는 위생 정비 및 도시 개조를 통해, 블록과 도로가 닿는 모든 도시 공간 위에 시선을 배치하고 권력의 관통을 완성했다고 볼 수 있다.

이전 두 차례의 계획이 공중위생만을 고려한 시도였다는 점에서 1900년의 『대북성내시구계획臺北城內市區計畫』은 차별성을 띤다. 동시에 1905년 이후의 도시 계획과도 큰 차이점이 하나 있다. 바로 『대북성내시구계획』의 범위 역시 성벽 내부였다는 점이다. 이 계획은 성벽을 따라 북, 동, 남 세 방면으로 수로를 짓고 '성 밖 공원'을 만들려 시도했지만(黃武達 1997 : 72) 실제로는 완전한 도시 계획이라고 부르기 힘들다. 1900년의 『대북성내시구계획』은 '시각화'를 갈망했지만 여전히 지리적 한계를 완전히 돌파하지 못했다. 그래서 도시 계획 범위는 성벽 내부에 국한됐다. 당시 『대만일일신보臺灣日日新報』의 선전문은 이 시구 계획을, "도시 전체 상황은 달라지지 않았다. 도시 개정은 부득이하게 변경이 요구되는 일부 부분에만 진행됐다. 사람들이 예상하고 기대한 대폭

적인 개정이 아니다"라고 비평했다(臺灣日日新報 1900.8.23).

소위 '사람들이 예상한 대폭 개정'은 무엇인가? 바로 타이베이 성내城內, 맹갑艋舺, 대도정大稻埕만이 아닌 더 원대한 타이베이를 뜻한다. '권력의 눈'의 각도로 보자. 아홉 개의 성문을 설치하고 여러 갈래의 도로를 관통하는 계획은, 통치자의 시선이 벽을 뚫고 나올 준비가 돼 있다는 의미가 숨겨져 있다. '성내'로 한정된 타이베이 통치는 얼마 지나지 않아 완전히 전복됐다.

1901년의 남방시구계획南方市區計畫, 처음으로 성 밖을 돌파하다

위생과 치안이 점진적으로 안정되자 타이베이로 이주하는 일본 관료와 이민자들도 점차 증가한다. 하지만 1900년 이전 타이베이 계획 범위는 성내에 국한돼 추진됐다. 그래서 성내는 관공서, 병원, 공원 등 대량의 공공시설이 들어선 상태였다. 주택 단지를 조성할 여유가 없었다. 『시구계획위원회市區計畫委員會』의 건의로 타이베이성 남쪽 지구 개발이 시작됐다. 1901년, 최초로 성벽을 넘어 성 밖 남쪽까지 범위로 삼는 『대북성외남방시구계획臺北城外南方市區計畫』이 등장했다(徐裕健 1993 : 95). 『대북성외남방시구계획』을 실시한 해, 시구계획위원회는 위원을 파견하여 성 밖의 동측, 서측, 북측 및 맹갑과 대도정의 대만인 밀집 거주 지역을 지속해서 조사하였다(臺灣總督府民政局 1905 : 200).

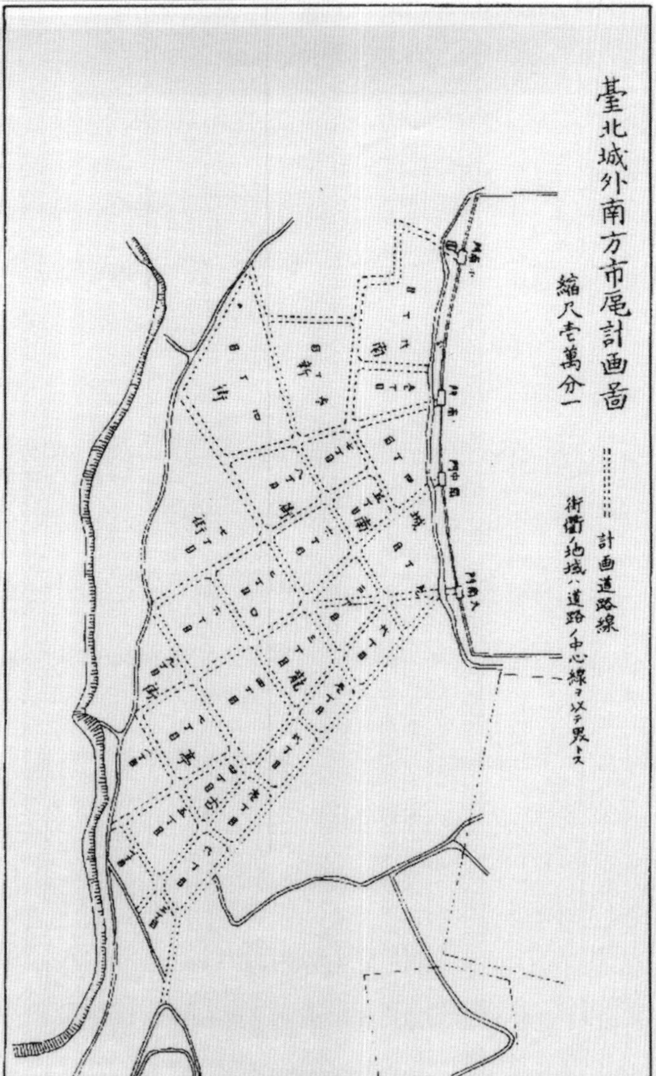

그림 4-3 1901년『대북성외남방시구계획臺北城外南方市區計畫』
출처: 원본은「臺北縣告示第90號」,『臺北縣報276號』.
黃武達,『日治時代臺北市之近代都市計畫』33쪽

성벽 철거 정책과 집행 역시 이 시기에 이뤄진다. 청말 1884년에 세워진 타이베이성은 청조의 율전律典에 따라 지어졌다. 또한 건성建城 과정에서 지역 신사들의 권력 다툼이 벌어졌었다. 그야말로 명실상부한 청 제국의 산물인 셈이다. 하지만 단 20년 만에 이 건축물은 국가에 쓸모없는 장애물로 전락했다. 당연히 타이베이성은 죄가 없다. 모든 전환은 신구新舊시대 세계관의 차이에서 비롯했다. 단지 그럴 뿐이다.

1904년 대만 총독부는 타이베이 성벽 철거를 결정한다. 1905년 타이베이청臺北廳은 완전히 새로운 『대북시구개정계획臺北市區改正計畫』을 공고했다. 이 계획의 목표는 성벽 철거와 도로 개축이었다. 더 중요한 사실은 도시 범위가 다시 확장됐다는 점이다. 이 계획에는 맹갑과 대도정이 포함됐다. 타이베이 도시 개념이 새로운 차원으로 진입했다. 220만 평이던 도시 면적이 전체 550만 평으로 확대된다.

도시 건설의 절차로부터 일치 시기의 타이베이를 보자면, 1900년 이전에는 '성내'만 특정했지만 점차 성벽의 한계를 넘어 맹갑과 대도정으로 확장해나갔다. 1903년 편찬된 『타이베이청지臺北廳志』에는 타이베이가 이미 '성내, 맹갑, 대도정의 세 거리를 서로 연결한 완전한 시가'라고 묘사되어 있다(臺北廳 1919 : 21). 세 거리에서 하나의 도시가 된 것은 바로 이 시기에 일어날 일이다. 1905년 공포한 『대북시구개정계획』 도면상 이미 성벽이 없어지고 도시 계획 범위가 크고 새로워졌다. 세 거리를 통섭하여 전체적으로 계획한 진정한 '하나의 도시'가 나타난 것이다. 1900년부터 1904년 사이의 변화 과정은, 일본이 타이베이 도시 공간에서 저지른 모든 것이 단지 착취를 위한 식민 폭력만이 아니었고, 합리적이고 우아한 과학에 근거한 계획이었다는 것을 보여준다. 일본이 타이베이에 무엇을 했느냐고 묻는 것은, 일본이 어떻게 현대 타이베이를 건설했는지 묻는 것과 같다.

1905년의 『대북시구개정계획臺北市區改正計畫』을 설명하기 전에 먼저 검토해야 할 사항이 있다. 이 계획이 어떻게 성벽을 넘어서게 됐는지, 그리고 얼마나 넘어갔는지가 더 값진 논의 주제일 것이다. 1905년의 일본은 어떤 지식에 기초해서 타이베이에 15만 명의 예비 수용이 필요하다고 계산했을까? 일본은 이 계획이 예비한 타이베이 도시 규모가 쇼와昭和 14년(1939)까지의 인구 공급을 감당할 수 있다고 판단했다. 물론 예측이 정확하게 들어맞지는 않았다. 이후 타이베이시 인구는 급증하여 1905년의 계산과 예상을 훌쩍 뛰어넘었다. 1920년 다시 구획한 타이베이시臺北市 인구만 해도 17만 명에 이르렀다. 하지만 1905년의 계획이 타이베이를 지식의 대상으로 전환했다는 사실은 부정할 수 없다.

이런 능력을 갖췄기 때문에 사람들이 모여 사는 취락을 검토의 대상으로 삼았다. 일종의 지식 시스템 전환이라고 볼 수 있다. 1900년 전후로 각종 대형 조사 및 상세 조사가 이뤄졌다. 여기에는 토지 조사, 호구 조사, 관행 조사, 그리고 헤아릴 수 없이 많은 실측 지도와 통계 및 도표까지 포함된다. 모두 통치 지식 시스템을 구축하고 전환하는 작업이었다. 동시에 고토 신페이가 주장한 '생물정치학'의 구현이기도 하다. 지식 시스템 전환을 거친 이후에야, 비로소 타이베이 6차 도시계획 중 가장 중요하고 파격적인 1905년의 『대북시구개정계획』이 대만 사회에 등장할 수 있었다.

5 현대 도시 공간의 성립

5장
현대 도시 공간의 성립

일본이 대만에 이식한 현대 행정 경찰 제도는 지역사회의 전통적인 작동을 무너뜨렸다. 그 방식은 마치 '국가의 수족'을 지역사회에 놓아두는 듯했다. 일본 통치자는 어떻게 국가의 수족을 지휘하고 다룰 수 있었을까? 바로 대만을 일목요연하게 보여준 '국가의 눈'의 능력을 빌려서다. 이 능력은 특정한 지식을 갖춰야 할 뿐 아니라, 모종의 방대한 공정을 통해 완성된다.

호리우치 지오堀內次雄는 1895년 대만에 도착했을 때 '마치 암흑 속에 뛰어든' 기분이었다고 말했다. 하지만 그로부터 40년 후의 대만은 눈을 크게 뜨고 봐도 믿기지 않을 만큼 완전히 달라졌다. 쇼와昭和 10년(1935), 호리우치 지오가 『대만시보臺灣時報』 3월호에 게재한 한 편의 글에서 당시 대만을 생생하게 실감할 수 있다.

독일 『질병보험금고疾病保險金庫』 실험 결과에 따르면 한 사람이 사망하면 34명이 병에 걸린다. 사람마다 병 때문에 1년에 평균 20일 동안 일하지 못한다. 현재 대만의 경우 환자 1명의 1일 진료비가 50전이다. 환자의 3분의 1이 병 때문에 일을 할 수 없다. 매일 하루 임금이 1

원이라고 가정하면, 1인당 하루 평균 33전 3리의 수입이 감소하는 것이다. 한 사람이 사망하면 34명이 병에 걸리므로, 병 때문에 잃어버리는 시간을 날짜로 환산하면 680일이다. 이를 비용 측면으로 계산해보자. 매일 의료비 50전과 병가로 인해 얻지 못하는 수입 33전 3리를 기준으로 계산하면, 1명의 사망 손실 비용은 566원 44전이다(堀內次雄 1935 : 46).

호리우치 지오는 플랭클린 정신에 기반하는 이성적인 계산 원칙으로 인구 및 건강과 경제 관계를 추론했다.[1] 1905년 3.4%였던 대만의 사망률은 1930년에 약 1.95%로 떨어진다. 당시 인구는 약 500만 명이었다. 이를 계산하면 '1년에 8만 명, 즉 1년에 4,531만 원의 손실을 막은 셈이다. 바꿔 말하면 위생이 개선되면서 매년 약 4,500만 원을 아낄 수 있었다'(堀內次雄 1935 : 46). 약 40년 동안 호리우치 지오는 대만을 뚜렷하게 보고 계산했다. 과거 어둠 속에서 가늠조차 할 수 없었던 대만 관련 지식이 분명하게 드러났다. 그래서 일본은 대만의 인구, 사망수, 건강 상태, 평균 임금 등의 영역을 모두 장악할 수 있었다. 상술한 일본의 '이해'는 야만적인 폭력을 통해 얻은 게 아니다. 이 점을 이해하기 위해서는 일본 현대 통치의 기초인 '정밀 조사' 사업을 파고들어야 한다.

---

1 미국의 초대 우정총국장 벤자민 플랭클린Benjamin Franklin은 '시간이 곧 금이다'라는 개념으로, 휴식과 일을 손익으로 환산하는 높은 합리성과 계산성을 보여줬다. 막스 베버Max Weber(1958: 65)는 플랭클린을 '온몸에 자본주의 정신이 충만하다'고 평가했다.

1. 수학적 관리의 권력: 생물학적 통치와 통계 조사

일본은 '조사'의 개념을 통해 대만을 이해했다. 메이지 유신 이후의 현대 국가 통치 이념을 반영한 것이다. 그래서 대만을 접수하자마자 각종 조사를 시작한다. 1895년 11월 일본 총리대신 이토 히로부미伊藤博文는 대장성大藏省 주세관主稅官 요시이 도모에吉井友兄를 대만으로 보내 조사 사업을 맡겼다. 1896년 4월 요시이는 약 400개 항목이 담긴 『대만재세시찰복명서臺灣財稅視察復命書(대만 재정과 세무 시찰 보고서)』를 제출한다. 그는 이 보고서에서 대만의 국세國稅, 세관, 토지 제도, 금융, 관공서 보유 재산, 도량형 등 각 방면의 현황 요약 및 이후 조치 방안을 제시했다. 이토 히로부미는 요시이의 자료를 토대로 1896년, 국회에서 대만 식민 경영 계획 수립을 위한 '전면적인 조사'를 건의한다(江丙坤 1972 : 31). 하지만 대만 통치 초기 일본은 항일 항쟁을 진압하지도, 기층 행정을 장악하지도 못했다. 따라서 전면적인 조사가 아닌 개략적인 조사만 진행할 수밖에 없었다.

통치 초기 일본의 대만 조사는 군사 차원에서만 이뤄진다. 1895년 12월 이전의 주요 작업은 측량 지도를 만드는 것이었다. 1895년 5월 일본군 대만 상륙 전에 군이 만든 임시측도부測圖部는 실측 방식으로 『대북부근지형도臺北附近地形圖』 6매를 그렸다. 그해 12월 군의 지원으로 만들어진 '대만 총독부제도부臺灣總督府製圖部'는 『타이베이 및 대도정, 맹갑 약도』 1부를 만들었다. 여기에는 도로, 건축물, 성벽이 상세하게 표기됐다. 지도의 축척은 4천분의 1이었다(黃武達 2000a ; 2000b). 이 지도들은 모두 군사적 용도로 쓰였고, 진격, 방어, 점령에 도움을 주었다.

하지만 군사용 지도로는 토지의 전체 상황과 인구 분포를 상세히 파악할 수 없었다. 즉, 행정과 통치에 활용하기에는 부족한 지도였다. 대만 통치 초기 총독부가 현지 신사紳士들이 조직한 보량국保良局 등의 자치 기제를 허용할 수밖에 없었던 이유다. 그러나 일본 정권은 차차 대만 곳곳에 '국가의 수족'과 '국가의 눈'을 배치해나갔다. 그리고 이를 통해 대만 구석구석을 정밀하게 다스렸다. 이렇게 전통 시억사회의 기능을 완전히 대체했다.

'국가의 눈'을 밝히는 것은 일종의 지식 이념과 기술 실천이 배합한 공정이다. 일본이 대만을 이해하려 했던 이유는 무엇이었으며, 그들은 대만을 어떤 방식으로 이해했을까? 현대 일본 통치 지식의 기초는 무엇 때문이며, 대만에 실시한 방법은 무엇 때문인가? 1905년 전후 일본이 보여준 타이베이 세 거리를 통제하고 나아가 개조할 수 있는 능력은 1895년에서 1904년 사이에 만들어졌을 것이다. 답은 바로 임시 토지조사, 임시 호구 조사, 구관조사 등과 같이 과학 지식에 기초한 통계(동시에 통치)에 있다.

고토 신페이後藤新平: 대만 현대 통치의 촉매

상술한 조사 사업들은 일본의 통치와 청조의 시정施政이 본질적으로 다르다는 사실을 보여준다. 청 정부의 대만 통치를 '전현대적前現代的'이라고 정의한다면, 다양한 현대 과학 지식을 기초로 하는 일본의 통치 기술은 '현대'로의 전화轉化라고 부를 수 있다. 현대적 사유의 형성은 시대 전반 상황과 맥락이 추진하는 것이지, 단 한 명의 공적에 기인하지 않는다. 사유의 존재는 시공간의 의미와 떨어질 수 없다. 어떤 사유는 특정 시대에 존재한다. '마치 물속의 물고기처럼 그곳을 떠나서는 숨 쉴 수 없다'(Foucault 1970 : 261-262). 대만 통치의 현대화 역시 마찬가지다.

1898년부터 8년 넘게 대만 민정국장을 역임했던 고토 신페이後藤新平는 흔히 대만 식민 발전을 추진한 인물로 평가된다. 하지만 일본의 현대적 통치 능력은 메이지 유신 후의 총체적 변혁이 만든 역량이다. 고토 신페이는 단지 서구화 풍조를 수용했던 수많은 인물 중 한 명에 불과하다.[2] 하지만 일본이 현대 국가의 힘을 외부로 뻗쳐나가며 국제사회와 교류하던 시기, 고토 신페이가 동경, 대만, 만주에서 중요 임무를 맡았다는 사실 역시 간과할 수 없다. 따라서 그의 언행은 사실 현대 식민 통치의 전형이기도 하다. 고토 신페이의 사상과 업적을 통해 대만이 어떻게 현대 식민 통치의 길로 들어섰는지 구체적으로 설명할 수 있다.

고토 신페이는 1898년 제4대 대만 총독 고다마 겐타로兒玉源太郎가 초빙한 민정장관이다. 전임 대만 총독들은 '저항/진압' 식의 폭력 통치를 추진했다. 하지만 '고다마 겐타로-고토 신페이' 체제가 들어선 이후의 통치는 현대 권력의 모습을 띠었다. 고토 신페이는 1898년 1월 25일에 임명돼 다음 달 대만에 도착해 정책을 펼쳤다. 고토 신페이가 일

2 양비촨楊碧川이 1983년 가오이거高伊哥라는 필명으로 잡지 『생근生根』에 발표한 『고토 신페이: 대만 현대화의 창시자後藤新平: 臺灣現代化奠基者』는 고토 신페이에 관련한 가장 대표적인 논저다(이후 『고토 신페이 평전: 대만 현대화의 창시자後藤新平傳: 臺灣現代化奠基者』로 개정).

본 국내 내무성 위생국장이었을 때, 위생 고문 자격으로 타이베이를 시찰한 적이 있었다. 당시 그는 대만 총독부 및 당국이 대만의 관행과 문화를 조사하지 않은 상태에서, 무분별하게 구제도를 없애고 새 법령과 제도를 공포한다고 여겼다. 그래서 일본 정부에 『대만통치긴급법안臺灣統治緊急法案』을 건의했다(鶴見祐輔 1943a : 912-913). 이 건의서는 식민지 조사를 실시해야 하며, 대만의 '개별성'에 입각한 정책과 전략이 필요하다는 주장이 담겼다.

1896년 일본 법률 제63호 『대만에서 시행해야 하는 법령에 관한 법률臺灣ニ施行スヘキ法令ニ關スル法律』은 대만 총독에게 제국 헌법 입법권 밖의 '율령律令'을 공포할 수 있는 권리를 부여한다. 그 율령의 효력은 '법률과 동등'했다. 이처럼 대만 총독은 단순한 행정관이 아니었다. 대만 총독은 행정권에 입법권을 겸비한, 전능한 통치자였다(外務省條約局編 1990 : 62-66).[3] 이후 고다마 겐타로가 1898년부터 1906년까지 대만 총독 임무를 수행한다. 이 기간 고토 신페이는 자신의 통치 방침을 실제로 집행했다. 민정장관 고토 신페이의 식민지 개조 작업은 일본 본국이 부여한 합법성에 기반한다. 이 기간 고다마 겐타로는 단지 대만 총

3 「63법六三法」은 3년의 유효 기간을 가진 시한時限 입법이었다. 두 차례 연장 후 1906년, 유효 기간이 1921년까지인 법률 제31호 『臺灣ニ施行スヘキ法令ニ關スル法律』로 개정됐다. 이 법은 『31법三一法』으로 불렸다. 1921년, 이 법령은 유효 기간이 무기한인 법률 제3호 『臺灣ニ施行スヘキ法令ニ關スル法律』로 개정된다. 바로 『법3호法三號』다. 『63법』 및 『31법』에 따라 대만에서 시행되는 법률은 대만 총독의 명령을 최상위 원칙으로 삼았다. 다만 『법3호』는 일본 국내법 전부 또는 일부분을 대만에서 시행되는 법률의 기준으로 규정했다. 그러나 『법3호』 역시 대만 총독의 율령 제정권을 인정한다. 즉 본질적으로는 대만 총독의 넓은 권력 기반을 인정하고 있다(外務省條約局編, 1990 : 62-66).

독직만 수행하지 않았다. 그는 일본 본토에서도 실권을 가진 고위 장성이기도 했다. 따라서 임기 중 많은 시간을 동경 체류에 할애할 수밖에 없었다. 그래서 고다마 겐타로의 임기(1898~1906) 내내 총독 다음 서열인 민정장관 고토 신페이가 대만 통치를 주재했다. 대만의 실질적 최고 통치자로서 지위와 권력을 모두 가진 고토 신페이는, 일본 본토에서 제대로 집행되지 않았던 '종합성과학정치總合性科學政治' 구상을 대만에서 시행할 기회를 얻었다. 식민지 생태 환경을 장악하는 통치 방식은 '철저한 과학적 실태조사'를 통해 진행됐다. 대만이 고토 신페이 개인의 실험실로 변한 듯했다. 이렇게 '이성 독재理性獨裁'의 본질이 갖춰졌다(溝部英章 1976 : 64).

그러므로 1901년부터 1904년까지 일본이 대만에 무엇을 했는지 이해하려면, 먼저 고토 신페이의 정치 이론을 살펴봐야 한다. 고토 신페이가 독창적으로 만든 '생물통치학生物統治學' 개념을 먼저 검토하자. 그는 '적종어赤宗魚와 비목어比目魚는 다르다'는 발상으로, 대만에 적합한 통치 방법을 찾기 위해서는 생물 간 습성 차이를 반드시 이해해야 한다고 생각했다. 여기서 '이해'는 특정한 생물 집단을 조사하고 분석하는 작업을 뜻한다. 바로 '국가 통치'를 '공중위생' 조사에 기초해야 한다는 현대적 사유다. 전임 총독들의 '강압적 폭력 통치'의 실패와 비교하면, 고토 신페이식 '생물 통치'는 상당한 수준의 정당성을 갖췄다고 볼 수 있다.

고토 신페이는 상술한 개념들을 서구권을 통해 간접적으로 습득했다. 그는 청년 시절 불었던 일본의 서구화 열풍에 따라, 당시 일본 의학의 선봉(이시구로 다다노리石黑忠悳와 나가요 센사이長與專齋)을 공부하면서 부상 및 질병 통계의 중요성을 알게 됐다.[4] 1879년 고토 신페이는 내무성 위생국에 각 지방이 연월별 질병, 신생아, 전염병 관련 자료를 기록하도록 건의했다. 통계 조사와 정책 수립에 참고하기 위해서였다(鶴見祐輔 1943a : 237). 당국은 이 건의에 흥미를 보였다. 1884년 고토 신페이는 위생국 기사에 임명된다. 그는 일선에서 정책을 집행했다. 이때 공중위생을 생명(환경) 개선 도구로 삼는 사고가 더 강해졌다(村上綱実 1989 : 234). 당시 일본은 서양의 인구 생물학적 방법으로 조사 및 통계 작업을 진행할 능력을 보유하고 있었다. 위생국은 이 능력의 집행 기관이다. 다르게 표현하면 위생 분야 국가 기구는 일본 근대 인구를 최초로 관리한 단위였고, 고토 신페이는 일본 생명 통계를 최초로 집행한 관료였다(鶴見祐輔 1943a : 800-805).

통계에 대한 중시는 의학의 중심을 '국가 위생'으로 설정하는 고토 신페이의 제도적 의식에 영향을 끼쳤다. 고토 신페이는 자신의 책 『국가위생원리國家衛生原理』(1898)에서 '국가, 광의의 위생'이라는 논점을 제안한다. 여기서 그는 위생 행정 관념을 사회에 보급하고, '생명통계학'과 '인구경제가치'를 국가 통치 기술에 도입하자고 주장했다(村上綱実 1989 : 237). 고토 신페이는 이 책에서 '생물학적 통치'라는 개념을 구축하고 이후 통치에 활용한다.

4 이시구로 다다노리石黑忠悳는 미국 야전 병원 부상병 통계 기술을 일본에 도입한 주요 인물이다. 나가요 센사이長與專齋는 일본이 서구 제도를 시찰하고 흡수하는 계기가 된, 1871년의 『이와쿠라 사절단岩倉使節團』 구성원이었다. 그는 위생 행정 조사에 특히 뛰어났다(鶴見祐輔 1943a).

생물학적 통치 원리의 현장 실습

고토 신페이의 이론은 사회다윈주의Social Darwinism에 기초했다. 모든 생물은 존속을 위해 치열한 생존 경쟁을 할 수밖에 없다. 인간도 생물의 일원이므로, 필연적으로 우승열패와 적자생존의 법칙에 따라 '생리적 원만生理的圓滿(Physiologische Integrität)'을 달성하려 한다.[5] 고토 신페이는 생존 경쟁이 공격과 방어를 포함한다고 생각했다. 그리고 인류가 만든 '식산무역殖產貿易, 도덕경제道德經濟, 학술공예學術工藝, 충군애국忠君愛國' 등의 제도는 방어의 방법이라고 여겼다. 고토 신페이가 중시한 제도 철학은 쉽게 추론할 수 있다. 그는 인류 사회가 필요로 하는 '최고 주권자'인 국가가, 공중 복지를 수호해야 한다고 생각했다. 그렇다면 국가는 개인의 생리적 원만 수요를 어떻게 보장할 수 있을까? 고토 신페이는 '과학 실태조사에 기초하는 실천적 기술'이 국가와 개인을 이어준다고 믿었다(溝部英章 1976 : 62-78).

1890년, 고토 신페이는 독일에서 2년 동안 위생 제도를 시찰했다. 훗날 그는 독일이 1890년 12월에 실시한 국가 전면 조사의 자료 수집, 통계, 표 작성 방법과 격식 등을 모두 갖고 귀국한다. 1897년 에바라

5 '생리적 원만'은 고토 신페이가 정립한 개념이다. 심신 및 오관五官 등 감각지체感覺肢体의 동작, 생식生殖, 급양給養 기능을 건전하게 하고, 외부의 위협 요인을 억제하여 생활이 편안한 상태를 일컫는 말이다. 고토 신페이는 생리적 원만을 바라며 노력하는 개체의 '본능'을 '생리적 동기'라고 부른다. 정리하면, '생리적 원만'은 '건강' 개념이고 '생리적 동기'는 '본능' 개념이다. 이 책에서의 '생리적 원만' 개념에는 '생리적 동기' 개념도 포함된다. 瀧澤利行, 「明治期健康思想と社会 · 国家意識」 日本医史学雑誌 第59巻 第1号(2013) 48쪽 참조-역자

소로쿠江原素六의 '국세조사집행건의서國勢調査執行建議書'가 제9회 일본 제국 의회를 통과했다. 이후 일본은 1895년 스위스 베른의 세계통계논단世界統計論壇(World Statistics Congress)에서 승인된 기술을 기초로, 1900년부터 5년에 한 번씩 국력 조사를 진행한다. 그러나 일본은 국가 범위의 조사와 관련한 기술적 기반이 취약했다. 그래서 당시 인구 위생 문제를 주관했던 고토 신페이가 일본 인구 조사의 실질적 기획을 맡는다(鶴見祐輔 1943 : 820). 이후 1898년 고토 신페이는 대만 민정국장에 부임한다. 그리고 자국에서 발휘하지 못했던 자신의 숙련된 조사 기술과 통계 기술을 운용할 수 있는 장소를 찾아냈다. 그 장소는 고토 신페이와 아무 연고도 없었던 식민지, 대만이었다.

생물학적 통치는 생리적 원만을 국가가 대신 추구하고 담당하는 것이다. 고토는 국가의 인민 지배는 의사가 환자를 대하는 자세로 구상해야 한다고 생각했다(溝部英章 1976 : 83). 이러한 '의사-환자 관계' 식의 비유 중 가장 대표적인 사례는 1914년 고토 신페이가 회상한 그의 대만 · 만주 경험담이다. '행정의 비결은 인간의 약점을 이용하는 것이다'(後藤新平 1914 : 127). 이 말의 뜻은 다음과 같다. 약점이 있는 피통치자가 자구自救 능력이 없는 상황일 때, 통치자가 이 사실을 알게 되면 피통치자는 반드시 (통치자에게) 귀속된다. 이 명제는 식민지에서 활용되었다. 통치자가 피통치자의 생활 상태와 약점을 보고 장악한다. 이 가시可視와 장악掌握은 어느덧 (식민 통치에 대한) 동의와 (식민 통치를 부위임하는) 신탁信託으로 전화轉化한다(溝部英章 1976 : 84).

고토 신페이는 이러한 시정施政을 다음처럼 풀이했다. "우선 대만의 관습과 제도에 대한 과학적 조사 후, 민간 정서를 고려해서 통치한다."

(鶴見祐輔 1943b : 399). 승인되는 기존 식민지 자치自治 부문이 적어질수록 사회 조사는 더 많아져야 한다. 만약 식민지 고유의 관습과 제도를 파괴하면, 조사는 정책 기능을 발휘할 수 없다(村上綱実 1989 : 237). 여기서 피식민자를 존중하는 듯한 '자치'는, 사실 '조사-앎-통치'의 사유적 실천이다. 기존 관습과 제도를 남기려는 이유는 피식민지의 자치를 존중하기 때문이 아니라 더 완벽하고 정확한 통치 자료를 확보하기 위해서였다. 그래서 고토 신페이는 부임 후 인민 항쟁 진압을 즉각 중지했다. 대신 일본과 다른 풍속, 언어, 관습을 조사하며 대만에 적합할 통치 법령 제정을 준비한다. 이 준비는 1898년 이후 줄기차게 이어지는 각종 조사 사업의 밑거름이었다(溝部英章 1976 : 78).

일본은 메이지 유신 시기, 난립한 지방의 번藩을 폐기하고 중앙 정부 주도로 지방에 현縣을 설치했다. 현대 국가의 직접 통치 형태를 구축하는 과정이었다. 막부는 1867년 '대정봉환大政奉還'을 통해 정권을 천황에게 반환했고, 지방 영주들은 1869년 '판적봉환版籍奉還'으로 자신들의 토지인 영지領地와 백성인 영민領民을 천황에게 반환했다. 유신 후에 일본은 현대 통계 기술로 토지와 인구를 계산하고 장악하는 능력을 갖췄다. 나아가 이 능력을 1895년 이후 대만에서 응용했다.

2. 토지조사와 지도: 토지통치의 지식시스템

경제학자들은 일본 통치 시기 식민지 정부가 대만에서 시행한 임시 토지 조사와 인구 조사 사업이, 은닉 토지 정리에 따른 세수 증대와 자본 유동 장애물 제거 등의 성과로 이어졌다고 말한다. 정리하면, "일본 내지 자본의 대만 토지 투자를 유도할 수 있는 기초 조건을 구축했다"는 이야기다. 이 논의에 대해 야나이하라 다다오矢內原忠雄(1985 : 16-18)와 투자오옌涂照彥(1993 : 36-37)은 '자본주의의 기초 공정'이라는 부분에 동의했다. 야나이하라 다다오 등의 분석을 살펴보자. 과거 대만은 복잡하게 뒤섞인 토지 소유권 문제 때문에 '자본주의식 투자에 불리'했다. 그래서 일본은 대만의 기존 부동산 제도 조사를 통해 소유권을 현대 물권物權 개념으로 재편한다. 이로써 이후 진행될 '자본주의화'의 기초 조건이 구축됐고, 전통사회관계의 재산 이동 방해 또한 피할 수 있었다. 하지만 이 지점에서, 야나이하라 다다오는 일본 자본주의의 후진성을 감지한다. 그는 일본의 대만 점령이 '자본 발전 단계로 인한 내재적 필연성' 때문이 아니라, '서구 제국주의 간 영토 전쟁의 소용돌이' 때문에 나온 일본의 의식적 행동 때문이라고 주장했다(矢內原忠雄 1985 : 12-13).

다다오의 해석에는 내재적 모순이 있다. 그는 일본 자본주의가 식민지 확장을 필요로 하는 수준에 이르지 못했다고 주장했다. 그러면서도 대만 통치 후 자본주의의 본원적 축적이 급속하게 진행된다고 말한다. 이 사이에는 제대로 해석되지 않은 시간차가 있다. 만약 일본의 자본주의 발전이 초보적이었다면, 어떻게 대만 통치 초기부터 '자본주의의 기초 공정' 발전이 필요하다고 생각할 수 있었을까? 그래서 고토 신페이의 생물학적 통치를 제대로 논의하려면 각종 조사 사업의 의미를 궁구할 필요가 있다. 결론부터 말하자면, 조사 사업은 '자본주의의 기초 공정'이라기보다는 '공간 통치의 기초 공정'이라고 불려야 한다.

임시 토지 조사 사업의 전개

청대 대만은 토지 소유권 개념이 명확하지 않은 '업권業權(토지소유권)'을 일상적인 농경과 생활에서 사용했다. 이런 토지 사용 형태는 일본 통치 이후의 제도와 상충한다(溫豐文 1996 ; 魏家弘 1996). 앞에서 이야기한 중국의 전통적 토지 관념과 정책은 부세賦稅를 중시했다. 토지의 권리와 귀속을 명확히 하려는 노력은 없었다. 당시 지방관은 세액 증가를 꺼렸기 때문에 관할 토지를 정확하게 측정하려 시도하지 않았다. 광서光緖 11년(1885), 유명전劉銘傳이 세금 부과를 위해 토지를 정리하기 전까지 단 한 번의 대만 토지 실측도 없었을 정도였다. 어떤 일본 지방지는, 당시 토지 측정을 '유명전의 조사'라고 부를 수 있지만 동시에 청과 일본의 통치 방식 차이가 느껴진다고 적었다. 1919년 『타이베이청지臺北廳志』의 관련 기록을 살펴보자.

> 유명전의 개혁은 이전보다 진일보한 제도다. 하지만 토지 측량은 불완전하고 임대료는 불공평하다. 토지 소유권은 여전히 확정되지 못한 채 혼란한 상태에 머물렀다. 이런 상황은 각종 문제를 유발하고 농업 발달을 저해했으며, 조세 제도의 기초를 불확실하고 부정확하게 만들었다. 토지 조사는 제반 행정의 근간이다. 총독부는 근본적 해결이 필요하다고 판단했다. 따라서 메이지 31년 7월, 토지 조사 관련 규정을 공포하여 임시 대만 토지 조사국을 설립한다. 그리고 대만 전체 토지 조사를 시작했다(臺北廳 1919 : 100).

이 기록이 바로 1898년 7월 13일 대만 총독부가 공포한 율령 13호 『대만지적규칙臺灣地籍規則』과 율령 14호 『대만토지조사규칙臺灣土地調查規則』의 유래다. 이 두 율령은 임기가 절반도 지나지 않은 '고다마 겐타로-고토 신페이'의 첫 번째 대공정이다. 1898년 8월 31일, 대만 총독부는 『임시대만토지조사국臨時臺灣土地調查局』을 설립하고, 같은 해 9월 9일 타이베이 성내 지역에 『대북지국臺北支局』을 설치한다. 이로써 전 대만에 정식 토지 조사가 전개되었다(臨時臺灣土地調查局 1905). 임시 토지 조사 작업은 '조사/측량/제도'의 세 축을 중심으로, 지적 조사, 삼각 측량, 지형 조사의 세 작업과 후속 토지 신고로 구성됐다.

토지 조사의 제1단계는 1899년 시행한 지적地籍 조사다. 먼저 지적 조사의 진행 과정을 살펴보자. 먼저 대만인으로 구성한 '지방토지조사위원회地方土地調查委員會'가 가장街庄 범위를 조사하고 경계를 정해서 '견취도見取圖(형세개요도形勢概要圖)'를 제작한다. 견취도에 토지 경계선, 지목地目(토지 용도와 특성), 면적, 지주, 임차인, 토지세 및 물세 납부 대상자 등의 정보를 명기해서 토지 조사국에 제출한다. 토지 조사국 준비원은 이 견취도를 참고해서 지방관 및 촌장 등과 함께 해당 구역을 조사하고 토지 경계를 결정했다. 이 작업은 청대 시기 경계가 모호했던 가장街庄을 구체적이고 정확한 지리적 행정 단위로 만들었다. 준비원이 가장의 약도를 완성하면, 견취도 등의 자료와 함께 지방 사무관에게 제출했다. 지방 사무관과 측량 요원은 이 자료를 바탕으로 현장을 측량하고 가장 토지 조사를 완성한다. 결과가 확정되면 신고서 및 업주권증명業主權證明을 발부하여 60일 동안 공고했다. 이의가 있는 자들은 재측량 재판을 요구할 수 있었다(臺灣總督府官房文書課編 1908 : 11-12 ;

黃得時 1969 : 57-58).

측량원의 주 업무는 지면 측량과 도면 작성이다. 『대만토지조사규칙처리수지(준칙)臺灣土地調查規則處理須知』에 나온 측량원의 작업은 다음과 같다. 측량원은 매 가장街庄 구역의 토지 관련 위치를, 철도, 하천, 도로 등을 기선基線으로 삼아 경위의經緯儀로 측정한다. 그리고 평측반平測盤 혹은 삼릉나침三稜羅針을 사용하여 축필逐筆로 토지를 측량했다. 이러한 현장 토지 측량 방식으로 각 토지의 위치를 정확하게 그려냈다. 대만뿐 아니라 일본에서도 최초였다(江丙坤 1972 : 70). 토지 조사 작업으로 가장 내 토지 측량을 완성하면 원도原圖를 만든다. 이 원도를 연결한 것이 바로 장도庄圖다. 다시 장도를 연결하면, 수십 개의 가장街庄을 포함하는 보도堡圖가 만들어진다. 일본인들은 이 보도의 문제점을 발견했다. 원도와 장도를 이용해 만드는 보도는, 원도를 확장하는 과정에서 각 지역의 정확한 위치와 지역 간 거리를 정확하게 유지할 수 없었다. 그래서 육지측량부陸地測量部에 삼각 측량 지원을 요청한다(施添福 1996).

토지 조사 2단계는 1901년부터 시작한 삼각 측량이다. 이 단계는 육지측량부의 지원을 받았다. 삼각 측량은 지형 기복으로 발생하는 지도의 오차를 보완하기 위한 것이다. 삼각 측량법은 지면에 일련의 점을 정하고, 서로 연결해서 삼각형을 만든다. 그리고 한 점에서 각 방향의 수평각을 관찰한 다음, 다시 변의 길이를 측정한다. 이 변의 길이를 기선으로 삼으면 각 점의 경위도經緯度 좌표를 추산할 수 있다(盧良志 1982 : 181). 기선基線을 정할 때 필요한 일련의 삼각점은 1등, 2등, 3등으로 나뉜다. 일본 통치 시대, 대만 북부, 중부, 남부에 삼단 기선이 만들어졌다. 1932년까지 1등 삼각 본점本點 34점, 1등 삼각 보점補點 60점, 2등 삼각점 251점, 3등 삼각점 1,101점, 4등 삼각점 542점으로 총 1,988점이 지정됐다(施添福 1996).

토지 조사 3단계는 지형 조사 및 지형도 제작이다. 삼각 측량 작업을 통해 1:1,200 지적도(장도庄圖)를 완성한다. 여기서 더 중요한 작업은 이 세부 지도를 1:20,000의 지형도(보도堡圖)로 연결하는 것이다. 이 때문에 '수준측량水準測量' 진행이 필요했다. 지적도를 기초로 삼아 지형 지물 및 미측량 토지 파악으로 나아갔다.[6] 1903년부터 각종 장도庄圖의 축소 절차, 실지 측량의 토지 답사, 미측량 지역의 세부도碎部圖, 근측도根測圖, 지물측량地物測量, 지모현도地貌現圖 등을 규정하였다. 1904년, '대만보도臺灣堡圖(대만 요새 지도)'가 완성됐다. 이 지도는 식민 통치 시기, 일본이 대만 토지 전반을 파악하는 데 매우 중요한 도구였다(江丙坤 1972 : 82).

세 단계가 완성되자 일본은 토지대장과 지도를 편제하고, 각지 업주業主에게 규정에 따른 '토지 신고'를 명령했다. 정부는 토지 신고에 근거하여 토지 측량을 진행한다. 토지 측량은 대체로 다섯 개 규칙에 따라 실시되었다. (1)지반을 측량할 때 사용하는 척도는 '재才'이며, 1재는 1.3장丈(3.33m)이다. (2)토지 면적 25재의 제곱을 '갑甲', 갑의 1/10은 '분分', 1/100은 '리厘', 1/1000을 '호毫', 1/10000은 '사絲'다. (3)측량할 때는 관리와 업자 혹은 대리인이 현장에 있어야 한다. (4)지방

6 '수준측량'의 목적은 토지의 수직 거리와 해발 고도의 측정이다. 해수면은 수시로 변하기 때문에 기준면 '수준水準'을 반드시 먼저 결정해야 한다.

토지 조사 위원회가 토지 소유권자 등급 범주를 결정한다. 불만이 있으면 60일 이내에 신고申告할 수 있다. (5)미신고 토지의 소유권은 국가에 귀속된다(竹越与三郎 1905 : 209 ; 臺灣總督府官房文書課編 1908 : 12-13).

1898년 대만 총독부는 토지 조사에 300만 원, 대조大租 보상비에 1,200만 원이 소요된다는 계산 결과를 내놓았다. 총독부는 대만의 재정 독립을 도모했다. 그래서 일전에 유명전이 지주에게 징수했던 토지 측량 비용을 면제하고, 면제된 비용을 '대만사업공채臺灣事業公債'를 발행해 지불하기로 결정한다.[7] 고토 신페이의 판단이었다. 임시 토지 조사가 대만 총독부에 막대한 재정 이익을 가져다줄 것이 분명했기 때문에, 고토 신페이의 판단은 손실이 아닌 투자의 성격을 띤다.

임시 토지 조사를 진행하기 전에는 은닉 토지를 정리하면 유명전 시기 측량 결과(361,447갑甲)보다 토지가 약 20% 증가하리라 예측됐다. 하지만 1905년 조사가 끝난 결과는 그 이상이었다. 유명전 시기보다 약 100%의 토지가 증가했다. 측량 결과를 보자. 지적地籍 777,850갑甲, 토지 1,647,347필筆, 장도庄圖 37,859장, 토지대장 9,610책冊, 지세地租 명부 3,253권, 대조大租 명부 2,371책冊, 1:20,000과 1:100,000 축척으로 제작한 수백 장의 지형도 등이다. 대만의 전체 면적과 해안선 전체 길이가 역사상 최초로 명확한 통계와 숫자로 드러났다(臺灣總督府官房文書課編 1908 : 12-13 ; 陳豔紅 1987 : 72).

7 대만사업공채臺灣事業公債는 1899년 일본에게 3,500만 원을 빌려 구성됐다. 이 공채는 토지 조사와 종관철도縱貫鐵道 및 지룽항基隆港 건설 등 3대 사업에 집중 투입된다(江丙坤 1972 : 53).

측량에 기반하는 토지 자료 덕분에 대만 전체 전원田園 통계와 대조大租-소조小租 관계가 눈앞에 펼쳐졌다. 1904년 '대만사업공채'가 발행한 1,400만 원으로 대조호大租戶의 권리금을 보상했다. 이로써 '300년 동안 대만 전제田制의 근본적 문제였던 대조권大租權이 모두 사라졌다'(竹越与三郎 1905 : 439-442). 일본 토지 조사의 성공은 '공간시각화' 효과를 생성했다. 국가는 어느 토지가 누구의 소유인지를 정확하게 알게 됐고, 정부 기관의 토지 행정 집행이 가능해졌다. 또한 '일지일인一地一人', 즉 토지와 소유가 1:1로 대응하는 현대 토지 소유권 관념이 자리 잡았다. 토지의 위치와 범위가 확립됐고, 소유자와 납세자가 뚜렷해졌다. 전통 중국의 모호한 통치가 잉태한 '일전이주一田二主', 즉 하나의 토지에 소유주가 둘 혹은 그 이상인 관행이 마침내 사라졌다(江丙坤 1972 : 143).

총독부는 토지 조사 이후 소조호小租戶(간전墾佃: 1차 소작인이자 2차 임대인. 대조호의 토지를 임대해서 소작하거나 2차 임대를 함. 대조호에게 대조를 납부하고, 임차인에게 소조를 받기 때문에 소조호라고 함-역자)를 실질적인 지주로 확립한다. 이 작업을 위해 대만사업공채가 발행한 기금으로 대조호(업호業戶: 대만 개발 초기 개간 허가를 얻어 광대한 토지를 소유함. 토지를 나누어 간전을 모집 후 개간. 토지의 1차 임대인. 간전이 업호에게 내는 토지세 명칭이 대조大租라서 대조호라고도 함-역자)에게 보상을 시행했다. 또한 국가는 소유자가 없는 토지를 접수한다. 1905년 제정한 『토지등기규칙土地登記規則』으로 민법 소유권 관계가 일반 국민들의 일상까지 보급됐다. 현대적인 '토지사유제'의 기반이 만들어졌다(涂照彦 1993 : 36-37, 魏家弘 1996).

현대 소유권이 확립됐다. 이제 국가는, 소유권이 명확하고 계산 가능한 투명한 기초 위에서 토지를 사용할 수 있다. 도시 정부는 필요한 토지의 주인을 찾을 수 있고, 그 결과도 예측할 수 있게 됐다. 토지를 만질 수도, 볼 수도 없었던 제국 중국의 시대가 이렇게 저물었다.

공간 지식 패러다임의 변화

토지 조사의 결과, 지도를 통해 대만의 경계선이 보이기 시작했다. 일본 통치 시기 토지 측량을 통해 제작한 지도를 보자. 이 지도들은 삼각 측량에 기초한 '현대화법現代畫法'으로 제작됐다. 현재 기준으로는 특별할 게 없는 평범한 기법이다. 하지만 청대 대만 지도의 주 기법인 '산수화법山水畫法' 및 '계리화방법計里畫方法'과는 기술적 격차를 넘어서는 본질적 차이를 보여준다. 지도는 시각의 산물이다. 각기 다른 시대의 지도는, 공간을 바라보는 사회의 논리가 이동한 흔적을 표현하고 반영한다(若林幹夫 1996 : 11). 공간을 바라보는 능력은 곧 공간을 장악하는 힘이다. 전통 중국의 산수화법 인지 시스템은 제도자繪圖者의 '신체'가 주체다. 이 주체가 외부를 모방한다. 거기에 한정적인 지리 정보(길과 마을)를 지도에 표기했다. 바로 핍진사경식逼真寫景式 방식이다(夏黎明 1996 : 42-48). 다른 지도 표기법으로는 이정자료里程資料에 기반하는 '계리화방법計里畫方法'이 있다. 주요 지리 정보의 위치를 표기한다. 하지만 위치의 방향만 알려줄 뿐 계량 기능은 없었다. 이 두 화법 모두 삼각측량법과는 전혀 다른 시각 모델이다.

삼각 측량은 서양 르네상스의 투시도법透視圖法(perspective)에서 시작됐다. 여기서 제도자는 대상(객체) 밖에 있다. 서양식 제도법은 청나라 초기 강희康熙 연간 무렵 중국에 전해졌다. 강희 47년부터 57년까지(1708~1718), 강희 황제의 요청을 받은 구미 선교사들은 중국 전역을 측량해서 지도를 제작했다. 1714년 프랑스의 레기스J. B. Regis, 마일라Jos. de Mailla, 힌더러R. Hinderer는 함께 대만 지도를 만들었다. 1760년 청 궁정은 내 '황여전람도皇輿全覽圖' 103부를 인쇄한다. 이 지도는 1:400,000 축적으로, 경위선經緯線을 표기하고 방위를 지시했다. 최초로 현대 서양 측량 기술에 기반해 제작한 대만 지도였다(夏黎明 1996). 그러나 이 현대식 지도는 중국에서 거의 사용되지 않았다. 궁정 내실에 갇혀서 외부에 전해지지도 못했다. 당시 사회가 활용하던 시공간적 지식이, 이 지도에 내포된 시공간적 지식을 용인할 수 없었기 때문이다. 두 시대의 공간 인식 체계는 너무나 달랐다.

삼각 측량법은 현대 지도에서 기본적인 시각 모델이다. 하지만 당시 중국이 인간과 땅의 관계를 이해하는 방식과는 거리가 있었다. 그래서 중국은 삼각 측량 기술을 도입한 후에도 여전히 산수화법 및 계리화법으로 지도를 제작했다. 광서光緖 말년 육군부 측지국測地局과 경사육군측회학당京師陸軍測繪學堂이 설립되어서야, 삼각 측량법에 기반해 제작한 지도가 널리 쓰인다(盧良志 1982 : 219-220). 현존하는 청대 제작 지방지 및 보도堡圖 중 대만 지도는 대부분 산수화법을 사용해 제작됐다. 그래서 지도의 70% 이상이 약점約占 방식을 사용한 것이다. 『담신당안淡新檔案』에 삽입된 지도 대부분도 산수화법으로 제작됐다(施添福 1992 ; 夏黎明 1996 ; 夏忠平 1996).

일본 통치 시대 이후, 임시 토지 조사는 삼각 측량법으로 지도를 제작했다. 이는 단지 기술 유입과 제도 기술 발전 때문이 아니다. 오히려 공간 인지 지식에 대한 생각의 변화가 더 큰 요인이다. 삼각 측량에 기반하는 지도 제작의 관건은, 제도製圖의 주체가 제작 대상(객체)과 떨어지고 분리돼야 한다는 점이다.

서방 지도 제작 지식 시스템은 모든 이들에게 개방된다. 지도상의 모든 지역과 사물은 객관적인 공간 좌표 시스템coordinate system에 기반해 위치한다. 제도자의 주관적 인지가 개입할 틈이 없다. 이 특징을 데이비드 턴불David Turnbull은 '토착 지도에 내재한 지칭성indexibility의 부정'이라고 규정했다. 이 말의 뜻은 다음과 같다. 서양의 제도학은 순수하고 객관적이며 범용적인 표기 시스템notation system으로 위치를 측정한다. 이로써 제도자나 거주자에게 내재한 주체성과 지방감地方感, 그리고 인간과 사회 간 상호 작용 흔적을 지운다(引自伍德 1996 : 63).

전통 중국의 지도 제작 방법은 '제도자'를 지나치게 강조했다. 그래서 성내, 관청, 유학, 사원 등 '정부에 중요한 시설'이 과도 · 과대하게 표현됐다(張哲嘉 2002 ; Yee 1987). 이런 주체와 객체의 혼돈은, 앞에서 서술한 중국 통치 구조의 부정확 및 모호성과 부합한다. 『담수청지淡水廳志』에 실린 지도를 살펴보자. 산수화법과 계리화방법을 결합한 『담수청전도淡水廳全圖』, 각 보의 『분도分圖』, 죽참성竹塹城의 『청치도廳治圖』(그림 5-1), 모두 부정확하고 비현대적이며 비객관적인 전통적 지도다. 관官 관련 시설을 과장해서 표기한 『청치도』가 대표 사례다. 심지어 『담수청전도』에서는 지도를 설명하며 '정확할 필요는 없다'고 부연하기도 했다.

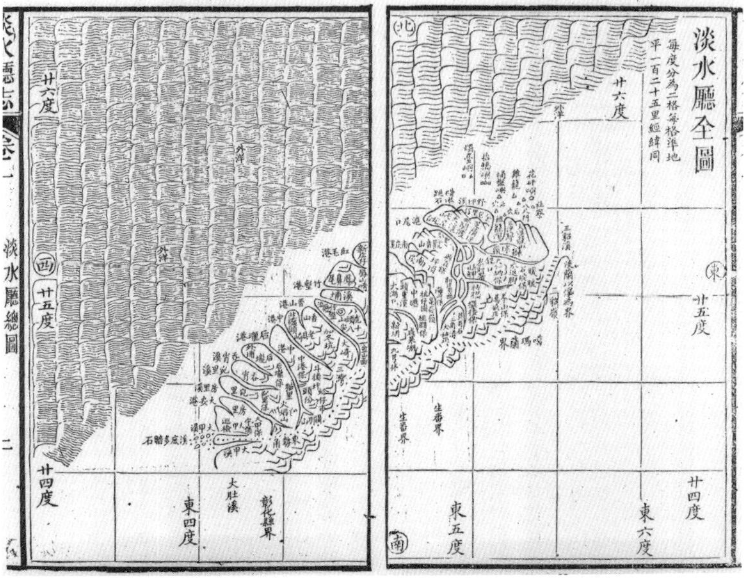

그림 5-1 『담수청지淡水廳志』에 수록된 담수청전도淡水廳全圖, 분도分圖 및 청치도廳治圖
출처: 『淡水廳志』

정일창丁日昌이 1876년에 상주한 『청속주대사전국소請速籌臺事全局疏』을 보면, 그는 이미 서구 제도의 정확성을 인지하고 있었다. 정일창은 “천주교도와 예수교도가 산으로 들어가 삽니다. 그들은 이로운 자원과 위험한 요소 모두를 깊이 알고 있습니다. 그들이 만든 대만 지도는 관청의 지도보다 더 상세하고 철저합니다”라고 적었다(臺灣銀行經濟研究室編 1971 : 80). 이러한 전통 중국의 제도製圖 지식 시스템과 일본 통치 시기 타이베이시 지도는 다르다. 제작 주체는 이제 형식과 입장을 과장하지 않았다. 제도자 자신의 관점이 아닌 객관적 방위를 기준으로 했다. 일본 통치 시기 제작된 지도 속의 도시는 이미 균질화와 시각화의 공간이었다.

정확한 지도: 대만을 책상 위에 올려놓다

1895년 대만을 접수한 후 일본 참모본부 육지측량부는 '임시지도측도부臨時測圖部'를 설치했다. 그리고 대규모 인원을 근위단과 함께 대만에 파견한다. 이들은 제1기 지형 측량 후 최소 85장의 지형도를 제작했다. 대만 역사 최초의, 완전한 비례 축척 지형도였다. 임시지도측도부가 만든 이 지도들은 대만을 통제하려는 군사 전략적 기능에 부합했다. 그래서 행정 통치 영역에는 쓰일 수 없었다. 또한 축척 역시 일본군 규격인 1:25,000과 부합하지 않았다. 이 문제를 개선하기 위해 행정 부처와 군사 부처는 1898년부터 협력을 시작했다. 실지 측량과 삼각 측량을 중심으로 하는 지도 제작 공정에 돌입한 것이다.

행정 부문의 주요 작업은 1898년 시작해서 1904년에 종결한 임시 토지 조사다. 소범위의 지적도(장도庄圖) 총 37,859장을 먼저 제작하고, 다시 지형 조사 원칙에 따라 축척 1:20,000의 지형 원도 466장을 제작했다. 이를 합쳐 '대만보도臺灣堡圖'라고 칭한다. 1905년 임시토지조사국은 '대만보도'를 참조하고 비례를 더 축소해서 축척 1:100,000의 지형 원도 36장을 만들었다. 이 지도는 '대만지도臺灣地圖'라고 불렀다.

경찰 행정警政 및 원주민 구역 행정(번정蕃政) 단위에서도 관련 작업이 이뤄졌다. 1906년 이후 2차 번지지도番地地圖를 제작했고, 1915년에는 68장의 번지지형도蕃地地形圖를 만들었다. 이후 1928년 약 100장의 대만지형도를 완성했다(施添福 1996). 군의 경우도 살펴보자. 육지측량부는 1896년에 대만 전체 측량을 시행해서 실측 결과를 얻었었다. 하지만 일본의 절차와 기준에 부합하지 못했고 축척 역시 1:50,000에 불과했다. 그래서 1909년부터 삼각 측량법을 활용해 재측량을 시행했다. 1928년 축척 1:25,000의 지형도 177장을 제작하고, 제2차 세계대전 직전 축척 1:50,000의 지형도 117장을 추가 제작했다(施添福 1996 ; 1999).

표 5-1 일본 통치 시대 실측 대만 지형도

지도명칭	축척	제작 수	실측 시기	실측 기관
대만지형도 臺灣地形圖	1:50,000	85회 이상	1895~1896년	대만임시지도측도부 臺灣臨時測圖部
대만보도 臺灣堡圖	1:2,000	466회	1904년	임시대만토지조사국 臨時臺灣土地調査局
대만지도 臺灣地圖	1:100,000	36회	1905년	대만 총독부경찰본서 臺灣總督府警察本署
대만번지지형도 臺灣蕃地地形圖	1:50,000	68회	1907~1916년	대만 총독부번무본서 臺灣總督府蕃務本署
대만지형도 臺灣地形圖	1:25,000	177회	1921~1928년	일본참모본부육지측량부 日本參謀本部陸地測量部
대만지형도 臺灣地形圖	1:50,000	117회	1924~1945년	일본참모본부육지측량부 日本參謀本部陸地測量部

출처: 施添福(1996 ; 1999) 참고로 제작

일본 통치 초기에 집중적으로 대량 생산한 실측 지도(표 5-1)에 대한 위 설명은, 사실 중앙 정부 주도로 만들어진 지도의 일부분이다. 여기에는 지방 정부 주도로 진행한 치밀하고 폭넓은 지도 제작은 포함되지 않는다.

제작 후에도 깊숙이 숨겨졌던 청대 지도와 달리, 일본 통치 시기 제작한 지도는 대부분 공개적으로 발행된다. 대만일일신보사臺灣日日新報社는 1906년 8월 5일에 『대만보도臺灣堡圖』와 『대만지도臺灣地圖』를, 다이쇼大正 및 쇼와昭和 연간에는 『번지지형도蕃地地形圖』와 두 세트의 『대만지형도臺灣地形圖』를 출판했다. 일본 통치 후기부터는 지도 제작 단위가 다원화된다. 민간 기구도 지도 제작, 발행, 인쇄가 가능해졌다. 지도가 일반 대중에게까지 널리 보급됐다(施添福 1996 ; 黃武達 2000b : 135-136).

청과 일본은 모두 '대가예보도大加蚋堡圖'를 제작했다. 이 두 지도를 비교해 보자(그림 5-2 및 그림 5-3). 유명전의 대가예보도는 실측 방식으로 그려진 가장도街庄圖다. 더 큰 범위를 다루는 보도堡圖 등의 지도를 제작할 때 사용한 방법이 중요하다. 유명전은 '길을 따라 지세를 살핀다. 각 지방관이 경내의 요새, 길과 마을, 논과 밭, 계곡을 그린다' 같은 방식을 사용했다(劉銘傳 1969 : 269). 이 방식으로 완성한 지도를 이어 붙였다. 바로 어린책식魚鱗冊式 지도다. 이미 살펴본 것처럼, 이 지도는 일본 통치 시기처럼 삼각 측량 및 지형 측량 등 정확한 개념에 따라 만들지 않았다. 유명전은 제작한 지도를 세금 부과에 활용할 수 있었지만, 넓은 구역을 한눈에 볼 수 있는 시각적 기반은 갖추지 못했다.

그렇다. 유명전 시대 제작한 지도와 일본 통치 시기 제작한 보도는 분명히 다르다. 중요한 것은 정밀함의 수준만이 아니다. 공간 인식 체계의 차이 역시 매우 중요하다. 일본이 임시 토지 조사 과정에서 형성한 수많은 삼각점과 기준선은, 대만 상공에서 관련 부서의 정밀한 지식 시스템이 작동한 결과다. 국회의원 기자였던 다케코시 요사부로竹越与三郎는 1904년과 1905년에 임시토지조사국을 참관했다. 그의 과장된 감탄은 정밀 통치 시대가 도래했다는 사실을 보여준다.

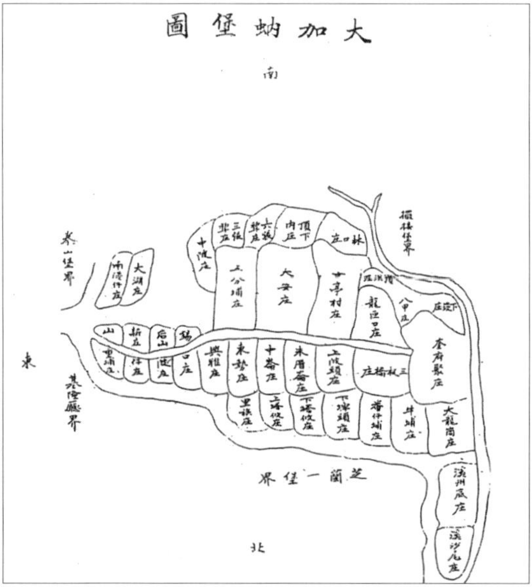

그림 5-2 유명전 시기 제작한 대가예보도大加蚋堡圖
출처:「淡水縣簡明總括圖册」

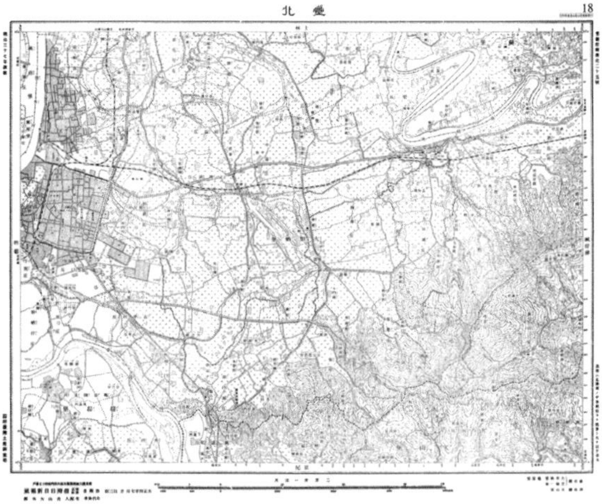

그림 5-3 1904년 일본이 실측한 대가예보도
출처: 원본은『臺灣堡圖』(臺灣總督府臨時臺灣土地調查局), 제공은 遠流出版公司

> 나는 토지조사국에 가서 지도와 토지 대장, 그리고 근무량의 방대함과 과학성을 보고 감탄을 금치 못했다. 모든 정町과 촌村은 수학 측량의 결과였다. 이는 천문학을 아우르는 선위線緯다. 모든 땅이 책상 위 지도 속에 들어가 있었다. 대만 전체에서 작은 논밭까지, 책상에 앉아서 그 면적과 위치를 모두 알 수 있다(竹越与三郎 1905 : 209).

그의 감탄은 바로 완전히 새로운 통치 형식의 등장을 뜻한다. 지도상의 점, 선, 면은 서민이 의미를 부여하고 응집하는 '장소'가 아니다. 사회 문화와 무관한 좌표 시스템 속의 '공간'일 뿐이다. 시선의 변혁을 통해 모든 공간은 기존의 의미가 사라진 상태로 모습을 드러냈다. 조사, 분석, 통계의 대상이 된 것이다. 공간은 권력 작동의 객체(또는 대상)로 새롭게 자리매김했다. 대만의 수도 타이베이는 식민지 행정과 군사적 집결의 중심지다. 동시에 대만 토지를 보고, 조사하고, 분석하고, 통계하고, 계획하는 기준이자 주체였다. 토지 공간의 조사에 이어 인구 활동의 조사가 시작됐다.

3. 호구 조사와 통계: 인간 통치의 지식 시스템

1895년 6월 대만에 상륙한 일본에 대만은 마치 '암흑' 같은 공간이었다. 일본 통치자들은 이 섬에 얼마나 많은 사람들이 어떻게 살고 있는지를 알고 싶어 했다. 메이지 유신 이후의 일본은 이미 정밀 인구 통계 작성 능력을 갖춘 상태였다. 그래서 1895년 7월 대만 총독부는 각 지방의 청廳에 호구 조사 착수를 지시한다. 하지만 당시 불안정한 치안 상황 때문에 대만 전체 동시 조사는 불가능했다. 따라서 지역별 순차 조사가 진행된다. 당연히 수도 타이베이시에서 선행 조사가 이루어졌다. 1895년 7월 7일부터 타이베이시에 제1차 호구 조사가 전개됐다. 조사 인원은 헌병과 경찰이었고, 조사 지역은 타이베이 중심 시가지인 맹갑, 대도정, 성내였다(臺灣總督府警務局編 1986b : 654).

경찰은 여전히 군사 통제 아래 있었다. 아직 행정 경찰 제도가 성립되지 않았다. 그래서 이 호구 조사 범위는 단지 현 거주 인구 등록이었다. 전출, 출생, 사망, 동태 등의 신고에는 여전히 주의를 기울이지 않았고 태만한 자세를 보였다(臺北廳 1919 : 109-111 ; 曾迺碩編 1989 : 39). 1895년 12월, 가바야마 스케노리樺山資紀 총독은 『호구규칙戶口規則』을 발표했다. 이어 1896년 대만 전체 각 청에서 호구 조사를 시작한다. 하지만 경찰은 여전히 군부의 통솔을 받고 있었다. 이 상황에서 인구 조사는 자연스레 무기 수색에 협력하면서 진행됐고, 군경軍警 부대에서 조사원을 충당했다. 이 단계는 당시 주거 인구의 고정된 숫자를 대략 확인하는 수준이었다. 당연히 분석, 정렬, 계산 가능한 동태 자료는 결여됐다. 이런 한계에도 불구하고, 총독부 민정국은 이 조사를 '각 지방청이 대략적인 호구 숫자를 파악했다'고 자평했다(臺灣總督府民政局 1896 : 18).

일본은 점령 후 1년도 지나지 않은 시점에 대략적인 대만 인구를 파악했다. 그들은 아마도 청 정권의 모호한 통치를 견디기 힘들었을 것이다. 1896년 대만 총독부 민정국의 보고서 『민정사무성적제요 제1편民政事務成績提要第1編』은 청대의 대만 통치를 '정확한 호구 조사가 부재했고, 인구와 호구 수 등에 대해서도 무지했다'고 비판했다(18항). 정확한 비판이었다. 일본의 청대 호적 제도 비판을 보면 두 시대 간 '수학적 관리'의 차이를 이해할 수 있다.

호구 조사 및 대만 인식 작업

『민정사무성적제요民政事務成績提要』 제1편은 청대 보갑이 조사하던 호적제도를 "당직자는 필요할 때만 호구를 조사한다. 평소에는 호구 제도의 필요를 무시했다. 열 가족의 생사와 이동조차 파악하지 못하는 수준이었다"고 혹평했다. 또한 청대의 보갑과 호구를 "관할 관청이 관리를 파견해서 실지 조사를 명령해도 형식적인 집행에 그쳐 아무 효과가 없었다. 심지어 보장保長은 가축비, 사료비, 조책비造冊錢 등 각종 구실로 백성의 재물을 착취한다. 힘없는 백성의 괴로움은 극에 달했다. 백성은 보갑의 장점을 알기는커녕 의심만 늘어갔다"라고 평가했다(臺灣總督府民政局 1896 : 18). 당시 일본은 자신들의 호구 조사 방식과 전통 중국의 호구 조사 방식이 판이하다는 사실을 이미 알고 있었다. 일본은 '백성이 견디지 못하는' 상황을 피하는 수준을 넘어 백성들의 자발적 참여를 유도했다. 그 결과 1896년의 호구 조사 성과를 훌쩍 뛰어넘을 수 있었다. 나아가 일종의 '현대적 규율'이라는 특수한 본질을 갖추게 됐다.

임시 토지 조사가 끝나자마자 대만 호구 제도의 대전환이 시작된다. 토지 조사를 거의 완료한 1903년 무렵, 일본은 행정 경찰 배치도 거의 완료했다. 대만 각 가장街庄에 호구 조사를 전담할 경찰 기관들을 배치한 것이다(曾迺碩編 1989 : 40). 다른 한편, 당국은 각 지방청의 정기적 호구 보고가 부정확하다는 사실을 깨달았다. 이에 고다마 겐타로 총독은 1903년에 훈령 104호 『호적조사령戶籍調査令』을 공포하고 1905년 5월에는 『임시대만호구조사부지조직장정臨時臺灣戶口調査部之組織章程』을 제정한다. 또한 같은 해 6월 『호구조사규칙戶口調査規則』을 공포하여 국력 조사 성격의 『임시대만호구조사臨時臺灣戶口調査』를 전개했다(東鄉實, 佐藤四郎 1916 : 162). 이 조사는 원래 1905년 대만과 일본 본토 동시 실시를 목표로 했지만, 러일 전쟁 때문에 대만에서만 단독 실시됐다. 이는 상당히 예외적인 조사라고 할 수 있다. 당시 일본 제국주의 세력 범위에서 최초로 실시된 전면적 인구 조사 지역이 약 300만 명의 인구를 가진 대만이었던 것이다(松田芳郎 1988 : 206).[8]

먼저 호구 조사 개념을 짚어보자. 특정 기간, 특정 지역 내의 호구를 조사하여 인구의 양적 · 질적 현황을 확보한다. 조사 결과는 행정 조치의 근거 자료로 쓸 수 있다(曾迺碩編 1989 : 67). 1905년의 『임시대만호구조사』는 법이 정한 1905년 10월 1일 0시를 기해 시행한 일차성 조사다. 대부분의 지역에서 당일 조사가 이뤄졌다. 극소수의 지역은 10월 3일에 진행한다. 원주민의 습격을 받은 번서청蕃薯廳은 10월 25일에야 조사가 완료됐다. 호적 조사의 결과는 가구 585,195호, 인구 3,039,751명, 대만인 약 298만 명, 일본인 약 5만 7천 명이었다(東鄉實, 佐藤四郎 1916 : 162). 1905년 호구 조사를 통해 고정적인 인구 총수

8 일본은 1903년부터 지역별 인구 조사를 시행한다. 최초의 조사 지역은 규슈九州의 대분정大分町이었다. 하지만 인구가 단지 4만 명에 불과했다(佐藤正広 2002 : 54-56).

를 확정할 수 있었다. 이 결과로 각 지방청과 현의 불완전한 조사 폐해를 보완하고, 추후 동태적인 인구 조사가 가능해졌다(東鄉實 · 佐藤四郎 1916 : 166).

대만 총독부는 1907년 인구 동태 조사 규칙을 제정하고, 지방 경찰 기관이 결혼, 이혼, 출생, 사산, 사망, 전출과 전입 등 6가지 항목을 포함한 '인구 동태 보고'를 담당케 했다. 총독부가 각종 표를 작게 만들어 각급 경찰 단위에 보내면, 경찰은 그 표에 각 가구의 동태를 게재한다. 이렇게 정보를 수집해서 정리한 후 상부에 보고하는 운영 방식이다. 이 방식은 신고주의와 실사實査주의를 병행한다. 인민에게 자진 신고 의무를 부여하고, 동시에 경무警務와 보갑 등의 담당자가 수시로 조사하고 순찰하여 모든 이동을 등록했다(曾迺碩編 1989 : 54). 경찰과 호구 정책의 결합이다. 국가의 호적 제도는 이제 단순한 숫자 관리를 넘어섰다. 국가의 관리는, 큰 단위로는 '가구'부터 작은 단위인 '사람'까지 깊숙하게 파고들어 갔다. 호적 제도 아래 인구 통치 시스템이 성립됐다. 이 시스템을 토지 조사와 결합해 운용한다면(인간을 공간에 연결해서 동일하게 등기하고) 인간은 '국민'이 된다. 균질한 공간에서 평준화, 삶의 획일화가 발생한다(北原糸子 1993 : 64).

일본 통치 시기 인구 조사는 인구와 호적 조사에만 그치지 않았다. 1905년의 임시 호구 조사부터 민적民籍, 성별, 연령, 가족관계, 직업, 주거, 언어, 심지어 아편 흡입 여부 항목까지 망라했다. 최적의 통치 자료가 등장한 것이다(표 5-2 참고). 일본 역사 사회학자 무라카미 쓰나미村上綱実는 "1907년 10월 제1차 임시 호구 조사 보고서가 완성됐다. 대만 현재 거주 인구 통계, 인구 정태靜態 통계, 범죄 통계, 교육 통계, 주요

표 5-2 일치 시대, 역대 인구 조사 항목

인구 전면 조사 순서	1차	2차	3차	4차	5차	6차	7차
실시 연도	1905	1910	1915	1920	1925	1930	1935
조사 항목 수	21	21	23	8	19	8	14
이름	○	○	○	○	○	○	○
가구 내 지위	○	○	○	○	○		○
종족	○	○	○	○	○	○	○
성별	○	○	○	○	○	○	○
출생 년/월/일	○	○	○	○	○	○	○
본적, 민적民籍 또는 국적	○	○	○	○	○	○	○
출생지	○	○	○		○		○
상주지	○	○	○	○	○	○	
대만에 온 연도(일본인)	○	○	○		○		○
배우자 관계	○	○	○	○	○	○	○
본업	○	○	○		○		○
본업 직위	○	○	○		○		
부업	○	○	○		○		
부업의 직위	○	○	○				
실업					○	○	
상용 언어	○	○					
상용 언어 외 언어	○	○					
일본어 보급 정도	○	○	○		○		○
일본어 가능자(대만, 중국인)			○				
대만어 가능자(일본인)			○				
소속 업종					○		○
전족자綁足者	○	○	○		○		
아편 흡입자	○	○	○				
거주 권리 관계 및 종류			○		○		
보유 재능指定技能							○
병역 관계			○				○
불구(장애) 종류	○	○	○		○		
불구(장애) 원인	○	○	○				

출처: 『臺灣第七次人口普查結果表』(頁iii), 溫振華(1986 : 12) 참고로 제작

산업(통신, 농업, 공업, 당업糖業) 등의 통계가 정비됐던 시기"라고 평가했다(村上綱実 1989 : 245).

1905년 '임시대만호구조사' 이후 1915년까지 대만 총독부는 제2차 '임시대만호구조사'를 진행했고 1920년에는 일본과 동시에 '제1차 국세(국력)조사第一次國勢調査'를 실시했다. 이후 5년 간격으로 간이 조사, 10년 간격으로 국력 조사를 시행한다. 일본이 대만 통치 기간 진행했던 일곱 차례의 대규모 인구 조사를 구분해보자. (1)1905년 임시대만호구조사, (2)1915년 임시대만호구조사, (3)1920년 제1회 대만국세조사, (4)1925년 제2회 국세조사, (5)1930년 제3회 국세조사, (6)1935년 제4회 국세조사, (7)1940년 제5회 국세조사이다(溫振華 1978 : 12). 대량의 통계 자료는 새로운 통치 기술의 대만 틈입闖入을 의미한다. 인구사학자 조지 바클레이George Barclay는 『대만의 식민과 발전臺灣的殖民與發展』 서문에서 "대만은, 완벽한 자료를 바탕으로 특정 단계의 인구 변천 과정을 연구할 수 있는 유일한 곳이다. …… 1905년부터 1943년까지 일본 통치하의 대만은 광대하고 정확한 통계 자료를 보존하고 있다"라고 말했다(Barclay 1954 : v).

이 기간에 전원田園 토지만 조사를 통해 명확히 밝혀진 게 아니다. 1899년 교토제국대학 교수 오카마쓰 산다로岡松參太郎는 임시토지조사국 경비 지출 업무뿐 아니라 상술한 '구관조사사업舊慣調査事業'을 담당했다. 1901년부터 예산을 지원받은 이 사업은 1919년에 비로소 완성된다(黃靜嘉 2002 : 132). 총독부는 대만 원주민 관련 각종 조사에 많은 일본 인류학 학자들을 투입했다. 1869년 말경부터 시작한 이노 가노리伊能嘉矩 주도의 '번정조사蕃情調査', 1899년 이후 다시로 안테이田代

安定가 주도한 '삼림조사森林調査' 등이 대표적 사례다(陳偉智 1998 : 87). 또한 1895년 『관유임야취체규칙官有林野取締規則』이 공포됐고, 그로부터 15년 뒤인 1910년부터 방대한 규모의 임야 조사도 진행됐다(周憲文 1958 : 6-7). 이때는 임시 토지 조사 및 인구 조사 공정이 마무리되는 시점이다.

일련의 토지 자료 외에도 인구 자료, 임야 자료, 구관舊慣(기존 관습과 문화) 자료, 번정蕃情(원주민 실정) 자료 등이 차곡차곡 쌓였다. 사실, 대만에 대한 일본의 이해는 더 많은 종류의 숫자 자료를 만들었다. 국공내전이 끝나고 대만으로 넘어온 국민당 정부는 일본 관청과 부서가 생산한 자료를 접수했다. 국민당은 일본이 대만을 통치한 51년 동안의 지식 시스템을 한 권으로 종합한 『통계제요統計提要』를 통해 대만의 상황을 대략 이해할 수 있었다. 무려 1,384쪽에 달하는 『대만성51년래통계제요臺灣省五十一年來統計提要』의 편찬자는 1946년 '대만성행정장관공서통계실臺灣省行政長官公署統計室'이다. 이 통계실은 1945년 국민당의 대만 정권 인수 때, '대만 총독부통계과臺灣總督府統計課'의 관련 부서였다. 국민당이 대만에 잔류한 일본 전문 인력을 고용하고 자료를 수집해 완성한 이 『제요提要』는 일본 통치 51년의 모든 업무를 망라했다. 그야말로 당시 일본 통치를 파악할 수 있는 정수였다. 『제요』의 원자료는 무려 1,207종으로 통계표(유실 자료와 기타 지방 정부 통계 자료 미포함)가 2,000개를 넘었다. 이후 양측의 인수인계를 거쳐 원자료 24종, 통계표 540개를 선별하여 편집했다.[9] 가장 기본적인 인구 자료,

9 이 24종은 다음과 같다. 천문, 토지, 인구, 행정조직, 사법, 농업, 임업, 수목水牧, 목

토지 자료, 사법 자료, 경제 자료와 더불어 예방 접종 인구, 물 사용 인구, 아편 흡입 인구 자료까지 포함한다. 국민당은 이 자료들을 통해 일본 정부가 어떻게 대만에 통계라는 이목耳目을 배치했는지를 알 수 있었다. 또한 이 통계와 도표를 보면, 일본 정권은 야오런둬姚人多(2001)가 말한 '인식대만認識臺灣'의 통치성을 수립했다. 대만은 하나의 과학적 연구 대상이자 동시에 통치의 대상이었다. 일본이 쌓아둔 통계 결과물은 국민당 정부에 넘어갔고, 다음 세대 현대 대만 통치 정권의 기반이 되었다.

먼저 주제인 '대만과 타이베이'에서 잠깐 벗어나 '통치 기술로서 통계의 사회적 의의'를 생각해보자. 현대 국가가 인민을 통제하기 위해 발전한 통계statistics는, 정치 산술political arithmetic의 방식으로 사람의 외재적 특징을 분류하고 배열하는 지식 전술이다. 국가는 권력을 국민의 신체에 투사하고자 한다. 그래서 반드시 인간 집단을 인구population로 이해해야 하고, 그 속에서 통치에 필요한 지식을 찾는다(葉啟政 2000 : 92). 미셸 푸코Michel Foucault의 책 『감시와 처벌Discipline and Punish』이 말하는 것처럼, 감시 규율이란 인간의 다양성을 불문하고 질서 유지가 가능한 기술을 확보하는 작업이다. 다른 식으로 말해보자. '생명도표生命圖表(tableaux vivants)'를 통해 번잡하고 무용하며 위험한 다중多衆(multitude)을, 질서 있고 유용한 다양체多樣體(multiplicities)로 바꾸는 통치 기술이다(Foucault 1977 : 220).

축, 광업, 공업, 노역, 상업, 재정, 전매금융, 우편, 철로, 도로, 항해업무, 교육, 위생, 구제활동, 종교 및 경비(臺灣省行政長官公署統計室編, 1994 : viii).

일본의 통계 역시 현대 통치술의 논리에 기반해서 발달했다. 일본 통치 시기 대만에 『대만통계협회臺灣統計協會』라는 학술 조직이 있었다. 이들이 1916년에 출판한 『통계행정론統計行政論』은 '통계는 국가 행정의 도구'라고 말한다. 또한 이 책은 서두에서 '통계를 결정하는 요소는 사회 제반 현상에 대한 보편 · 대량의 관찰'이라고 지적했다. 그리고 비공식적 단위의 통계를 배제하지는 않지만, 통계 기술은 보편성과 대규모(의 수집)를 요구한다고 적었다. 따라서 사실상 '통계'는 필연적으로 공적 단체(관청), 특히 국가와 밀접하게 결합한다(臺灣統計協會 1916 : 2-5).

『대만통계협회』는 중앙 및 지방 관청 구성원으로 조직됐다. 그들이 쓴 『통계행정론』에서 보이는 '통계인식론統計認識論'이 바로 푸코식 현대 권력론의 전형이다. 이런 시대에, 이런 정권에서, 이런 조직이, 이런 책을 썼다. 농익은 통치 기술이 낳은 결실이었다.

분류학과 통치술

토지 조사 이후, 국가는 '분류학' 개념의 과학기술을 통해 대만 토지에 관한 지식을 얻었다. 이로써 식민자와 피식민자 간, 뚜렷하고 고정적이며 중복되는 통제 모델이 만들어졌다.

토지 조사는 효율적인 부세賦稅로 세수를 증가시키는 역할을 한다. 하지만 토지 조사의 근본적인 의의는, 피통치자를 관찰하고 지배할 수 있는 객체로 만드는 것이다. 그래서 토지 조사 작업이 완성되면, '암흑'과도 같았던 대만 토지가 객체 공간이 된다. 1898년 9월 3일 『대만

일일신보臺灣日日新報』에 실린 '지적조사담地籍調查談'은 "이번 토지조사는 …… 정부를 위해서 시행됐다. 그 객체의 인민과 토지를 다스리기 위한 필수 조건이다. 호적과 마찬가지로 조금도 소홀할 수 없는 기본적인 사항이다"라고 기술했다.

토지 조사의 효과와 영향은 대단했다. 우선, 지적地籍 조사 구역 선정 과정에서 가장街庄(원래 취락 성격만 있는, 자연적으로 형성된 지역 단위)이 국가 체계와 긴밀하게 연결된 행정 단위로 재편됐다. 새로 만들어진 이 단위들은 삼각 측량으로 정확하게 그려지고 표현되면서 '새로운 시선'이 장악하는 단위로 탈바꿈했다. 가장은 일본 패전까지 이어진 호구 조사, 통계 분석, 국세 조사, 보갑 편제에서도 기본 단위로 사용됐다(施添福 1996).

임시 토지 조사가 전개한 '대만 인식' 작업은 통치자의 일방적 권력뿐 아니라 서민의 능동적인 참여를 유도하며 진행된다. 임시 토지 조사의 마지막 작업은 '토지신고제도土地申告制度'다. 이때 정부는 서민들을 자진 신고의 대열로 이끌었다. 토지 신고는 소유권을 확정하는 작업이면서, 동시에 자진 신고가 이뤄지지 않은 토지를 국·공유 토지로 귀속한다는 의미가 있다. 이 정책의 효과는 두 가지다. 첫째, 사유 재산 제도 확립이다. 둘째, 사유 재산에 엄격한 신고 조건을 전제해서, 토지 권리 확정 과정에서 국가의 합법적 점거를 가능하게 만든다. 이러한 약탈적 성격은 청대 유명전 시대에는 찾아볼 수 없던 것이다(江丙坤 1972 : 67).

청대의 세금 관련 토지 대장은 단지 사유권을 '확정'했을 뿐, 박탈하지 않았다. 그러나 일본의 임시 토지 조사는 달랐다. 미신고 토지, 신고가 기각된 토지, 소유주 불분명 토지 등을 국·공유 토지로 귀속하고 사유권을 박탈했다. 능동적 참여 속의 강요된 이성이었다. 이 통치성에 대한 다케코시 요사부로竹越与三郎의 해석을 보자.

> 이처럼 인민은 토지 신고를 통해 정부를 인식하게 됐다. 신고를 하지 않으면 소유권을 상실한다. 따라서 인민은 합리적인 신고를 하려고 노력한다. 때때로 이런 사업은 인민의 의혹을 불러일으킨다. 조사국은 이 점을 인지하고, 사전에 관련 문서를 배포하여 사업의 성격을 설명했다. 만일 청대 유명전이 그저 정부 수입만 늘리려고 하지 않고 토지 제도와 세법을 고쳐 인민의 편의를 도모하겠다고 널리 알렸다면, 대만 주민들은 조사 사업의 신속한 진행을 요구했으리라(竹越与三郎 1905 : 207).

강요된 이성은 피통치자의 능동적 참여라는 권력 운용으로 이어졌다. 이 방식은 토지 소유권뿐 아니라 인구 관련 통계에서도 효과를 발휘했다. 대만의 현대 시간에 관한 뤼사오리呂紹理(1998 : 55)의 논의를 살펴보자. 1915년 10월 1일, 즉 제2차 인구조사 전날 늦은 밤 대만 각지 기차역은 여행객들로 붐볐다. 이때 조사원의 심문을 받지 않는 자를 여청방余清芳(항일 운동 지도자)의 공범으로 등록한다는 소문이 퍼졌다. 인민은 자신이 반일 인사로 분류될까 봐 두려워서 자발적으로 거처에 돌아가 조사를 받았다. 권력은 특정 공간의 개체가 항상 보이기를, 그리고 자신이 언제라도 그들을 볼 수 있기를 요구한다. 통계statistics라는 용어는, '서 있는sta'과 '공간tistic'의 결합어다. 그렇다. 통계는 인구의 수만 뜻하지 않는다. 통계는 이 인구들이 공간에서 드러나기를 기대한다.

사람과 토지에 관한 모든 자료가 준비됐다. 이때 관청의 수장은 마치 '중앙의 높은 탑'에 앉은 것과 같다. 모든 것이 시선의 범위 안에 존재한다. 다케코시 요사부로는 일본이 대만에 가져온 '정확한' 통치성을 아래처럼 묘사했다.

> 나는 관리들과 함께 토지 대장을 보관하는 창고에 갔다. 민정장관이 이들에게 어떤 마을의 지도를 가져오라고 명령했다. 그러자 이들은 즉각 색인 목록을 살폈다. 곧 참모 본부가 제작한 지도와 동일한 방법으로 제작한 장촌도庄村圖를 가져와 펼쳤다. …… 논, 차밭, 어린아이가 물고기를 잡는 작은 강, 가축이 달리는 언덕과 숲. 이 모두를 정교한 삼각 측량으로 그린 지도였다. …… 여러 마을을 합친 지도도 있다. 같은 방식으로 만든 축척 1:20,000의 지도다. 연필 한 자루에, 약간의 비율을 고려해 계산하면 마을의 크기를 바로 알 수 있다. …… 대만 전체의 형세를 가만히 앉아서 본다(竹越与三郎 1905 : 209-210).

1895년 대만을 접수한 일본은 이 땅의 인문과 지리 모두 익숙하지 않았다. 당연히 새 영토의 통치 전략 역시 명확하지 않았다(王泰升 1998 : 64 ; Peattie 1984). 임시 토지 조사를 통해 비로소 통치 지식의 기초를 만들었다. 1905년 다케코시 요사부로는 '토지 조사는 토지와 유관한 일체를 포함했다. 그는 토지 조사가 없다면, 토지의 의미를 숫자로 설명할 수 없다'라고 말했다. 이 말은 일본이 만든 통치 지식 기초의 의미를 보여준다.

실측 조사를 통한 상세 지도 제작은 곧 일본이 통치에 필요한 '시선'을 대만에 배치했다는 뜻이다. 나는 이 배치를 '시각화의 논리'라고 부른다. 권력자는 공간을 추상화 논리로 지배한다. '모든 사람'이 공간에 구축했던 장소를 지운다. 이후 공간은 특수한 내재적 법칙으로 발전하면서, 구체적인 인간의 존재를 무시한다(Lefebvre 1991 : 98, 209-212 ; Gregory 1997 : 206). 인간의 장소감을 벗기고 계산과 계획을 덧대 시각화가 시작되는 순간, '현대'가 출발했다.

인구 조사와 지도의 의미를 결합해서 생각해보자. 그러면 토지 조사가 정밀한 통치로 확장되는 논리를 이용해, 새로운 통치 시각화 효과를 더 쉽게 이해할 수 있다. 민족주의를 연구한 베네딕트 앤더슨 Benedict Anderson의 말을 빌리면, 인구 조사의 특성은 '모두 그 안에 있다. 사람마다 하나다. 단 하나의 명확한 위치만 있다. 일률적인 정수整數만 있고, 분수는 없다'. 게다가 이 명확한 위치는 반드시, 지도 위에 정확히 표기될 것이다(安德森 1999 : 187). 1905년 무렵 일본은 대만에서 일종의 '지도와 인구 조사의 관계성 교류회'를 진행했다. 신식 지도는 정치적 경계를 확정하여, 인구 조사가 설계하는 범주와 실재하는 구역을 격리한다. 다르게 말해보자. 인구 조사는 특정한 인구학적 삼각 측량으로 지도의 공식 지형을 정치적으로 메꾸었다(安德森 1999 : 191).

토지 조사가 전개한 정밀한 통치 형태는, 중국 전통 통치 체계에서 볼 수 없었던 '수학적 관리' 능력에 기반했다. 토지 조사를 통해 대만 총독부는 지도로 토지를 통치할 수 있었다. 나아가 토지로 인간을 통치하는 제도를 설계해냈다. 이로써 '수학적 관리가 불가능한' 청의 시대를 뒤로하고, '수학적 관리'를 전제하는 새로운 통치 지식 시스템으로 진입했다(施添福 1996). 도시 계획이 가능했던 이유, 그리고 세 개의 시가지를 하나의 도시로 합칠 수 있었던 이유는 바로 1900년에 전개됐던 권력 사업 때문이었다.

4. 정밀한 통치: 1905년과 1932년의 통치성

공간 통치 기초 공정은, 인구학자 바클레이Barclay의 말처럼 1900년부터 1910년까지 빠르게 진행됐다. 대략 이 10년 동안 일본은 토지, 인구, 호적 등을 조사했다. 이 조사를 통해 대만을 통제하는 일본의 역량이 대만 구석구석 펴져나갔다(Barclay 1954). 현대 행정 경찰 제도 수립, 통계 기반 구축, 구시가 포함 시구 계획, 모두 이 10년 사이의 일이다. 1909년에는 총독부연구소總督府研究所도 세워졌다. 상술한 내용은 이 시기의 중요성을 잘 보여준다.[10]

1905년 전후의 타이베이 도시 공간 계획은 역사적 우연이나 하늘의 의지 때문에 시작된 게 아니다. 오히려 대만 사회 구조의 다면성 중 한 단면, 혹은 다른 형태의 동일한 구조가 빚어낸 한 형태다. 도시 건설로 초점을 돌려 조사와 통계 사업의 관계를 살펴보자. 공간균질화와

10 총독부연구소는 당시 모든 식산조사사권殖產調查事權을 통일한 기구로, 대만 총독부에 설치됐다. 1921년에 중앙연구소中央研究所로 확대 편성됐고, 산하 농업, 공업, 임업, 위생 4부를 관할하여 대만의 모든 조사를 관장했다(堀内次雄 1935 : 44-45).

시각화의 작동, 그리고 현대 도시 공간의 통치적 의미를 더 잘 이해할 수 있다.

총독부는 임시 토지 및 임시 호구조사 자료(지적 자료, 실측 지도, 인구 통계의 각종 성과 포함)를 지방 정부에 교부했다. 각급 지방 정부가 지역사회를 통제할 수 있게 기본적인 수치 자료를 제공한 것이다. 1905년 3월 말, 임시도조국臨時土調局은 해당 단계의 임무를 완수했다. 타이베이청도 토지 대장과 대량의 지도를 받아서(臺北市役所編 1940 : 170), 타이베이를 계획하고 통치하기 위한 기준 자료로 삼았다.

임시토조국의 지도가 행정 기관에 교부되자 지도 제작에 뛰어드는 단위가 늘어났다. 군사와 경찰 부문뿐 아니라 민정국 경찰본서警察本署, 식산국殖產局, 각 청현廳縣의 토목 부문 또한 측량 및 지도 제작 대열에 합류한다. 그들은 각자 용도에 따라 서로 다른 지도를 제작했다. 타이베이시의 경우, 각 단위가 제작한 시구 계획 및 시구 개정 등의 시가도市街圖를 활용한다. 이로써 도시 계획 단위를 실천적으로 운용할 수 있었다(黃武達 2000b : 135-136).

1905년 시구 계획, 토지 조사를 수반하다

앞장에서 서술한 것처럼, 타이베이 도시 건설은 초기 공공 위생 정비 후 1900년의 『대북성내시구계획臺北城內市區計畫』부터 실질적인 계획에 진입했다. 1901년 『대북성외남방시구계획臺北城外南方市區計畫』 때 도시 계획의 영역이 성내 범위를 넘어섰다. 나아가 1905년의 『대북시구개정계획臺北市區改正計畫』 시기, 맹갑과 대도정이 도시 계획 범위에 포함됐다.

타이베이는 '하나의 도시'라는 새로운 역사적 단계에 진입했다.

일치 초기의 조사들을 되돌아보자. 1903년, 타이베이는 임시 토지 조사와 호구 조사의 성과를 기초로 호구 조사부調査簿를 완성했다. 1905년부터 경찰 기구는 인구 동태 감독을 시작한다. 『토지등기규칙土地登記規則』에 근거한 토지 및 건축물 등기 역시 이때부터 시행됐다. 한편 '대북시구계획위원회臺北市區計畫委員會'는 기존 토지 조사와 구시가지(맹갑과 대도정)의 인구, 지적地籍, 상업 등 영역에 대한 조사를 병행했다. 이 조사는 1904년 완성됐다(臺灣總督府民政局 1905 : 200). 그렇다. 1905년 전후는 토지와 인구를 파악하기 위한 기초 공정과 행정을 집중적으로 수행한 시기다. 그리고 1905년 10월 7일, 타이베이청이 공고한 제200호 『대북시구개정계획』이 타이베이를 '하나의 도시'로 만들었다. '공간 통치의 기초 공정'이라는 시간적 흐름을 보면, 타이베이 도시 계획은 결코 우연의 산물이 아니다. 인구와 토지를 계산해낼 수 있는 능력을 구축했기 때문에, 도시 계획을 집행할 수 있었다. 타이베이의 세 시가지는 역사적으로 연결되면서 동시에 분리되는, 특수한 관계였다. 이 '세 거리'는 『대북시구개정계획』을 통해 하나의 시市 단위로 새로이 정비되고 결합했다.

지면紙面에서 진행한 재편 작업 외에도, 세 거리를 연결해 하나의 도시라는 구체적인 계획으로 만든 요소가 있다. 바로 하나의 도시를 만들기 위한 구체적인 실행 방안이었다. 첫째는 연결 작업이다. 도로를 구시가지에 연결한다. 이때 너비가 서로 다른 일곱 개의 규범 지역 도로를 표준으로 삼는다. 중요도에 따라 서로 다른 너비의 도로를 개통한다. 아울러 성내를 중심으로 외부로 뻗어 나가는 22리里

(약 86km) 도로 건설을 계획했다. 가장 중요한 노선은 성내 동서남북과 외부를 연결하는 간선 도로였다.[11] 두 번째는 장애물 제거다. 세 거리 사이의 지리적 장벽을 제거하는 작업이다. 이 작업은 두 개 항목으로 진행됐다. 첫째, 성벽을 허물고 그 자리에 산보 도로(삼선도로)를 만들어서 기존의 물리적 장벽을 완전히 없앴다. 둘째, 저지대를 매립한다. 맹갑 북쪽과 대도정이 맞닿는 지역은 물이 고이는 저지대였다. 원래 계획은 선박장을 만들어 단수이강에 보호용 제방을 쌓으려 했다. 흙으로 메운 후 도로를 건설했다(黃武達 1997 : 84).

이 두 계획이 집행되고 세 거리의 격리 상태가 자연적, 물리적으로 소멸됐다. '1905년 대북시구계획' 관련 지도를 보면, '하나의 타이베이시'의 원형을 가늠할 수 있다(그림 5-4 및 그림 5-5). '성벽을 허물'고 '저지대를 메운' 두 공정은, 일본 통치 초기 진행한 공중위생 사업의 결과이기도 하다. 일본은 성벽이 시야를 막고 저지대에 비위생 요소가 잠복한다는 사실을 발견했다. 물론, 발견이 곧 해결을 뜻하지 않는다. 도시 당국이 계산 능력(토지와 인구 계산)이 있어야 한다. 그제야 도시는 진정한 정비의 대상이 된다. 이제 성벽 해체와 저지대 매립이 '하나의 도시'에서 갖는 의의를 설명하겠다.

11 여기서 '리里'는 일본의 전통 계량 단위로, 1리는 약 3.9273km이다.

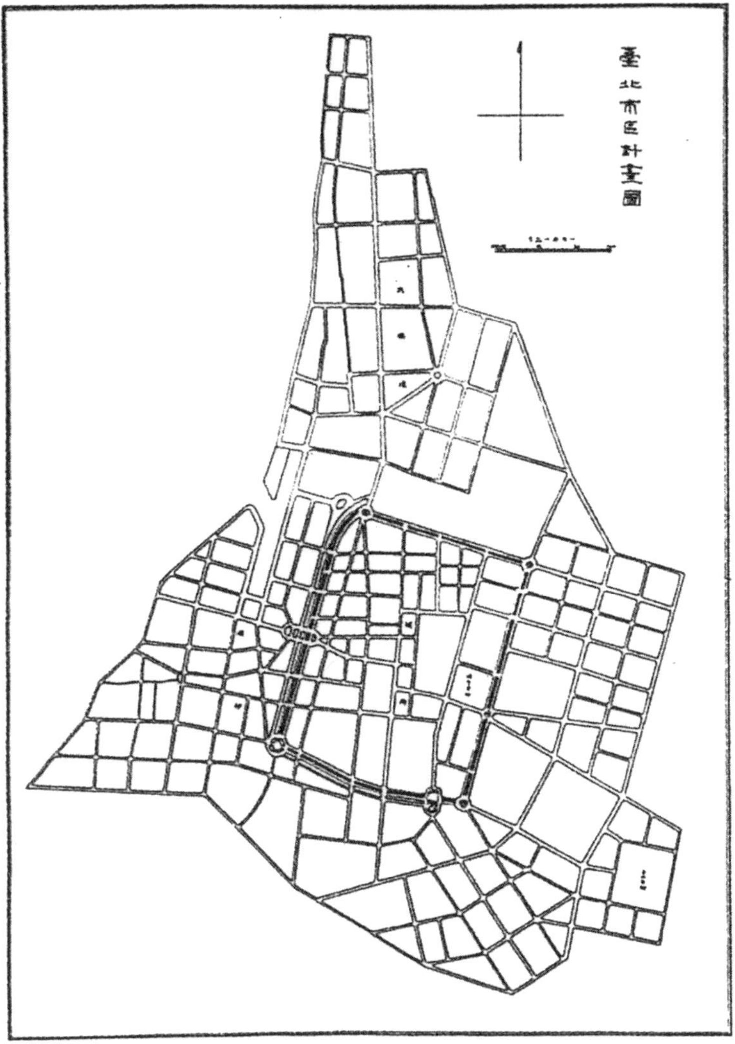

그림 5-4 1905년 대북시구계획도臺北市區計畫圖
출처: 원본은 「臺北廳告示第200號」, 『臺北縣報第425號』,
인용은 黃武達, 『日治時代臺北市之近代都市計畫』 83쪽

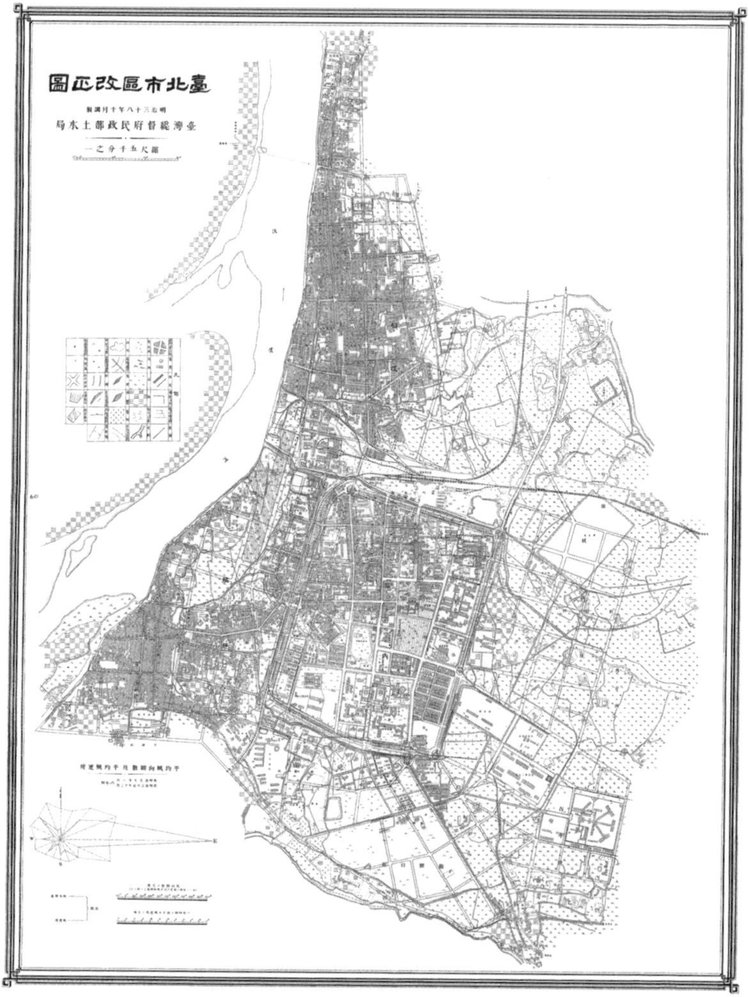

그림 5-5 1905년 대북시구개정도臺北市區改正圖
출처: 「市區計畫擴張圖」(臺灣總督府民政局土木課), 南天書局

보이면 손댄다: 도시에서 집도한 전격적 외과수술

청대, 구시대 성벽은 '권력의 용기'였다. 하지만 일본 통치자 눈에는, 흐름을 막고 통치를 방해하는 장애물에 불과했다. 총독부는 1898년 '타이베이-타오위안桃園' 철도 노선을 계획할 때 성벽의 존재 가치를 고민했었다. 계획이 제시한 노선은 맹갑을 거쳐 강을 건너 반교板橋에 닿았다. 이때 타이베이 성벽은 골칫거리로 전락했다. 하지만 1900년의 『대북성내시구계획臺北城內市區計畫』 시기만 해도 성벽 제거 계획은 보이지 않았다. 오히려 성벽 서쪽 구간을 따라 레일을 깔고, 대도정에 주차장을 지으려 했다. 그러나 1903년에 철도의 새 노선 개설 정책이 입안되면서 상황이 달라졌다. 새 노선 건설에 필요한 철도 용지에 성벽이 포함됐기 때문이다. 성벽 철거 논의가 본격화됐다(臺灣總督府民政局 1905 : 208).

1905년 『대북시구개정계획臺北市區改正計畫』에 성벽 철거와 도로 신축 관련 내용이 담겼다. 하지만 성벽은 계획이 공포되기 전인 1904년부터 철거 중이었다. 1910년에 전체 성벽 철거가 완료됐다. 성벽에는 원래 다섯 곳의 보루식堡壘式 성문이 있었다. 먼저 철거된 서문은 역사의 재가 됐다(성문 옛터에는 비석 하나만 덩그러니 남아 있다). 나머지 동문, 남문, 소남문, 북문은 기념 공간으로 남겨졌다. 타원형橢圓形의 공원이 성문을 둘러 원형식 정경을 이룬다. 원래 성벽 자리는 넓은 도로로 변했다. 도로의 폭은 당시 단위로 25간間에서 40간 정도로, 미터법으로 환산하면 45.5m에서 72.7m다. 새 도로의 중앙은 차도이며 양쪽에 각각 3m의 녹지대를 설치했다. 세 개 도로로 구역이 나뉘었

그림 5-6 성벽 철거 후 신축한 삼선도로
출처: 사진은 國家圖書館 소장, 인용은 『臺灣記憶—日治時期臺灣圖像寫真』 資料庫

기 때문에 '삼선도로三線道路'라는 이름이 붙여졌다(徐裕健 1992 : 95-97). 성벽을 무너뜨리고 건설한 이 넓은 도로는, 여전히 현재 타이베이시 중심을 가르는 네 개의 도로로 기능한다. 이를 당시 성벽 위치에 따라 분별하면 (동성원東城垣) 중산난로中山南路, (남성원南城垣) 아이궈시로愛國西路, (서성원西城垣) 중화로中華路, (북성원北城垣) 충샤오시로忠孝西路다.

삼선도로가 완성되면서 타이베이의 '블록'이 더 뚜렷해졌다. 계획한 도로망은 물리적 장애 없이 도시 중심에서 맹갑과 대도정으로 뻗었다. 서구의 바둑판식 도시 계획이 '하나의 타이베이'를 만들어나갔다. 공중위생을 기초로 하는 도시 계획에 공원을 연이어 배치했다. 1913년 이후부터 삼선도로 일대에 가로수를 더 심었다. 삼선도로는 타이베이 녹화綠化의 기본 경관이었다(臺北市役所編 1940 : 621-622).[12]

전통적인 타이베이 시가지의 거리는 혼잡하고 비좁았다. 삼선도로는 공간 개념의 대전환이다. 예전 성벽에 어른거렸던 어둠은 아름다움과 낭만으로 대체됐다. 삼선도로를 예찬한 1930년대의 수많은 명곡이 지금까지 전해진다. 이 중 가장 유명한 노래는 1933년 주첨왕周添旺이 작사하고 등우현鄧雨賢이 작곡한 '월야수月夜愁'다. "달빛이 삼선로를 비추고, 바람은 살랑거리며 불어온다. 기다리는 사람아, 어떤 미래야, 마음은 의뭉스럽고, 아무것도 떠오르지 않으니, 그 사람아, 아, …… 원망하고 원망하네"라는 가사에서 짙은 연모를 느낄 수 있다. 1937년 진달유陳達儒가 작사하고 임면융林綿隆이 작곡한 '삼선로三線路'는 "삼선로의 달이 둥글다. 사랑이 달콤하고 달이 가득한 첫사랑의 그때, 꽃이 활짝 피어올라 설렌다. 아, 사랑은 달고도 쓰다"처럼 달달한 연정의 마음을 전달한다. 같은 땅에서 완전히 다른 정서가 피어올랐다. 군대가 주둔하고 포화로 스산하던 성벽이 완전히 사라졌다.

삼선도로는 성벽을 대체하는 무형의 기호로 자리 잡았다. 성문과 성벽의 역할도 달라졌다. 성벽 철거 전의 성문은 유동의 출입구였고, 성벽은 유동을 막는 실재하는 장애물이었다. 하지만 성벽 철거 후 성문은 도로 옆 패방牌坊(문짝이 없는 문), 즉 고정된 하나의 점이 됐고 삼선도로는 유동을 담당하는 핵심 간선 도로가 됐다. 이러한 단점端點 도

12 삼선도로를 설계한 총독부 기사 오쓰지 구니요시尾辻国吉에 따르면(1941), 삼선로三線路 개념의 모델은 독일 연방의 라이프치히 산책로였다. 유럽풍 거리 형식이 일본 도시 설계자에게 미친 영향이 엿보인다.

로 구조는 '공간시각화'를 촉진하고 '가시성可見性'으로 작동하는 권력 앞에 도시를 더 많이 노출한다. 오스만의 파리 정비 사업을 보면, 이러한 도시 공간 개조는 모종의 의학적 시각의 형태와 유사하다.

오스만이 파리 도시 계획 당시 정부 선전宣傳의 핵심 어휘였던 '관통打通, 개복剖腹, 천공穿破'은 모두 외과 수술 용어다(謝偉勳 2000 : 6). 일본 학자 도미나가 시게키富永茂樹(1977)는 오스만의 도시 계획과 정비를 '암흑에 대한 외과수술'이라고 묘사했다(轉引自吉見俊哉 1992 : 95). 도시 계획 지식 기초는 시각화에 기인하는 '가견성可見性', 즉 볼 수 있는 힘에서 나온다. 이는 상술한 고토 신페이의 '생물학적 원리'와 매우 유사하다.

의사가 환자를 다루는 태도로 공간을 처리한다면, 당연히 자발성이 아닌 지도성指導性에 기반하는 작업이 된다. 시가지와 취락 공간은 의미의 역사 구축을 통해 '장소'로 변한다. 이 장소에 각 지점과 구간이 모이고 교류했다. 그러나 국가는 통치를 위해 시선으로 지역을 관통하려 든다. 이를 위해 장소의 의미는 지워져야 하고, 공간의 차이는 사라져야 하며, 기존의 이질성은 잊혀야 한다. '이제 성의 주민은 고향에서 편안함을 느낄 수 없다. 그들은 대도시의 비인간적 속성을 인식하기 시작했다'(班雅明 1998 : 112). 프랑스 좌파 사회학자 앙리 르페브르Henri Lefebvre는 오스만의 도시 계획을 '도시를 기관총으로 쓸어버렸다'고 평가하며 분노를 드러냈다. 앙리 르페브르는 국가의 공간균질화 작업이 국가가 인민을 돈과 권력으로 유린하고 총살한 것과 다름없다고 생각했다.

오스만의 파리 정비 과정에서 두 개의 도로가 파리를 종횡무진 가로질렀다. 리볼리가Rue de Rivoli와 생 미쉘대로Boulevard Saint-Michel는 방사형으로 뻗쳐나갔다. 사각지대는 존재하지 않았다. 광장과 조각상, 기념비가 우수수 등장한다. 상상 속에만 존재하던 성인도 실체화됐다. 동시에 초월적인 시선을 만들어서 이 기념비적인 지역을 모두 시선 안에 담았다. 원래 드넓은 도시에서 복잡하게 교차하던 무수한 시선들, 중심 없는 시선들, 혼란스러운 시선들을 질서 있는 시선으로 변화시킨 것이다. 이로써 도시는 균질화와 장소화場所化를 전개할 수 있었다. 도시에서 권력의 시선이 방사형으로 뻗어나가며 질서가 재구축됐다(若林幹夫 1992 : 211-218).

성벽 철거, 삼선도로 확장, 그리고 성문 유적을 원환단경공원圓環端景公園으로 만든 작업은 모두 오스만이 구축한 질서 있는 단점端點의 의미와 유사하다. 그렇다면 조각상과 기념비는? 마찬가지다. 전통 중국 건축에서 찾아보기 힘들었던 조각상과 기념비는 도시 시선이 정비되면서 타이베이 거리에 등장했다. 대만의 첫 번째 공공 조각상은 1903년 타이베이시 타이베이 공원에 세워졌다. 고토 신페이가 초대 민정국장 미즈노 준水野遵을 기념하려고 설치한 것이다. 미즈노 준 동상 설립 이후부터 1940년까지 타이베이 시내에 14개의 조각상과 13개의 기념비를 더 설치한다. 이처럼 고개를 들어 우러러봐야 하는 공공 건축물이 타이베이 곳곳에 세워졌다(臺北市役所編 1940 : 850-853). 일본 통치 중기부터는 다량의 관공서 건물이 들어섰다. 이 모두 동상 및 원환圓環(로터리)과 함께 도시 시선의 단점端點이 됐다. 대만 총독부가 가장 대표적인 사례다.

표 5-3 일본 통치 시기 타이베이 시내에 설치한 동상 목록

연도	동상 명칭	설치 위치	기념 사유
1903년	미즈노 준水野遵 동상	원산공원圓山公園	민정장관 초임
1906년	고다마 겐타로兒玉源太郞 동상	대북공원臺北公園	제4대 총독
1910년	하세가와 긴스케長谷川謹介 동상	철도여관 문 앞	철도 부장
1911년	고토 신페이後藤新平 동상	대북공원臺北公園	제3대 민정장관
1911년	이와이 다쓰미祝辰巳 동상	시먼딩西門町 타원공원橢圓公園	제4대 민정장관
1913년	오시마 구마지大島久滿次 동상	주청전州廳前 삼선도로	제5대 민정징관
1916년	후지네 요시하루藤根吉春 동상	농사 시험장試驗所	초대 농업시험장 책임자
1917년	후오리フオリ 동상	임업 시험장	프랑스 식물 채집가
1918년	야규 가즈요시柳生一義 동상	대북공원臺北公園	대만은행 은행장
1919년	바루톤バルトン 동상	대북수원지臺北水源地	대만 수도 설계자
1930년	미사와 다다스三澤糾, みさわただす 동상	대북고등학교臺北高校 교정	초대 대북고등학교 교장
1933년	후나코시 쿠라요시船越倉吉 동상	원산공원圓山公園	제2대 대북소방국장
1935년	가바야마 스케노리樺山資紀 동상	총독부 현관	초대 대만 총독

출처: 『臺北市政二十年史』(850-851쪽)

초대 총독 가바야마 스케노리樺山資紀부터 역대 대만 총독들은 청대 대만 순무巡撫가 체재했던 관청 건물(지금의 중산당中山堂)을 임시 사무소로 썼다. 대만은 4대 총독 고다마 겐타로 시대가 돼서야 총독부 청사 건축을 추진한다. 1900년 『대북성내시구계획臺北城內市區計畫』에서 선정한 총독부의 위치는 네 개의 주요 성문으로 뻗는 도로의 교차점

그림 5-7 타이베이시 중심부의 대만 총독부
출처: 南天書局

이었다. 북문가北門街, 서문가西門街, 남문가南門街, 동문가東門街로 둘러싸인 블록이다. 총독부 건축 설계는 공개적인 도면 공모(1906년과 1907년)를 통해 나가노 우헤이지長野宇平治 작품으로 결정됐다. 총독부는 나가노 설계의 평면 배치와 기능 배치에 동의했다. 하지만 이 설계도를 1910년 도쿄로 보내서 심사한 후 수정한다. 6층 높이의 탑 모양 건물이었던 중앙부를 9층 높이로 바꿔서 건물에 위엄과 기세를 더한 것이다. 총독부 공사는 1912년 6월에 시작해서 1919년 3월에 끝났다(溫振華 1986 : 83-84).

총독부는 시내 중심에 자리를 잡았다. 특별히 높게 지은 중앙 건물에서는 타이베이시 각지의 탑을 모두 조망할 수 있었다. 다만 짚고 넘어갈 것은 고층 건물로 위엄을 조성하는 형식은 일본의 고유 건축 양식이 아니라는 것이다. 일본은 유럽의 종교 건축에서 이 점을 학습했고, 그 내용을 식민지에 복사複寫했다. 이 방식은 일본의 다른 식민지에서도 재현됐다. 조선 총독부, 대련 민정서民政署, 그리고 일시 점령했던 홍콩 총독부가 주요 사례다(橋谷弘 2004 : 112-116). 식민지 도시 관청 건물을 고층의 탑 형식으로 설계한 이유는 '시선의 확장'을 통해 질서 있는 방사형 시각 효과를 구축하기 위해서다. 이로써 성내에 분포한 조각상, 기념비와 함께 명확한 질서의 기점을 구성했다.

타이베이 도시 정비 초기, 도로의 구획과 도로 폭 확대는 시각화 효과로 이어졌다. 이후 도시 곳곳에 동상과 총독부처럼 위엄을 강조하는 건축물들이 가득 들어섰다. 도시는 '현대 통치'의 시선이 작동하는 논리와 형식에 갈수록 부합해갔다. 타이베이 거리 곳곳에 계속해서 만들어진 기념물과 건축물의 교차는, 무형의 '공간시각화' 효과로 이어졌고, 통치의 탄탄한 토대가 됐다.

맹갑艋舺의 저지대 매립, 토지 재계획의 기본 훈련

공간시각화의 논리에 따른 '비위생 요소 추방' 작업 역시 소홀하지 않았다. 1905년, 마침내 타이베이시에서 가장 심각한 상태의 저지대를 제거한다.

'맹갑 저지대'는 맹갑 북쪽, 대도정 남쪽 일대다. 단수이강 기슭으로 넓은 저지대가 펼쳐져 있었다. 세 거리가 단절됐던 시기에는 다들 저지대를 꺼릴 뿐 크게 신경 쓰지 않았다. 그 움푹 팬 땅 위에 약 5,000

명의 사람(1,300가구)이 거주했다(朱萬里 1954 : 165). 이 저지대의 평균 해발고도는 8척尺 4촌寸(2.48m)으로, 타이베이 시가지보다 약 4m 낮았고 항상 물이 고여 있었다. 맹갑과 대도정을 가로막는 자연 장벽이었던 셈이다. 게다가 더럽고 무용해서 버려진 땅이었다. 1905년의 시구개정 계획은 맹갑 저지대를 타이베이시 평균 해발 높이(21척: 6.36m)까지 메우려 했다(黃武達 1997 : 86).

1905년 『맹갑와지전평계획艋舺窪地填平計畫』은 오랫동안 버려져 있었던 이 땅을 선착장 예정지로 구상했다. 하지만 1913년 이후 이 계획은 변경된다. 1913년의 『맹갑저지매립계획艋舺低地埋立計畫』을 통해 더 적극적인 개발을 추진하게 됐다(川井田幸五郎 1919). 1913년 타이베이청 토목부土木股가 이 일대를 측량한다. 정확한 소유권 구분 아래에서 계산한 매립토지 면적은 총 112,906평坪으로 철도부, 민정부, 공공 단체, 민간 소유 및 도로 용지에 귀속돼 있었다. 매립에 필요한 흙은 도합 146,429m³였다. 원래 사기업에 매립을 위탁할 예정이었으나 순조롭게 진행되지 않았다. 정부도 편성할 예산이 부족했다. 이후 절충안을 만들어 지주와 청부업자가 계약하고, 타이베이청이 중간에서 매립에 필요한 흙을 도맡기로 한다. 또한 토장土場(공사에 필요한 흙을 파내는 곳)과 공사장을 잇는 철도를 부설하고 공사에 필요한 차량을 구매했다. 매립 공사는 1914년 7월 착공하여 1917년 5월 완공된다(朱萬里 1954 : 167).

땅을 메우자 예전 모습은 완전히 사라졌다. 물론 예전으로 돌아갈 필요도 없었다. 당국은 재개발 계획을 세웠다. 34개 블록으로 구역을 나누고, 각 블록 사이에 두 칸 반(약 4.5m)의 보조 도로를 설치했다. 옛 건축물이 있었던 땅은 도로 용지로 남겨뒀다가 이후 도시 정비 때 도로를 지었다. 1918년 1월 지주의 동의를 받아 토지 측량을 해서, 같은 해 4월에 끝냈다. 측량이 끝난 후 토지 보상 관련 수속을 마무리 지었다(朱萬里 1954 : 168).

이 공사는 세 거리 사이에 놓여 있던 자연 장벽을 무너뜨렸을 뿐 아니라 도시 활동 공간을 맞물리게 했다. 도시에서 가장 불결한 곳이 사라졌다. 더 중요한 점은 이 공사가 제1차 '토지중획土地重畫(토지 재계획)' 훈련이었다는 사실이다. 토지 재계획은 각 공간의 재분배 과정에 정부가 총체적으로 개입하는 능력을 보여준다는 의의가 있다. 맹갑 저지대 매립 및 재계획은 그저 작은 구역의 재계획이었지만, 이후 국가의 공간 정책에 새로운 규준으로 자리매김했다. 국가 역량의 도시 생활 개입은 곧잘 과학적 관료의 작업 내용이 됐다.

일본의 도시 개조 사업 과정은 특수한 역행의 경험이다. 일본은 메이지 유신 때 기술과 지식을 도입하면서 동시에 식민지를 확장했다. 이 시기 일본의 많은 경험은 배우면서 실험하는 '후진적 선진국가'라는 특수한 역사 과정이었다. 다음의 사례를 보자. 일본은 다이쇼 시대(1912~1926) 이후 도시 인구가 급증하면서부터 비로소 도시 문제를 중시하기 시작했다. 이때 일본은 이미 대만, 만주, 조선 등의 식민지를 보유하고 있었다. 이 식민지들은 일본이 본국 문제를 처리하는 실험실이 됐다.

일본 도시사학자 고시자와 아키라越沢明의 지적처럼 일본의 도시 계획은 식민지에서 먼저 시작됐다. 그 이유는 두 가지다. 첫째, 개발에 의한 통치를 도모했다. 식민지는 모두 산업 발전이 낙후한 지역이었고,

개발로만 실질적인 지배 이익을 얻을 수 있었다. 둘째, 일본 관료는 식민지를 신기술과 신제도의 실험장으로 삼았다. 식민지에서의 실험을 거친 기술과 제도를 일본 내지에 시행하는 방식이다. 도시 계획과 국토 계획 및 철도나 제방 같은 자본 축적을 부르는 정비와 건설 모두, 식민지 경험이 일본으로 회류回流한 사례다(越沢明 1993 : 183). 식민지 도시 타이베이의 도시 계획이 '국가화, 전문화' 흐름으로 진행된 데는 이러한 역사적 맥락이 있었다.

일단 시구 계획 위원회의 멤버 조합을 보자. 대만 도시 계획학자 황우다黃武達(1997)는 타이베이 도시 계획의 각 단계를 분석하여 국가의 도시 계획 개입 정도를 추적했다. 황우다의 연구 결과에 따르면, 1910년 전후로 현저한 차이가 보인다.

1895년부터 1910년까지 타이베이 시구 계획의 초기 단계는 지방 관청(타이베이현/타이베이청) 주도로 진행된다. 1897년 4월 26일 설립한 '대북시구계획위원회臺北市區計畫委員會'는 '타이베이의 구역 구획, 도로 결정, 위생 시설의 전면 설계'를 관장했다. 총독부 민정국장(위원장 겸임), 민정국 관원 8명과 군사국 관원 4명, 타이베이현청 관원 2명으로 공동 구성됐다. 1898년부터 계획위원회 구성은 점점 지방 관청을 중심으로 이뤄진다. 위원장은 대만 총독이 임명하는 형식을 띠었지만, 사실상 타이베이현지사가 위원장을 맡았다. 이 시기 지방 관청의 도시 장악력은 상대적으로 강성했다. 정리하면 1910년 이전 타이베이 시구 계획은 대체로 지방 정부, 특히 타이베이현(청)이 실질적인 주도한 것이다. 대만 총독에게 최종 결정권이 있었지만 보통은 지방 정부가 도시 정비를 집행하고 감독했다.

그러나 1910년 이후 도시 계획의 권한과 책임 담당이 크게 달라졌다. 지방 정부가 관할하던 '대북시시구계획위원회'가 폐지됐다. 동시에 대만 총독부 주도로 '대만총독부시구계획위원회臺灣總督府市區計畫委員會'를 설립한다. 도시 계획의 집행 단위가 지방 정부에서 '국가급' 단위로 제고된 것이다. 이는 도시 계획이 '국토' 계획의 수준으로 격상됐다는 뜻이기도 하다. 1910년 설립한 '대만 총독부시구계획위원회'의 위원장은 저명한 총독부 토목기사 나가오 한페이長尾半平였다. 위원 11명에는 총독부 고위 관료 5명, 총독부 기사 2명, 토목부 기사 3명, 철도부 기사 1명이 포함됐다. 정책 결정은 회의를 통한 합의제였지만, 최종 심의가 필요한 안건은 총독이 직접 결재한다. 제안은 전문 기술 관료에 위임하고, 결정권은 중앙의 수장이 맡는 새로운 추세였다. 대만 도시 계획은 전대미문의 중앙 집권적 성격과 과학 전문적 성격을 띠었다(石田賴房 1992 ; 張景森, 1991).

1936년 '대만도시계획령臺灣都市計畫令'을 발표한 후 총독부는 '시구계획위원회市區計畫委員會'를 폐지하고 '도시계획위원회都市計畫委員會'를 구성했다. 조직의 변화와 무관하게 과학기술 관료가 주도하는 이성적 계획 논리는 이미 확고한 상태였다. 단지 1920년 이후의 행정 구획을 참작하는 '자치' 정신의 반영일 뿐이었다. 총독은 전문 기사가 주축이 된 정식 위원 외에 몇 명의 임시 위원을 따로 두었다. 위원이 될 수 있는 대상은 주장州長, 청장廳長, 시윤市尹, 가장장街庄長, 지방의원 등이었다. 1940년 이후 도시계획위원회를 '도시계획중앙위원회都市計畫中央委員會'와 '도시계획지방위원회都市計畫地方委員會'로 분류했다. 타이베이시도 법에 따라 '도시계획대북지방위원회都市計畫中央委員會'를 구성했지만, 심의권은 여전히 중앙에 있었다(黃武達 1997 : 63).

1910년에서 1920년 시기, 일본과 대만의 도시 계획은 기술 관료를 주체로 하는 국가화, 전문화 형태를 확립했다(石田頼房 1992 ; 張景森 1991). 이 구조는 지방 정부를 도시 계획의 정책 결정권에서 배제한다. 도시 계획은 기술 관료의 이성적 기획에 따랐다. 이성적 과학 지식에 따른 계산과 안배 및 공간 구획은 그 땅을 살아가는 지역사회와는 무관한 듯했다. 이후 타이베이에 심원한 영향력을 미친 도시 정비와 도시 계획 모두 관료가 분석하고 계산하는 이성적 논리의 결과였다. 생활 세계와는 저 멀리 떨어진, 이성 시스템의 산물이었다.

역사의 단절, 64정町의 타이베이시 출현

1900년부터 직선 도로망을 만든 『대북성내시구계획臺北城內市區計畫』과 1905년에 세 거리를 동시에 편입한 『대북시구개정계획臺北市區改正計畫』은 시각 확장 효과만 생성하지 않았다. 원래 성내만을 휘젓던 불도저가 한인漢人이 가득한 맹갑과 대도정으로 진격하면서, 지역사회가 보유했던 풍성한 장소적 의미가 점차 사라져갔다. 당국은 과학 이성의 요구에 따라 움직였다. 흩어져 있는 지역의 거점이나 풍부한 역사적 의의 같은 장소감은, 국가 계획에 부합하는 방식으로 평평하게 깎여나갔다. 맹갑, 대도정, 성내, 이 세 개의 구시가지에 소재했던 인민 신앙의 구심점인 사원 역시 도로 계획으로 인해 철거 · 이전됐다.

대도정의 3대 사원 중 두 곳이 도시 건설 때문에 자리를 옮겼다. 광서光緒 9년(1883)에 지어져 대도정 차상의 신앙 중심 역할을 하던 법주공궁法主公宮은, 1909년 시가지 도로 건설 때문에 철거 · 이전했다가, 도로포장 공사가 끝난 후 다시 옮겨왔다. 동치同治 5년(1866) 성모마조天上聖母媽祖에게 제사를 지내려고 지은 자성궁慈聖宮 역시 1910년의 도시 계획으로 융기후가隆記後街로 이전했다. 이는 현재의 바오안가保安街이다(臺北市政府工務局 1971). 성내도 마찬가지였다. 광서 14년(1888)에 세워진 성황묘城隍廟가 1910년의 도시 계획 때문에 철거됐다. 철거 후 남은 성황부城隍爺만 송산松山 성황묘 및 맹갑 지장묘地藏廟에 안봉安奉할 수 있었다.[13] 맹갑에서는 전통 3대 묘문廟門 중 하나인 신흥궁新興宮(1746)이 쇼와 18년(1943), 도로 확장 공사 때문에 철거된다. 신도들은 우선 신상神像을 용산사 후전後殿에 임시로 모셨다. 제2차 세계대전이 끝난 후 신상을 서문시장西門市場 옆 홍법사弘法寺로 옮겼다. 이후 홍법사를 신흥궁으로, 다시 대북천후궁台北天后宮으로 개명한다. 상술한 내용처럼 일본 통치 시기 진행한 도시 계획 때문에 숱한 사원이 철거 · 이전했다.

이외의 도시 정비 계획도 이뤄졌다. 때마침 1911년 태풍 때문에 가옥들이 붕괴하자 주민 공간에 대한 전면적 개조를 진행한다. 1911년 8월 31일 강한 태풍이 타이베이를 덮쳤다. 부후가府後街(현재 관첸로館前路)와 부전가府前街(현재의 충칭난로重慶南路) 등, 옛 모습이 남아 있던 성내 일부 구역이 타격을 받았다. 또한 맹갑과 대도정에 흙으로 지어진 토각가옥土确家屋도 심각하게 파괴됐다. 이 천재지변은 일본 정권이 대만 현지인의 건축 양식을 정비할 수 있는 '계기'가 되었다(田中一二編

13 성내 성황묘隍廟原는 부직가府直街와 북문가 입구北門街口(현재의 옌핑난로延平南路와 카이펑가開封街 입구)에 있었다. 현재 우창가武昌街의 대만성 성황묘는 1947년에 모금으로 신축한 것이다.

1998 : 73). 맹갑과 대도정의 현지인 지구의 경관 개조 역시 위와 같은 표면적인 합법성을 획득했다.

1911년의 태풍 재해 정비는 『가옥관리규칙家屋管理規則』이 부여한 법적 정당성을 가진다. 국가 기구는 '누옥陋屋(허름한 집)' 개조에 강력한 의지를 보이며 장기간 준비했다. 1925년 타이베이시 당국이 재건 계획을 제출한다. 관청은 개축 대금을 빌려주고, '표준 설계도' 및 설계 기준을 세워 제공했다. 법령은 매 가구의 개축권을 존중한다고 했지만 실상은 달랐다. 타이베이시역소臺北市役所는 시 중심지 경관의 일관성을 위해 총독부 전문 기사 이데 가오루井手薰에 설계 협조를 요청한다. 이데 가오루는 대립면 형식, 건물 높이, 발코니 넓이, 외벽 도색 및 지붕 통풍창 등에 대한 제반 권장 사항을 '표준도標準圖'로 만들었다. 이후 표준도를 집 주인에게 제공하여 참고하게 했다(黃武達 2000b : 90).

1931년 전까지 대만 현지인 구역 가옥들은 한눈에 보기에도 크게 달라졌다. 전통 가옥은 극히 일부만 남았다. 나머지는 모두 벽돌과 기와로 지은 신가옥이었다. 신축과 개축을 불문하고 중국풍의 건물들이 서양풍의 건물이 됐다. 다만 국가가 간섭할 수 없는 가옥 내부 배치는 상황이 달랐다. 구시가지 주민 대부분이 전통 관습에 따른 가옥 내부 배치를 유지했다(田中一二編 1998 : 89). 서구식 가옥을 중심으로 하는 도시 경관은 주민들의 자발적인 개조가 아니라 국가의 통제와 유도로 만들어진 것이다. 이렇게 전통의 형태를 없애버린 사례는 가옥 통제만이 아니다. 가장街庄의 행정구획 또한 마찬가지였다.

1919년 대만의 첫 문관 총독이었던 덴 겐지로田健治郎는 대만 통치 노선을 '일본 동화적 통치'로 전환했다. 그는 1920년 7월 26일, 칙령 제

281호로 『대만 총독부지방관관제臺灣總督府地方官官制』 개정을 공포한다. 이어 같은 해 10월, 『대만주제臺灣州制』, 『대만시제臺灣市制』를 공포하여 대만 지방 행정 제도를 대폭 개편했다. 1920년 9월과 10월에 실시한 지방 행정구역 재구획은, 기존의 중앙 집권 형태를 지방 자치 형태로 바꾸려는 시도였다. 이때 주州, 청廳, 군郡, 시市, 가街, 장庄의 체제가 구축된다. 또한 주청州廳 밑에 시市를, 시 밑에 가장街庄을 설치했다. 이 개혁은 타이베이주臺北州에서 가장 번화한 일대를 '타이베이시臺北市'로 정식 편제한다. 이에 따라 기존의 타이베이청臺北廳과 각 구區를 폐지하고, 타이베이시의 모든 지역을 155개의 가장으로 재편성했다(黃得時 1981 : 78-79). 맹갑, 대도정, 성내 '세 거리'는 이제 더는 '정식' 지명이 아니었다. 하나의 타이베이시, 이 이름이 세상에 등장하면서 세 거리의 이름은 역사 속으로 사라졌다.

청대에 형성된 '세 거리'는 1901년에는 '가장街庄'이란 이름으로, 1909년 가장 제도 폐지 후에는 '구區'라는 이름으로 존재했다. 1920년 타이베이시의 155개 가장 명칭이 재편됐다. 그중 '맹갑성후가艋舺城後街'는 지명 재편 과정에서 원래 이름을 지켜낸 몇 안 되는 거리 중 하나다. 지명이 재편된 155개 가장의 명명 원칙은, 여전히 청대 시기 가장의 옛 명칭에 기초했다. 맹갑의 환자시가歡慈市街, 팔갑가八甲街, 육영당변가育嬰堂邊街 등과 대도정의 법주공가法主公街, 성황묘전가城隍廟前街, 타이베이 성내의 부직가府直街, 문무묘가文武廟街처럼, 당시만 해도 지역 생활사의 의미가 유지됐었다.[14] 하지만 2년 뒤, 구획과 지역의 의미를 반영하는 전

14 155개 가장街庄의 상세 명칭은 臺北市役所編(1940 : 201-203)을 참조.

통 중국의 명명 관습은 심대한 변화를 겪는다.

다이쇼 11년(1922) 대만 총독부는 기존의 시가장제市街庄制를 일본 본국 지방 제도와 동일한 시정제市町制로 개편한다. 타이베이시 관할의 155개 가장을 64정町으로 재편한 것이다. 여기에 다안大安, 하내포下內埔, 육장리六張犁, 서신장자西新庄子, 중장자中庄子, 중륜中崙, 하비두下埤頭, 대직大直 등 10개 촌락, 즉 '교외십촌락郊外是村落'을 추가했다(黃得時 1972 : 80). 개편 후 타이베이시의 64정의 지명 대부분이 바뀌었다. 역사적 의미가 풍부했던 소수의 가장街庄(구팅정古亭町, 대룽둥정大龍峒町 등)만이 원래 이름을 지킬 수 있었다. 나머지는 정부에서 지정한 명칭을 썼다. 사례 몇 개를 보자. 맹갑의 발원지 환자시가歡慈市街는 입선정入船町으로, 동안인同安人 촌락인 팔갑가八甲街는 노송정老松町으로, 육영당변가育嬰堂邊街는 녹정綠町으로, 대도정의 법주공가法主公街는 태평정太平町으로, 성황묘전가城隍廟前街는 영락정永樂町으로 바뀌었다.

1938년 타이베이시 행정 경계는 더 넓어졌다. 동쪽으로 더 뻗어 나가 지룽강基隆河 기슭까지 이르렀다. 청대 타이베이 동쪽의 주요 하항河港인 석구錫口는, 1920년 타이베이주 칠성군七星郡 '송산장松山庄'으로 개명됐고, 같은 해 인근 촌락과 함께 타이베이시에 합병됐다. 이른바 '송산외구촌락松山外九村落'으로 송산松山, 중파中坡, 오분포五分埔, 흥아興雅, 정동세頂東勢, 삼장리三張犂, 상탑유上塔悠, 하탑유下塔悠, 구리족舊里族을 포함한다(黃得時 1972 : 81). 1938년 말의 타이베이시 경계(64정, 19촌락)는 1945년 일본 식민 통치가 끝날 때까지 유지됐을 뿐만 아니라, 전후 중화민국 치하에서도 20여 년 동안 지속됐다. 1968년 7월 타이베이시가 직할시로 승격했다. 이때 경미진景美鎭, 목책향木柵鄕, 남항진南港鎭, 내호

향內湖鄉, 사림진士林鎮, 북투진北投鎮이 타이베이시에 편입된다.

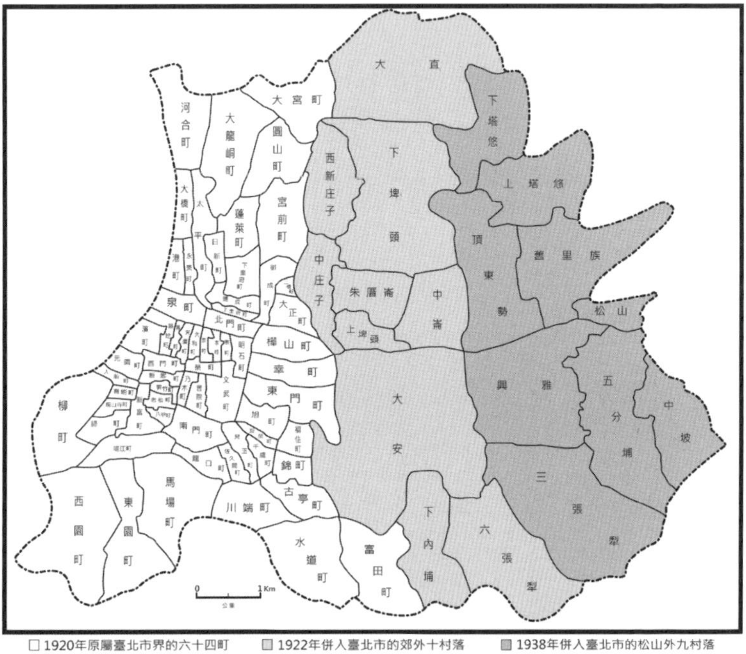

그림 5-8 1922년 이후 타이베이시 경계 및 관할 구역

출처: 陳正祥『臺北市誌』10쪽 참고로 제작

1932년 도시 계획: 숫자로 구성한 공간 생산

도시 건설의 국가화와 전문화는 과학지식을 도시의 새로운 패권으로 만들었다. 나아가 장소성을 제거한 후 합리적이고 합법적으로 도시 공간과 사람을 편성 및 배치했다. 1932년의『대북시도시계획臺北市都市計畫』은 타이베이에서 과학 이성의 지식 패권 전개와 효과를 보여준다.

1901년부터 시작된 '현대 공간 통치의 기초공정'을 거쳐 1932년 대만 총독부가 반포한 『대북시도시계획臺北市都市計畫』을 보자. 여기에서 '수학적 계획'은 도시 개조의 토템으로 숭배받는 것처럼 보인다. 같은 해 6월 8일 발표한 『관어시구개정계획지유관규정關於市區改正計畫之有關規定』(시구 개정 계획에 관한 규정)에는 대만 총독부가 '시구 개정' 계획서에 요구한 항목들이 적혀 있다. 이 규정은 '위치, 면적, 지세, 연혁, 현황, 공사 예정표, 각종 도감, 최근 10년간의 풍향, 풍속, 기온, 우량, 인구 조사표, 사망자 조사표, 교통량 조사표, 산업 조사표, 최근 5년의 세입 · 세출 예산 및 결산 계획서' 등을 포함한다(黃武達 1997 : 61). 역시나 숫자였다. 이 많은 숫자를 바탕으로 1932년에 만든 『대북시도시계획』은 결국, '숫자 숭배'를 타이베이 공간에 적용하자는 내용에 불과했다.

(1)도시 범위에 관한 수치: 타이베이 우체국 앞을 중심으로 반경 6km 주변을 도시 계획 구역으로 한다. 신도시 계획의 범위는 동쪽으로는 송산구松山區, 서쪽으로는 단수이강, 남쪽으로는 신뎬시원산군新店溪文山郡 경계, 북쪽으로는 스린가士林街로 삼는다.

(2)토지 면적에 관한 수치: 예상 계획 면적은 6,676묘畝(약 2,020만 평)로, 1905년 계획의 9.5배다. 수용 인원은 1905년 계획의 4배인 60만 명이다.

(3)교통 시간 관련 수치: 도심 내 이동 교통 시간은 30~40분을 표준으로 한다. 합리적인 통근 시간을 염두에 뒀다.

(4)1인당 면적에 관한 수치: 연못과 늪지대 및 산지와 하천을 제외하고, 시가지 내에서 실제 이용 가능한 면적은 4,780묘(1,445만 평)다.

인구 1인당 평균 0.8묘다. 유럽과 미국의 표준이 1인당 1묘이므로 근소한 차이를 보인다. 하지만 미래 타이베이 계획에는 '이상적인 여유餘裕'가 있다.

(5)거리 비율에 관한 수치: 도로는 모두 59개다. 도로의 총 길이는 157km, 도로의 면적은 450묘다. 시가지 중 도로 용지로 이용 가능한 시가지 면적 비율은 9.5%다.

(6)공원 면적에 관한 수치: 설치를 계획한 공원은 도합 17개다. 예정 공원 면적은 388묘다. 기존 4개 공원의 49묘를 합하면 총 437묘가 된다. 공원 대지로 이용 가능한 시가지 면적 비율은 9%다. 여기에 어린이 놀이공원 등의 광장을 합치면 가용 면적 비율은 10%에 달한다. 60만 명을 기준으로 계산하면, 1인당 평균 8m²씩 나누어진다(유럽과 미국의 표준은, 시가지 내 공원 대지 비율은 12%, 1인당 평균 면적은 20m²다).

(7)녹지 위치 설계 수치: 신도시 계획에 포함된 17개 공원 예정지 위치 관련, 도시 내 각 지점에서 1.5km 거리 이내에 최소한 하나의 공원이 조성되도록 한다(臺北市役所編 1940 : 544-545).

이러한 도시 이용 계획은 모두 과학적이고 합리적인 규칙에 근거해서 설계됐다. 이 계산의 기초는 임시 토지 조사와 호구 조사부터 시작하는 '수학적 관리'다. 새로 등장한 통치 모델이다. 더 중요한 것은 '이 숫자들을 어디에 써야 하는가?'라는 질문이다. 숫자는 '공간'에서야 비로소 권력의 효과를 보여줄 수 있다. 토지, 인구, 인간과 토지의 관계 등을 장악하면, 하나의 도시를 제어하고 계획할 수 있는 단위로 만들 수 있다. 굳이 지역사회를 통하지 않아도 지역사회의 견제를 받지 않는다. 도시 계획뿐 아니라 임야 계획도 마찬가지다.

총체적인 미래 장악, 수십 년간 이어지는 위력

1932년 『대북시도시계획臺北市都市計畫』은 '시구 개정'에서 '도시 계획'으로의 전환이었다. 기존의 시구 계획 대부분은 동경의 '시구개정市區改正' 개념을 모방했다. 새로운 도시 구역을 개발하기보다는 기존 시가지를 개량하는 방식이다. 따라서 시구 개정은 보통 공중위생 정비에 한정됐다. 토지 징발 역시 단일하고 특정한 관료 기구의 건축에 사용했기 때문에 전반적인 도시 발전 추세를 예측하는 개념을 갖추지는 못했다(黃世孟等 1987 : 57, 81).

시구市區 인구 증가가 한계 수준에 봉착하자, 구 시가지 중심으로 이뤄지는 '시구 개정'으로는 인구 증가에 제대로 대응하기 힘들었다. 1919년 동경東京은 『도시계획법都市計畫法』 및 『시가지건축물법市街地建築物法』을 공포한다. 원래 시구 개정 개념에 (1)도시 계획 범위 지정 제도 (2)도시 계획 내용 설정 및 계획법 지위의 확정 (3)토지 사용 분구分區 개념 창설 (4)시 구역 재구획제도 도입 (5)수익자 부담 제도 도입을 더했다(黃世孟等 1987 : 58-59).

1919년의 이 『도시계획법』은 일본 공간 기획의 중대 변혁이다. 도시 계획의 우선순위가 '기존'의 인간과 토지에서 '미래'의 인간과 토지로 바뀌었다. 이 전환에는 당연히 예측이라는 능력이 필요하다. 도시의 사람과 토지 현황을 넘어 분배의 방식과 성장의 가능성도 계산해야 하기 때문이다. 과학기술 관료가 공신력 있는 데이터를 산출하면, 관료는 지도를 꺼내 조사 자료에 근거하여 대조한다. 어느 지역의 토지가 어떤 기능으로 사용되는지(토지의 분구分區 사용) 혹은 어느 지역의 토지가 기존의 모델을 바꿔야 하는지(토지 재계획) 등이 모두 '종이 위에서 작업'된다.

타이베이시는 일본의 『도시계획법』을 도입했다. 다만 이 과정에서 연달아 세 번의 좌절을 겪었다. 1921년에 대만 총독부는 9명의 특별 위원을 초빙해서 동경 도시 계획법 중심으로 관련 법제를 검토했다. 그렇지만 법안은 결국 완성되지 않았다. 1924년 대만 총독부는 11명의 위원을 재임용해 다시 한 번 도시계획법 발의를 시도했지만, 또 무산됐다. 1927년에는 총독부 내무국 토목과가 관계 부처 관원들을 차출하여 합의회를 구성하고 3차 도시계획법 초안을 마련했지만, 결국 미완으로 끝났다. 이 몇 번의 입법 실패는 모두 『도시계획법』의 토지 수용(징발) 문제에서 가로막혔다. 당시 대만에는 일본과 같은 민법이 없었다. 그래서 보상과 부세賦稅 관련 법령이 법적으로 문제가 돼 입법이 지연됐다. 이때 동경 대지진이 발생한다(1923). 재해는 '도시계획법'을 실제로 적용할 기회이기도 했다. 도시계획법을 통해 훼손된 도시를 '기술적이고 합리적인' 토지 공간으로 재건하는 데 성공한다. 이 사례는 대만의 도시 계획 추진에 강력한 유인 요소로 작용했다.

1923년 총독부는 효고현兵庫縣 도시 계획 위원회의 기사 오노 에이사쿠小野榮作를 초빙하여 일본의 도시 계획 개념을 대만에 이식했다. 이때부터 토지 재계획과 토지 사용 분구分區가 대만 도시 건설에 적용된다(黃世孟等 1987 : 58-59). 1932년의 타이베이시 도시 계획은 이와 같은 지식 상황 속에서 전개됐다. 이 계획은 과거의 시구 계획을 크게 초월하는 '미래 기획'이라는 의의가 있다. 당시 내무국장 야마가타 사부로山縣三郎는 도시 계획 강습 중에 "현재의 시가장市街庄 행정 구역에 따라 도시 계획 지역을 구획할 필요가 없다. 현재 혹은 미래에 하나의 도시로 기능할 수 있는 구역을 모두 포함할 수 있다"라고 말했다(山縣三郎 1992 : 6). 도시 계획이 '기존의 시가지'가 아니라 '거주 가능한 (미래) 주민'을 대상으로 하는 기획으로 변모한 것이다.

1934년 9월, 총독부는 도시계획법 시행 준비 위원회를 설치한다. 이후 몇 차례의 절충을 거쳐 대만에서 단독으로 입법하여 법률적 문제를 해결하기로 했다. 총독부는 1936년 8월 율령으로 『대만도시계획령臺灣都市計畫令』를 공포하고, 같은 해 12월 『대만도시계획령시행규칙臺灣都市計畫令施行規則』을 반포한다. 얼마 후 『도시계획관계민법등특례都市計畫關係民法等特例』, 『도시계획위원회규칙都市計畫委員會規則』, 『대만도시계획유관토지구획정리등기규칙臺灣都市計畫有關土地區畫整理登記規則』 등을 잇달아 제정하여 대만에서 시행되지 않은 일본 민법을 대체·보완했다. 이는 도시 계획, 건축 관리, 도시 재계획 등의 세 부문을 한꺼번에 처리할 수 있는 조처로, 이후 타이베이 도시 계획의 법적 기반이 됐다(山縣三郎 1992 : 5 ; 黃世孟等 1987 : 86).

그 외 부문을 보자. 맹갑 저지대 재계획의 성공에 이어 1936년에는 더 뚜렷한 '총체'적 계획이 실시됐다. 바로 '지역제地域制(지구제)'다. 1936년 8월 대만 총독부가 발표한 『대만도시계획령』 2장 '지역 및 지구 설정과 건축물의 제한' 항목은 도시 계획 구역을 다음처럼 구분했다. 첫째는 주택 지구, 상업 지구, 공업 지구다. 두 번째는 풍경 지구, 미관 지구, 방화 지구, 풍기風紀(규율) 지구다. 별도로 총독이 필요하다고 판단할 경우, 첫 번째 항목의 구역 내 시설을 '특별 지구'로 지정할 수 있다(外務省條約局編 1997 : 124).

이 『대만도시계획령』에는 각 구역별로 용도 제한과 건축 제한을 규정했다. 가령 주거 지구는 '주거의 안녕을 방해하는 용도의 건축물은 불허한다', 상업 지구는 '상업 이익을 저해하는 용도의 건축물은 불허한다' 같은 식이다. 또한 『대만도시계획령』 3장은 '토지 구획 정리'를 규정했다. 도시 계획 구역 내에서는 토지 성질(용도) 교환, 분할과 통합, 토지 용도 변경, 혹은 도로 · 광장 · 하천 · 공원의 위치 변경 및 폐지가 가능하다(제46조).

구역별 도시 관리 개념은 일본 통치 초기부터 실시됐다. 1896년 타이베이현지사는 맹갑 일대의 유곽에서 전염병이 퍼져나가지 못하도록 이 일대를 제한 구역으로 정하고 격리 · 통제했다. 또한 환자가歡慈街 등 9개 길을 유곽 영업 전용 구역으로 설정한다. 이러한 구역별 통제는 특정 질병에 대한 공포 때문에 공간을 격리하는 유형이다(黃武達 1997 : 111). 그러나 1936년 도시계획령의 분구分區는 도시 전체를 대상으로 삼고, 도시의 기능성과 합리성을 고려한다. 특정 업종 혹은 특정 족군의 생활 양식에 기반하지 않았다.[15] '구획 정리' 규정에서, 지구 혹은 지역은 모두 지도 위에서 작업하는 추상적인 대상이었을 뿐이다. 인간의 구체적인 활동이 빚는 존재는 배제됐다. 구획의 결정 혹은 구획의 변경

15 1940년 이전, 세 차례의 대규모 토지 구획 정리를 진행했다. 분정토지구획정리墳町土地區劃整理, 칙사가도연선토지구불정리敕使街道沿線土地區劃整理, 제3고녀부근토지구획정리第三高女附近土地區劃整理이다. 자세한 사항은 臺北市役所(1940 : 611-615)를 참조하라.

모두 대만 총독부 기술 관료가 결정했다. 합법적인 권력을 가진 대만 총독의 결정은 공간의 지배를 객관적이고 과학적인 사물로 만들었다.

지역제(지구제)와 토지 구획의 출현은 대만 총독부가 이성적 규약의 법제 아래 공간 계획을 진행했다는 사실을 보여준다. 또한 대만 총독부가 인구와 토지를 재정비하고, 조정 · 구획할 능력을 보유했다는 뜻이기도 하다. 이런 상황에서 도시 지도는 구체적인 사람과 땅이 아니라 인구 수치와 공간 자료가 필요하다. '현대 도시'의 사회적 조건은 이렇게 형성됐다.

첨언하자면, 1932년의 타이베이 시구 계획은 실시되지 않았다. 이 도시 계획이 행정적으로 준비 중일 때 정세가 급변했기 때문이다. 1937년 일본은 중일전쟁을 일으켰다. 이 전쟁은 제2차 세계대전으로 이어졌다. 식민지 대만 정세 역시 요동쳤다. 하지만 1932년의 타이베이 시구 계획은 정말로 실시되지 않았던 것일까? 나는 이 질문에 '아니'라고 답한다. 우리는 1932년 시구 계획의 일부를, 지금도 두 눈으로 목격하고 있다.

그림 5-9『1932년 대북시구계획도가로 및 공원도1932年臺北市區計畫圖街路及公園圖』에 내재된 힘은 패전 후 사라진 일본 식민 정권과 달리 종료되지 않았다. 이 그림 안에는 17개의 다양한 크기로 칠해진 블록이 흩어져 있다. 바로 17개의 공원 예정지다. 그 위에 표시된 숫자 1, 2, 3 …… 15, 16, 17은 공원 번호다. 7, 80년 전의 도시공원 계획도는, 일본 패망 후 밀실에 밀봉된 채 먼지만 쌓이지 않았다. 공원 예정지는 1945년의 정권 교체 후에도 대부분 유지됐다. 이후 공원 이름만 타이베이시市 1공원, 타이베이시 2공원 같은 방식으로 달라졌을 뿐이다. 이 공원

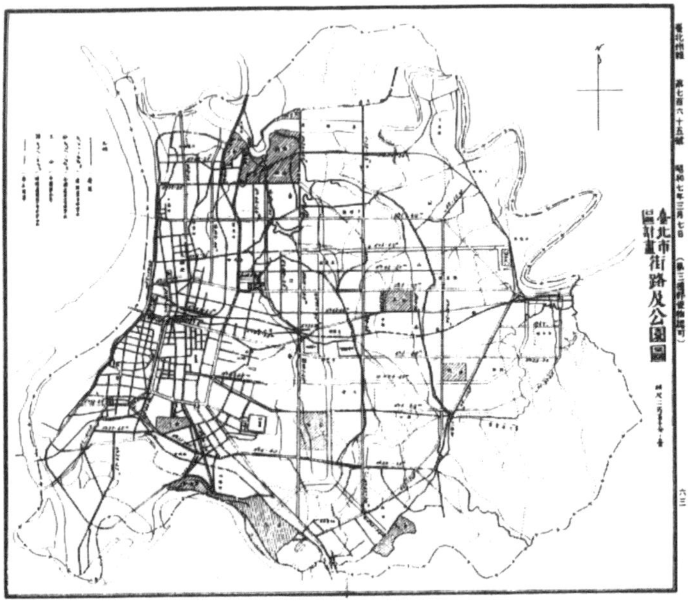

그림 5-9 1932년 대북시구계획가로 및 공원도
출처: 黃武達,『日治時代臺北市之近代都市計畫』98쪽

그림 5-10 1934년, 하늘에서 내려다본 타이베이시
출처: 南天書局

예정지 중 일부는 1949년 국민당 정부가 대만에 정착한 격동의 시대에 군대 주둔지나 병영이 되기도 했다. 또한 일부 공원 예정지는 훗날 점용佔用 및 용도 변경됐다. 그러나 대부분의 예정지는 시간이 흐르면서 일본 식민 도시 관료가 계획했던 모습으로 점차 변해갔다.

현재 타이베이시 중심에 위치하는, 타이베이시에서 가장 넓은 공원은 다안삼림공원大安森林公園이다. 1993년 3월 29일, 시장 황다저우黃大洲가 테이프를 끊고 개장을 선언했다. 사실 이 공원은 1932년 도시계획도에 공원 7호로 표기돼 있다. 타이베이시 남서쪽 상권 근처의 삼림공원과 강락공원康樂公園[16] 역시 도시계획도에서는 14호, 15호 공원이다. 1998년 완공한 타이베이시립미술관臺北市立美術館 옆 중산미술공원中山美術公園(옛 명칭은 민족공원民族公園)은 도시계획도에 2호라고 표기된 공원이다.

이성과 과학의 힘은 시간을 뛰어넘었다. 일본 식민 통치자 수중에 있었던 타이베이가 그 증거다. 계획할 수 있고 미래를 예상할 수 있는 도시. 7, 80년 전의 수치가 여전히 작용하는 현장을 보며, 지식 통치의 위력을 깊이 실감한다.

16 강락공원은 강제 철거 이전 문제로 시민의 유혈 충돌을 부른 '강락리사건康樂里事件(1997)' 때문에 1998년에야 완공됐다. 당시 타이베이 시장 천수이볜陳水扁이 개장했다.

6 공간은 자연적 현상이 아니라 사회적 구성물이다

6장
공간은 자연적 현상이 아니라 사회적 구성물이다

타이베이는 언제 제어 가능한 '하나의 도시'가 되었는가? 이 책은 타이베이가 제국 중국(청나라)이 아니라 일본 식민지 시기에 완성됐다는 사실을 설명하려 했다. 하나의 완전한 현대 타이베이시의 출현은 인구 증가나 시가지 확장 같은 '자연적' 현상의 결과가 아니다. 오히려 공간에서 작동하는 특정한 현대 권력의 '사회적' 산물에 가깝다. 타이베이시는 전통과 결별하고 현대로 나아갔다. 이 문장의 뜻은 무엇일까? 이 책은 기존 지역사회가 평평하게 깎이고 완전히 새로운 공간 구조가 만들어지는 과정을 그려냈다. '고착固著과 부동不動'이 본질인 사회가 해체되고 '떠남과 이동'이 본질인 사회가 도래하면서, 각 방면의 사람과 물자가 대만에서 대량으로 확대, 확장, 유동했다. 타이베이 현대 도시 공간의 출현은 물리적 경관의 변화, 나아가 사회적 경관의 변화였다. 1905년 이후의 타이베이는 전통이 봉인한 타이베이와 작별하고 개방과 공공의 타이베이를 향해 나아갔다.

유동성과 공공성의 출현

현대 대만은 유동적인 타이베이를 만들었다. 유동적인 타이베이는 대만 전체의 타이베이가 됐다. 일본 통치자들은 그들이 비웃던 폐병 열차의 청대 철도 레일과 작별하고, 완전히 새로운 대만 철도를 깔았다. 끝없이 늘어진 철도와 질주하는 열차가 대만과 타이베이를 크게 변화시켰다. 물론 철도와 열차가 수반하는 변화는 대만과 타이베이뿐 아니라 현대 사회의 보편적인 현상이다. 여기서는 생활의 영역 중 발생한 공간 지각 변화를 언급한다.

1820년대 초반 유럽 사상가들은 '거리의 소멸'이 형성하는 사회 현상에 큰 관심을 보였다. 1820년 전후 영국 열차의 평균 시속은 마차보다 약 세 배 정도 빠른 20~30마일이었다. 그러나 1840년대에 이르면 열차의 시속은 60~70마일에 이른다. 운행 속도의 발전은 이동 가능성을 대폭 제고했다. 미증유의 이 교통 수단은, 원래라면 도착까지 아주 오랜 시간이 필요했던 곳을 여러 번 왕래 할 수 있게 해줬다. 일종의 '공간압축' 시대가 열린 것이다. 거리는 개인이 이동하는 속도의 비례에 따라 사라져갔다(Lardner, 1968/1850). 철도의 등장은 단지 물리적 거리뿐 아니라 심리적 거리, 즉 잠재적으로 닿을 수 있는 거리까지 바꾸었다(Schivelbusch, 1986). 당시 사람들은 '예전에 갈 수 없었던 곳을 이제는 얼마든지 갈 수 있다'라는 사실을 느끼기 시작했다. 공간 인지 방식이 달라진 것이다.

청대 전통 지식 체계로 건설한 철도를 보자. 독일과 미국 기술자들이 측량과 설계를 담당했지만 실제 건설은 중국 군대가 주도했다. 두 개의 사유 체계는 결합할 수 없었다. 중국 군대는 측량 규범을 고려하지 않은 채 철도를 건설했다. 완공 후에는 운송 설비가 부족해서 여객과 화물 운송 모두 자금난을 겪었다. 철도를 사용할 수 없을 지경이었다. 일본은 대만 점령 직후 철도 재건을 준비한다. 1895년 8월, 초대 대만 총독 가바야마 스케노리樺山資紀는 임기 내 공사 개시를 추진했다. 철도건설 비용 확보 작업은 몇 차례 우여곡절을 겪었다. 1898년 고토 신페이後藤新平가 부임하고서야 비로소 재원을 '대만사업공채법臺灣事業公債法'에 의거해 지불하기로 결정한다. 이로써 공기 10년, 예산 2,880만 원의 '대만철도국유계획'이 확정됐다. 본래 107km에 달하던 철도 구간을 99km로 줄이고, 대부분 구간을 전면적으로 고쳤다. 새로 설치한 궤간(궤도의 폭)은 1.067m였다. 당시 철도 공사의 주요 갱신 사항은 기술 등급 제고나 목교의 교체(철교 부설) 부문이다. 1901년, 타이베이를 경유해 대도정과 맹갑을 거쳐 타오위안桃園에 도착하는 새 노선이 개통했다. 1902년 지룽基隆에서 신주新竹 노선이 개통했고, 남쪽으로 가오슝高雄까지 이르는 301.5km 노선이 신설됐다. 1908년부터 전 대만을 종단(408.5km)하는 철도가 운행한다(井出季和太, 1936 : 122-124).

철도 건설 역시 근대적 토지 조사와 소유권 지식에 기반했다. 총독부의 철도 용지 취득은 '합법성'에 기반하는 공간 지배권이 보증하는 것이다. 이 공간 지배권은 토지 조사에 기초한다. 철도 용지 취득 과정을 보자. 일본은 기존 타이베이-신주 구간을 연용沿用하면서 추가 용지 확보를 시도했다. 완전히 새로 설계되는 철도와 수정되는 노선 때문에 새 철도 용지가 필요한 상황이었다. 일본은 이 용지 중 344만 평을 토지 조사를 통해 확보했다. 이 344만 평은 토지 조사 이전에는 논밭, 건물, 산림, 평야 등의 사유지였다. 그러나 토지 조사 과정에서 소유권이 불분명하다는 이유로 정부에 몰수됐다(高橋泰隆, 1993 : 266).

종단철도 운영은 대만 수도 타이베이에 지대한 영향을 미쳤다. 대만 철도의 절반 이상은 물류에 종사했다. 대만 농업 산업은 청대 시기부터 중국 대륙과의 무역을 통해 특정한 '구역성區域性'을 형성했었다. 하지만 일본 통치 시기 대만 내 운송망이 확장되고 연결되면서 대만 농업 산업 성격도 달라졌다. 철도를 통해 고도의 유동성이 발생하자 '대만성'이라는 총체적 구역이 조성됐다. 대만 철도는 다이쇼大正 말기 무렵에 만성적인 운송 과부하에 시달렸다. 그래서 봉래미蓬萊米(대만쌀) 수출에 차질이 생겼다. 그러자 일본은 1927년부터 타이베이-신주 구간과 가오슝高雄-타이난臺南 구간의 철도 복선화複線化 공사를 개시한다. 이후 대만의 사탕, 쌀, 석탄 등의 화물을 철도로 항구까지 운송했다. 이 화물은 다시 일본에 수출되고 다시 전 세계로 팔려나갔다. 철도 때문에 대만 토착 운수 구조가 해체됐다. 신속한 물류로 장거리 화물의 상품성이 올라가면서 대만은 일본 시장을 매개로 세계 시장에 편입된다(高橋泰隆, 1993 : 266, 287).

섬을 종단하며 세계를 향해 나아가는 타이베이

새 도시의 종교 활동은 지역사회를 벗어나면서 상업성이 짙어졌다. 대도정하해성황묘霞海城隍廟의 경전慶典 집회가 대표적 사례다. 하해성황묘는 원래 매년 5월 13일의 성황 탄신 때마다 주신酬神을 관장하는 제의적 성격을 띠고 있었다. 그러나 갈수록 사람들이 몰려들자 하해성황묘의 성격이 달라진다. 1910년에 이르러, 본래의 지역 제전祭典은 이미 '판로 확장'으로 바뀌었다(宋光宇 1993). 『대만일일신보臺灣日日新報』가 묘사한 당시 하해성황묘 제전의 풍경이다. "타이베이로 북상하는 열차는 매일 사람으로 가득 찼다. 대도정과 맹갑의 여관 모두 몸을 누일 곳이 없을 정도였다. 시장의 행인은 평소보다 열 배나 많다." (1913. 6. 19.) 시장의 분주함도 극에 달했다. "먼 곳과 가까운 곳의 선남선녀들이 구름처럼 몰려들어 시장은 극도로 어지러웠다. 크고 작은 점포들이 무수하게 들어섰고, 점원들은 모두 분주하여 정신이 없다." 1913. 6. 17.)

그림 6-1 일본 통치 시기, 왁자지껄한 대도정 중가中街
출처:『臺日治時期臺灣圖像寫真』資料集

1910년대 이후 대도정은 세 차원의 시장을 보유했다. 당시 대도정 시장은 타이베이를 넘어 대만 전체에 영향을 미치는 상업지역이었다. (1)잡화 교역: 맹갑, 대도정, 타이베이 성내를 범위로 한다. (2)접대 용품 교역: 하루 만에 왕복이 가능한 신주 이북 지역을 범위로 한다. (3)견직물과 포목 도매 교역: 대만 전체를 범위로 한다(宋光宇 1993). 현대 도시 공간의 시내, 상품이 운집하는 대도정은 타이베이 혹은 북대만의 대도정이 아니라 전체 대만의 대도정이었다. 이곳에서 한 줄기의 유동성과 공공성이 펼쳐졌다.

1901년부터 대형 공공 활동이 타이베이에서 발생했다. 1910년 이후부터는 활동 빈도가 더 높아졌다. 1901년 '제1회 대북물산품평회第一回臺北物產品評會'를 비롯하여, 1905년부터 11주년마다 시정기념始政紀念 행사가 개최되었으며, 1908년 '기차박람회汽車博覽會'(자동차박람회) 및 '제1회 대북물산공진회第一回臺北物產共進會', 1916년 4월의 '대만권업공진회臺灣勸業共進會', 1925년 6월의 '시정30주년기념전람회始政三十週年紀念展覽會'가 있었다. 그중 가장 큰 행사는 1935년의 '시정40주년대만박람회始政四十周年臺灣博覽會'였다. 이 모두가 대형 활동이다. 중소형 행사는 언급하지 않았다(程佳惠 2004 : 18).

대형의 공공 박람회가 현대 타이베이에서 줄줄이 개최됐다. 행사 장소는 대부분 공원이나 식물원 같은 대형 공공녹지였다. 이런 공공 장소들은 현대 공간의 부산물이기도 하다. 전통 중국 도시의 정원과 숲은 모두 관청에 속한 땅이거나 부호들의 사유지였다. 그리고 이 땅들은 대중들에 개방한 적이 없었다(張仲禮編 1996 : 578). 일본의 경우, 메이지 6년(1873)에 공원법을 제정하면서 현대 공원이 등장했다(丸山

그림 6-2 1920년대의 신공원新公園
출처: 南天書局

그림 6-3 1930년대의 국원菊元 백화점
출처: 南天書局

宏 1994 : 2). 일본의 대만 통치는 도시 공간의 개조로 이어졌다. 공적 영역과 공간은 국가 소유가 됐다. 타이베이시의 경우, 1905년 이후 대중이 사용 가능한 공공 공원이 등장한다. 1908년에 지은 타이베이 공원, 1927년 만든 용산사 공원, 1932년에 설치한 카와바타川端 공원 등이다.

흔히 '신공원新公園'이라고 불리는 타이베이 공원을 둘러보자. 서북쪽 모퉁이에는 일본식 정원, 동북쪽 모퉁이에는 야구 · 배구 · 육상 경기가 가능한 잔디 운동장이 들어섰다. 근처에 테니스 경기장이 있다. 서쪽에는 옥외 음악대가 설치돼 있고, 서남쪽 구석에 아동 놀이터와 양식점 '라이언 카페'가 보인다. 동남쪽 끝에는 타이베이 방송국이 들어섰다. 또한 공원 탑을 둘러싼 로터리와 분수는 도로의 단점端點으로 자리 잡았다. 북쪽에는 훗날 대만 박물관이 세워진다(徐裕健 1993 : 99).

공공 전시 공간은 점점 신식 상업 활동과 결합했다. 1932년 성내에 국원菊元 백화점이 개업하면서, 이 결합은 다시 새 단계에 진입한다. 국원 백화점은 성내 영정榮町(현재의 헝양로衡陽路와 보아이로博愛路 입구)에 세워졌다. 백화점은 콘크리트 구조의 7층 건물로, 당시 총독부 다음으로 높은 건물이였으며, '칠중천七重天'이라 불렸다. 이곳에 대만 최초의 상용 엘리베이터가 설치됐다(莊永明 1991 : 150-151). 1930년대 국원 백화점이 시먼딩西門町을 타이베이의 단점端點으로 만들었다면, 1935년 개최한 '시정40주년기념박람회始政四十周年記念博覽會'는 타이베이를 대만 유동성의 단점으로 만들었다.

쇼와昭和 10년(1935), 대만 총독부는 '일본의 40년 대만 통치가 식민

지사에서 유례없는 성공이었다'며 자화자찬했다. 총독부는 모국인(일본인)에게 문화 육성의 성공을 알리기 위한 박람회 개최를 선언한다. '시정40주년기념박람회'라고 불린 이 박람회는 10월 10일부터 11월 28일까지 50일 동안 타이베이에서 열렸다. 박람회장은 타이베이 시내 세 곳에 나눠 배치했다. 제1박람회장은 타이베이시 공회당公會堂(지금의 중산당中山堂)과 공회당 남쪽 삼선도로(지금의 중화로中華路)였고 면적은 13,000평, 제2박람회장은 타이베이 공원(지금의 신공원)으로 면적은 24,000평, 분장分場은 대도정 태평정太平町이었으며 면적은 4,000평, 제3박람회장은 초산온천지草山溫泉地(지금의 양명산陽明山)로 면적은 5,000평이었다. 박람회장을 찾은 관람객은 총 2,758,895명으로 집계됐다(鹿又光雄 1939).

전체 방문객(275만 명) 대부분이 현지인과 대만 거주 일본인이었다. 외부 관람객은 거의 없었다. 당시 대만 전체 인구가 521만 명이었다는 점을 고려하면, 박람회 방문객 수는 확실히 상당한 수준이다. 또한 방문객의 다수는 타이베이 주민이 아니었다. 이에 철도가 주요 운송 통로로서 사람들을 실어 날랐다. 박람회 기간에 철도부는 1,934편의 열차를 증편했다. 당시 타이베이역을 이용한 사람의 규모는 평소의 2~3배에 달한다(鹿又光雄編 1935 : 585). 열차 증편에도 불구하고 대만 각지에서 몰려드는 방문객 때문에 여객 운송은 힘에 부쳤다. 그러자 철도부는 화물칸을 전용한다. 바닥에 신문을 깔고 승객을 태웠다. 이때『대만일일신보臺灣日日新報』는 박람회 기간 일화를 전하는 코너에서 이 풍경을 다뤘다. 철도부가 여기저기서 헌 신문을 모아 좌석이 없는 여객들에게 좌석 대용으로 제공한다는 이야기였다(程佳惠 2004 : 66).

박람회는 특수한 전시 공간이다. 1908년 10월 개관한 '대만박물관' 얘기를 해보자. 대만박물관은 공공 공간이라는 존재 의미만 있는 건물이 아니다. 박물관 건설 과정에는 지역사회에 대한 억압이 가득 차 있다. 이 박물관은 원래 목적은 '대만 관련 학술·기예·산업 표본 및 참고 물품을 수집하고 진열해서 대중이 열람할 수 있게 하는 공공사무'다. 그러나 이후 총독부는 박물관과 '고다마 겐타로兒玉源太郎 기념관' 및 '고토 신페이後藤新平 기념관'을 합치기로 하고 민정장관 명의의 축전을 내서 기부금 모집을 시작했다. 이 모금 방식은 매우 독특하다. 축전은 '전 인민 1인당 1원' 모금을 호소했다. 청대 기부금 모집과는 확연히 다르다. 청대 기부금은 모두 지역 유지가 담당했다. 모금 주체가 직접 백성과 대면하는 경우는 극히 드물었다. 이 사례를 보면 전통 중국의 지역사회가 연기처럼 철저하게 사라졌다는 사실을 명확하게 알 수 있다.

전통적 지역사회의 소멸을 보여주는 다른 예는 박물관이 세워진 자리다. 그곳은 원래 청대 성내에 세워진 천후궁天后宮 자리다. 그렇다. 천후궁을 헐어버리고 박물관을 지은 것이다. 민간 저변에 넓게 퍼져 있는 신앙인 천후마조天后媽祖를 헐고, 인간의 통치를 기념하는 곳으로 바꿔버렸다. 현재 '228 평화기념공원' 북단의 박물관 자리다. 현재 공원의 정문 동쪽과 공원 뒤쪽을 가보자. 관광객들이 십수 개의 낮은 의자에 앉아 휴식을 취하는 모습이 눈에 띈다. 그 '낮은 의자'는 바로 천후궁의 '주춧돌'이었다. 대천후궁大天后宮을 허물고 박물관을 신축한 역사의 흔적이기도 하다. 국가가 도시 공간을 사용하고자 할 때 지역사회와 융화할 필요가 없어졌다. 모든 것이 도시의 '물리적' 계획에 순응했

그림 6-4 성내城內 천후궁天后宮 터에 세워진 박물관
출처: 南天書局

그림 6-5 남아 있는 천후궁의 주춧돌
출처: 저자 촬영

다. 물리적 합리성과 비인간적 계획의 이념이 타이베이에 출현했고, 꾸준히 움직였다.

균질성 속에서 새로운 이질성을 만들다

일본 통치 시기, 타이베이의 일본인 지구와 대만인 지구의 차이는 매우 뚜렷했다. 그런데 일본 정부는 어떻게 '하나의 아름다운 타이베이시'를 건설했다고 말할 수 있을까? 바로 '장소place'의 역사와 구체적인 의미에서 벗어났기 때문이다. 그들은 원래의 장소를 '공간space'이라는 추상성으로 바꿔버렸다. 장소를 공간으로 만드는 과정에서 가장 중요한 요소는 공간 표준화다(Giddens 1981 : 8-10). 바꿔 말하면, 장소의 의미를 깎아서 평범하게 만드는 작업이 곧 공간 표준화의 전제인 셈이다.

식민 통치 전의 청대 타이베이를 잠깐 짚어보자. 타이베이는 공간적으로 연결되지 않고 지역성이 강한 시가지들로(맹갑, 대도정, 성내) 분할돼 있었다. 이 상황은 통치자에게는 이질성이다. 상대적으로 일본 통치 40년을 겪은 타이베이는 원래의 맹갑-대도정-성내의 구분이 사라지고 '하나의 도시'가 됐다. 여기서 물어보자. 이 도시의 사회는 정말로 구분되지 않고 완전히 평등한가? 일본 통치 말기의 지리학자 니시무라 무쓰오西村睦男(1985 : 34)의 연구를 보면, 당시 타이베이시는 '가상적 단일 도시'라는 기치 아래의 이원적인 식민성 도시다. 니시무라 무쓰오가 인구 밀도, 도시 기능, 인종 구조로 파악한 타이베이시는 그야말로 이질성의 전형이었다.

하나의 아름다운 단일 도시를 건설하려면 반드시 지역과 장소의 역사적 의의를 무시해야 한다. 모든 도시 관할의 '이질적 존재(예: 구 시가지와 성내의 차이)에 대한 '균질성 선언(예: 타이베이시 전체를 계산 대상으로 삼는 공공시설 배치)'이 필요하다. 앞장에서 설명한 1932년 『대북시 도시계획臺北市都市計畫』에 적힌 공원 설립의 기준을 보라. 종이 위의 계획은 '시민 1명당 평균 8m²'의 면적 확보, 그리고 '도시 내 각 지점'에서 1.5km 이내에 최소 하나의 공원 설치를 규정한다. 이렇게 공언된 수치는 구미 국가들의 선진 표준에 얼마나 근접했든, 용지가 얼마나 평등하게 분배되든, 얼마나 총체적인 계획이든, 모두 지역 간 이질성을 지우며 만들어지는 '균질적 도시의 허상'일 뿐이다. 사람들의 '특수한 장소감'은 아랑곳하지 않고, 도시 건설의 기준을 '공간 평균값'에 뒀다. 맹갑과 대도정의 장소성 차이, 삼읍인三邑人과 동안인同安人의 차이, 정치성과 경제성의 차이, 이 모두를 지웠다.

이때부터 세 개의 거리 간 차이는 다시 존재하지 않았다. 이제 차이는 지역사회 간 차이도, 청대 고유의 삼읍인과 동안인의 차이도 아니었다. 그렇다면 차이가 없어졌다는 이야기인가? 당연히 아니다. 균질적 도시 사회에서 새로운 기준에 따른 새로운 차이가 등장한다. 타이베이의 차이는 대만인 지구와 일본인 지구 사이에서 발생했다. 1932년 타이베이시 각 정町(64정, 19촌락)의 인구 분포는 그 차이를 뚜렷하게 드러낸다. 일본인은 주로 기존의 성내와 새로 개발한 동남지구東南城區에 몰려 있다. 일본인 비율이 낮은 지구는 대만인의 구시가지인 맹갑과 대도정 등의 강변 저지대였다.

새로운 차이는 새로운 사회 분류 구조에서 빚어진다. 동시에 새로운 기준 간 충돌로 이어진다. 타이베이시 공간에서 새로운 충돌은 어떤 것인가? 일본 통치 시기 발생했던 몇 번의 쟁의로 답변의 실마리를 엿볼 수 있다. 1920년대 이후 대만 전역에서 활동한 지식인들은, 늘 도시 내 대만인 생활 조건에 불만을 품었다. 1927년 『대만신민보臺灣新民報』에 실린 한 편의 글('현재 타이베이의 세 가지 큰 문제')을 살펴보자. "이렇게 큰 타이베이시에서 공원은 성내의 신공원 하나뿐, 십수만 명이 살아가는 대도정에는 반 개의 공원도 없다"(1927년 8월 2일, 제324호). 1927년 장위수蔣渭水는 '대만민중당臺灣民眾黨'을 창당하고는, '타이베이시 전차 부설을 반대한다'는 구호를 외쳤다. 도시 정책에 구체적인 반대였다. 이 반대는 1928년 타이베이시가 공포한 시영 전차 계획을 겨냥했다. 230만 원이 소요되는 시영 전차 계획에서 전차 노선(성내-구팅구古亭區, 성내-원산圓山)은 일본인 밀집 주거 지역에 집중됐다. 대만인 밀집 주거 지역인 맹갑과 대도정을 경유하는 노선은 전무했다. 항의의 골조는 '많은 대만인이 돈을 내 설치하는 절차를 왜 소수의 일본인만 이용하는가? 이러면 대만인이 진심으로 따를 수 있겠는가?'였다(葉榮鐘 1971 : 389).

『대만신민보』의 투서와 대만민중당의 항의는 모두 '공간' 불평등 분배에 대한 성토다. 다만 기이한 점은 이런 성토가 사실은 두 개의 새로운 공간 권력 관계를 전제한다는 사실이다. 첫째, 사람들은 도시를 전체로 간주한다. 나아가 도시의 이질화를 묵인하지 않는다. 둘째, 도시 건설과 계획의 책임을 '국가'에 돌리고 있다. 이런 관념과 전제는 현대 공간에서 출현한 것이다. 청대 타이베이 사회에서는 찾아볼 수 없었던 관념이고 전제다. 『대만신민보』의 투서와 새로이 출현한 이질성에 대한 민중당의 불만은 공간 동질성이라는 전제를 묵묵히 수용한 결과이기도 하다. 그들은 공간 건설이 국가의 권한과 책임이지, 사용자 자신의 권력이 아니라는 사실을 접수했다.

지역사회의 사람들은 생활 공간 권력을 포기했다. '지역'과의 작별, 그리고 '공간'의 출현. 현대 사회의 이 중요한 변전이 타이베이시에서 생생하게 펼쳐졌다. 공간은 이처럼 하나의 공허한 개념이다. 공허는 사람들이 방어하기 어렵게 만든다. 이 때문에 사람들은 공간을 자연적인 것으로 오해한다. 공간을 투명한 것으로 착각한다. 공간을 순수한 것으로 신뢰한다. 이 사이에서 권력은 편하게 작동한다.

아, 그 시절의 타이베이

청대 타이베이에는 이 책에서 '지역사회'라고 부른 조직 형태가 존재했다. 이 조직은 국가와 서민 사이를 가로막았다. 또한 중국 정치 구조의 정수였으며, 국가가 '만질 수 없고 볼 수 없는' 제3의 영역이었다. 하지만 일본이 대량의 신식 통치 기술—새로운 행정, 새로운 조사, 새로운 호구, 새로운 통계—을 대동해서 등장했다. 식민 국가는 단지 경찰을 지역사회로 뻗어가는 '수족'으로만 쓰지 않았다. 경찰을 총명한 '눈과 귀'로 삼아서, 사람이 아무리 많은 지역이라도 뚜렷하게 보고 들었다.

어떤 통치 기술이 이렇게 뛰어나고 효과적일 수 있을까? 나는 타이베이시 도시 현대 공간의 출현을 통해 이 통치의 '공적'을 '공간 통치 기술'로 돌리고자 한다. 이 공간 통치 기술의 핵심은 지역사회의 방해를 제거하는 '균질화'와 국가가 관할 토지와 인민을 직접 보는 '시각화'다. 통치는 폭력에만 의지할 수 없다. 식민 통치 역시 마찬가지다. 일본의 대만 통치 역시 고도화와 투명화의 기술이었다. 단지 수족의 완력만 쓴 게 아니다. 눈과 귀의 감지력도 있었다. 이런 기술적 의미에서 현대 권력은 타이베이시 현대 공간으로 스며들었다.

시구 개정에 대한 화가 이시카와 긴이치로石川欽一郎의 한탄을 보자. 그는 일상생활에서 의미 있는 건축물을 통해 '지역사회'의 쇠퇴를 감지했다. 이시카와 긴이치로는 대만 현대화 계몽의 아버지로 존경받은 사람이다. 1906년 대만에 도착한 그에게 타이베이는 '천국'이었다. 하지만 10년이 지난 후, 그는 타이베이 거리에서 일종의 분위기가 사라지고 있다고 한탄한다. 아래 단락은 그의 책 『타이베이의 사생지臺北の寫生地』(1916)에서 발췌한 것이다.

> 타이베이는 교토京都와 매우 닮았다. 지세가 평탄하고 언덕이 없다. 사방 2~3리里면 닿을 수 있다. 3~4천 척尺의 산맥이 도시를 둘러쌌다. 스미다隅田川강보다 2배나 큰 강이 흐른다. 사생지寫生地의 관점에서 보면, 이곳은 매우 풍부한 화제畫題를 머금었다. 그러나 모두 타이베이 중심에서 조금 떨어진 교외 지역의 풍경 이야기다. 타이베이 중심부에 있었던 오래되고 흥미로운 대만식 건축물은 점점 사라진다.

> 대부분의 건축물이 분리주의적인[1] 3층 벽돌 건물로 개조되는 중이다. 이렇게 우리의 영역이 점차 지워진다(石川欽一郎 1916).

위 단락은 이시카와 긴이치로가 타이베이를 떠나기 몇 달 전에 적은 것이다. 그가 지칭한 1916년의 타이베이는 '시구 개정'이 절정인 공간이었다. 이시카와 긴이치로가 한탄한, 점점 사라지던 '우리의 영역'은 어디일까? 바로 그가 십여 년 전 타이베이에 발을 내디뎠을 때 마주했던 대만 현지인의 생활 공간이다. 그는 일본과는 완전히 다른 어떤 지역을 만나 감탄했다. 하지만 시간이 지나면서 원래 도시 곳곳에 있었던 생활 공간들은 개조된다. 아니, 사라졌다. 타이베이는 일본 혹은 구미권과 큰 차이가 없는 공간이 됐다. 그래서 화가는 이질성의 상실 앞에서 한탄하고 말았다.

타이베이시 시구 개조에 대한 탄식은 당연히 대만 주민의 기록에서도 등장한다. 수필가 주점인朱點人이 1936년 발표한 소설 「추신秋信」을 따라가보자. 이 소설의 주인공 두문斗文 선생의 심정은 장소감을 상실한 공간 의식을 알려준다. 두문 선생은 순무아문판사巡撫衙門辦事를 역임한 청나라 시대의 수재였다. 그러나 일본의 대만 통치가 시작되자 그는 고향에 낙향하여 정치 관련 소식은 묻지도 듣지도 않았다. 그러다가 고향 사람들이 1935년의 '시정40주년대만박람회'를 화제로 삼아 나누는 대화를 듣게 됐다.

---

1 제체시온Secession(분리주의)은 19세기 말 오스트리아에서 일어난 예술운동이다. 구시대 비엔나학파와의 분리를 강조해서 붙여진 분리주의라고 불렸다. 실질과의 분리를 강조하고 형식에 집중하는 건축미학이다.

두문 선생은 조금도 동요하지 않았지만, 또한 그들이 감탄할 때마다 귀를 기울이지 않을 도리도 없었다. 이 와중에 그는 실망했다. 그들의 입에서 나온 타이베이 시가지 지명들이, 대부분 예전의 지명과 달랐기 때문이었다(朱點人 1991 : 229-230).

두문 선생은 몰래 타이베이로 가서 사정을 살펴보기로 했다. 가보니 역시 일본 통치자들은 멈추지 않고 자화자찬하며 떠들어댔다. 두문 선생은 결국 박람회장을 박차고 떠나면서 '무대어撫臺衙'(청이 대만에 세운 관청)를 참배하기로 한다. 하지만 이미 1935년이다. 무대어가 남아 있을 리 없다. 부정사사布政使司가 머물렀던 그 큰 땅은 이미 '공회당公會堂'으로 변해버렸다. 광서光緒 13년(1887)에 세워진 대만순무어문臺灣巡撫衙門(대만 순무가 주재하는 관청)은 이미 완전히 헐렸고, 바로 옆의 부정사사 관청도 철거됐다. 관청 건물 자재는 식물원 안의 작은 관저로 재탄생한 상태였다. 두문 선생은 인력거꾼에게 20전을 빌려 식물원에 들어간다. 그는 사이비似而非 청대 유적에 당도했다. "그는 무대어撫臺衙를 마주하고 야자수 아래 앉아 깊은 명상에 빠졌다. 한때 그토록 번성했던 곳이 지금은 너무나 쓸쓸하구나. 아! 건물은 전과 같아도 예전의 영광은 이미 글러 먹었다!"(朱點人 1991 : 236-237)

내가 이런 방식으로 타이베이를 논하는 이유는, 지나간 시절에 대한 주점인이나 두문 선생의 심정을 회고하려는 게 아니다. 또한 대만에 은혜를 베푼 주체가 누구인지를 따지려는 것도 아니다. 나아가 대만을 약탈한 이를 고르려는 것도 아니다. 그저, 타이베이 현대 공간 탄생에 대한 설명일 뿐이다.

'현대'. 이 화려해 보이는 단어는 끊이지 않는 역사 논쟁과 정치 논쟁을 부른다.[2] 하지만 이 책은 조금 다른 방식으로 '현대'에 접근했다. 특정한 시각으로 공간 권력이 유동하는 역사 과정을 검토하는 방법이다. 여기서 가장 중요한 의미는 사실 '유효한 통치'다. 효과적인 통치는 국가의 공적이다. 하지만 그 공적이 곧 시민의 행복은 아니다. 타이베이 현대 공간의 형성은 일본 통치자들이 도시의 모든 지역을 볼 수 있게 만들었다. 볼 수 있으니 토지를 설계하고 사람을 완전하게 제어할 수 있다. 1905년 다케코시 요사부로竹越与三郎의 대만 취재 기록인 『대만통치지臺灣統治志』의 한 대목을 보자. 상술한 통치의 심층을 날카롭게 관찰했다.

> 우리는 무력으로 새로운 영토를 얻을 수 있고, 무력으로 일정 기간 통치할 수 있다. 하지만 정복자가 현명한 관리wise administration에 필요한 조건을 갖추지 않는다면, 반드시 쇠락과 와해의 길을 걷게 된다 (Takekoshi 1907 : 1).[3]

---

2 대만 역사학자들은 대만 현대화의 기원을 두고 논쟁을 벌여왔다. 제국 중국이 타이베이 현대화의 기원이라고 주장하는 학자로는, 리궈치李國祁(1982), 다이궈후이戴國煇(1985) 등이 있다. 일본의 식민지 통치가 타이베이 현대화의 기원이라고 주장하는 학자는 황자오탕黃昭堂(1988), 양비촨楊碧川(1994) 등이다. 이 논쟁에 대해서는 장룽즈張隆志(1998)를 참고하라.

3 이 단락은 1907년 출판된 『대만통치지臺灣統治志』의 영문판인 『Japanese Rule in Formosa』에서 발췌했다. 사실 조지 브레이스웨이트George Braithwaite의 이 작업본은 발췌·편역본이다. 원저의 일부 장절이 합쳐지고 생략됐지만, 영역본 일부 문구의 의미는 원저보다 낫다. 예를 들어 본문에서 인용한 '현명한 관리wise administration' 같은 형용사는 일본어판에 없다.

일본 통치에 대한 다케코시 요사부로竹越与三郎의 칭송과 고토 신페이에 대한 세간의 찬양을 모두 틀렸다고 말하기는 힘들다. 일본 통치의 강점은 정밀하고 효과적인 관리다. 일본은 타이베이를 식민지의 낙원으로 개조했다. 대만 모델은 그들의 자부심이었다. 각종 물리적 성취는 모두 부산물에 불과하다. 일본은 수백 년 동안 이어진 중국 통치의 현대화 성과를 단번에 넘어섰다. 이 사실을 부인할 필요도, 이 사실 때문에 아파할 필요도 없다. 더욱이 일본 식민 통치의 '공로'를 부정하기 위해 남정원藍鼎元, 정일창丁日昌, 유명전劉銘傳 등의 청대 명신名臣을 소환해서 애써 치켜세울 이유는 더더욱 없다.

현대. 이 단어는 종종 직선진화론rectilinear evolution의 관점에서 오해된다. 현재 대만의 두 주요 정치 노선 역시 마찬가지다. 그들은 각각 '타이베이 현대 도시화'에 관한 역사 논리를 구축했다. 중국 통일을 바라는 세력은 현대화의 공로를 중국에 접목하고 싶어 한다. 그래서 타이베이 현대화의 공적을 청대 관료들의 예지睿智로 돌린다. 반면 대만 독립을 희망하는 세력은 현대화 공적을 중국과 단절시키려 애쓴다. 그러니 일본 식민 통치의 능력을 주목하는 것이다. 나는 '공로/과오'의 시각에서 벗어나야 타이베이 현대 도시화의 함의를 냉정하게 분석할 수 있다고 생각한다.

타이베이 현대화는 지역사회에서 살아가던 이들의 의미를 분쇄하고, 도시 계획가의 추상적 공간 기호를 통해 주민들의 생활 규율을 바꾸는 과정이었다. 이는 앙리 르페브르가 '공간삼원론空間三元論'에서 제시한 '공간적 실천spatial practice'이 '공간 재현representation of space'으로 대체되는 과정과 같다. 앙리 르페브르는 생동하는 사람들이 감각하는 장소가 과학적인 계획자의 도시 공간, 종이 위의 공간, 개념 구상의 공간으로 변질하는 사태를 우려했다(Lefebvre 1991 : 31-32). '공간 재현'의 시대는 앙리 르페브르의 우려처럼 도시 계획 기술자들이 주도한다. 그들은 이른바 황금률, 전문 용어, 교육과 법률 등으로 타인을 설계하고 현대 사회에 지배적인 공간을 창출했다(Lefebvre 1991 : 36).

공간 혁명을 갈망했던 르페브르는 세계를 바꿀 수 있는 희망을 공간삼원론의 세 번째 차원에서 기대했다. 바로 '재현적 공간'이다.[4] 그의 심오한 공간 이론에서, '재현적 공간' 차원은 바로 '삶lived'의 공간이다. 이 공간은 도시거주자inhabitants 혹은 사용자users가 만든다. 르페브르의 구상에서 사용자는 '예술가 및 문화 영역 종사자 등'과 기호의 해석자라는 뜻이다. 국가의 계획자는 부호의 작용력을 이용해 공간에 단일적인 이성과 과학 표준의 의미를 부여한다. 이를 통해 주민의 생활 세계를 규율한다. 그렇다면 거꾸로 주민 역시 부호를 만들어서 공간에 새로운 의미를 부여할 수 있다. 그래서 르페브르는 '재현적 공간'을 일종의 거주 공간, 사용 공간, 예술가들이 묘사하는 공간, 삶이 체험하는 공간으로 여겼다(Lefebvre 1991 : 31-34). 예술가는 공간에 대해 반성하고 상상하며, 파괴하고 창조한다. 공간의 진정한 사용자만이 공간의 대大이성Logos이 우리의 신체에 가하는 속박을 바꿀 수 있다. 다시 르페브르의 말을 빌린다. 공간만이 원래의 정서eroticized를 활성화하고, 모호함 ambiguity의 충만한 가능성을 회복할 수 있다(Lefebvre 1991 : 391).

4 '재현적 공간'은 복수의 형태로 나타난다는 점을 주의하라.

1장에서 인용한 베네딕트 앤더슨Benedict Anderson의 『상상의 공동체』를 다시 인용한다. 그는 현대 국가의 본질이 '국가 주권은 법정 영토 내에 있는 $1cm^2$에까지 평평하고 균등하게 작용한다'라고 서술했다. 이 명제를 참고해서 다시 타이베이 현대 공간의 형성을 보자. 그렇다. 지식에 기반하는 권력은 공간의 배치를 통해서야 임무를 진정 완성할 수 있다.

일본 통치 시기의 사업, 공정, 건설은 도시 공간을 더 청결하고 가지런하고 아름답게 만든 것처럼 보인다. 그러나 이 '공간'이라는 트로이의 목마 안에 '권력'이 숨어 있다는 사실을 잊어서는 안 된다. 이 권력의 자태는 우아하다. 정교한 눈과 전능한 두 손으로 현대 타이베이시 도시 공간을 만들었다. 이 현대 공간을 살아가던 사람들은 세 개 거리의 시대와 작별하고 옛 토지의 속박에서 벗어났다. 영국 사회학자 앤서니 기든스Anthony Giddens의 말처럼 현대인의 세계는 더는 시간과 공간에 얽매이지 않는다. 인간의 신체 능력은 더 멀리, 더 넓게, 그리고 경계 없이 나아갈 수 있다. 앤서니 기든스는 이런 생명 체험을 '시간-공간의 거리화time-space distanciation' 역사 과정이라고 불렀다(Giddens 1990 : 12-18).

일본 식민 통치 시대에 대만은 현대 공간으로 가는 길을 닦았다. 사람들은 자유롭게 왕래할 수 있다. 지역 특유의 정서가 벗겨졌기 때문이다. 이제 어떤 공간에도 쉽게 정착할 수 있다. 다만, 오래 머물지는 못할 것이다. 이것은 하나의 유동하는 '공간'이다. 간파하기 쉽고, 감시하기 좋고, 통과하기 좋다. 그러나 삶의 의미를 쌓을 수 있는 '장소'는 아니다. 거스를 수 없고 막아낼 수 없는 여정이다. 하지만 현대 공간을 살아가는 우리는 이런 시대를 어떻게 살아가야 할지 되돌아봐야 한다. 현대화는 좋은 것만은 아니다. 현대화의 추동 역시 예찬의 대상만은 아니다. 단지, 그랬을 뿐이다. 보이지 않았던 타이베이와 볼 수 있는 타이베이, 그리고 현대 도시 공간의 출현. 나는 타이베이에 이런 아름다운 오명汙名이 있었다는 사실을 설명했을 따름이다.

역자의 말

권력의 용기容器, 공간空間

『현대 타이베이의 탄생』은 권력, 그중에서도 현대 권력을 다룬다. 현대 권력은 '권력'이라는 단어가 연상시키는 폭력, 압도, 횡행 같은 이미지보다 훨씬 더 섬세하고 철저하다. 이 권력은 정복에서 만족하지 않고 '지배', 더 정확히는 '지배의 자동적 작동'을 도모한다. 여기서 현대 권력은, 권력의 역사에서 드높아진다. 그렇다. 현대 권력은 특정한 권력자와 세력을 초월하는 하나의 시스템이다. 이 권력은 정치 · 경제적 수탈에 만족하지 않고, 인간의 삶과 일상으로 스며든다.

그래서 권력은 배치配置한다. 자신의 의도와 목적을 인간의 현장과 생활에 나누어 설치해버린다. 인간의 현장과 생활이 권력에 포섭되면, 권력은 제압과 감시와 설득에 큰 비용을 들일 필요가 없다. 인간의 삶이 자동으로 권력에 수렴되니까. 새로운 땅과 사람을 지배한 현대 권력이 공간부터 건드리는 이유다. 현대 권력은 정복을 완료하는 즉시 기존 사회의 의미가 누적된 장소(지역사회)들을 일거에 제거하고, 자신들의 의도가 집행될 수 있는 터전(공간)을 만든다. 책에서 제기하는 '공간시각화'와 '공간균질화'라는 두 개념은, '현대 권력(의) 공간'이 탄생하는 과정을 의미화한 것이다.

저자의 용기用器, 탐침探針

메이지 유신 직후의 일본은 서양 제국주의가 구현하던 현대 권력의 통치술을 익히는 동시에 학습한 통치술을 주변국들에 실험하느라 바빴다. 일본은 그간 익숙하지 않았을 정복과 지배에서, 당시 동북아시아 국가들에서는 찾아볼 수 없었던 발군의 실력을 펼쳤다. 이 책이 일본의 대만 통치가 아니라, 중국 청조清朝의 대만 통치부터 출발하는 이유기도 하다. 저자는 기성 제국 청조의 대만臺灣 및 타이베이臺北 통치가 상징하는 전현대적前現代的 권력과 통치의 속성 및 한계를, 신흥 제국 일본의 대만 및 타이베이 통치가 상징하는 현대적 권력과 통치의 본질 및 효율과 대비한다. 그는 전자에서 국가의 무능과 지역의 존재를 부각했고, 후자에서 국가의 효율과 지역의 소멸을 그려냈다. 지역사회와 중개 세력(신상紳商)을 수용하고 인정하는 청조의 느슨한 통치와 지역사회 및 중개 세력을 제거하여 직접 사람을 보고 사람에 닿는 일본 통치는 너무나 다르다. 얼핏 보면 선진적 통치가 후진적 통치를 대체한 듯 보일 정도로.

한국처럼 대만에서도 일본(제국주의) 식민 통치에 대한 의견이 첨예하게 부딪히고 나뉜다. 중화인민공화국(대륙 중국)과의 관계 개선을 시도하는 통일 정치 세력(국민당 등)은 공간 현대화의 업적을 일본이 아닌 청말 관료(유명전劉銘傳 등)의 공으로 돌린다. 반면 대만 독립을 지향하는 정치 세력(민진당 등)은 일본의 (고토 신페이後藤新平 등이 주도한) 선진 통치가 청조의 후진 통치를 극복하고 타이베이 및 대만 발전의 기틀을 놓았다고 평가한다. 이 충돌은 피식민지 시대에 관한 역사학적 논쟁論爭이라기보다는, '누구의 역사인가?'를 두고 벌어지는 현대적 정쟁政爭의 전형에 가깝다. 그러나 저자는 타이베이 공간과 사람에 대한 논의 방향을 '누구(청조와 일본)'에서 '본질(권력성)'로 전환해서 저 고단한 담론 전쟁을 비껴간다. 게임의 링을 바꾼 그는 준비해둔 탐침探針, 즉 뿌리부터 거슬러 오르면서 권력의 움직임을 탐색하는 '계보학系譜學'과 공간-권력 관계를 고찰한 '사회학 이론'을 '권력, 공간, 사람'이라는 주제 속으로 깊숙하게 찔러 넣었다. 주제를 헤집고 나온 저자의 탐침은 말한다. 선진-후진의 구분이 아니라 권력의 본질이 사람과 토지에 대한 인식을 결정하고, 그 인식에 따라 공간 및 장소 정책이 수립 · 집행되며, 이 집행에 따라 권력(국가)과 사람 및 토지의 관계가 달라지고, 이 관계에 따라 권력의 작동 효율과 성질이 구성된다는 것을.

우리의 용기勇氣, 누항陋巷

민감하고 치열한 담론 전쟁 앞에서 저자는 신중하고 또한 대범했다. 학자의 신중함은 독자에게 지적 충만감을, 학자의 대범함은 독자에게 지적 신선함을 주므로 이 책은 넉넉하다. 하지만 저자는 여기서 멈추지 않았다. 그는 청조와 일본(제국주의)을 넘어 공간을 점유占有하고 전용轉用하는 권력의 문제성을 지적하고 겨냥했다. 그가 청과 일본을 대비한 이유는 청조의 무능함과 일본의 효율성을 강조하기 위해서가 아니다. 도리어 청조 권력의 모호함 덕에 탄생했던 지역과 사회와 장소가 일본으로 대변되는 현대 권력에 의해 사라졌다는 점, 그리고 현대 권력이 지역과 사회와 장소를 깎아내고 만든 (계획)공간에 자신을 투사했다는 점, 게다가 권력이 스며든 공간에 사람의 삶이 포섭되는 현상이 지금도 여전하다는 점을 부각하기 위해서였다. 여기서 저자의 탐침은 현대 권력의 본질(폭력성)과 작농(세밀한 계획과 제도, 관통하는 감시와 시선, 구속하는 공간과 배치)을 겨냥하는 창으로 변한다.

저자의 창은, 저자의 탐침에 비해 짧고 무르며 투박하다. 그러므로 더 힘 있다. 그는 세련되고 섬세한 현대 권력의 공간 창출 및 운용을 격파해야 한다거나 혹은 우리가 더 현대적이어야 한다고 주장하지 않는다. 오히려 의미의 기호 자체를 바꾸고(의미 부여의 대상과 방식의 전환), 우리 삶이 녹아 있는 장소들을 지키거나 만들어야 한다는 소박한 이야기를 한다. 그 말의 외피를 벗겨보면 결국, 살아가는 누항陋巷을 지키고 살아갈 누항陋巷을 만들자는 호소다. 저자는 개인과 장소, 지역과 사회를 자동으로 제압 · 관리하는 권력-공간 관계의 파훼법을 정권 교체 등의 정치적 변화가 아닌 '사람'에게서 찾았다. 기존의 의미를 무작정 수용하기보다는 스스로 의미를 부여하고, 자신이 의미를 부여한 장소들을 살아가며, 살아가는 장소들을 연계해서 익혀나가는 용기를 가진 사람에게서.

다시

타이베이 '세 개 거리'의 변화를 '세 개 용기'라는 시선으로 찔러 들어간 이 책은 현대적이다. 공간과 (정치 및 자본) 권력 관계 및 공간 권력은, 여전히 장소와 사람과 삶을 구축驅逐하고 통제하며 수렴한다. 타이베이와 서울, 대만과 한국, 나아가 전 세계의 무수한 도시와 국가와 지역과 사회와 사람이 공유하는 본질이다. 이 본질 위에서 우리는 교차한다. 교차의 촉발은 연대와 협력이라는 새로운 공간을 '다시' 발생시킬 수 있다. 『현대 타이베이의 탄생』이 수색한 과거에서, 독자들이 '새로운 다시'라는 형용 모순의 실마리를 감지할 수 있다면 참으로 행복하겠다. 끝으로 우리에게 절실한 실마리들을 세상에 내놓으려 애쓰는 산지니 출판사에 깊은 감사를 전한다.

역자를 대표하여, 곽규환

부록1
청대 대만의 지방 행정 체제 변천

기간	중국 연호	체제	성省급 단위	부府급 단위	현청縣廳급 단위
1684 | 1723	강희康熙 20년 | 옹정雍正 원년	1부府 3현縣	복건성福建省	대만부臺灣府	대만현臺灣縣, 봉산현鳳山縣 제라현諸羅縣
1723 | 1727	옹정 원년 | 옹정 5년	1부 4현 1청廳	복건성	대만부	대만현, 봉산현 제라현, 창화현彰化縣 담수청淡水廳
1727 | 1875	옹정 5년 | 광서光緒 원년	1부 4현 2청	복건성	대만부	대만현, 봉산현 제라현, 창화현 담수청, 팽호청澎湖廳
1812 | 1875	가경嘉慶 17년 | 광서 원년	1부 4현 3청	복건성	대만부	대만현, 봉산현 제라현, 창화현 담수청, 팽호청 갈마란청噶瑪蘭廳
1875 | 1887	광서 원년 | 광서 13년	2부 8현 4청	복건성	대만부	대만현, 항춘현恆春縣 봉산현, 가의현嘉義縣 창화현, 팽호청, 비남청卑南廳 포리사청埔里社廳
				대만부	담수현淡水縣, 신죽현新竹縣 의란현宜蘭縣, 기륭청基隆廳
1887 | 1911	광서 13년 | 선통宣統 3년	3부 11현 4청 1직예주 直隸州	대만성臺灣省	대만부	안평현安平縣, 봉산현 가의현, 항춘현, 팽호청
				대만부	대만현, 창화현 묘율현苗栗縣, 운림현雲林縣 포리사청埔里社廳
				대만부	담수현, 신죽현 의란현, 기륭청 남아청南雅廳(1894년 증설)
				직예주	대동臺東 직예주

출처: 黃得時(1981 : 74) 참고로 다시 제작

부록2
일본 통치 시대 대만 지방 행정 체제 변화

기간	구획	개별단위 관할구역
1895.6 | 1895.8	3현縣 1청廳 (7지청支廳)	대북현臺北縣 기륭지청基隆支廳 의란지청宜蘭支廳 신죽지청新竹支廳 디만현臺灣縣 가의지청嘉義支廳 대남현臺南縣 봉산지청鳳山支廳 항춘지청恆春支廳 대동지청臺東支廳 팽호도청澎湖島廳
1895.8 | 1896.3	1현 2지부支部 1청 9출장소	대북현臺北縣 담수지청淡水支廳 기륭지청基隆支廳 의란지청宜蘭支廳 신죽지청新竹支廳 가의민정지부嘉義民政支部 묘율출장소苗栗出張所 포리출장소埔里出張所 장화출장소彰化出張所 운림출장소雲林出張所 가의출장소嘉義出張所 대남민정지부臺南民政支部 안평출장소安平出張所 봉산출장소鳳山出張所 항춘출장소恆春出張所 출장소出張所 팽호도청澎湖島廳
1896.3 | 1897.5	3현 1청	대북현臺北縣 대중현臺中縣 대남현臺南縣 팽호도청澎湖島廳
1897.5 | 1898.6	6현 3청	대북현臺北縣 의란청宜蘭廳 신죽현新竹縣 대중현臺中縣 대남현臺南縣 봉산현鳳山縣 대동청臺東廳 팽호도청澎湖島廳
1898.6 | 1901.11	3현 3청	의란청宜蘭廳 대북현臺北縣 대중현臺中縣 대남현臺南縣 봉산현鳳山縣 대동청臺東廳 팽호도청澎湖島廳

<table>
<tr><td>1901.11
\|
1909.11</td><td>20청</td><td>의란청宜蘭廳</td><td>기륭청基隆廳</td><td>심갱청深坑廳</td><td>타이베이청臺北廳</td><td>도자원청桃仔園廳</td><td>신죽청新竹廳</td><td>묘율청苗栗廳</td><td>대중청臺中廳</td><td>장화청彰化廳</td><td>남투청南投廳</td><td>두육청斗六廳</td><td>가의청嘉義廳</td><td>염수청鹽水廳</td><td>대남청臺南廳</td><td>번서료청蕃薯寮廳</td><td>봉산청鳳山廳</td><td>아후청阿猴廳</td><td>항춘청恆春廳</td><td>대동청臺東廳</td><td>화련항청花蓮港廳</td><td>팽호청澎湖廳</td></tr>
<tr><td>1909.11
\|
1920.9</td><td>12청</td><td>의란청宜蘭廳</td><td colspan="3">타이베이청臺北廳</td><td>도자원청桃仔園廳</td><td>신죽청新竹廳</td><td colspan="3">대중청臺中廳</td><td>남투청南投廳</td><td colspan="2">가의청嘉義廳</td><td colspan="2">대남청臺南廳</td><td colspan="4">아후청阿猴廳</td><td>대동청臺東廳</td><td>화련항청花蓮港廳</td><td>팽호청澎湖廳</td></tr>
<tr><td>1920.9
\|
1926.7</td><td>5주州
2청</td><td colspan="4">대북주臺北州</td><td colspan="2">신죽주新竹州</td><td colspan="4">대중주臺中州</td><td colspan="4">대남주臺南州</td><td colspan="4">고웅주高雄州</td><td>대동청臺東廳</td><td>화련항청花蓮港廳</td><td></td></tr>
<tr><td>1926.7
\|
1945</td><td>5주
3청</td><td colspan="4">대북주臺北州</td><td colspan="2">신죽주新竹州</td><td colspan="4">대중주臺中州</td><td colspan="4">대남주臺南州</td><td colspan="4">고웅주高雄州</td><td>대동청臺東廳</td><td>화련항청花蓮港廳</td><td>팽호청澎湖廳</td></tr>
</table>

주: 1911.5.1. 또 한 번의 작은 변동이 있었다. 항춘청恆春廳을 증설해서, 3현縣 4청廳 체제를 갖췄다.

출처: 黃得時(1981 : 83) 참고로 다시 제작

부록3
역대 대만 총독과 민정장관의 임기

구분	총독	재임기간	민정장관
제1대	가바야마 스케노리樺山資紀	1895.05.10 - 1896.06.02	미즈노 준水野遵
제2대	가쓰라 다로桂太郎	1896.06.02 - 1896.10.14	
제3대	노기 마레스케乃木希典	1896.10.14 - 1898.02.26	소네 시즈오曽根静夫
제4대	고다마 겐타로児玉源太郎	1898.02.26 - 1906.04.11	고토 신페이後藤新平
제5대	사쿠마 사마타佐久間左馬太	1906.04.11 - 1915.05.01	이와이 다쓰미祝辰巳
			오시마 구마지大島久満次
			우치다 가키치内田嘉吉
제6대	안도 사다요시安東貞美	1915.05.01 - 1918.06.06	시모무라 히로시下村宏
제7대	아카시 모토지로明石元二郎	1918.06.06 - 1919.10.24	
제8대	덴 겐지로田健治郎	1919.10.29 - 1923.09.02	가쿠 사가타로賀来佐賀太郎
제9대	우치다 가키치内田嘉吉	1923.09.06 - 1924.09.01	
제10대	이사와 다키오伊沢多喜男	1924.09.01 - 1926.07.16	
제11대	가미야마 만노신上山満之進	1926.07.26 - 1928.06.16	고토 후미오後藤文夫
제12대	가와무라 다케지川村竹治	1928.06.16 - 1929.07.30	가와라다 가키치河原田稼吉
제13대	이시즈카 에이조石塚英蔵	1929.07.30 - 1931.01.16	히토미 지로人見次郎
제14대	오타 마사히로太田政弘	1931.01.16 - 1932.03.02	다카하시 모리오高橋守雄
			기노시타 마코토木下信
			히라쓰카 히로요시平塚廣義
제15대	미나미 히로시南弘	1932.03.02 - 1932.05.26	
제16대	나카가와 겐조中川健蔵	1932.05.27 - 1936.09.02	
제17대	고바야시 세이조小林躋造	1936.09.02 - 1940.11.27	모리오카 지로森岡二朗
제18대	하세가와 기요시長谷川清	1940.11.27 - 1944.12.30	사이토 이쓰키斎藤樹
제19대	안도 리키치安藤利吉	1944.12.30 - 1945.08.15	나리타 이치로成田一郎

출처: 저자 작성

참고문헌

大日方純夫, 1992,《日本近代国家の成立と警察》。東京：校倉書房。

丸山宏, 1994,《近代日本公園史の研究》。京都：思文閣。

山縣三郎, 1992,〈致辭〉。收錄於黃世孟編譯《臺灣都市計畫講習錄》, 頁1-7。臺北：胡氏圖書(原著出版於1937年)。

川井田幸五郎, 1919,《艋舺低地埋立事業調查書》。臺北：臺灣日日新報社。

中西牛郎, 1908,《泰東哲學家李公小傳》。臺北：臺灣日日新報社。

中村孝志, 1970,〈十七世紀西班牙人在臺灣的佈教〉。收錄於賴永祥譯著《臺灣史研究初集》, 頁112-146。臺北：撰者自印(原著出版於1956年)。

中村孝志, 1991,〈十七世紀中葉的淡水、基隆、臺北〉。《臺灣風物》41(3)：118-131。

中國人民大學清史研究所、中國第一歷史檔案館合編, 1987,《天地會 六》。北京：中國人民大學出版社。

中國第一歷史檔案館整理, 1984,《康熙起居注》。北京：中華書局。

尹章義, 1980,《新莊發展史》。新莊：新莊市公所。

尹章義, 1985,〈臺灣地名個案研究之一——臺北〉。《臺北文獻》直字72：113-128。

尹章義, 1989,《臺灣開發史研究》。臺北：聯經。

井手薰, 1929,〈臺北の都市美〉。《臺灣時報》昭和4年11月號：96-102。

井出季和太, 1936,《臺灣治績志》。臺北：臺灣日日新報社。

仁井田陞, 1956,〈中國に同族又は村落的土地所有問題——宋代以後のいはゆる「共同體」〉。《東洋文化研究所紀要》10：301-358。

文崇一, 1975,〈萬華地區的群體與權力結構〉。《中央研究院民族研究所集刊》39：19-56。

方豪, 1972,〈臺灣行郊研究導言與臺北行郊〉。《東方雜誌》5(12) : 36-50。
王一剛, 1959,〈日據前後的城內〉。《臺北文物》8(1) : 97-99。
王世慶, 1972,〈民間信仰在不同祖籍移民的鄉村之歷史〉。《臺灣文獻》23(4) : 3-38。
王世慶, 1976,〈海山史話(上)〉。《臺北文獻》直字37 : 49-132。
王世慶, 1983,〈一般行政〉。《臺北市發展史(一)》, 頁463-863。臺北 : 臺北市文獻會。
王世慶, 1994,〈清代臺灣的米產與外銷〉。《清代臺灣社會經濟》, 頁93-129, 臺北 : 聯經。
王世慶, 1996,《淡水河流域水運史》。臺北 : 中央研究院中山人文社科所。
王先明, 1997,《近代紳士——一個封建階層的歷史命運》。天津 : 天津人民出版社。
王泰升, 1998,《臺灣日治時期的法律改革》。臺北 : 聯經。
王斯福(Feuchtwang, Stephan), 2000,〈學宮與城隍〉。徐自立譯。收錄於施堅雅編《中華帝國晚期的城市》, 頁699-730。北京 : 中華書局(原著出版於1977年)。
王飛龍, 1952,〈本市戶政之沿革〉。《臺北文物》1(1) : 68-72。
王國璠主修, 1977,《臺北市志 . 卷三政制志 . 戶政篇》。臺北 : 臺北市文獻會。
王啟宗, 1987,《臺灣的書院》。臺中 : 臺灣省政府新聞處。
王霜媚, 1982,〈帝國基礎——鄉官與鄉紳〉。收錄於《中國文化新論制度篇 : 立國的宏規》, 頁373-411。臺北 : 聯經出版事業公司。
北原糸子, 1993,〈江戶から東京へ——都市問題の系譜〉。收錄於成田龍一編《都市と民眾(近代日本の軌跡9)》, 頁57-87。東京 : 吉川弘文館。
外務省條約局編, 1990,《外地法制誌5 : 日本統治下50年の臺灣》。東京 : 文生書院。
平山勳, 1934,《臺灣社會經濟史全集——第七冊》。臺北 : 臺灣經濟史學會。
田中一二編, 1998,《臺北市史》。李朝熙譯。臺北 : 臺北市文獻會(原著出版於

1931年)。
矢內原忠雄, 1985,《日本帝國主義下之臺灣》。周憲文譯。臺北：帕米爾書店。
石川欽一郎, 1906,〈臺灣風光の回想〉。《臺灣時報》昭和10年6月號：52-55。
石川欽一郎, 1916,〈臺灣の寫生地〉。《中央美術》2(1)：73-75。
石田賴房, 1987,《日本近代都市計画の百年》。東京：柏書房。
石田賴房, 1992,《日本近代都市計画史研究》。東京：柏書房。
石塚裕道, 1991,《日本近代都市論, 東京：1868-1923》。東京：東京大學出版會。
艾永明, 2003,《清朝文官制度》。北京：商務印書館。
伊能嘉矩, 1905,《臺灣巡撫トシテノ劉銘傳》。臺北：新高堂。
伊能嘉矩, 1920,〈土地競爭の衝突よりの臺灣の分類械鬥〉。《東洋時報》261號(1920.06.20.)。
伊能嘉矩, 1991a,《臺灣文化志(中譯本上卷)》。江慶林等譯。臺中：臺灣省文獻會(原著出版於1928年)。
伊能嘉矩, 1991b,《臺灣文化志(中譯本下卷)》。江慶林譯。臺中：臺灣省文獻會(原著出版於1928年)。
伍德(Wood, Dennis), 1996,《地圖權力學》。王志弘等譯。臺北：時報(原著出版於1992年)。
吉見俊哉, 1992,《博覧会の政治学——まなざしの近代》。東京：中公新書。
安德森(Anderson, Benedict), 1999,《想像的共同體：民族主義的起源與散布》。吳叡人譯, 臺北：時報(原著出版於1983年, 本書譯自1991年修訂版)。
寺田浩明, 1998,《明清時期的民事審判與民間契約》, 頁139-190。王亞新譯。北京：法律出版社。
西川滿, 1998,〈台湾縦貫鉄道〉, 收錄於中島利郎、河原功編《日本統治期台湾文学 日本人作家作品集 第二卷》, 頁119-384。東京：綠蔭書房(原著出版於1943及1944年)。
朱惠足, 2005,〈帝國主義、國族主義、「現代」的移植與翻譯：西川滿《台灣縱貫鐵道》與朱點人〈秋信〉〉,《中外文學》33(11) : 111-140。
朱點人, 1991,〈秋信〉,《王詩琅、朱點人合集》, 頁225-237。台北 : 前衛。
朱壽朋(清)輯, 1969,《光緒朝東華續錄選集》, 臺北 : 臺灣銀行經濟研究室/臺灣文獻叢刊第277種。
向山寬夫, 1999,《日本統治下的臺灣民族運動史》。楊鴻儒等譯。臺北 : 福祿壽(原著出版於1987年)。
成田龍一, 1993,《近代都市と民眾》。東京 : 吉川弘文館。
朱萬里, 1954,《臺北市都市建設史稿》。臺北 : 臺北市工務局。
朱德蘭, 1986,〈清初遷界令時中國船海上貿易之研究〉。收錄於《中國海洋發展史論文集(第二輯)》, 頁105-160。臺北 : 中央研究院三民主義研究所。
江丙坤, 1972,《臺灣田賦事業改革之研究》。臺北 : 臺灣銀行經濟研究室。
西村睦男, 1985,〈臺北市地理學研究 : 日據時期〉, 余萬居譯,《思與言》23(3) : 3-34。
佐藤正広, 2002,《国勢調査と日本近代》。東京 : 岩波。
竹越與三郎, 1905,《臺灣統治志》。東京 : 博文館。
吳子光(清), 1959,《臺灣紀事》。臺北 : 臺灣銀行經濟研究室/臺灣文獻叢刊第36種。
吳文星, 1987,〈白手起家的稻江巨商李春生〉。收錄於張炎憲編《臺灣近代名人誌》, 頁11-25。臺北 : 自立晚報社。
吳文星, 1992,《日據時期臺灣社會領導階層之研究》。臺北 : 正中書局。
吳定葉、黃耀東同編, 1979,《日據初期警察及監獄制度檔案》。臺中 : 文獻委員會。
吳逸生, 1960,〈艋舺的古行號概述〉。《臺北文物》9(1) : 1-12。
呂哲奇, 1999,《臺灣衛生工程顧問技師爸爾登(William Kinninmond Burton)對臺灣城市近代化影響之研究》。中壢 : 中原大學建築研究所碩士論文。
呂紹理, 1998,《水螺響起 : 日治時期臺灣社會的生活作息》。臺北 : 遠流。
宋光宇, 1993,〈霞海城隍廟與臺北大稻埕商業發展的關係〉。《中央研究院歷史語言研究所集刊》62(2) : 291-336。
宋增璋, 1980,《臺灣撫墾志 上冊》。臺中 : 臺灣省文獻會。
尾辻国吉, 1941,〈明治時代の思ひ出其に一〉。《臺灣建築會誌》13(2) : 89-96。
尾辻国吉, 1943,〈臺灣建築界の回顧〉。《臺灣建築會誌》15(4) : 133-136。
李占才編, 1994,《中國鐵路史》。汕頭 : 汕頭大學出版社。
李壬癸, 1991,〈臺灣北部平埔族的分類及其語言關係〉。《臺灣風物》41(4) : 197-214。
李明輝編, 1995,《李春生的思想與時代》。臺北 : 正中書局。
李根源, 1953,〈艋舺寺廟記〉。《臺北文物》2(1) : 40-49。
李乾朗, 1984,《臺灣建築史》。臺北 : 雄獅。
李乾朗, 1993,《臺北古城門》。臺北 : 臺北市文獻委員會。
李乾朗, 2003,《臺灣古建建築圖解事典》。臺北 : 遠流。
李國祁, 1975,〈清季臺灣的政治近代化——開山撫番與建省, 1875-1894〉,《中華文化復興月刊》8(12) : 4-16。
李國祁, 1978,〈清代臺灣社會的轉型〉。《中華學報》5(3) : 131-159。
李國祁, 1982,《中國現代化區域研究——閩浙臺地區 : 1860-1916》。臺北 : 中央研究院近代史研究所。
李崇僖, 1996,《日本時代臺灣警察制度之研究》。臺北 : 國立臺灣大學法律研究所碩士論文。
李園會, 2005,《日據時期臺灣教育史》。臺北 : 國立編譯館。
河出圖社, 2004,《古地圖臺北散步 : 一八九五清代臺北古城》。臺北 : 果實出版社。
村上綱実, 1989,〈植民地調査と後藤新平〉。收錄於川合隆男編《近代日本社會調查史》, 頁219-250。東京 : 慶應通信。
杜贊奇(Duara, Prasenjit), 1995,《文化、權力與國家 : 1900 - 1942年的華北農村》。王福明譯。南京 : 江蘇人民(原著出版於1988年)。
沈有容(明), 1959,《閩海贈言》。臺北 : 灣銀行經濟研究室/臺灣文獻叢刊第56

種。
沈葆楨(清), 1959,《福建臺灣奏摺》。臺北：臺灣銀行經濟研究室／臺灣文獻叢刊第29種。
阪上福一編, 1939,《臺灣總督府博物館創立三十年記念論文集》。臺北：臺灣總督府博物館。
卓克華, 1978,〈艋舺行郊初探〉。《臺灣文獻》29(1), 頁188-192。
卓克華, 1990,《清代臺灣的商戰集團》。臺北：臺原出版社。
周元文(清), 1961,《重修臺灣府志》。臺北：臺灣銀行經濟研究室／臺灣文獻叢刊第66種。
周郁森, 2003,《清代臺灣城牆興築之研究》。臺南：國立成功大學地理建築學研究所碩士論文。
周鍾瑄(清), 1962,《諸羅縣志》。臺北：臺灣銀行經濟研究室／臺灣文獻叢刊第141種。
周璽(清), 1962,《彰化縣志(卷十二)》。臺北：臺灣銀行經濟研究室／臺灣文獻叢刊第156種。
孟福(Mumford, Louis), 1993,《歷史中的城市——起源、演變與展望》。宋俊嶺、倪文彥譯。臺北：建築與文化(原著出版於1961年)。
東鄉實、佐藤四郎, 1916,《臺灣殖民發達史》。臺北：晃文館(1996年重印本, 南天書局)。
東嘉生, 1954,〈清代臺灣の貿易と外國商業資本〉。周學普譯, 收錄於臺灣銀行經濟研究室編《臺灣經濟史初集》, 頁86-102。臺北：臺灣銀行經濟研究室／臺灣研究叢刊第25種。
林玉茹, 1994,〈清初與中葉臺灣港口系統的演變：擴張期與穩定期(1683-1860)〉。《臺灣文獻》45(3)：31-79。
林玉茹, 2000,《清代竹塹地區的在地商人及其活動網絡》。臺北：聯經。
林偉盛, 1993,《羅漢腳》。臺北：自立晚報。
林滿紅, 1994,〈清代來臺郊商的興衰〉。《國家科學委員會研究彙刊：人文與社會科學》4(2)：173-193。
林滿紅, 1997,《茶、糖、樟腦業與晚清臺灣經濟社會之變遷(1860-1895)》。臺北：聯經。
松田吉郎, 1992,〈臺灣の水利事業と一田兩主制〉。收錄於陳秋坤、許雪姬主編《臺灣歷史上的土地問題》, 頁105-138。臺北：中央研究院臺灣史田野調查室。
松田芳郎, 1988,〈植民地の人口センサス〉。收錄於溝口敏行、梅村又次編集《舊日本植民地經濟統計：推計と分析》。東京：東洋經濟新報社。
杵淵義房, 1940,《臺灣社會事業史》。臺北：德友會。
邱秀堂編, 1986,《臺灣北部碑文集成》。臺北：臺北市文獻委員會。
邱函妮, 2000,《街道的寫生者：日治時期的臺北圖像與城市空間》。臺北：國立臺灣大學藝術史研究所碩士論文。
邱澎生, 2000,〈「數目字管理」是洞見或是限制？黃仁宇「大歷史觀」下的明清市場與政府〉。《臺大歷史學報》26：351-376。
邵之棠(清)輯, 1980,《皇朝經世文統編 . 卷三十五》。臺北：文海。
条約局法規課, 1960,《律令総覧：「外地法制誌」第三部の二》。東京都：条約局法規課。
金耀基, 1977,〈現代化與中國現代歷史〉。收錄於氏著《中國現代化與知識分子》, 頁13-46。臺北：言心出版社。
姚人多, 2001,〈認識臺灣：知識、權力與日本在臺之殖民治理性〉。《臺灣社會研究季刊》42：119-182。
姚瑩(清)1957,《東槎紀略》, 臺北：臺灣銀行經濟研究室／臺灣文獻叢刊第7種。
後藤新平, 1914,《日本植民政策一斑》。東京：拓植新報社。
後藤新平, 1940,《臺灣經營上舊慣制度調查を必要とする意見》。東京(原著出版於1901年)。
施添福, 1989,〈清代臺灣市街的分化與成長(上)〉。《臺灣風物》39(2)：1-42。
施添福, 1987,《清代在臺漢人的祖籍分布和原鄉生活方式》。臺北：國立臺灣師範大學地理學系。
施添福, 1992, 〈清代臺灣「番黎不諳耕作」的緣由：以竹塹地區為例〉。《中央研究院民族學研究所集刊》69：67-92。
施添福, 1996, 〈臺灣堡圖－日本治臺的基本圖〉。收錄於臺灣總督府臨時臺灣土地調查局調製《臺灣堡圖——1904(明治三十七)年調製》。臺北：遠流。
施添福, 1999, 〈日治時代的陸地測量部和臺灣地形圖〉。收錄於大日本帝國陸地測量部原圖調製、林皎宏主編《日治時代二萬五千分之一臺灣地形圖》。臺北：遠流。
柯志明, 2001, 《番頭家：清代臺灣族群政治與熟番地權》。臺北：中央研究院社會學研究所。
洪秋芬, 1982, 〈日據初期臺灣的保甲制度(1895-1903)〉。《中央研究院近代史研究所集刊：439-471。
范燕秋, 1996, 〈醫學與殖民擴張——以日治時期臺灣瘧疾研究為例〉。《新史學》7(3)：133-173。
若林幹夫, 1992, 《熱い都市 冷い都市》。東京：弘文堂。
若林幹夫, 1996, 〈空間．近代．都市——日本における〈近代空間〉の誕生〉。收錄於吉見俊哉編《都市の空間．都市の身体》, 頁1-27。東京：勁草書房。
茂木敏夫, 1992, 〈中華帝国の「近代」的再編と日本〉。收錄於大江志乃夫等編《近代日本と植民地1 植民地帝国日本》, 頁59-84。東京：岩波。
郁永河(清), 1959, 《裨海紀遊》。臺北：臺灣銀行經濟研究室／臺灣文獻叢刊第44種。
郁永河(清), 1995, 〈採硫日記〉, 收錄於《續修四庫全書．史部．傳記類》。上海：上海古籍。
唐贊袞(清), 1958, 《臺陽見聞錄》。臺北：臺灣銀行經濟研究室／臺灣文獻叢刊第30種。
夏忠平, 1996, 《地圖的文化歷史地理學觀點——詮釋臺灣地圖史中地圖的文化意涵》。臺北：臺灣師大地理研究所碩士論文。

夏黎明, 1996,《淸代臺灣地圖演變史》。臺北：知書房。

徐宗幹(淸), 1960,《斯未信齋文編》。臺北：臺灣銀行經濟研究室／臺灣文獻叢刊87種。

徐裕健, 1992,《臺北市三級古蹟天稻埕霞海城隍廟調查研究與修復建議》。臺北：臺北市政府民政局。

徐裕健, 1993,《都市空間文化形式之變遷：以日據時期臺北為個案》。臺北：國立臺灣大學土木工程學研究所博士論文。

班雅明(Benjamin, Walter), 1998,《說故事的人：有關尼可拉 . 萊斯可夫作品的思索》, 林志明譯。臺北：臺灣攝影工作室(原著出版於1936年)。

翁佳音, 1996,《大臺北古地圖考釋》。板橋：臺北縣文化中心。

涂照彥, 1993,《日本帝國主義下的臺灣》。臺北：人間。

高拱乾(淸)編修, 1960,《臺灣府志》。臺北：臺灣銀行經濟研究室／臺灣文獻叢刊第65種。

高賢治編, 1978,《臺灣三百年史》。臺北：眾文。

高橋泰隆, 1993,〈植民地の鐵道と海運〉。收錄於大江志乃夫等編《近代日本と植民化3＝植民地化と產業化》, 頁263-289。東京：岩波書店。

堀內次雄, 1935,〈臺灣衛生事情の回顧〉。《臺灣時報》昭和10年3月號。

堀內次雄, 1942,〈臺灣衛生事始——領臺の當時の思ひ出(下)〉。《民俗臺灣》2(11)：22-25。

康德(Kant, Immanuel), 1984,《純粹理性批判》。新竹：仰哲(原著出版於1781年)。

張仲禮, 1991,《中國紳士——關于其在十九世紀中國社會中作用的研究》。李榮昌譯。上海：上海社會科學院出版社。

張仲禮編, 1996,《東南沿海城市與近代化》。上海：上海人民出版社。

張家坤等, 1953,〈大稻埕耆宿座談會紀錄〉。《臺北文物》2(3)：2-25。

張哲嘉, 2002,〈明代方志的地圖〉。收錄於黃克武編《近代中國的視覺表述與文化構圖》, 頁179-212。臺北：中央研究院近代史研究所。

張勝彦, 1993,《清代臺灣廳縣制度之研究》。臺北：華世。

張勝彦, 1983,〈清代臺漢人土地所有型態之研究〉。《臺灣文獻》34(2)：15-42。

張景森, 1991,《臺灣現代城市規劃：一個政治經濟史的考察(1895-1945)》。臺北：國立臺灣大學土木工程學研究所博士論文。

張隆志, 1998,〈劉銘傳、後藤新平與臺灣近代化論爭〉, 收錄於中華民國史專題討論會秘書處編,《中華民國史專題論文集》, 頁2031-2056。臺北：國史館。

張維安, 1988,〈近代中國社會階層結構——士紳與商人階層文獻之檢討〉。收錄於《六十年來的中國近代史研究 上冊》, 頁183-212。臺北：中央研究院近代史研究所。

淺見登郎, 1928,《日本植民地統治論》。東京：巖松堂。

曹永和, 1979,《臺灣早期歷史研究》。臺北：聯經。

淡新檔案校註出版編輯委員會編輯, 1995,《淡新檔案(第一編行政)》。臺北：國立臺灣大學。

章生道(Chang, Sen-dou), 2000,〈城市的形態與結構研究〉。王嗣均譯, 收錄於施堅雅編,《中華帝國晚期的城市》。頁84-111, 北京：中華書局(原著出版於1977年)。

章英華, 1986,〈清末以來臺灣都市體系的變遷〉。收錄於瞿海源、章英華編《臺灣社會與文化變遷》, 頁233-276。臺北：中央研究院民族學研究所。

章英華, 1995,〈臺北都會區的都市發展與內部結構〉。收錄於《臺灣都市的內部結構：社會生態與歷史的發展》, 頁29-92。臺北：巨流。

細井英夫, 1992,〈建築取締講義〉。收錄於黃世孟編譯,《臺灣都市計畫講習錄》, 頁9-14。臺北：胡氏圖書(原著出版於1937)。

莊永明, 1991,《臺北老街》。臺北：遠流。

莊金德, 1964,〈清初嚴禁沿海人民偷渡來臺始末〉。《臺灣文獻》15(3/4), 頁1-20。

許佩賢, 2005,《殖民地臺灣的近代學校》。臺北：遠流。

許雪姬, 1987,《清代臺灣的綠營》。臺北：中央研究院近代史研究所。

許雪姬, 1992,〈日據時期的板橋林家——一個家族與政治的關係〉。收錄於《近世家族與政治比較歷史論文集 下冊》, 頁657-698。臺北：中央研究院近代史研究所。

許達然, 1996,〈械鬥和清朝臺灣社會〉。《臺灣研究季刊》23：1-82。

連橫, 1962,《臺灣通史 卷三》。臺北：臺灣銀行經濟研究室／臺灣文獻叢刊第128種。

連溫卿, 1953,〈大稻埕的經濟發展〉。《臺北文物》2(3)：13-25。

郭芬芝等, 1953,〈城內及附郊耆宿座談會紀錄〉。《臺北文物》2(4)：2-16。

郭廷以, 1958,《臺灣史事概說》。臺北：正中。

陳正祥, 1957,《臺北市誌》。臺北：敷明產業地理研究所。

陳正祥, 1959,《臺灣地誌 上》。臺北：敷明產業地理研究所。

陳其南, 1987,《臺灣的傳統中國社會》。臺北：允晨(原著為1975年國立臺灣大學人類學研究所碩士論文)。

陳昭瑛, 2000,《臺灣儒學：起源、發展與轉化》。臺北：正中。

陳洛, 1940,〈明年五月ノ期限ニ臺地ノ士民去留如何ニ對スル意見〉。收錄於《臺灣史料稿本第7卷》。臺北：出版者不詳(原文完成於1896年)。

陳秋坤, 1988,〈明清以來土地所有關係之研究〉。收錄於中央研究院近代史研究所編《六十年來的中國近代史研究 上冊》, 頁293-314。臺北：中央研究院近代史研究所。

陳俊宏, 2003,《禮密臣細說台灣民主國》。臺北：南天書局。

陳培桂(清)編修, 1963,《淡水廳志》。臺北：臺灣銀行經濟研究室／臺灣文獻叢刊第172種。

陳培豐, 2006,《同化的同床異夢：日治時期臺灣的語言政策、近代化與認同》。王興安、鳳氣至純平譯。臺北：麥田。

陳盛韶(清), 1997,《問俗錄》。南投：臺灣省文獻委員會重印。

陳紹馨, 1972,《臺灣史通志．卷二人民志．人口篇》。李汝和纂修, 臺中：臺灣省文獻委員會。

陳紹馨, 1979,《臺灣的人口變遷與社會變遷》。臺北 : 聯經。
陳第(明), 1959,〈東番記〉, 收錄於《閩海贈言》, 頁24-27。臺北 : 臺灣銀行經濟研究室/臺灣文獻叢刊第56種。
陳惠雯, 1997,《城市、店、家與婦女——大稻埕婦女日常生活史》。臺北 : 國立臺灣大學建築與城鄉研究所碩士論文。
陳碧笙, 1982,《臺灣地方史》。北京 : 中華社會科學出版社。
陳璸(清), 1961,《陳清端公文選》。臺北 : 臺灣銀行經濟研究室/臺灣文獻叢刊第116種。
陳璸(清), 1964,《陳清端公年譜》, 丁宗洛編撰。臺北 : 臺灣銀行經濟研究室/臺灣文獻叢刊第128種。
陳豔紅, 1987,《後藤新平在臺殖民政策之研究》。臺北 : 淡江大學日本研究所碩士論文。
鹿又光雄, 1939,《始政四十周年記念臺灣博覽會誌》。臺北 : 臺灣博覽會。
富永茂樹, 1977,〈オスマンとパリ改造事業〉。收錄於河野健二編《フランス．ブルジョア社会の成立——第二帝政期の研究》, 頁205-228。東京 : 岩波書店。
曾迺碩, 1953,〈清季大稻埕之茶葉〉。《臺北文物》5(4) : 94-117。
曾迺碩, 1982,〈司法〉。收錄於王國璠主修《臺北市發展史 二》, 頁983-1052。臺北 : 臺北市文獻會。
曾迺碩編, 1989,《臺北市志．卷三政制志．戶政篇》。臺北 : 臺北市文獻委員會。
曾迺碩編, 1989,《臺北市志．卷九人物志》。臺北 : 臺北市文獻委員會。
森正夫, 1980,〈明代の鄉紳ー士大夫と地域社会との関連についての覚書〉。《名古屋大学文学部研究論集(史学)》27 : 116-100。
森田明, 1974,《清代水利史研究》。東京 : 亞紀書房。
湯錦台, 2001,《前進福爾摩沙 : 十七世紀大航海年代的臺灣》。臺北 : 貓頭鷹。
華勒斯坦(Wallerstein, Immanuel), 1998,《近代世界體系 第一卷》。郭方等譯。臺北 : 桂冠(原著出版於1974年)。

越澤明, 1993,〈臺灣、滿洲、中國的都市計畫〉。收錄於《近代日本と植民化——植民地化と產業化》, 頁183-241。東京：岩波書店。

馮爾康, 1994,《中國宗族社會》。杭州：浙江人民出版社。

程佳惠, 2001,《1935年臺灣博覽會之研究》。中壢：國立中央大學歷史研究所碩士論文。

程佳惠, 2004,《臺灣史上第一大博覽會》。臺北：遠流。

黃仁宇, 1988,《放寬歷史的視界》。臺北：允晨。

黃世孟等, 1987,《日據時期臺灣都市計畫範型之研究》。臺北：國立臺灣大學土木工程學研究所都市計畫研究室。

黃克武, 1984,〈清季重商思想與商紳階層的興起〉。《思與言》21(5)：22-36。

黃秀政, 1995,《臺灣史研究》。臺北：學生書局。

黃宗智, 1998,〈介於民間調解與官方審判之間：清代糾紛處理中的第三領域〉。收錄於《民事審判與民間調解：清代的表達與實踐》, 頁108-132。北京：中國社會科學出版社。

黃武達, 1997,《日治時代(1895-1945)臺北市之近代都市計畫》。板橋：臺灣都市史研究室。

黃武達, 2000a,《追尋都市史之足跡——臺北近代都市之構成》。臺北：臺北市文獻會。

黃武達, 2000b,《日治時代(1895-1945)臺灣都市計畫歷程之建構》。板橋：臺灣都市史研究室。

黃叔璥(清), 1957,《臺海使槎錄》。臺北：臺灣銀行經濟研究室／臺灣文獻叢刊第4種。

黃金土主編, 1992,《臺北古今圖說集》。臺北：臺北市文獻會。

黃建鈞, 1995,《臺灣日據時期建築家井手薰之研究》。臺南：國立成功大學建築研究所碩士論文。

黃昭堂, 1994,《臺灣總督府》, 黃英哲譯。臺北：前衛出版社。

黃得時, 1953,〈大稻埕發展史〉。《臺北文物》2(1)：81-94。

黃得時, 1954,〈城內的研考和臺北城〉。《臺北文物》2(4) : 17-22。

黃得時, 1957,《臺北市志稿 . 卷一沿革志》。臺北 : 臺北市文獻委員會。

黃得時, 1969,《臺灣遊記》。臺北 : 商務印書館。

黃得時, 1981,〈臺北市的疆域與沿革〉, 收錄於陳三井纂《臺北市發展史(一)》。臺北 : 臺北市文獻會。

黃啟木, 1953,〈分類械鬥與艋舺〉。《臺北文物》2(1) : 55-58。

黃啟明, 1953,〈艋舺與龍山寺〉。《臺北文物》2(1) : 47-51。

黃富三, 1974,〈清代臺灣的土地問題〉。《食貨》4(3) : 1-12。

黃健敏, 1979,〈臺灣的城與堡(二)〉。《建築師》6 : 31-41。

黃靜嘉, 2002,《春帆樓下晚濤急 : 日本對臺灣殖民統治及其影響》。臺北 : 商務。

黃蘭翔, 1995,〈日據初期臺北市的市區改正〉,《臺灣社會研究季刊》18 : 189-213。

塚本一郎等, 1992,〈臺灣都市計畫令講義〉。收錄於黃世孟編譯《臺灣都市計畫講習錄》, 頁17-132。臺北 : 胡氏圖書(原著出版於1937年)。

楊子慧、張慶五, 1991,《中國歷代的人口與戶籍》。天津 : 天津教育出版社。

楊永彬, 1996,《臺灣紳商與早期日本殖民政權的關係——1895 - 1905年》。臺北 : 國立臺灣大學歷史學研究所碩士論文。

楊碧川, 1994,《後藤新平傳 : 臺灣現代化奠基者》。臺北 : 克寧。

溝部英章, 1976,〈後藤新平論 一〉。《法學論叢》100(2) : 62-96。

溫振華, 1978,《清代臺北盆地經濟社會的演變》。臺北 : 國立臺灣師範大學歷史研究所碩士論文。

溫振華, 1981a,〈淡水開港與大稻埕之形成〉。《歷史學報(國立臺灣師範大學)》6 : 245-270。

溫振華, 1981b,〈開闢〉。收錄於王國璠主修《臺北市發展史 一》, 頁905-947。臺北 : 臺北市文獻會。

溫振華, 1986,《二十世紀初之臺北都市化》。臺北 : 國立臺灣師範大學歷史研究所博士論文。
溫振華, 1989,〈清代臺北盆地漢人社會祭祀圈之演變〉。《臺北文獻》直字90：1-31。
溫豐文, 1996,〈臺灣土地所有權制度之變遷〉。《東海大學法學研究》10：299-309。
葉振輝, 1985,《清代開港之研究》。臺北：作者自印。
葉啟政, 2000,《進出「行動－結構」的困境》。臺北：東大。
葉榮鐘, 1971,《臺灣民族運動史》。臺北：自立晚報社。
詹素娟、劉益昌, 1999,《大臺北都會區原住民歷史專輯：凱達格蘭調查報告》。臺北：臺北市文獻會委託執行。
鄒川雄, 1998,《中國社會學理論》。臺北：洪葉。
廖春生, 1988,《臺北之都市轉化－以清代三市街(艋舺、大稻埕、城內)為例》。臺北：國立臺灣大學土木工程學研究所碩士論文。
廖漢臣, 1953,〈艋舺沿革志〉。《臺北文物》2(1)：12-17。
榮峰, 1960,〈北市科第表〉。《臺北文物》9(1)：24-39。
聞鈞天, 1971,《中國保甲制度》。臺北：臺灣商務。
臺北市文獻會編, 1988,《臺北市志》。臺北：臺北市文獻會 。
臺北市役所編, 1933,《臺北市統計書》。臺北：臺北市役所。
臺北市役所編, 1940,《臺北市政二十年史》。臺北：臺北市役所。
臺北市政府工務局, 1971,《臺北市都市發展紀要》。臺北：臺北市政府工務局。
臺北廳, 1919,《臺北廳誌》。臺北：臺北廳。
臺灣省行政長官公署統計室編, 1994,《臺灣省五十一年來統計提要》, 臺北：臺灣省政府主計處(原著出版於1946年)。
臺灣茶商公會, 1938,《組合沿革史》。臺北：臺灣茶商公會。
臺灣統計協會, 1916,《統計行政論》。臺北：臺灣統計協會。
臺灣銀行經濟研究室編, 1961,《臺灣私法商事編》, 臺北：臺灣銀行經濟研究室／臺灣文獻叢刊第91種。

臺灣銀行經濟研究室編, 1963a,《清聖祖實錄選輯》。臺北：臺灣銀行經濟研究室臺灣文獻叢刊第165種。

臺灣銀行經濟研究室編, 1963b,《臺案彙錄丙集(卷四)》。臺北：臺灣銀行經濟研究室／臺灣文獻叢刊第176種。

臺灣銀行經濟研究室編, 1964a,〈淡水縣簡明總括圖册〉,《淡新鳳三縣簡明總括圖册》。臺北：臺灣銀行經濟研究室／臺灣文獻叢刊第197種。

臺灣銀行經濟研究室編, 1964b,《清高宗實錄選輯(三)》。臺北：臺灣銀行經濟研究室／臺灣文獻叢刊第186種。

臺灣銀行經濟研究室編, 1964c,《臺案彙錄庚集》。臺北：臺灣銀行經濟研究室／臺灣文獻叢刊第200種。

臺灣銀行經濟研究室編, 1968,《清季申報臺灣紀事輯錄》。臺北：臺灣銀行經濟研究室／臺灣文獻叢刊247種。

臺灣銀行經濟研究室編, 1970,《臺灣詩鈔》。臺北：臺灣銀行經濟研究室／臺灣文獻叢刊第280種。

臺灣銀行經濟研究室編, 1971,《道咸同光四朝奏議選輯》。臺北：臺灣銀行經濟研究室／臺灣文獻叢刊第288種。

臺灣銀行經濟研究室編, 1983,《清代臺灣大租調查書》。臺北：臺灣銀行經濟研究室／臺灣文獻叢刊第152種。

臺灣總督府編, 1916,《臺灣列紳傳》。臺北：臺灣總督府。

臺灣總督府編, 1985,《臺灣事情》。臺北：成文。

臺灣總督府民政局, 1896,《臺灣總督府民政事務成蹟提要第1篇》。臺北：臺灣總督府民政局。

臺灣總督府民政局, 1905,《臺灣總督府民政事務成蹟提要第10篇》。臺北：臺灣總督府民政局。

臺灣總督府官房文書課編, 1908,《臺灣統治綜覽》。東京：臺灣總督府官房文書課。

臺灣總督府財務局, 1930,《臺灣の產業 第四卷》。臺北：臺灣總督府財務局。

臺灣總督府臨時臺灣土地調查局調製, 1996,《臺灣堡圖》。臺北：遠流(原圖繪製於1904年)。
臺灣總督府警務局編, 1986a,《臺灣總督府警察沿革志第一編：警察機關の構成》。東京都：綠蔭書房(原著出版於1939年)。
臺灣總督府警務局編, 1986b,《臺灣總督府警察沿革志第二編：領臺以後の治安狀況》。東京都：綠蔭書房(原著出版於1939年)。
臺灣總督府警察官及司獄官練習所, 1927,《臺灣戶口制度要論》。臺北：臺灣總督府警察官及司獄官練習所。
臺灣總督府鐵道部編, 1990,《臺灣鐵道史 上卷》。江慶林譯。南投：臺灣省文獻委員會。
艋舺龍山寺全志編纂委員會編, 1951,《艋舺龍山寺全志》。臺北：艋舺龍山寺全志編纂委員會。
劉淑芬, 1985,〈清代臺灣的築城〉。《食貨》14(11/12)：484-503。
劉銘傳(清), 1958,《劉壯肅公奏議》, 1958。臺北：臺灣銀行經濟研究室／臺灣文獻叢刊第27種。
劉銘傳(清), 1969,《劉銘傳撫臺前後檔案》。臺北：臺灣銀行經濟研究室／臺灣文獻叢刊第276種。
劉廣明, 1993,《宗法中國》。上海：上海三聯。
劉劍寒主編, 1985,《臺北市路街史》。臺北：臺北市文獻會。
劉篁村, 1954,〈北城拾粹錄〉。《臺北文物》2(4)：45-48。
蔣師轍(清)編修、薛紹元(清)纂, 1962,《臺灣通志》。臺北：臺灣銀行經濟研究室／臺灣文獻叢刊第130種。
歐陽泰(Andrade, Tonio), 2007,《福爾摩沙如何變成臺灣府？》, 鄭維中譯。臺北：遠流。
蔡采秀, 1995,《板橋的都市發展(1895-1985)——兼論其社會影響》。臺北：國立臺灣大學社會學研究所博士論文。
蔡采秀, 1996,〈從日治到戰後的臺北：一個都市性質轉變的歷史過程〉。《臺灣史研究》3(2) : 5-50。
蔡厚男, 1991,《臺灣都市公園的建制歷程》。臺北 : 國立臺灣大學土木工程學研究所博士論文。
蔡淵絜, 1980,《清代臺灣的社會領導階層(1684 - 1895)》。臺北 : 國立臺灣師範大學歷史研究所碩士論文。
蔡慧玉, 1996,〈日治臺灣(1920 - 1945)街庄行政的編制與運作〉。《臺灣史研究》3(2) : 93-141。
鄭淑屏, 1986,《臺灣在日據時期警察法令與犯罪控制》。臺北 : 輔仁大學法律學研究所碩士論文。
橋谷弘, 2004,《帝国日本と植民地都市》。東京 : 吉川弘文館。
盧良志, 1982,《中國地圖學史》。北京 : 測繪出版社。
賴子清, 1969,〈清代北臺之考選 上〉。《臺北文獻》直字9/10 : 166-183。
賴子清, 1970,〈清代北臺之考選 下〉。《臺北文獻》直字11/12 : 43-61。
戴炎輝, 1979,《清代臺灣之鄉治》。臺北 : 聯經。
戴國煇, 1985,〈晚清期臺灣的社會經濟——並試論如何科學地認識日人治臺史〉, 收錄於《臺灣史研究 : 回顧與探索》, 頁27-88。臺北 : 遠流。
臨時灣土地調查局, 1900,《清賦一斑》。臺北 : 臺灣土地調查局。
臨時灣土地調查局, 1905,《臺灣土地調查事業概要》。臺北 : 臺灣總督府土地調查局。
薛化元, 1983,〈開港貿易與清末臺灣經濟社會變遷的探討〉,《臺灣風物》33(4) : 1-24。
謝偉勳, 2000,〈歐斯曼調整式都市計畫之探討〉。《建築與規劃學報》創刊號 : 1-17。
薛琴, 2000,〈附錄一 日據町名與現今地名對照〉,《臺北市日式宿舍調查研究專案報告書》。臺北 : 臺北市政府民政局(中原大學建築學系執行)。
鍾淑敏, 1989,《日據初期臺灣總督府統治權的確立——1895 - 1906年》。臺北 : 國立臺灣大學歷史學研究所碩士論文。

簡博秀, 1992,《日據時期臺北市：殖民主義下都市計畫與空間構造》。臺北：國立中興大學都市計畫研究所。

禮密臣(Davidson, James W.), 1972a,《臺灣之過去與現在 一》。蔡啟恆譯。臺北：臺灣銀行臺灣研究叢刊107種(原著出版於1903年)。

禮密臣(Davidson, James W.), 1972b,《臺灣之過去與現在 二》。蔡啟恆譯。臺北：臺灣銀行臺灣研究叢刊107種(原著出版於1903年)。

藍厚理(Lamley, Harry), 2000,〈修築臺灣三城的發軔與動力〉。葉光廷譯。收錄於施堅雅編《中華帝國晚期的城市》, 頁176-241。北京：中華書局(原著出版於1977年)。

藍鼎元(清), 1958a,《東征集》。臺北, 臺灣銀行經濟研究室／臺灣文獻叢刊第12種。

藍鼎元(清), 1958b,《平臺紀略》。臺北：臺灣銀行經濟研究室／臺灣文獻叢刊第14種。

薩林斯(Sahlins, Marshall), 1988,〈原初豐裕社會〉, 丘延亮譯。《臺灣社會研究季刊》1(1)：159-181。

魏秀梅, 1992,《清代之迴避制度》。臺北：中央研究院近代史研究所。

魏家弘, 1996,《臺灣土地所有權概念的形成經過——從業到所有權》。臺北：國立臺灣大學法律學研究所碩士論文。

蘇省行, 1953,〈艋舺舊街名考源〉。《臺北文物》2(1)：18-27。

鶴見祐輔, 1943a,《後藤新平傳 卷一》。東京：太平洋。

鶴見祐輔, 1943b,《後藤新平傳 卷二》。東京：太平洋。

鷲巢敦哉, 1938,《臺灣警察四十年史話》。臺北：著者自印。

鷲巢敦哉, 1941,《日本保甲皇民化讀本》。臺北：臺灣警察協會。

Allee, Mark A. 1994. *Law and Local Society in Late Imperial China: Northern Taiwan in the Nineteenth Century*. Stanford: Stanford University Press.

Anderson, Benedict. 1991. *Imagined Communities: Reflections on the Origin and Spread of Nationalism*. London: Verso (Original Work Published 1983).

Appadurai, Arjun. 1996. "Number in the Colonial Imagination," in *Modernity at Large: Cultural Dimensions of Globalization*. Pp.114-135. Minneapolis: University of Minnesota Press.

Barclay, George. 1954. *Colonial Development and Population in Taiwan*. Princeton: Princeton University Press.

Benevolo, Leonardo. 1993. *The European City*, Cambridge, Mass. : Blackwell.

Benjamin, Walter. 1999. "Paris, capital of the Nineteen Century, exposé <of 1939>," in *The Arcades Project*. Pp. 14-26. Translated by Howard Eiland and Kevin McLaughlin. Cambridge, Mass., Belknap Press of Harvard University Press.

Chen, Ching-chih(陳淸池). 1984. "Police and Community Control in the Empire," in M. Peattie and R. Myers Eds. *The Japanese Colonial Empire, 1895-1945*. Pp. 275-311. Princeton: Princeton University.

Chu, Tung-Tsu(瞿同祖). 1962. *Local Government in China under the Ching*. Cambridge, MA.: Council on East Asian Studies, Harvard University.

Cohn, Bernard. 1996. *Colonialism and Its Form of Knowledge: the British in India*. Princeton, N.J.: Princeton University Press.

Feuchtwang, Stephan. 1974. "City Temples in Taipei under Three Regimes," in W. Skinner Ed. *The Chinese City between Two Worlds*. Pp. 263-303. Stanford: Stanford University Press.

Foucault, Michel. 1970. *The Order of Things: An Archaeology of the Human Sciences*. New York: Vintage.(Original work published 1966)

另參考中譯本：莫偉民譯, 2001,《詞與物：人文科學考古學》。上海：上海三聯。

Foucault, Michel. 1977. *Discipline and Punish: The Birth of the Prison*. New York: Vintage.(Original work published 1975) 另參考中譯本：劉北成譯, 1997,《規訓與懲罰》。臺北：桂冠。

Giddens, Anthony. 1981. *The Contemporary Critique of a Historical Materialism*. London: Macmillan.

Giddens, Anthony. 1991. *Modernity and Self-Identity*, Cambridge: Polity.另參考中譯本：趙旭東、方文譯, 1998,《現代性與自我認同》。北京：三聯書店。

Gregory, Derek. 1997. "Lacan and Geography," in Georges Benko and Ulf Strohmayer Eds. *Space and Social Theory*. Pp. 203-231. Oxford: Blackwell.

Hamilton, Gary. 1979. "Regional Associations and Chinese City: A Comparative Perspectives," *Comparative Studies in Society and History* 21 (3): 346-361.

Harvey, David 1990. "Between Space and Time: Reflections on the Geographic Imagination," *Annual of the Association of American Geographers* 80 (3): 418-434。

Hsiao, Kung-chuan(蕭公權). 1960. *Rural China: Imperial Control in the Nineteenth Century*. Seattle: University of Washington.

Huang, Philip C. C. 1984. *The Peasant and Economy and Social Change in North China*. Sanford: Sanford University Press.

Huang, Philip C. C. 1993. "'Public Sphere'/'Civil Society' in China? The Third Realm between State and Society," *Modern China* 19 (2): 216-240.

Huang, Philip C. C. 1994. "Codified Law and Magisterial Adjudication: The

Third Realm of Qing Justice," in K. Bernhardt and P. Huang Eds. *Civil Law in Qing and Republican China*. Pp. 216-240. Stanford: Stanford University Press.

Lamley, Harry. 1964. *The Taiwan Literati and Early Japanese Rule, 1895-1915: A Study of Their Reaction to the Japanese Occupation and Subsequent Responses to Colonial Rule and Modernization*. Seattle: Ph. D. Dissertation, University of Washington.

Lefebvre, Henri. 1979. "Space: Social product and use value," in J. W. Freiberg Ed. *Critical Sociology: European Perspective*. Pp. 285-295. New York: Irvington Publishers.

Lefebvre, Henri. 1991. *The Production of Space*. Cambridge, MA.: Blackwell.(Original work published 1972) 另參考日譯本： 齋藤日出治譯, 2005,《空間の生産》。東京：青木書店(日譯初版出版於1986年)。

Osterberg, Dag. 1988. *Metasociology*. Oslo: Norwegian University Press.

Peattie, Mark R. 1984. "Japanese Attitude Towards Colonialism," in R. Myers and M. Peattie Eds. *The Japanese Colonial Empire*, 1895-1945. Pp. 80-127. Princeton, N.J.: Princeton University Press.

Rankin, Mary. 1986. *Elite Activism and Political Transformation in China: Zhejang Province*, 1865-1911. Stanford: Stanford University Press.

Rowe, William. 1984. *Hankow: Commerce and Society in a Chinese City, 1796-1889*. Stanford, Calif.: Stanford University Press.

Sack, Robert David. 1980. *Conceptions of Space in Social Thought: A Geographic Perspective*. London: Macmillan.

Said, Edward. 1978. *Orientalism*. London: Penguin.

Shepherd, John. 1993. *Statecraft and Political Economy on the Taiwan Frontier, 1600-1800*. Stanford: Stanford University.

Skinner, G. William. 1964-1965. "Marketing and Social Structure in Rural

China," *The Journal of Asian Studies* 24 (1-3): 3-43, 195-228, 363-99.

Strand, David. 1989. *Rickshaw Beijing: City People and Politics in 1920s*. Berkeley: University of California Press.

Takekoshi, Yosaburo(竹越与三郎). 1907. *Japanese Rule in Formosa*. Trans. by George Braithwaite, London: Longmans Green and Co..(Original work published 1905)

Tsai, Hui-yu(蔡慧玉). 1993. "The Hoko System in Taiwan, 1895-1945: Structure and Functions," *Journal of the College of Liberal Arts*(中興大學文史學報)23: 127-148.

Tuan, Yi-Fu. 1977. *Space and Place*: The Perspective of Experience. Minneapolis : University of Minnesota Press.

Valentine, Gill. 1999. "Imagined Geographies: Geographical Knowledge of Self and Other in Everyday Life," in Doreen Massey et al. Eds. *Human Geography Today*. Pp. 47-61. London: Polity.

Wakeman, Frederic. 1993. "Civil Society and Public Sphere: Western Reflections on Chinese Political Culture," *Modern China* 19(2): 108-138.

Weber, Max. 1946. "The Social Psychology of the World Religion," in H. Gerth and C. W. Mills Eds. *From Max Weber: Essays in Sociology*. New York: Oxford University Press.

Weber, Max. 1958. *The City*. translated and edited by D. Martindale and G. Neuwirth. New York: Free Press (Original Work Published 1921). 另參考中譯本：康樂、簡惠美譯, 1993,《非正當性的支配：城市的類型學》。臺北：允晨。

Werlen, Benno. 1993. Society, *Action and Space: An Alternative Human Geography*. London: Routldge.(Original work published 1988)

Yang, C. K.(楊慶堃). 1965. *Chinese Communist Society: The Family and the Village*. Cambridge: M.I.T. Press.

Yang, Lien-sheng(楊聯陞). 1969. "Economic Aspects of Public Works in Imperial China," *in Excursions in Sinology*. Cambridge: Harvard University.

Yee, Cordell D. K. 1987. "Chinese Maps in Political Culture," in H. B. and D. Woodward Harley Eds. *The History of Cartography* Vol. 2 Book 2. Pp. 71-95. Chicago: Chicago University Press.

찾아보기

인명

사항

ㄱ

ㄴ/ㄷ

ㄹ/ㅁ

ㅈ/ㅊ

ㅌ/ㅍ

ㅎ

아시아총서 34

현대 타이베이의 탄생

초판 1쇄 발행 2020년 2월 18일

지은이 수쉬빈
옮긴이 곽규환 · 남소라 · 한철민
펴낸이 강수걸
편집장 권경옥
편집 박정은 이은주 윤은미 강나래
디자인 권문경 조은비
펴낸곳 산지니
등록 2005년 2월 7일 제333-3370000251002005000001호
주소 부산시 해운대구 수영강변대로 140 BCC 613호
전화 051-504-7070 | 팩스 051-507-7543
홈페이지 www.sanzinibook.com
전자우편 sanzini@sanzinibook.com
블로그 sanzinibook.tistory.com

ISBN 978-89-6545-641-4 94910
978-89-92235-87-7(세트)

* 책값은 뒤표지에 있습니다.
* 이 도서의 국립중앙도서관 출판예정도서목록(CIP)은 서지정보유통지원시스템 홈페이지(http://seoji.nl.go.kr)와 국가자료공동목록시스템(http://www.nl.go.kr/kolisnet)에서 이용하실 수 있습니다.(CIP제어번호: CIP2020004040)
* 이 도서는 중화민국 문화부 후원으로 출판되었습니다.
This book sponsored by the Ministry of Culture, Republic of China (Taiwan).